Michael Götschenberg

GSG 9 – TERROR IM VISIER

MICHAEL GÖTSCHENBERG

GSG 9
TERROR IM VISIER

MYTHOS UND REALITÄT EINER SPEZIALEINHEIT

Econ

Wir verpflichten uns zu Nachhaltigkeit
• Klimaneutrales Produkt
• Papiere aus nachhaltiger Waldwirtschaft und anderen kontrollierten Quellen
• ullstein.de/nachhaltigkeit

MIX
Papier aus verantwortungsvollen Quellen
FSC® C014496

Econ ist ein Verlag
der Ullstein Buchverlage GmbH.

ISBN 978-3-430-21067-6

Redaktion: Ulrich Wank

Gesetzt aus der Granjon
Satz und Repro: LVD GmbH, Berlin
Druck und Bindearbeiten: GGP Media GmbH, Pößneck
Printed in Germany

Inhaltverzeichnis

Für David

Vorwort

München 1972. Die Olympischen Spiele bezaubern die ganze Welt. Die Stadt sonnt sich in ihrer Rolle als weltoffene Gastgeberin der »heiteren Spiele«. Doch dann nimmt ein palästinensisches Terrorkommando die israelische Mannschaft in Geiselhaft. Am Ende steht eine Tragödie: Alle Geiseln sterben in einem stundenlangen Feuergefecht zwischen Terroristen und Polizisten. Die deutsche Polizei, das zeigt sich auf die dramatischste Weise, verfügt nicht über die Fähigkeiten, sich der terroristischen Bedrohung professionell entgegenstellen zu können. Dieses Desaster in der bundesdeutschen Geschichte ist die Geburtsstunde der GSG 9. Fünf Jahre später besteht Deutschlands erste Anti-Terror-Einheit dann erfolgreich ihre Feuertaufe, als ein Terrorkommando die Lufthansa-Maschine »Landshut« entführt. In der Operation »Feuerzauber« stürmt die GSG 9 die Maschine und befreit sämtliche Geiseln. Kurze Zeit nach ihrer Gründung wird die GSG 9 damit zur Legende. Bis heute ist vom »Mythos GSG 9« die Rede. 50 Jahre nach ihrer Gründung war die GSG 9 mehr als 2000-mal im Einsatz und damit deutlich öfter, als die meisten vermuten würden.

Dieses Buch will einen Einblick in Deutschlands bekannteste Spezialeinheit geben. Es ist ein Blick durchs Schlüsselloch in eine Welt, die immer noch sorgsam abgeschottet ist. Im Vordergrund steht die GSG 9 der Gegenwart: was sie kann und was sie einzigartig macht im Vergleich zu anderen Spezialeinheiten in Deutschland; wofür wir sie heute schon brauchen und womöglich eines Tages noch brauchen werden. Vor allem aber geht es in diesem Buch um die Männer und Frauen, aus denen die GSG 9 besteht und die sie als Einheits- oder Truppführer, als Einsatzkräfte, als Ärztin, in der Verbandsführung oder als Reinigungskraft zu dem machen, was sie ist, in der Gegenwart und in der Vergangenheit. Fünfzig Jahre nach ihrer Gründung ist die GSG 9 voll von Geschichten, über Erfolge wie Misserfolge. Aktive wie ehemalige Einsatzkräfte erzählen, was sie bei der GSG 9 erlebt haben. In diesem Buch kommen diejenigen zu Wort, die selbst dabei waren: 1993 in Bad Kleinen, 1997 im Kongo, 2004 im Irak oder 2009 vor der somalischen Küste, um nur einige Beispiele zu nennen. Selbst bei der bestens dokumentierten Geschichte rund um die Entführung der »Landshut« gibt es noch Neues zu entdecken: »Walter« erzählt seine Geschichte, der bei der Erstürmung der »Landshut« als Erster in der Maschine war. »Peter« sprengte 1978 das »Celler Loch«, und »Andreas« war nach dem Einsatz auf dem Bahnhof von Bad Kleinen einer der beiden Beamten, die verdächtigt wurden, den RAF-Terroristen Wolfgang Grams »hingerichtet« zu haben. »Wanne« wurde 2018 in Königsbrück angeschossen und lebensgefährlich verletzt. Sie alle haben bisher noch nie öffentlich über das gesprochen, was sie erlebt haben. So professionell die GSG 9 ist, so wenig drängt sie sich ins Rampenlicht. »Ich war immer sehr beeindruckt davon, dass da ein Geist von zurückhaltender Professionalität herrscht in der GSG 9«, sagt Hans-Georg Engelke, Staatssekretär im Bundesinnenministerium. »Von Leuten, die einfach ihr sehr schwieriges Handwerk verstehen und mit Augenmaß anwenden. Das ist für mich das Hauptcharakteristikum.«

So anhaltend die Faszination ist, die für viele bis heute von der GSG 9 ausgeht, so hartnäckig halten sich Missverständnisse rund um den Verband. Um das größte gleich zu Anfang auszuräumen: Die GSG 9 gehört nicht zur Bundeswehr, sondern zur Polizei. Sie ist die Spezialeinheit der Bundespolizei, die aus dem Bundesgrenzschutz hervorgegangen ist – daher auch ihr Name: **G**renz**s**chutz**g**ruppe 9. Auch wenn sie in puncto Ausbildung, Fähigkeiten und Ausrüstung so militärisch ist, wie die Polizei sein kann, so sind die Beamten der GSG 9 dennoch Polizisten. Ihr Auftrag ist es, Menschen festzunehmen oder eine drohende Gefahr für Leib und Leben abzuwehren. Wie es im

Polizeideutsch heißt: eine »Lage« zu lösen. Sie haben es mit einem »polizeilichen Gegenüber« zu tun, das besonders gefährlich ist: mit Terroristen, bewaffneten Extremisten und Schwerkriminellen. Insofern ist die GSG 9 mit dem Etikett »Anti-Terror-Einheit« nur unzulänglich beschrieben, auch wenn sie am meisten mit dem Kampf gegen den Terrorismus in Verbindung gebracht wird. Die GSG 9 ist nicht nur die größte polizeiliche Spezialeinheit in Deutschland – mit Fallschirmspringern und taktischen Tauchern verfügt sie darüber hinaus über Fähigkeiten, die es innerhalb der deutschen Polizei sonst nicht gibt. Hinzu kommt, dass nur sie auch im Ausland eingesetzt werden kann. In diesem Sinne ist sie einzigartig in Deutschland. »Die GSG 9 ist für mich die Elitetruppe schlechthin in der deutschen Polizei«, meint der SPD-Bundestagsabgeordnete und Innenexperte Uli Grötsch. Und für Armin Schuster (CDU), selbst Bundespolizist und Innenminister in Sachsen, steht fest, dass die GSG 9 auch international keinen Vergleich mit anderen Spezialeinheiten scheuen muss: »Die GSG 9 gehört zur Weltelite und ist unter den weltbesten vorne mit dabei.«

Ein Blick in die Welt der GSG 9 ist ein Blick in die Herzkammer der deutschen Sicherheitsarchitektur. »Ich glaube, die GSG 9 füllt eine wichtige Funktion aus in einem Bereich, wenn es mal hart auf hart kommt für einen Staat. Und ein Staat Mittel zum Einsatz bringen muss, die im Grunde genommen allem widerstreben, wofür wir stehen«, sagt Hans-Georg Engelke. »Wir versuchen immer, mit Dialog und Diskurs und Überzeugung zu handeln, wir gehen davon aus, dass eine Zivilgesellschaft funktioniert. Aber da, wo das alles ans Ende kommt, da muss ein Staat handlungsfähig sein und auch wirksam handlungsfähig sein.« 50 Jahre nach ihrer Gründung ist die GSG 9 aus der deutschen Sicherheitsarchitektur nicht wegzudenken. Deutschland ist zwar ein vergleichsweise sicheres Land. Dennoch ist die terroristische Bedrohung unserer Gesellschaft eine Konstante in der bundesdeutschen Geschichte, ob nun durch Islamisten, Links- oder Rechtsterroristen. Insofern ist ein Buch über die GSG 9 zwangsläufig auch ein Blick auf die Entwicklung der Sicherheitslage. Die Entwicklung der GSG 9 ist damit untrennbar verbunden. »Die

GSG 9 ist ein Einsatzverband, der sich in seiner Geschichte ständig strukturell und taktisch weiterentwickelt hat, um Einsatzlagen bestmöglich zu lösen«, erklärt GSG 9-Kommandeur Jerome Fuchs. Er steht seit 2014 an der Spitze der GSG 9 und hat den Verband in mancherlei Hinsicht neu aufgestellt. Vor allem mit einem zweiten Standort neben dem angestammten Hauptsitz in St. Augustin bei Bonn: Seit 2019 ist die GSG 9 dauerhaft mit einer Einsatzeinheit auch in Berlin stationiert. Ein Novum in der Geschichte des Verbands. Fuchs hat den Verband auch mehr denn je für Einblicke von außen geöffnet, soweit dies möglich ist.

Einblicke in die GSG 9 hat es schon immer gegeben. Dokumentarfilme, Reportagen, Bücher – tatsächlich ist die GSG 9 Medien gegenüber von Anbeginn aufgeschlossen gewesen. Einen Einblick in der Tiefe und Breite, wie dieses Buch ihn ermöglicht, hat es bisher allerdings noch nicht gegeben. Dieses Projekt ist deshalb auch für die GSG 9 eine neue Erfahrung gewesen. Möglich war es nur aufgrund einer Vertrauensbasis, die über Jahre gewachsen ist. Das gilt insbesondere für die zahlreichen Interviews, von denen das Buch lebt. Eine wichtige Etappe auf dem Weg zu diesem Buch war der Dokumentarfilm »GSG 9 – Terror im Visier« des Rundfunks Berlin Brandenburg (rbb), den ich im Laufe des Jahres 2019 gemeinsam mit Patricia Corniciuc für die ARD produziert habe. Bereits er zeigte Aufnahmen aus dem Innenleben der GSG 9, die bis dahin im Fernsehen noch nicht zu sehen waren. Ein Film wie dieser, wie auch dieses Buch, bringt es mit sich, Kompromisse eingehen zu müssen. Denn natürlich ist nicht alles möglich. Vieles bei der GSG 9 unterliegt der Geheimhaltung. Ihre Einsatztaktik, Teile der Ausrüstung, bestimmte Fähigkeiten, bis hin zu Identität der Einsatzkräfte – nicht alles, was man als Außenstehender, der in diesem Umfang Einblick erhält, sieht und erfährt, darf auch berichtet werden.

Allerdings habe ich immer klargemacht, dass nichts unerwähnt bleibt, das für mich als Autor bedeutend erscheint. Das Buch wurde nach journalistischen Kriterien geschrieben. Zu keinem Zeitpunkt gab es seitens der GSG 9 Vorgaben bei Interviews mit Einsatzkräften, alle

Fragen und Antworten waren erlaubt, wenn es nicht gerade um Einsatztaktik ging. Viele Gespräche fanden unbegleitet statt. Dabei sind diejenigen, die sich bereit erklärten, als Gesprächspartner für dieses Buch zur Verfügung zu stehen, durchaus ein persönliches Risiko eingegangen. Denn was am Ende aus dem entstehen würde, was sie in Interviews erzählten, darauf hatten sie keinerlei Einfluss. Mit der Zeit entwickelte das Projekt eine Eigendynamik, die dazu führte, dass es im Umfang deutlich über das hinausging, was ich im Vorfeld für möglich gehalten hatte. Das Manuskript hat die GSG 9 zu keinem Zeitpunkt zu Gesicht bekommen, obwohl die Verantwortlichen wussten, dass auch Geschichten erzählt werden, die die GSG 9 nicht so gerne über sich hört – auch die gibt es. Alle Interviews, auch diejenigen im politischen Raum, habe ich selbst geführt. Sie bilden die Grundlage für das Buch. Alle Zitate stammen aus den für dieses Buch geführten Interviews, es sei denn, sie sind anderweitig kenntlich gemacht. Aus diesem Grund kommt das Buch auch ohne einen Anmerkungsapparat aus. Die Einsatzkräfte kommen in der Regel unter ihrem Spitznamen zu Wort, den fast jeder in der GSG 9 hat. Nur ganz selten wollte jemand nicht namentlich zitiert werden, in diesen Fällen habe ich demjenigen im Interesse einer besseren Lesbarkeit einen Namen gegeben, das aber deutlich gemacht. Nur sehr wenige Zitate sind anonym ohne jegliche Namensnennung.

Fälle von Rassismus und Rechtsextremismus sowie Veruntreuung von Munition, Sprengstoff oder Waffen haben Spezialkräfte in der Polizei und mit dem Kommando Spezialkräfte (KSK) auch in der Bundeswehr in den vergangenen Jahren in Verruf gebracht. Im KSK wurde eine ganze Kompanie aufgelöst, in Sachsen ein Mobiles Einsatzkommando (MEK) und in Hessen das Spezialeinsatzkommando (SEK) Frankfurt. Darüber hinaus ermittelten die Sicherheitsbehörden über Jahre umfangreich, weil sogenannte Prepper sich mit Soldaten oder Reservisten und auch Polizisten in Gruppen zusammenschlossen. Personen mit Zugang zu Waffen, die meinten, sich auf einen Tag X vorbereiten zu müssen, an dem die staatliche Ordnung zusammenbricht und sie die Macht übernehmen können. Diese Ermittlungen dauern bis heute an. Zwischenzeitlich stand gar die Frage im Raum, ob es ein großes, konspirativ agierendes Netzwerk von Personen innerhalb der Sicherheitsbehörden zu genau diesem Zweck gibt. Ein Buch über die GSG 9 darf an diesem Thema nicht vorbeigehen. Denn es beschäftigt die Spezialkräfte selbst intensiv und prägt, wie sie wahrgenommen werden. Die GSG 9 selbst war von Vorfällen und Ermittlungen in diesem Zusammenhang nicht betroffen.

Tatsächlich hat die GSG 9 in dieser Hinsicht eine weiße Weste. Das heißt nicht, dass nicht auch hier Fehler passieren und Dinge schiefgehen. In Bad Kleinen und im Irak musste die GSG 9 erleben, dass eigene Einsatzkräfte ihr Leben verloren. Der Verband ist über die Jahrzehnte jedoch weitgehend frei von Skandalen geblieben. Allerdings nicht von Skandalisierungen, wie das Kapitel *Bad Kleinen* zeigt. Doch auch hier lohnt es sich, genauer hinzusehen. Auch wenn die Version von der angeblichen Hinrichtung des Wolfgang Grams längst widerlegt ist, wurde bis heute noch nicht erzählt, was die Vorwürfe gegen die Beamten seinerzeit eigentlich mit ihnen und der GSG 9 insgesamt gemacht haben. Diese Perspektive will dieses Buch beisteuern. Auch die Geschichte um den abgeblasenen Einsatz vor der somalischen Küste im Jahre 2009, als es darum ging, das von Piraten entführte deutsche Containerschiff »Hansa Stavanger« zu befreien, ist noch nicht zu Ende erzählt. Bisher unbekannt ist, dass der Einsatz mit einer Intrige aus dem Bundesverteidigungsministerium verhindert wurde, was dieses Buch belegen will.

Es bietet viele Einblicke in die Frühphase der GSG 9, als die Sitten noch etwas rauer waren als heute, bis hin in die Entwicklungen in der Gegenwart: zum Beispiel in die noch junge Einsatzeinheit in der Hauptstadt, mit der sich die GSG 9 ein Stück weit neu erfunden hat. Auch über die Zukunftspläne des Verbands gibt es exklusive Informationen. Nach dem zweiten Standort in Berlin gibt es Pläne für weitere Standorte, die zwar politisch noch nicht final entschieden, aber zumindest auf den Weg gebracht sind: insbesondere ein geplanter Standort an der Küste, wo die maritime Einheit der GSG 9 stationiert werden könnte. 50 Jahre nach Gründung des Verbands ist ein guter Zeitpunkt, um Bilanz zu ziehen, wo die GSG 9 heute steht und in welche Richtung sie sich in den kommenden Jahren entwickeln will.

Berlin, April 2022 Michael Götschenberg

Kapitel 1

Eros und die Fallschirmspringer

Wo die GSG 9 zu Hause ist

Hangelar liegt zwischen St. Augustin und Bonn. Ein kleiner, ruhiger Ort, westdeutsche Kleinstadtidylle, nicht einmal zehntausend Menschen leben hier. Im Komponistenviertel, in der Mozart-, der Beethoven- oder der Brahmsstraße, reiht sich ein gepflegter Vorgarten an den anderen. Das Größte in Hangelar ist der Standort der Bundespolizei. »Bundesgrenzschutzallee 100« lautet die Adresse, die bis heute daran erinnert, dass die Bundespolizei früher einmal anders hieß. An einem Sommermorgen in der zweiten Augusthälfte 2021 herrscht am Tor der übliche rege Betrieb zu Beginn eines Arbeitstages, ein Auto nach dem anderen fährt auf das Gelände. Einen Steinwurf dahinter befindet sich seit nunmehr 50 Jahren das Hauptquartier der GSG 9. Die Zufahrt ist selbst innerhalb des Bundespolizeigeländes mit Betonsperren gesichert, das Gelände mit einem hohen Zaun abgeriegelt, der mit Kameras kontrolliert wird. Zur linken Hand hinter der Toreinfahrt liegt das Hauptgebäude, ein Funktionsbau aus den 1970er-Jahren, der sich über eine Länge von etwa hundert Metern erstreckt. Über dem Eingang in der Mitte prangt das Verbandsabzeichen der GSG 9: ein Bundesadler mit Eichenlaub zu beiden Seiten, in Gold auf dunkelgrünem Untergrund: die »Schwinge«. Die Rasenfläche davor ist groß genug, dass ein Hubschrauber darauf landen könnte. Neben dem fünfstöckigen Hauptgebäude gibt es ein Nebengebäude, eine Vielzahl von Fahrzeughallen sowie ein weiteres großes Gebäude, das nach dem Baukastenprinzip aus modernen Containern zusammengesetzt ist. Der Fuhrpark rund um die Rasenfläche steht in deutlichem Kontrast zum spröden Charme der Architektur: Moderne Limousinen und Kleinbusse in großer Zahl machen deutlich, dass bei der GSG 9 zwar viele Jahre lang kaum Geld in die Modernisierung der Liegenschaft geflossen ist, beim Fuhrpark aber keine Wünsche offenbleiben.

Es ist ein bewölkter Spätsommertag, ab und an regnet es kurzzeitig. Bei der dritten Einheit steht heute das an, was sie zu etwas Besonderem macht im Vergleich zu den anderen Einsatzeinheiten der GSG 9: springen. Die »300er« sind die Fallschirmspringer der GSG 9. Die eine Hälfte der Einheit ist zurzeit hier im Hauptquartier, die andere auswärts auf einer Übung, die mehrere Tage dauert. Die Männer in Hangelar wollen mit einem »Super Puma«-Hubschrauber der Fliegerstaffel der Bundespolizei über dem Gelände aufsteigen und Zielsprung trainieren. Nach dem Absprung sollen sie der Reihe nach mit dem Fallschirm auf dem Dach des Schieß- und Ausbildungszentrums der GSG 9 landen, das sich ganz in der Nähe ebenfalls auf dem Gelände der Bundespolizei befindet. Gesprungen wird mit vollem Gepäck, wie unter Einsatzbedingungen. Zwei Springer bekommen einen Tandempartner vor den Bauch geschnallt. Sie sind die Tandemtrainer der Einheit und in der Lage, auf diese Weise Personen, die keine Fallschirmspringer sind, in ein Einsatzgebiet zu bringen.

Wer ins Hauptgebäude hineingeht, kommt an vier Gedenktafeln vorbei, mit den Fotos und Namen der im Einsatz getöteten GSG 9-Beamten Michael Newrzella, Tobias Retterath, Thomas Hafenecker sowie Mirko Kanzler. Im zweiten, dritten und vierten Obergeschoss befinden sich die drei Einsatzeinheiten, die seit jeher in Hangelar stationiert sind und das Herz der GSG 9 sind. Erst seit wenigen Jahren gibt es eine vierte in Berlin. Jede der drei Einheiten hat einen eigenen Flur, der sich über die gesamte Länge des Hauptgebäudes erstreckt. Der Flur der »300er« ist heute Vormittag wie leer gefegt. Jeder der Männer hat hier einen Schlafplatz, genutzt werden sie allerdings kaum, denn die meisten wohnen in der Nähe. Nur einige Pendler sind Unterkunftsschläfer. Die Türen der einzelnen Buden stehen immer offen. Außenstehende lassen die meisten allerdings nicht hinein. Das hat wohl auch mit der Unordnung zu tun, die bei einigen herrscht, vor allem aber damit, dass hier sehr private Dinge zu sehen sind, wie zum Beispiel Familienfotos. Identitätsschutz spielt eine wichtige Rolle bei der GSG 9. Zur linken und rechten Seite des Flurs stehen vor den Türen zahlreiche Wäscheständer, auf denen die Männer nass gewordene Uniformen, Sportklamotten und Handtücher trocknen.

An den Wänden hängen zahlreiche Erinnerungstafeln und Fotos von Besuchen bei anderen Spezialeinheiten im Ausland, auch Gastgeschenke von Partnereinheiten, die in Hangelar zu Besuch waren. Manches davon ist jahrzehntealt – der endlos lange Flur mit dem kalten Licht aus Neonröhren ist wie eine organisch gewachsene Museumsmeile, in der die Geschichte der Einheit dokumentiert ist. Ein Ausstellungskonzept gibt es allerdings nicht. Es sieht so aus, als seien die Dinge immer dorthin gehängt worden, wo gerade Platz war. Mittendrin gibt es Orte für den Feierabend: Eine Dartscheibe hängt an der Wand, die sich bei den Männern großer Beliebtheit erfreut. Einige nutzen jede freie Minute, um ein paar Pfeile zu werfen. An einem Ende des Flurs steht ein Kickertisch. An einer Stelle wirkt der Flur sehr aufgeräumt: Dort hängen Fotos der mittlerweile verstorbenen Mitglieder der dritten Einheit, Schwarz-Weiß-Aufnahmen, penibel aufgereiht in mehreren Regalen. Gegenüber hängt ein großes Bild von »Ärmel«, wie Tobias Retterath genannt wurde. Er starb 2004 im Irak – der bisher Einzige aus der dritten Einheit, der im Einsatz ums Leben kam. Dieser Flur ist mehr als nur ein Arbeitsort, er ist die Lebensader der dritten Einsatzeinheit. Hier kommen die Männer zusammen, morgens zum Antreten, um zu besprechen, was anliegt, und hier wird der Dienst auch gemeinsam beendet. Oft trinken sie nach Feierabend noch ein Bier zusammen. Wenn es etwas zu feiern gibt, einen Geburtstag, ein neugeborenes Kind, dann wird hier ein Frühstück aufgebaut. Neben dem Flur gibt es einen Aufenthaltsraum. Will man sich abends noch sehen, dann kommt man meist hierher zurück. Dieser Flur ist auch ein bisschen wie ein Zuhause. Wie eine große Jungs-WG.

»Ich bin eher Abenteurer«

»Eros« sitzt im Büro der Einheitsführung. Ein Raum mit drei aneinandergestellten Schreibtischen, auf denen Bildschirme und Telefone stehen. Die Wände hängen voll mit Dienstplänen, mit der Wochen- und Urlaubsplanung, auch hier findet man Erinnerungsstücke unterschiedlichster Art aus den vergangenen Jahren. In einer Regalwand stehen Handbücher und Akten und ein erzgebirgischer Schwippbogen mit der Aufschrift »SEK Sachsen«. Der Fantasie sind keine Grenzen gesetzt, wenn Spezialkräfte sich mit Geschenken beglücken. An einer Schranktür hängt ein Zitat von Helmut Schmidt aus seiner Fernsehansprache vom 5. September 1977, auf dem Höhepunkt des »deutschen Herbstes«: »Jeder Mensch weiß, dass es absolute Sicherheit nicht gibt. Aber diese Einsicht kann nicht die staatlichen Organe davon abhalten, mit allen verfügbaren Mitteln gegen den Terrorismus Front zu machen.«

Als Schmidt diese Sätze in der ARD sagte, war Eros, so sein Spitzname bei den Kameraden, noch gar nicht geboren. Er ist jetzt 39 Jahre alt. Seit Kurzem ist er der Chef der dritten Einheit. Er ist seit 16 Jahren bei der GSG 9, im Jahre 2005 begann er mit der Ausbildung. Nach dem Abitur ging er zunächst zur Bundeswehr, merkte aber, dass das nicht das Richtige für ihn war. Danach wollte er als Personenschützer zum Bundeskriminalamt (BKA) und wurde genommen. »Das war eine tolle Ausbildung«, erinnert sich Eros, »das hat mir richtig Spaß gemacht.« Doch dann fand sich keine Stelle in dem Bereich, sodass er zum Staatsschutz wechselte. Am BKA-Standort in Meckenheim, auf der anderen Seite von Bonn, hatte er dann mit Ermittlungen im Bereich Rechtsextremismus zu tun. Allerdings hatte er noch immer nicht das Gefühl, am richtigen Ort angekommen zu sein. »Dort traf ich dann einige, die früher mal bei der GSG 9 gewesen waren«, erzählt Eros. »Einer berichtete von einem Einsatz, von einer Lage in El Salvador, wie er alarmiert und ausgeflogen wurde – es ging darum, deutsche Staatsbürger zu evakuieren. Da habe ich gedacht: Das kannst du dir auch vorstellen.« Ihm sei klar geworden, dass der Schreibtischjob beim

BKA nicht das Richtige für ihn war. »Ich bin von meinem Naturell eher Abenteurer. Das ist einfach so.« Schließlich bewarb sich Eros beim Auswahlverfahren der GSG 9. »Knackig« sei das gewesen, meint er. Ein halbes Jahr lang habe er sich vorbereitet, körperlich, aber vor allem auch auf den psychologischen Eignungstest. Als die Entscheidung einmal gefällt und er angenommen war, habe es für ihn aber kein Zurück mehr gegeben. »Selbst in der Härtewoche bei der Ausbildung habe ich gesagt: Ich tausche das nicht mehr ein gegen einen Platz am Schreibtisch.«

Neun Monate dauerte dann die Ausbildung. »Die Herausforderung war, immer fokussiert zu bleiben«, erinnert sich Eros. In seiner Jugend habe er viel Fußball gespielt. »Das ist ein Teamsport – so wie hier. Die GSG 9 ist und bleibt für mich ein Teamsport. Das sind die gleichen Mechanismen.« Wie die meisten bei der GSG 9 glüht Eros für seinen Job. Die Familie muss oft hintanstehen. Die letzten Geburtstage seines Sohnes habe er alle verpasst, gesteht Eros. Trotzdem stehe die Familie für ihn an erster Stelle. »Aber ich habe jahrelang mit den Kameraden hier mehr Zeit verbracht als mit der Familie. Die GSG 9 ist keine Ersatzfamilie, aber sie ist eine zweite Heimat für mich.« Natürlich gebe es auch Tage, an denen er unzufrieden sei. Momentan zum Beispiel wäre er gerne in Afghanistan. Das Gespräch findet statt, als die Taliban im August 2021 gerade in Kabul die Macht übernommen haben. Tausende verzweifelte Menschen versuchen, das Land zu verlassen. Die Bundesregierung hat die Bundeswehr geschickt, um deutsche Staatsangehörige und zumindest diejenigen Afghanen auszufliegen, die als Ortskräfte in den zurückliegenden 20 Jahren in deutschen Diensten standen und deshalb akut gefährdet sind. So viele wie möglich werden mit A400M Transport-Maschinen evakuiert. Das Kommando Spezialkräfte der Bundeswehr (KSK) wurde eingeflogen, um die Evakuierung abzusichern. Die GSG 9 ist nicht vor Ort. »Das tut richtig weh«, sagt Eros. Er wäre jetzt lieber dort.

Als er bei der Bundeswehr war, ging es darum, die Truppe für die besonderen Herausforderungen des Einsatzes in Afghanistan auszubilden. Auch Eros wurde ein Jahr lang für den Orts- und Häuserkampf trainiert. In dieser Zeit sammelte er erste Erfahrungen im Präzisionsschießen. Nach Abschluss der Ausbildung bei der GSG 9 entschied er sich auch deshalb dafür, bei der ersten Einsatzeinheit, den Präzisionsschützen, anzufangen. Zunächst ging es darum, Teil des Teams zu werden, erinnert er sich. »Das ist tatsächlich ein Prozess. Es fängt damit an, dass du vom Kommandeur das Tätigkeitsabzeichen bekommst – die ›Schwinge‹. Damit ist sichtbar, du gehörst irgendwie dazu. Aber das ist auch nur der erste Schritt.« Man müsse seinen Platz in der Einheit finden, meint er. Wieder fällt ihm ein Vergleich mit dem Fußball ein. »Wenn du in der Kreisklasse A gespielt hast, findest du dich schnell zurecht. Da gibt es auch verschiedenste Charaktere, aber alle ziehen an einem Strang.« In dieser Zeit erhält Eros auch seinen Spitznamen. Bei der Aufnahmefeier in die erste Einheit musste er Karaoke singen, einen Song von Eros Ramazotti. »Das war richtig schlecht«, lacht er. Seitdem wird er nur noch Eros genannt. Fast alle Einsatzkräfte bei der GSG 9 haben einen Spitznamen. »Nach einem Jahr hat mein Truppführer mich dann das erste Mal so richtig beleidigt«, erinnert er sich grinsend. »Da war mir klar, jetzt bist du akzeptiert.« Schon bald ging es ins Ausland: Einmal war er im Irak, als die GSG 9 in Bagdad für den Schutz des Botschaftspersonals verantwortlich war, das zweite Mal in Mali, auch zum Schutz des Botschaftspersonals. Schließlich wechselte Eros als Truppführer in die dritte Einheit. Seitdem ist er bei den Fallschirmspringern.

Die GSG 9 ist die einzige polizeiliche Spezialeinheit in Deutschland, die über Fallschirmspringer verfügt. Es ist eine besondere taktische Fähigkeit, ähnlich wie das Tauchen bei der maritimen Einsatzeinheit. Zur Wahrheit gehört allerdings, dass es noch nie einen Einsatz der GSG 9 mit Fallschirmspringern gegeben hat. Wie alle Einheiten machen auch die Fallschirmspringer alle möglichen Einsätze, für die die GSG 9 angefordert wird. Die Einsatzeinheiten unterscheiden sich nur in ihrer jeweiligen Spezialisierung, sonst können und machen alle dasselbe. Der Sprung mit dem Fallschirm kann unter bestimmten Bedingungen allerdings von großem Vorteil sein, sogar den entscheidenden Vorteil bringen, denn die Annäherung aus der Luft kann sicherer sein als auf dem Landweg. Es ist auch eine Möglichkeit, sich unbemerkt zu nähern. Dabei gibt es zwei Varianten: den Zielsprung oder den Gleitsprung. Beim Zielsprung geht es darum, beispielsweise auf das Dach eines Gebäudes zu springen, um von dort zu beobachten oder einen Zugriff zu machen. Idealerweise in der Nacht, um nicht bemerkt zu werden. »Punktgenau zu landen ist eine Riesenherausforderung«, erklärt Eros. »Da gehört eine Menge Training dazu.« Zum Beispiel, wenn es darum geht, auf das Gelände einer deutschen Botschaft im Ausland zu gelangen, und die Frage ist, wie man das Team hineinbekommt. »Der kleine, präzise Schnitt, möglichst unkonventionell – das ist unser Thema.« Wie zielgenau gesprungen werden kann, hat vor allem mit den Windverhältnissen zu tun, erklärt Eros. Im Unterschied zum Zielsprung geht es beim Gleitsprung um etwas anderes: Während die Springer beim Zielsprung der Reihe nach landen und jeder die Landung der nachfolgenden Springer sichert, geht es beim Gleitsprung darum, gleichzeitig auf einem größeren Areal anzukommen, um sofort maximale Feuerkraft zu haben.

Dabei können die Springer der GSG 9 in einem Tandemsprung auch Personen befördern, die in der jeweiligen Situation vor Ort benötigt werden – einen Arzt zum Beispiel, oder einen Dolmetscher. Dafür gibt es besonders ausgebildete Tandem-Master. Ausgebildet werden die Fallschirmspringer der GSG 9 bei der Bundeswehr in Altenstadt. Der Lehrgang dauert sechs Wochen. Kommen die Männer zurück, sind sie in der Lage, bei Nacht mit Gepäck im Trupp zu springen. Zurück in Hangelar, werden die Springer noch weiter spezialisiert: als Tandem-Master oder zum Einsatzoffizier, der berechnet, mit welcher Gleitstrecke bei den unterschiedlichsten Windverhältnissen operiert werden muss. Mit den USA gibt es eine regelmäßige Ausbildungskooperation, mit dem Hostage Rescue Team des FBI und der Naval Special Warfare Development Group der US Navy, kurz DEVGRU, früher Seal Team Six genannt. Der Vorteil des Trainings in den USA sind nicht zuletzt die deutlich besseren Witterungsbedingungen.

Das Wetter in Hangelar setzt an diesem bewölkten Sommertag dem

Sprungtraining der 300er schließlich ein jähes Ende. Die Wolken stehen zu tief. In einem Einsatz würde man vielleicht darüber hinwegsehen, sagt einer der Männer, aber bei einer Übung sei ein Sprung jetzt nicht mehr zulässig. Am späteren Nachmittag schließlich wird es noch einmal ernst: Es steht noch eine Einsatzbesprechung an. Diese findet allerdings hinter verschlossenen Türen statt. Worum es geht, bleibt geheim. Noch mehr als die Taucher der GSG 9 sind die Fallschirmspringer auf günstige Wetterbedingungen angewiesen. Doch nicht nur das Wetter macht den Fallschirmspringern zurzeit einen Strich durch die Planung. Die Corona-Pandemie tut ein Übriges: Im September 2021 wollte die GSG 9 ihr 49-jähriges Bestehen eigentlich mit einem symbolträchtigen Absprung der dritten Einheit über dem Flugplatz Fürstenfeldbruck begehen. Symbolträchtig deshalb, weil sie gemeinsam mit der israelischen Eliteeinheit »Yamam« springen wollte. Auf dem Flugplatz in Fürstenfeldbruck starben 1972 die Sportler des israelischen Olympiateams, die ein Terrorkommando als Geiseln genommen hatte.

Die Yamam ist die Anti-Terror-Einheit der israelischen Polizei und die Partnereinheit im Ausland, mit der die GSG 9 sich wohl am engsten verbunden fühlt. »Das ist für uns ein ganz besonderes Verhältnis. Das sind unsere Freunde«, sagt Eros. Das hat historische Gründe: GSG 9-Gründungskommandeur Ulrich Wegener reiste bereits 1972, in der Aufbauphase der GSG 9, nach Israel, um sich dort – bei den Spezialisten für den Anti-Terror-Kampf schlechthin – Expertise zu holen. Gleichzeitig ging es darum, das Vertrauen der Israelis zurückzugewinnen, nachdem der Versuch einer völlig überforderten deutschen Polizei, die Geiselnahme der israelischen Olympiamannschaft gewaltsam zu beenden, in einem Desaster geendet hatte. Die Fallschirmspringer der GSG 9 halfen der Yamam vor wenigen Jahren dabei, ihrerseits eine Springer-Komponente aufzubauen, über die sie bis dahin noch nicht verfügte. Über einen Zeitraum von vier Jahren wurden Einsatzkräfte der Yamam in Hangelar jeweils zwei Wochen pro Jahr von der GSG 9 im Ziel- und Gleitsprung ausgebildet. Die Yamam hat seitdem bereits Einsätze mit Fallschirmspringern durchgeführt. Die GSG 9 noch nicht. Wegen der Corona-Pandemie mussten die Pläne für einen gemeinsamen Absprung über dem Flugplatz von Fürstenfeldbruck verschoben werden – er soll nun im Frühjahr 2022 nachgeholt werden. Und damit 50 Jahre nach der Tragödie, die zur Gründung der GSG 9 führte. Als der Bundesregierung und der Weltöffentlichkeit vor Augen geführt wurde, dass die Bundesrepublik der terroristischen Bedrohung im Jahre 1972 nichts entgegenzusetzen hatte.

KAPITEL 2

München 1972 und die Gründung der GSG 9

Tage, die alles änderten

Der 5. September 1972 war der elfte Tag der XX. Olympischen Sommerspiele in München. Zehn Tage lang schien das Konzept der »heiteren Spiele« voll aufzugehen: Neben dem sportlichen Wettbewerb stand der Spaß im Vordergrund. Die Stimmung im Olympischen Dorf war ausgelassen und steckte die gesamte Stadt an. Auch das Sicherheitskonzept für die Spiele sollte sich dieser Maxime unterordnen und den Charakter der Spiele nicht beeinträchtigen. Für die Sicherheit im Olympischen Dorf und den Sportstätten war ein Ordnungsdienst zuständig, der zwar aus 2 000 Polizeibeamtinnen und -beamten bestand, die jedoch auf keinen Fall martialisch wirken sollten. Deshalb trugen sie keine Uniform, sondern waren in Himmelblau und Weiß gekleidet und nicht bewaffnet. Es handelte sich je etwa zur Hälfte um Beamte der bayerischen Landespolizei und des Bundesgrenzschutzes. Ein einfacher Maschendrahtzaun von zwei Meter Höhe trennte den Olympiapark von der Außenwelt. Der war jedoch alles andere als ein unüberwindbares Hindernis, wie sich in den frühen Morgenstunden des 5. September herausstellen sollte.

Es war der Tag, an dem sich alles änderte: Gegen 4:30 Uhr kletterten acht Männer in Trainingsanzügen über den Zaun. Sie hatten Sporttaschen dabei, in denen sie Kalaschnikows versteckt hatten. Die Männer waren ein palästinensisches Kommando, das zur Terrororganisation »Schwarzer September« gehörte. Zielstrebig liefen sie zur

Unterkunft der israelischen Sportler. Ihr Anführer nannte sich Issa. Die Männer zogen sich rasch um, die Trainingsanzüge aus und Straßenkleidung an, und drangen in das Haus Connollystraße 31 ein, in dem sich die Apartments der israelischen Sportler befanden. Kaltblütig erschossen sie den Trainer der Ringer, Mosche Weinberg. Der Gewichtheber Josef Romano wurde angeschossen und erlag noch in den Morgenstunden seinen Verletzungen. Weitere neun israelische Sportler wurden als Geiseln im Haus festgehalten, einigen anderen gelang die Flucht. Um kurz vor halb sechs übergab Issa einer Polizeibeamtin am Hauseingang die Forderungen der Terroristen: Auf dem Papier standen die Namen von mehr als 230 Palästinensern, die in israelischen Gefängnissen inhaftiert waren. Es fanden sich aber auch zwei Deutsche auf der Liste: Andreas Baader und Ulrike Meinhof von der »Rote Armee Fraktion« (RAF). Baader war erst drei Monate zuvor, am 1. Juni 1972, festgenommen worden, Meinhof zwei Wochen darauf. Issa machte zuerst Walther Tröger, dem »Bürgermeister« des Olympischen Dorfs, und schließlich auch dem eilig angereisten Bundesinnenminister Hans-Dietrich Genscher (FDP) deutlich, dass alle Gefangenen freizulassen seien. Außerdem verlangten die Terroristen ein aufgetanktes Flugzeug und freies Geleit in ein arabisches Land, andernfalls werde man die Geiseln erschießen. Das Ultimatum galt zunächst bis 9 Uhr, wurde dann aber mehrfach verlängert.

Eine Gruppe von 13 Beamten der bayerischen Polizei wurde in Trainingsanzügen »getarnt«, unter denen sie schusssichere Westen trugen, und auf das Dach des Hauses geschickt, mit dem Ziel, die Geiselnahme gewaltsam zu beenden. »Wir wussten, wir sind der Sache nicht gewachsen«, erinnert sich Einsatzleiter Heinz Hohensinn in dem sehenswerten Dokumentarfilm »Vom Traum zum Terror« der Autoren Florian Huber und Marc Brasse: »Das war einige Nummern zu groß für uns.« Doch der Einsatz der Beamten wurde schließlich abgeblasen, da er von Kamerateams gefilmt und weltweit in den Nachrichten gezeigt wurde. Tatsächlich konnten auch die Terroristen die Bilder im Fernsehen verfolgen. Die Mitglieder des Terrorkommandos hingegen zeigten sich bewusst immer wieder auf dem Balkon des Hauses Connollystraße 31, in Sturmhauben und wechselnder Aufmachung, sodass im Krisenstab bis zuletzt gerätselt wurde, um wie viele Attentäter es sich überhaupt handelte. Auf einer Pressekonferenz am Mittag machte der Münchner Polizeipräsident Manfred Schreiber daraus auch kein Geheimnis. Die Ratlosigkeit des Krisenstabs war dabei mit Händen zu greifen. Die Verhandlungen führte ausschließlich Issa, mit einem hellen Sonnenhut und Sonnenbrille. Zwischenzeitlich hoffte die Bundesregierung, die israelische Regierung würde ein Spezialeinsatzkommando schicken, doch dazu kam es nicht. Tatsächlich verfügten weder die bayerische Polizei noch der Bundesgrenzschutz über eine Spezialeinheit, die für eine Terrorlage wie diese ausgebildet und ausgerüstet gewesen wäre. Bundesinnenminister Genscher entschied, sich den Geiselnehmern im Austausch für die israelischen Sportler als Geisel anzubieten. Doch Issa lehnte ab. Schließlich willigte er ein, dass Genscher und Walther Tröger die Geiseln aufsuchen durften, um sich ein Bild von der Lage zu machen.

Im Krisenstab fiel die Entscheidung, die Geiseln nach Fürstenfeldbruck zu bringen, wo zum Schein eine Maschine der Lufthansa bereitstand. Dort sollte die Geiselnahme durch einen Zugriff beendet werden. Um 22 Uhr wurden die Terroristen und ihre Geiseln mit einem Bus aus der Tiefgarage des Olympischen Dorfs in der Connollystraße zu zwei Hubschraubern des Bundesgrenzschutzes gebracht und nach Fürstenfeldbruck geflogen. Der Krisenstab folgte mit einem weiteren Hubschrauber dorthin. Vor Ort warteten fünf Scharfschützen der bayerischen Landespolizei auf dem Dach des Gebäudes in unmittelbarer Nähe des Landeplatzes. Denn im Krisenstab ging man weiterhin davon aus, dass es sich um fünf Geiselnehmer handelte – tatsächlich waren es aber acht. In der bereitstehenden Boeing 727 wartete Einsatzleiter Hohensinn mit seinen Beamten mit dem Auftrag, die Geiselnehmer zu überwältigen. Ein Himmelfahrtskommando, was den Männern auch spätestens klar wurde, als sie in der Kabine der Maschine waren. Sie entschieden sich, den Einsatz abzubrechen, und positionierten sich in einem Graben in der Nähe des Flugzeugs. Kurz nachdem die beiden Hubschrauber mit den Terroristen und Geiseln landeten, eskalierte die Situation.

Nachdem Issa und einer seiner Männer die leere Lufthansa-Maschine in Augenschein genommen hatten, gingen sie zurück zu den Hubschraubern. In diesem Moment fingen die Scharfschützen an, das Feuer zu eröffnen. Der Zugriff endete in einem Blutbad: Über mehrere Stunden schossen Terroristen und Einsatzkräfte aufeinander. Ein Hubschrauber wurde durch eine Handgranate der Terroristen zerstört. Alle neun israelischen Geiseln starben, entweder durch die Detonation der Handgranate, oder sie wurden von den Terroristen erschossen. Auch ein Polizeibeamter starb im Kugelhagel. Drei Attentäter überlebten und ergaben sich schlussendlich um halb zwei am Morgen des 6. September. »Für mich war es der schrecklichste Tag meiner langen Amtszeit als Mitglied der Bundesregierung«, sagt Hans-Dietrich Genscher später in der Doku »Vom Traum zum Terror«. Genscher bot Bundeskanzler Willy Brandt (SPD) seinen Rücktritt an, doch dieser lehnte ab. Nach einer Trauerfeier im Olympiastadion wurden die Spiele fortgesetzt. »The games must go on«, die Spiele müssen weitergehen – der Satz des damaligen Präsidenten des Internationalen Olympischen Komitees, Avery Brundage, ist unvergessen.

Eine Spezialeinheit wird gegründet

Politisch kehrte man bemerkenswert schnell zur Tagesordnung zurück. Niemand musste seinen Posten räumen. Auch die Medien hielten sich mit Schuldzuweisungen zurück. »Anklagen ist leicht«, titelte die *Frankfurter Allgemeine Zeitung* am Tag nach der Tragödie. »Erst aufklären, dann urteilen«, hieß es in der *Süddeutschen Zeitung* am 8. September. Erst langsam und auch nur für kurze Zeit wurde thematisiert, welche Fehler von den Sicherheitsbehörden gemacht wurden und welche Konsequenzen sich daraus ergaben. Sehr schnell richtete sich die Aufmerksamkeit auf die bevorstehende Bundestagswahl am 19. November. Im Wahlkampf spielte die Tragödie des 5. und 6. September keine Rolle. Auch dann nicht, als die Attentäter keine zwei Monate nach ihrer Tat, am 29. Oktober 1972, durch eine Entführung einer Lufthansa-Maschine freigepresst wurden. Die israelische Regierung hatte kein Interesse daran, die Beziehungen zu belasten, hatten die Bundesrepublik Deutschland und Israel doch erst 1965 offiziell diplomatische Beziehungen aufgenommen. Lediglich der israelische Geheimdienst Mossad ging mit dem Krisenmanagement der Deutschen hart ins Gericht, wie im August 2012 bekannt wurde, als die israelische Regierung bis dahin geheim gehaltene Dokumente freigab: »Völlig chaotisch und unprofessionell« sei der Einsatz gewesen, »nicht das kleinste Risiko« seien die Deutschen eingegangen, um das Leben der Geiseln zu retten, berichtete Mossad-Chef Zvi Zamir nach seiner Rückkehr aus Deutschland. Er war am Abend des 5. September in München eingetroffen und dabei, als der Zugriff von Fürstenfeldbruck in einer Katastrophe endete. Diese Kritik erreichte zwar damals den Bundesinnenminister, aber nicht die Öffentlichkeit. Genscher blieb erspart, in Deutschland für das Desaster verantwortlich gemacht zu werden, nachdem er selbst bereit gewesen war, sich als Austauschgeisel zur Verfügung zu stellen. Gleichzeitig hingegen war offensichtlich, dass die Bundesrepublik für Terrorlagen dieser Qualität in keiner Weise gerüstet war. Außerdem hatte der Anschlag auf die Olympischen Spiele deutlich gemacht, dass der internationale Terrorismus Deutschland jederzeit mit voller Wucht treffen konnte.

Hans-Dietrich Genscher musste im Tower am Flugfeld in Fürstenfeldbruck mitansehen, wie der Polizeieinsatz zur Befreiung der Geiseln kläglich scheiterte. An der Seite des Ministers befand sich damals Ulrich Wegener, den Genscher als Verbindungsbeamten vom Bundesgrenzschutz ins Bundesinnenministerium geholt hatte. In seinen Erinnerungen »GSG 9. Stärker als der Terror« beschreibt Wegener, wie er Genscher im Anschluss an die Pressekonferenz am 7. September gesagt habe, dass Deutschland eine Anti-Terror-Spezialeinheit brauche, die mit solchen Situationen fertigwerden könne. Genscher habe zugestimmt. Tatsächlich trieb der Minister die Entwicklung politisch zügig voran: Bereits bei der nächsten Bund-Länder-Innenministerkonferenz am 13. September 1972 wurde beschlossen, dass der Bund eine Spezialeinheit aufbauen solle. Keine zwei Wochen danach, am 26. September, folgte ein Erlass des Bundesinnenministeriums, der festlegte, dass die neue Anti-Terror-Einheit innerhalb des Bundesgrenzschutzes gebildet und am Standort St. Augustin, und damit in der Nähe von Bonn, angesiedelt werden sollte. Wegener bat Genscher, die Einheit aufbauen zu dürfen, und erhielt den Zuschlag. Da es im Bundesgrenzschutz bereits acht Grenzschutzgruppen gab, wurde die neue Einheit Grenzschutzgruppe 9, kurz GSG 9, genannt. Zunächst nur provisorisch, doch ab Anfang 1973 setzte sich der Name durch.

Wegener macht in seinen Erinnerungen keinen Hehl daraus, dass der Aufbau der GSG 9 an vielen Stellen alles andere als wohlwollend begleitet wurde. Die Landespolizeibehörden waren um ihre Eigenständigkeit besorgt und betrachteten die Entwicklung mit Argwohn. Doch auch innerhalb des Bundesgrenzschutzes wurde die neue Einheit anfangs als Fremdkörper betrachtet: War sie doch direkt dem Bundes-

Bundesinnenminister Hans-Dietrich Genscher (rechts) lässt sich von Kommandeur Ulrich Wegener (links) ein Einsatzfahrzeug der neu aufgestellten GSG 9 zeigen

innenminister unterstellt, außerdem bekam sie sehr viel Geld. Die GSG 9 sollte etwas sein, das es bis dahin in Deutschland nicht gegeben hatte. Um auf völlig neue Bedrohungen reagieren zu können, galt es, Fähigkeiten zu entwickeln, die bislang in der deutschen Polizei nicht existierten. Wegener hatte sehr konkrete Vorstellungen, wie das gelingen konnte, und das bedeutete, mit vielem zu brechen, was bis dahin üblich war: »Deshalb plädierte ich für eine unkonventionelle Einheit im Hinblick auf Organisation, Ausbildung und Vorgehensweise«, schreibt er. Das betraf sowohl die Bewaffnung, die Uniformen, als auch das Führungsprinzip. Geführt wird »von vorne«, war Wegeners Credo, und das hieß: vor Ort und nicht aus einer entfernten Kommandozentrale. Entscheidend sollte die Einschätzung des Einheitsführers sein, der in der Lage sein sollte, selbstständig auf eine Entwicklung zu reagieren.

Die Anfänge oder »die Deppen hinterm Zaun«

Bereits ganz zu Anfang bezog die neue Einheit ihr Hauptquartier dort, wo es heute noch ist: auf dem Gelände des Bundespolizeistandorts in St. Augustin – auch wenn man zunächst in Baracken untergebracht war. Das Hauptgebäude entstand 1974. Das Personal rekrutierte Wegener im Bundesgrenzschutz: Doch so anders seine Vorstellungen bei der Organisation der GSG 9 waren, so wichtig war es ihm nach eigenem Bekunden auch, genau das Personal einzustellen, das diesem Anspruch gerecht werden konnte. Dementsprechend schwer war es in der Anfangszeit, geeignete Bewerber zu finden. Bereits früh arbeitete Wegener dabei mit Psychologen zusammen, insbesondere mit Wolfgang Salewski und seinem »Institut für Konfliktforschung« in München, der über Jahrzehnte der maßgebliche Partner der GSG 9 bei der Auswahl von Bewerbern und auch bei der psychologischen Einsatzbetreuung bleiben sollte. Wegener verstand, dass körperliche Fitness zwar wichtig, aber nicht allein entscheidend war, sondern nur in Verbindung mit intellektuellen Fähigkeiten zählte. »Für eine Spezialeinheit muss man weiter denken können als der normale Soldat oder Polizeibeamte«, schreibt er in seinen Erinnerungen. Im November 1972 begann die frisch aus der Taufe gehobene GSG 9 mit zunächst zwei Einsatzeinheiten, Anfang 1973 folgte eine dritte.

Im Jahr darauf fing »Walter« bei der GSG 9 an. Er war bis vor wenigen Jahren dabei, zuletzt als »Spieß«, also als Leiter des Innendienstes. Schon aufgrund der Altersgrenzen schaffen es nur wenige, bis zur Pensionierung bei der GSG 9 zu bleiben, Walter ist einer davon. Er schaut bis heute regelmäßig im Hauptquartier vorbei, auch an diesem Vormittag im Sommer 2021. Jeder kennt ihn hier, auch die Jüngeren. Er ist so etwas wie eine lebende Legende und ein wandelndes Geschichtsbuch der GSG 9. Von Mogadischu 1977 bis Hansa Stavanger 2009 – Walter war immer dabei. Die Haare sind einen Zentimeter kurz und mittlerweile grau, die Statur kräftig. Er trägt ein T-Shirt mit einer dunklen Weste darüber und helle Jeans. Der heutige Tag ist auch für ihn eine Premiere bei der GSG 9. Denn mit einem Journalisten hat er noch nie gesprochen.

Nach dem Hauptschulabschuss machte Walter zunächst eine Ausbildung zum Landwirt und absolvierte sein Gesellenjahr. Danach ging er zum Bundesgrenzschutz. Als er auf einem Lehrgang im niedersächsischen Walsrode war, kamen Mitarbeiter von Ulrich Wegener und machten Werbung für die neu gegründete GSG 9. »Das fanden wir spannend und gut und haben gesagt, das kann's doch noch nicht gewesen sein«, erzählt Walter. »Terrorbekämpfung – das hörte sich interessant an.« Zu viert bewarben sie sich schließlich. Im Oktober 1974, also ein Jahr nach Gründung der GSG 9, kam Walter in die erste richtige Ausbildungseinheit, die damals noch auf dem Bundeswehrstandort in Köln-Porz war. Er war damals 21.

Jeder musste sich einen Arbeitsnamen zulegen. Wie es zu »Walter« kam, will er lieber nicht erzählen. Am Anfang seien sie innerhalb des Bundesgrenzschutzes schief angesehen worden, erinnert sich Walter. »Die Deppen hinterm Zaun, haben die gesagt.« Am Ende sei es Neid gewesen, meint er. »Aber mit diesem Ruf haben wir lange zu kämpfen gehabt.« Eine andere Uniform, dicke Autos: Die Einsatzwagen der neuen Anti-Terror-Einheit waren Mercedes Benz 280 SE. Davon konnten die anderen nur träumen. Man kann sich das gut vorstellen zu einer Zeit, als Autos das Statussymbol schlechthin waren. Auch sonst fand der Elitenstatus äußerlich Ausdruck: vor allem in Gestalt des grünen Baretts, das nur die neue Grenzschutzgruppe 9 trug. Selbst als auf Betreiben Wegeners das Barett nach einigen Jahren im gesamten Bundesgrenzschutz zur Standard-Kopfbedeckung wurde, war es der GSG 9 vorbehalten, als Emblem den Bundesadler am Barett zu tragen und nicht das Wappen des Bundesgrenzschutzes. Das setzte sich fort. Als aus dem Bundesgrenzschutz die Bundespolizei wurde und die Farbe der Uniformen von Grün zu Blau wechselte, durfte ausschließlich die GSG 9 ihre grünen Uniformen behalten. Sie hat sie bis heute, auch wenn sich im Alltag mittlerweile die Uniformen in »Steingrau-Oliv« durchgesetzt haben. Dasselbe gilt für ihren Namen, denn Grenzschutzgruppen gibt es schon lange nicht mehr. »Wegener konnte damals in der Politik ein und aus gehen. Der hat alles bekommen, was er gefordert hat«, erinnert sich Walter. »Das war ein Mann, der ein be-

Elitestatus: Mercedes 280 SE als Einsatzfahrzeuge für die GSG 9

sonderes Charisma hatte, man hatte Achtung und zugleich Ehrfurcht vor ihm«, erzählt Walter. »Wenn der was gesagt hat, haben alle gelauscht.« Wegener habe sich auch für die Leute eingesetzt. »So manche Verfehlung konnte er nicht ab, da mussten auch Leute gehen.« Aber man habe auch mit privaten Problemen zu ihm kommen können.

Viele hätten sich in der Anfangsphase nicht getraut, sich bei der GSG 9 zu bewerben, meint Walter, aus Sorge, nicht an ihren alten Platz zurückkehren zu können, sollten sie das Auswahlverfahren nicht schaffen. »People« war einer von denen, die sich trauten. Auch er kommt noch häufig zum Standort und gehört zu denen, die jeder kennt. Wie Walter war auch People in Mogadischu dabei. 1982 nahm er mit seinem Einsatztrupp die RAF-Terroristinnen Brigitte Mohnhaupt und Adelheid Schulz in einem Wald bei Heusenstamm fest. Er kam mit 24 Jahren im März 1973 zur GSG 9, also in den ersten Monaten nach der Gründung. »Da ging es noch um Schießen, Keulen und Hindernislaufen«, erzählt er, noch nicht einmal Uniformen hätten sie damals gehabt. Doch schon schnell habe sich die Ausbildung erweitert: Abseilen aus dem Hubschrauber, Häuserkampf und Flugzeugsturm kamen dazu. Nachts auf den Flughäfen in Frankfurt am Main und Köln/Bonn. »Wir haben uns damals alle Maschinen kommen lassen, die wir kriegen konnten«, erinnert sich People. Schließlich habe man alles gewusst: wie die Türen öffnen, den Einstellwinkel für die Leitern für jedes Modell. »Wir waren voll motiviert, bis in die Haarspitzen. Die Stimmung war super.« Keiner habe so richtig gewusst, was sie eigentlich machten. »Wir haben aber auch nichts erzählt.«

Kommandeur Ulrich Wegener war in den ersten Jahren viel unterwegs, auch im Ausland. Zu seinem Stellvertreter machte er Klaus Blätte, der ihm später als Kommandeur nachfolgen sollte. »Der hat hier alles gemanagt«, erinnert sich Walter. Disziplin habe eine große Rolle gespielt. Das sei auch wichtig gewesen. »Wir hatten auch ein paar schräge Vögel dabei«, räumt People ein. Für die Ausbildung war vor allem Blätte zuständig. Walter denkt daran mit gemischten Gefühlen zurück. Von ihm seien sie sehr hart gefordert, regelrecht gequält worden. Die Einsatzeinheiten waren in Spezialeinsatztrupps (SET) gegliedert. Zunächst gab es weder Fallschirmspringer noch eine maritime Einheit, sondern lediglich Präzisionsschützen und »Stoßtrupps«. Walter war zunächst in der dritten Einsatzeinheit, später in der ersten. Erst Mitte der 1980er-Jahre hatte die GSG 9 Fallschirmspringer – Walter war der erste. Er wurde zunächst in den USA ausgebildet, dann folgte der Springer-Lehrgang bei der Bundeswehr in Altenstadt. Organisatorisch durchlief die GSG 9 mehrere Phasen: Zunächst wurden vier Einsatzeinheiten aufgebaut, dann wurde auf drei reduziert. Die Einsatztrupps bestanden zu Beginn aus fünf Mann, mit der Zeit wurden sie größer, gleichzeitig wurde die Anzahl der Trupps pro Einheit geringer.

Das Geschäft der jungen GSG 9 war zunächst unspektakulär: Nur gelegentlich wurde die neue Einheit von den Landespolizeibehörden angefordert, große Anti-Terror-Einsätze blieben in den ersten Jahren aus. Auch in den Ländern begannen die Innenministerien mit dem Aufbau von Spezialeinheiten, den Spezialeinsatzkommandos (SEK). Umso unermüdlicher wurde bei der GSG 9 trainiert: überall in Deutschland, aber auch im Ausland. Wegener selbst ließ sich zwischen 1973 und 1977 in den USA beim FBI und bei US-Spezialeinheiten ausbilden sowie beim Special Air Service (SAS) in Großbritannien. Ganz zu Anfang, bereits in der ersten Novemberhälfte 1972, und noch bevor er beim Aufbau der GSG 9 konkrete Schritte unternahm, fuhr er nach Israel, wo die meiste Expertise beim Kampf gegen den Terrorismus zu finden war. Unmittelbar nach dem Anschlag auf die israelische Olympia-Mannschaft war das kein leichtes Unterfangen. Doch es gelang Wegener, die Israelis dafür zu gewinnen, die Deutschen beim Aufbau einer Anti-Terror-Einheit zu unterstützen. Einer der Männer, deren Vertrauen er damals gewann, sollte es noch weit bringen: Ehud Barak war 1972 Kommandeur der Spezialeinheit des Mossad, »Caesarea«, später wurde er Ministerpräsident und Verteidigungsminister. Barak hatte während der Geiselnahme bei den Olympischen Spielen erfolglos gefordert, mit seiner Einheit nach München fliegen zu dürfen, um das Geiseldrama zu beenden. Dennoch entstand bei Wegeners Aufenthalt in Israel das Fundament, auf dem sich die bis heute einzigartige Partnerschaft zwischen der GSG 9 und israelischen Spezialeinheiten entwickelte. In den Jahren nach 1972 wartete die GSG 9 auf ihre erste große Bewährungsprobe. Am 13. Oktober 1977 war es schließlich so weit: Die vielen Trainingseinheiten an Flugzeugen sollten sich schlagartig bezahlt machen.

Kapitel 3

Der Kommandeur und der Flugzeugsturm

Die GSG 9 und die Lufthansa

Flughafen Frankfurt am Main. Am Rande des Rollfelds befinden sich die gigantisch großen Wartungshallen der Lufthansa. Es ist Mitte November 2021. In einer dieser Hallen stehen 13 Flugzeuge unterschiedlichster Größe, darunter drei Jumbojets. Sie warten darauf, routinemäßig überprüft zu werden, um danach wieder Passagiere zu befördern. Die Halle ist so groß, dass mehrere Dörfer hineinpassen würden. An einem Ende befindet sich ein kleiner Präsentationsraum, mit Sitzplätzen für rund 40 Gäste. Wie ein kleines Kino. Doch das Programm, das heute Abend geboten wird, ist besser als so mancher Actionfilm. Der Raum füllt sich, als ein Bus mit Führungskräften der Lufthansa vorfährt. Von Mitgliedern des Vorstands bis zum gehobenen Management ist alles dabei. Einmal im Jahr zeigt die GSG 9 ausgewählten Führungskräften der Kranich-Linie, was sie kann. Jerome Fuchs, der Kommandeur der GSG 9, ist aus Hangelar angereist und blickt in erwartungsvolle Augen. Er trägt die Uniform der GSG 9, am Oberarm das Badge mit der »1« und auf der Schulter vier goldene Sterne – der Kommandeur der GSG 9 hat den Dienstgrad »Leitender Polizeidirektor«. Fuchs ist 50 Jahre alt, drahtig, die dunkelblonden Haare sind kurz und ein bisschen strubbelig. Rund 45 Minuten dauert der Crashkurs über die GSG 9, den das Publikum bekommt, bevor es anschließend nach draußen in die Kälte zum Höhepunkt der Veranstaltung geht: einem Flugzeugsturm durch Einsatzeinheiten der GSG 9 auf dem Rollfeld.

Fuchs bedankt sich zunächst bei der Lufthansa. »Sie sind immer da, wenn wir sie brauchen«, sagt er. 2002 durfte er das selbst erleben, als er völlig überraschend mit einem Team nach Elfenbeinküste geschickt wurde, zum Schutz des deutschen Botschaftspersonals. Die Lufthansa stellte sofort eine Maschine zur Verfügung. Seit dem legendären Einsatz von Mogadischu 1977, als die GSG 9 die Geiselnahme an Bord der von Terroristen entführten »Landshut« beendete, gilt die Zusicherung der Lufthansa, dass die 9er immer ein Flugzeug bekommen, wenn sie eins brauchen. Die Option wurde seitdem mehrfach gezogen. »Die ›Landshut‹ ist Teil unserer Geschichte«, sagt Fuchs, »aber nichts, worauf wir uns ausruhen.« Seitdem hat sich die Bedrohungslage verändert. Heutzutage seien Flugzeuge ein Zielobjekt von vielen. »Flugzeugsturm hat nicht mehr die Priorität wie in den 1970er- und 1980er-Jahren.« Seit 1945 gab es die beeindruckende Zahl von 386 Flugzeugentführungen weltweit. Insbesondere in den 1970er- und 80er-Jahren hatte dieses Terrorszenario Hochkonjunktur. Bei dreizehn Entführungsfällen handelte es sich um Maschinen der Lufthansa, die letzte wurde im Februar 1993 entführt. Dass dieses Bedrohungsszenario mittlerweile an Aktualität verloren hat, weiß man bei der Lufthansa natürlich selbst. Nichtsdestoweniger sieht man sich einmal im Jahr gerne an, wie die GSG 9 einen Sicherheitsvorfall dieser Art lösen würde.

Als Sparringspartner für seine Präsentation hat der Kommandeur einen Kameraden namens »Fisch« mitgebracht, er ist einer von denen, die schon besonders lange bei der GSG 9 sind. »Fisch war mein Ausbilder«, erzählt Fuchs. Damit hat Fisch für einen Moment die ungeteilte Aufmerksamkeit des Publikums. Man spürt während des Vortrags, dass die beiden sich blind verstehen. Was niemand im Publikum weiß: Vor wenigen Wochen war Fisch noch in Kabul als Sicherheitsberater an der deutschen Botschaft. Am 15. August evakuierte er mit einem Team Bundespolizisten das Botschaftspersonal, als die Taliban in Kabul die Macht übernahmen. Doch das bleibt an diesem Abend unerwähnt. Zurückhaltung und Bescheidenheit sind Tugenden, auf die die GSG 9 großen Wert legt.

Nach einem Parforceritt durch die Geschichte der GSG 9 kommt der Kommandeur zu aktuelleren Themen und spart dabei auch weniger Erfreuliches nicht aus. Es geht um Geschehnisse, die die Polizei insgesamt und Spezialkräfte im Besonderen in Verruf gebracht haben. Er spricht über »extremistische Vorfälle in der deutschen Polizei«. Vor einigen Monaten war vor diesem Hintergrund das SEK Frankfurt der hessischen Polizei aufgelöst worden. Auch andere Spezialeinheiten in Polizei und Bundeswehr sorgten für Schlagzeilen, unter anderem wegen Chatgruppen, in denen rechtsradikale Inhalte geteilt wurden. Das Kommando Spezialkräfte (KSK) der Bundeswehr war monatelang in den Medien. Hier wurde eine ganze Kompanie aufgelöst, aufgrund der rechtsextremen Gesinnung einiger Soldaten. Bei einem wurden gar Waffen, Munition und Sprengstoff vergraben im Garten gefunden. »Das sind Themen, die wir sehr im Blick haben«, betont Fuchs. »Wie kommunizieren die Leute untereinander, wie sprechen sie mit dem polizeilichen Gegenüber? Sind sie auf dem Boden der Verfassung? Schlagzeilen, wie sie das KSK aushalten musste, wollen wir nicht haben.«

Vom KSK ist es nur ein kurzer Weg zum Thema Auslandseinsätze. Nichts unterstreicht das Alleinstellungsmerkmal der GSG 9 innerhalb der deutschen Polizei mehr als ihre exklusive Zuständigkeit im Ausland, wenn es beispielsweise um Evakuierungseinsätze oder Geiselnahmen deutscher Staatsbürger geht. Das Thema Auslandseinsätze ist Fuchs erkennbar wichtig. Sie gelten auch innerhalb der GSG 9 als »Königsdisziplin«. Die GSG 9 verfügt über ein weltweites Netzwerk an Partner-Spezialeinheiten in zahlreichen Ländern, das intensiv gepflegt wird. Zur Wahrheit gehört allerdings auch, dass die 9er in den vergangenen Jahren kaum Auslandseinsätze hatte. GSG 9 und KSK befinden sich hier durchaus in einem Wettbewerbsverhältnis. Als die Bundeswehr Ende August 2021 deutsche Staatsangehörige und afghanische Ortskräfte von Kabul nach Deutschland ausflog, war das KSK vor Ort, die GSG 9 nicht. Vor den Führungskräften der Lufthansa plädiert Fuchs an diesem Abend für eine möglichst enge Zusammenarbeit zwischen KSK und GSG 9. In der Öffentlichkeit ist vielen der

Unterschied gar nicht bewusst. In einer Zwischenfrage aus dem Publikum ist dann auch von den »Soldaten« der GSG 9 die Rede. »Zunächst einmal: Wir sind Polizisten«, sagt Fisch.

Gegen Ende der Präsentation erklärt der Kommandeur seinem Publikum, welche Anforderungen die GSG 9 an diejenigen stellt, die sich bei ihr bewerben. Seit vielen Jahren sind es ausschließlich Männer. In den Einsatzeinheiten gibt es bisher keine einzige Frau. »Wir würden uns sehr über Bewerberinnen freuen«, sagt Fuchs. Jedes Jahr versuchen es 120 Bewerber, allesamt ausgebildete Polizisten, davon überstehen gerade einmal 20 bis 25 das Auswahlverfahren. Doch längst nicht alle schließen die Ausbildung auch ab. Eine hohe psychische und physische Belastbarkeit müssten die Bewerber mitbringen, erklärt der Kommandeur, aber auch team- und kritikfähig, weltoffen, flexibel und bescheiden sein. »Es ist etwas Besonderes, bei der GSG 9 zu sein, man kann stolz darauf sein, aber man trägt es nicht nach außen«, betont Fuchs. »Wer glaubt, wir sind die Größten, der kann direkt wieder gehen.«

Der Kommandeur

Das ist kein Lippenbekenntnis. Fuchs selbst ist jemand, der eher zurückhaltend auftritt. Er ist das Gesicht der GSG 9: der Einzige aus dem gesamten aktiven Verband, der namentlich bekannt ist und öffentlich auftritt. Wer ist dieser Mann? Und wie wird man Kommandeur der GSG 9? Im Hauptquartier in Hangelar ist die Verbandsführung im Erdgeschoss untergebracht. Auch der Kommandeur hat hier sein Büro. Mit den WG-artigen Fluren der drei Einsatzeinheiten in den oberen Stockwerken hat dieser Teil des Gebäudes nichts gemein. Das Chef-Büro ist funktional und repräsentativ, mit einem modernen Konferenztisch und einem großen Schreibtisch im hinteren Bereich. An einer Wand stehen über Kreuz die deutsche Fahne mit Bundesadler sowie eine dunkelgrüne Flagge mit der Aufschrift Grenzschutzgruppe 9 und dem Verbandsabzeichen. Eine Regalwand ist mit Geschenken anderer Spezialeinheiten bestückt. Das zweifellos auffälligste Präsent befindet sich gut geschützt vor Staub und Berührungen in einer Glasvitrine: ein goldenes Sturmgewehr, das in einem reichhaltig verzierten Holzkasten liegt. Der damalige Innenminister von Kuwait, der heute Emir ist, machte es im September 2005 Bundesinnenminister Otto Schily (SPD) zum Geschenk. Schily pflegte in seiner Amtszeit ein besonders enges Verhältnis zur GSG 9 und fand offenbar, dass es dort am besten aufgehoben war. In einer Ecke hängen Schwarz-Weiß-Aufnahmen der im Einsatz getöteten GSG 9-Beamten Michael Newrzella, Tobias Retterath und Thomas Hafenecker.

Fuchs stammt aus Karlsruhe, wo er geboren wurde und aufgewachsen ist. Sein Vater war Sozialarbeiter, seine Mutter Arzthelferin. In seiner Jugend war er sportbegeistert, machte Judo und spielte Tischtennis. Als BMX-Räder auf den Markt kamen, wurden sie bis zum Ende seiner Schulzeit seine große Leidenschaft. »Wir waren eine Clique, die vor dem Karlsruher Schloss gefahren ist. Immer draußen, immer auf dem BMX-Rad«, erzählt er bei einem Gespräch in seinem Büro. 1990 machte er Abitur auf dem Bismarck-Gymnasium in Karlsruhe. Außerdem spielte er mehrere Jahre in einem Amateurtheater mit. Seine Mutter hatte gehofft, er würde Schauspieler werden, freute sich aber auch, als er nach dem Abitur Medizin studieren wollte. Die Wartezeit auf einen Studienplatz überbrückte er zunächst mit einem Pflegepraktikum, anschließend ging er erst einmal für zwei Jahre zur Bundeswehr. Seine Mutter habe damit große Schwierigkeiten gehabt, erzählt Fuchs. Bis heute herrsche nicht die »pure Begeisterung« über die Berufswahl des Sohnes. In seiner Jugend hatte er keinen Gedanken daran, zur Polizei zu gehen, geschweige denn zur GSG 9.

Wenn Bundeswehr, dann richtig, dachte er sich, verpflichtete sich für zwei Jahre und ging zu den Gebirgsjägern. Dort machte Fuchs bis 1992 eine Ausbildung zum Reserveoffizier. »Das war eine tolle Zeit für mich, ich denke gerne daran zurück«, erzählt er. »Körperlich war das sehr fordernd im Gebirge, aber es gab eine sehr besondere Kameradschaft.« In gewisser Hinsicht war diese Zeit ein Schlüsselerlebnis: Ihm wurde klar, dass Teamarbeit in Verbindung mit einem körperlich sehr fordernden Job das Richtige für ihn war. Ein Bekannter bei der Bundeswehr bewarb sich schließlich beim Bundeskriminalamt (BKA). Fuchs entschied sich, es auch zu versuchen. Der Kamerad erzählte ihm, dass er im Auswahlgespräch nach dem Namenspatron seiner Schule gefragt worden war. Fuchs informierte sich daraufhin so gut wie möglich über Bismarck – und tatsächlich kam die Frage. Er machte offenbar auch sonst eine gute Figur beim Auswahlgespräch und begann im Oktober 1992 mit der Ausbildung zum Kriminalkommissar beim BKA. Wirklich wohl fühlte er sich dort aber erst, als er nach dem Ende seiner Ausbildung beim Mobilen Einsatzkommando (MEK) in Meckenheim anfing – einer Spezialeinheit des BKA, unter anderem zuständig für Observationen und zur Absicherung von Festnahmen.

Nach gut einem Jahr kam Sven Mewes, ein Einheitsführer der GSG 9, als Hospitant dorthin. Gemeinsam fuhren sie einen Monat lang Einsätze. »Er hat mir viel über die GSG 9 erzählt und dadurch mein Interesse geweckt«, erinnert sich Fuchs. »Die obere Altersgrenze damals für die Einstellung war 27. Das war genau mein Alter. Ich habe mich dann entschieden, ich will es versuchen.« 1997 bewarb er sich direkt bei der GSG 9. »Das Ziel war dann, es auch zu schaffen. Ich bin laufen gegangen, habe Konzentrationstests gemacht, versucht, mich so gut es geht vorzubereiten. Es war aber gut, relativ unbedarft ranzugehen.« Fuchs bestand das Auswahlverfahren im ersten Anlauf. Es war das erste Mal, dass ein Kriminalkommissar aus dem BKA zur GSG 9 wechselte. In der Ausbildung merkte er, dass er an der richtigen Stelle angekommen war. »Jeden Abend habe ich im Bett gelegen und gedacht, du bist noch dabei.«

Im Februar 1998 war er mit der Ausbildung fertig. Eigentlich wollte er zu den Fallschirmspringern in die dritte Einheit. »Ein Ausbilder meinte, gehen Sie mal lieber in die Zwote. Ich hatte sowohl vom Springen als auch vom Tauchen keine Ahnung – insofern musste ich ohnehin bei null anfangen.« Er fing in einem Trupp der maritimen Einheit an und wurde nach kurzer Zeit schon Truppführer. Fuchs war aufgrund seiner Ausbildung beim BKA bereits im gehobenen Dienst, kam deshalb nach der Ausbildung bei der GSG 9 schnell in Führungsverantwortung. Dementsprechend rasch ging es für ihn aufwärts: Bereits zwei Jahre nach Abschluss der Ausbildung wurde er stellvertretender Einheitsführer und weitere zwei Jahre später Chef der maritimen Einheit. Den Job als Einheitsführer machte er sieben Jahre lang, bis 2008. »Ich habe sehr schöne Erinnerungen an die Zeit«, erzählt er. »Die Taucher sind schon eine eigene Spezies. Sie zeichnen sich durch eine besondere Einsatzbereitschaft und vielleicht auch Leidensfähigkeit aus. Dazu kamen internationale Kontakte über Trainingsaufenthalte in Norwegen, Frankreich, Italien und den USA – das hat mir sehr gefallen. Es gibt nicht viele Einheiten weltweit, die diese Form des Tauchens praktizieren.«

Zweimal, 2005 und 2007, war er in Bagdad, als die GSG 9 für den Schutz des Botschaftspersonals verantwortlich war. Fuchs stand dann schließlich vor der Frage, wie es für ihn weitergehen sollte. »Irgendwann habe ich für mich gemerkt, gewisse Dinge wiederholen sich«, erinnert er sich. »Es war nicht so, dass ich müde war, aber ich dachte, jetzt kann was Neues kommen.« Er bewarb sich für den höheren Dienst, nach zwei Jahren hatte er es geschafft. Im November 2012 schließlich ging es für zehn Monate in die USA. Erstmalig entsandte die GSG 9 dauerhaft einen Verbindungsbeamten zum »Hostage Rescue Team« des FBI. Seine Aufgabe war es, Verbindungen aufzubauen, auch zur »DEVGRU«-Spezialeinheit der US Navy. »Das sind beides Einheiten, die sehr genau darauf achten, wer Zugang bekommt. Im Grunde ist man eine Art Botschafter seines Verbandes.« Als er im September 2013 zurückkam, leitete er den Bereich Einsatz in der Verbandsführung und wurde gleichzeitig stellvertretender Kommandeur. Nur ein Jahr später wurde er als Nachfolger von Olaf Lindner schließlich Kommandeur der GSG 9. »Das war dann schon eine Riesenehre für mich. Aber auch eine große Verantwortung. Ich weiß noch, wie ich hier hereinkam, vom BKA, einer, der nichts mit dem Bundesgrenzschutz zu tun hatte. Ich hätte im Leben nicht gedacht, dass ich 17 Jahre später Kommandeur werden würde.«

Wie man ein Flugzeug stürmt

Zurück in den Präsentationsraum am Frankfurter Flughafen. Der Werbeblock für die GSG 9 ist zu Ende. Die Führungskräfte der Lufthansa gehen mit Fuchs und Fisch in die gigantische Wartungshalle, vorbei an den Flugzeugen, und am anderen Ende der Halle hinaus in die Kälte auf das Rollfeld. Es ist mittlerweile 22 Uhr und nur ein paar Grad über null. Langsam kriecht die Kälte von den Füßen die Beine hinauf. In einem Teil des Rollfelds sind mehrere Maschinen der Lufthansa geparkt, unmittelbar neben den gewaltigen Kerosin-Tanks. In der Dunkelheit neben den geparkten Flugzeugen zu stehen, hat etwas Surreales. Wie auch die Szenerie, die sich hinter dem Heck eines Airbus A350-900 mit dem Namen »Ulm« abspielt. Eine ganze Karawane von Einsatzkräften der GSG 9 mit schwerer Ausrüstung nähert sich dem Flugzeug, darunter mehrere Trupps der dritten Einheit sowie der vierten Einsatzeinheit aus Berlin. Außerdem ist der aktuelle Ausbildungsjahrgang mit mehreren Trupps am Start. Jede Einsatzeinheit besteht aus mehreren »Spezialeinsatztrupps«, die sich aus zehn Einsatzkräften zusammensetzen. Wie viele genau es sind, behält die GSG 9 für sich, um keine Rückschlüsse auf die Zahl ihrer Einsatzkräfte zuzulassen. Die Männer werden die ganze Nacht auf dem Rollfeld verbringen und Flugzeugsturm trainieren – die Disziplin, die aufgrund des Einsatzes in Mogadischu im Jahre 1977 wie keine andere mit der GSG 9 verbunden wird und die bis heute zum Handwerkszeug gehört.

Jerome Fuchs steht vor der Kulisse und erklärt, was sich vor den Augen des Publikums abspielt. Die Damen und Herren stehen bibbernd in der Kälte und verfolgen gespannt, wie die Einsatzkräfte sich der Maschine annähern. »Das wird jetzt eine Weile dauern«, bremst er die Erwartungen und nimmt dem Publikum die Illusion, dass es gleich ein Action-Feuerwerk geboten bekommt. Der Begriff Flugzeugsturm weckt falsche Assoziationen, denn stürmisch ist hier zunächst einmal gar nichts. Im Schneckentempo nähern sich die Einsatztrupps an. Neben der Ausrüstung und Bewaffnung, die jeder Mann mit sich herumschleppt, führt jeder Trupp eine Leiter mit sich, die benötigt wird, um vom Rollfeld an die Türen des Airbus A350-900 zu kommen. Vier Türen hat das Flugzeug auf jeder Seite, und jede Tür wird genutzt, um in die Maschine einzudringen. Doch noch ist es nicht so weit. Alles verläuft mucksmäuschenstill, nur die Kommentare des Kommandeurs vom Spielfeldrand sind zu hören.

Das Einsatzszenario sieht so aus: Die Maschine wurde von einem Terrorkommando entführt, die Passagiere werden als Geiseln gehalten. Präzisionsschützen haben Stellung bezogen und beobachten durch ihr Zielfernrohr, was sich an Bord der Maschine abspielt – soweit sich das überhaupt feststellen lässt. Der Zugriff soll konventionell erfolgen, also ruhig und geordnet über Leitern, die unterhalb der Türen angelegt werden, da kein Zeitdruck besteht. Gäbe es Hinweise darauf, dass an Bord Geiseln erschossen werden oder eine Sprengung der Maschine unmittelbar bevorsteht, würde man eine andere Form des Zugriffs wählen. Beim konventionellen Zugriff setzt man vor allem auf das Überraschungsmoment, das heißt, oberstes Gebot ist, dass die Geiselnehmer an Bord nicht mitbekommen, dass die Einsatzkräfte sich annähern und den Zugriff vorbereiten. Es ist exakt dasselbe Szenario wie 1977 bei der Erstürmung der »Landshut«.

Die Männer verständigen sich ausschließlich über Handzeichen und achten penibel darauf, dass die Leitern nicht gegen die Bordwand stoßen und so Geräusche verursachen, die sie verraten könnten. Unter dem Flugzeugbauch knien sich die Trupps auf Höhe der Türen hin und warten auf das Kommando, dass mit dem Aufstellen der Leitern begonnen werden soll. Als das Kommando kommt, beginnen die Trupps damit, die Leitern unterhalb der Türen an die Bordwand zu stellen. Auch dies geschieht immer noch sehr langsam und leise. Die Männer verbleiben so weit wie möglich unterhalb des Flugzeugbauchs, damit sie aus der Kabine nicht gesehen werden können. Mehrfach muss die Position der Leitern korrigiert werden, weil sie noch nicht richtig stehen. Bei den Führungskräften der Lufthansa steigt die Spannung. Einige fragen sich, wie die Einsatzkräfte in die Kabine eindringen werden. »Machen Sie sich keine Sorgen«, sagt der GSG 9-Kommandeur. »Sie bekommen Ihr Flugzeug unbeschadet zurück. Ich kann allerdings nicht versprechen, dass es gar keine Kratzer abbekommt.« Nicht alle beruhigt diese Ansage vollends.

Schließlich stehen alle Leitern an der exakt richtigen Stelle. Die Männer klettern der Reihe nach Sprosse für Sprosse nach oben und bringen sich in Position, um die Türen zu öffnen. Zwanzig Minuten sind seit der Annäherung vergangen. Plötzlich ist es so weit: Über Funk und gleichzeitig auch per Handzeichen wird das Kommando für den Zugriff gegeben – und jetzt geht alles sehr schnell. In Windeseile werden die Türen geöffnet, und die Männer dringen einer nach dem anderen mit gezogener Pistole in die Kabine ein. »Köpfe runter und Hände hoch«, rufen sie und bringen die Kabine unter Kontrolle. Der Kommandeur ist zufrieden. »Der Zugriff hat recht gut zeitgleich funktioniert«, resümiert Jerome Fuchs. »Wenn kein Zeitdruck ist, dann ist das die beste Variante.«

Die Damen und Herren der Lufthansa scheinen beeindruckt. »Die Türen hatten sie wirklich schnell auf«, sagt einer. Und das Flugzeug hat tatsächlich keinen Schaden genommen. Nachdem die Trupps den Airbus wieder verlassen und die Leitern abgebaut haben, bittet der Kommandeur einen der Truppführer, Spitzname »Blendax«, kurz mit den Gästen zu sprechen. Blendax gehört zur vierten Einsatzeinheit aus Berlin. Er erklärt, dass die Männer mit schwerer Ausrüstung trainieren – das heißt mit schwerer Weste und Helm, und damit insgesamt 30 Kilogramm mit sich herumschleppen. Das Gewicht der Waffen kommt noch dazu. Für die schwere Ausrüstung gibt es gute Gründe: Bei dem zugrunde gelegten Szenario muss man davon ausgehen, dass die Geiselnehmer selbst über Feuerwaffen verfügen. »Das Prinzip nennen wir Wirkung vor Deckung«, erklärt Blendax. »Wir wollen in dieser Situation das Feuer auf uns und weg von den Geiseln ziehen, denn wir haben die Schutzausstattung.«

Beim zweiten Durchgang soll das Publikum die Rolle der Geiseln übernehmen. Die Maschine wird kurz umgeparkt, denn für die nächste Zugriffsvariante wird mehr Platz benötigt. Nachdem die »Ulm« ihre neue Parkposition erreicht hat, werden die Führungskräfte der Lufthansa in die Kabine gebeten. Die Aussicht, vom nasskalten Rollfeld in die warme und trockene Kabine zu kommen, hebt die Stimmung. Im Innenraum verteilen sich die »Geiseln« über die ganze Kabine. Natürlich sind die Fensterplätze in der Business Class besonders gefragt. Die Situation in der Kabine hat mit einer Geisellage wenig gemeinsam. Was den »Geiseln« jetzt geboten wird, unterscheidet sich grundlegend von dem Zugriffsszenario, das sie vorher auf dem Rollfeld verfolgt haben. Der Zugriff soll dieses Mal so schnell wie möglich erfolgen, und zwar mithilfe von Fahrzeugen, mit denen die Leitern unmittelbar an die Türen herangefahren werden. Die Männer stehen bereits auf den ersten Sprossen, um dann, sobald das Fahrzeug die Bordwand erreicht hat, über die Leiter nach oben zu klettern, so schnell wie möglich die Türen zu öffnen und in die Kabine einzudringen. Dabei nimmt man in Kauf, dass die Annäherung im Innenraum von den Geiselnehmern bemerkt werden kann. Es ist die Zugriffsvariante, wenn keine Zeit für eine heimliche Annäherung ist, weil in der Maschine unmittelbar Gefahr in Verzug ist. Tatsächlich geht alles sehr schnell. Durch das Fenster sieht man noch, wie sich die Fahrzeuge nähern, Sekunden später ist die Tür schon offen, und Einsatzkräfte dringen ins Innere der Maschine ein. Auch wenn es sich um eine Übung handelt und jeder wusste, was passieren würde, hat die Szene etwas Einschüchterndes. Die Männer haben ihre Waffen im Anschlag und rufen laute Kommandos.

Nachdem die Einsatzkräfte das Innere der Maschine »gesichert« haben, ist der Durchlauf beendet. »Auf die Evakuierung verzichten wir an dieser Stelle«, sagt Jerome Fuchs und blickt in dankbare Gesichter. Die »Geiseln« applaudieren und verabschieden sich in Richtung der gigantischen Wartungshalle. Unter Realbedingungen würden die Passagiere jetzt so schnell wie möglich über eine Notrutsche ins Freie und in Sicherheit befördert. Für die Damen und Herren der Lufthansa ist die Show damit zu Ende. Auch der Kommandeur verabschiedet sich. Für die Männer der dritten und der vierten Einheit und für die Auszubildenden geht es noch weiter. Die ganze Nacht lang werden sie noch trainieren, immer wieder neue Durchläufe machen.

»Kein Vergnügen bei den Temperaturen«, sagt einer der Männer und fragt sich, warum diese Trainingseinheit immer zu dieser Jahreszeit und nicht im Sommer stattfindet.

Auch wenn die letzte Entführung einer Lufthansa-Maschine knapp dreißig Jahre zurückliegt und ohne einen Einsatz der GSG 9 ablief: Andere Fälle machen deutlich, dass die Bedrohung trotz stetiger Verbesserungen bei der Luftsicherheit nicht vollständig aus der Welt ist. Am 31. Oktober 2015 stürzte ein Airbus A321 der russischen Fluggesellschaft »Kogalymavia« ab, der auf dem Weg von der Sinai-Halbinsel nach St. Petersburg war, 224 Menschen starben. Ein Ableger des sogenannten »Islamischen Staats« (IS) übernahm kurz darauf die Verantwortung für den Absturz der Maschine. Ermittlungen ergaben, dass eine Bombe an Bord geschmuggelt worden war, die nach dem Start der Maschine gezündet wurde. Am 29. Juli 2017 teilten die australischen Behörden mit, man habe aufgrund von Warnungen westlicher Geheimdienste einen geplanten Bombenanschlag auf ein Flugzeug vereitelt. Wenige Tage später wurden zwei Männer beschuldigt, einen Anschlag auf ein Flugzeug der »Etihad Airways« geplant zu haben. Der Sprengstoff sollte in einem Gepäckstück an Bord der Maschine geschmuggelt werden. Die beiden Männer waren vom »Islamischen Staat« angeleitet und bei der Planung des Anschlags unterstützt worden. Die Fälle machen deutlich, dass das Thema Flugsicherheit nach wie vor aktuell ist. Auch deshalb gehört Flugzeugsturm bis heute zum Standard-Repertoire der GSG 9. Die Entführung der »Landshut« im Oktober 1977 war für die Lufthansa der gravierendste Fall dieser Art und für die GSG 9 fünf Jahre nach ihrer Gründung die Feuertaufe.

KAPITEL 4

Mogadischu und der Mythos

Es ist ein warmer Spätsommertag Anfang September 2021, und Diana Müll sitzt in ihrem Garten. Sie ist 62 Jahre alt, trägt ein rotes Kleid, die Haare sind schwarz und schulterlang. Ihr Hund läuft über den Rasen, mit einem kleinen Ball in der Schnauze, und wünscht sich sehnlichst, dass ihn jemand wirft. Vielleicht fliegt sie dieses Jahr nicht nach Mallorca, erzählt Diana Müll. Es wäre das erste Mal seit fast 20 Jahren. Im Jahre 2002, genau 25 Jahre nach der Entführung der »Landshut«, kam die Idee auf, gemeinsam nach Mallorca zu fliegen – dorthin, wo alles begann. Und dann wurde eine Tradition daraus. Immer über den 3. Oktober. Sechs Freundinnen waren sie zunächst, alle waren Teil der Gruppe, mit der Diana Müll 1977 auf Mallorca war und die mit der »Landshut« zurückflog. Mittlerweile sind sie nur noch zu dritt. In diesem Jahr sei aufgrund der Corona-Pandemie alles anders, und ein bisschen Zeit habe sie ja noch, sich zu entscheiden, sagt Diana Müll. Im vergangenen Jahr, 2020, waren sie dennoch geflogen. Herrlich sei es gewesen, die Strände so leer wie nie zuvor.

Neben der Sitzgruppe hinten rechts auf dem großen Grundstück steht ein Wohnwagen. Direkt hinter dem hohen Zaun aus Holzpfählen fließt die Lahn. Diana Müll lebt mit ihrem Partner in einem kleinen Bungalow, der liebevoll eingerichtet ist. Es ist ein schöner Ort, mit Rasen und Bäumen, einer Feuerstelle, einem kleinen Schwimmbecken – eine grüne Idylle, die sie sich fernab der Stadt geschaffen hat. Warum sie sich hier so wohlfühlt, wird im Laufe des Gesprächs deutlich. Drei Stunden lang erzählt Diana Müll über ihre Erlebnisse an

Bord der »Landshut«. Sie hat auch nach fast 45 Jahren alle Erinnerungen präsent, die vielen schrecklichen Einzelheiten dieses Martyriums, das fünf Tage dauerte. Sie erzählt sehr detailreich, sehr routiniert. Aber je länger das Gespräch dauert, desto persönlicher wird es. Desto mehr wird deutlich, warum sie das tut. Es ist ein permanenter Prozess der Verarbeitung. »Die Klappe zu halten ist das Schlechteste was man machen kann«, sagt sie, »das habe ich gelernt.« Die schrecklichen Erfahrungen damals haben ihr Leben geprägt wie kein anderes Ereignis. Manche Details sind so schrecklich, erschütternd und menschenverachtend, dass sie hier unerwähnt bleiben.

Ein Flugzeug wird entführt

Die Geschichte beginnt im Oktober 1977: Diana Müll, eine junge, unbeschwerte, dem Leben zugewandte Frau von 19 Jahren, aufgewachsen in einem Dorf, macht sich auf, um nach Mallorca zu fliegen – zum zweiten Mal schon in jenem Sommer. Einige Wochen zuvor hatte sie Urlaub auf der Insel gemacht, dort spontan an einer Misswahl teilgenommen und gewonnen. Über den Sommer gab es mehrere Wettbewerbe dieser Art in der Diskothek »Graf Zeppelin«, und im Oktober 1977 waren alle Gewinnerinnen noch einmal auf die Insel eingeladen. Acht junge Frauen waren sie, erinnert sich Diana Müll, aus Hamburg, dem Sauerland und anderen Regionen in Deutschland. Sie selbst kam aus Gießen. Am Flughafen Frankfurt am Main begegneten sie sich zum ersten Mal, alle hatten ein Ticket für dieselbe Maschine. Und für denselben Rückflug. Auf Mallorca kamen sie alle in einem Hotel unter, teilten sich zu zweit ein Doppelzimmer. »Das war uns egal, wir waren ja jung«, erzählt sie. »Die ganze Woche über hatten wir unglaublich viel Spaß.« Ihre Gastgeber, Manfred und Uschi, sorgten für ein Spaßprogramm vom Feinsten. »Die haben uns eine Woche lang verwöhnt, mit Wasserskifahren und Motorboot, mit allem Luxus, wir mussten für gar nichts bezahlen.«

Am 13. Oktober, einem Donnerstag, sollte es zurück nach Deutschland gehen. Viel zu spät kam Manfred mit ihnen zum Flughafen. Als sie ankamen, war die Maschine bereits abgefertigt. Mit größter Mühe gelang es Manfred schließlich, dass die Tür der Boeing 737-200 noch einmal geöffnet wurde. Die Lufthansa-Maschine trug den Namen »Landshut«. Die albernde Gruppe junger Frauen durfte noch an Bord. Und nicht nur sie: Auch ein Pärchen kam noch in die Maschine. Wie der Zufall es wollte, nahmen der Mann und die Frau direkt neben Diana Müll Platz, auf der anderen Seite des Gangs, im mittleren Teil der Maschine. Unmittelbar neben ihr saß eine Freundin aus der Gruppe der Schönheitsköniginnen, die ihren Verlobten, Gerry, mit nach Mallorca genommen hatte. Mit ihnen waren 82 Passagiere an Bord sowie fünf Besatzungsmitglieder.

Kaum war die Maschine gestartet, waren die jungen Frauen auch schon wieder in Partystimmung. »Irgendjemand hatte uns eine Flasche Sekt ausgegeben. Das weiß ich noch.« Eine Freundin kam mit einem Gläschen zu ihrem Sitz und lehnte sich auf die Kopfstütze. Sie unterhielten sich angeregt und machten sich über das Pärchen auf der anderen Seite des Mittelgangs lustig: Der Mann trug ein kariertes Wollsakko. Bei der Hitze, wie sieht der denn aus, alberten sie. Dann kam die Durchsage, die Passagiere mögen ihre Plätze einnehmen – das Essen sollte serviert werden. Plötzlich wurde ihre Freundin nach vorne gestoßen, der Sekt ergoss sich über Diana Müll. Wie unverschämt, dachten sie. Sie sah, dass das Pärchen aufgestanden war und die Frau nach vorne rannte, der Mann folgte ihr. »Er hatte eine Pistole in der Hand«, erzählt sie. Worum es tatsächlich ging, kam ihr gar nicht in den Sinn. Zunächst dachte sie an ein Beziehungsdrama. »Wir waren wie gelähmt. Will der seine Frau erschießen? Mir hatte irgendwann mal jemand erzählt, wenn man im Flieger in die Wand schießt, dann stürzt er sofort ab. Das war mein einziger Gedanke.«

Sehr schnell wurde jedoch klar, worum es wirklich ging. Ein weiterer Mann und eine zweite Frau waren ebenfalls aufgesprungen. Im Cockpit wurden der Pilot Jürgen Schumann und sein Co-Pilot Jürgen Vietor mit vorgehaltener Waffe gezwungen, das Kommando über die Maschine abzugeben. Der Mann im karierten Sakko, der sich nun

»Mahmud« nannte, schnappte sich das Mikrofon und schrie auf Englisch auf die Passagiere ein. Diana Müll sprach nicht gut Englisch, ihre Freundin übersetzte, so gut sie konnte, doch das Wort »hijacked« verstand sie selbst. »Ich habe gedacht, ja warum denn? Wohin? Das war ein kompletter Schock. Das geht nicht, dachte ich, ich muss heim, muss morgen arbeiten.« Sie versuchten sich zu beruhigen, redeten sich ein, in einer halben Stunde sei sicher alles vorbei, sobald sie irgendwo gelandet wären. Doch Mahmud machte schnell deutlich, worum es wirklich ging. »Die haben dann Hasstiraden losgelassen auf Deutschland, und dann habe ich gehört, dass sie die Insassen in Stammheim freipressen wollten. Da haben wir gewusst, die sind gefährlich. Das sind nicht einfach nur Verrückte. Wir wussten ja auch, dass Schleyer entführt war. Und mein erster Gedanke war: RAF. Da habe ich richtig Angst gekriegt, auch um mein Leben.«

Seit Wochen lief in Deutschland die Suche nach dem entführten Arbeitgeberpräsidenten Hanns Martin Schleyer auf Hochtouren. Schleyer war am 5. September von einem Terrorkommando der RAF, das sich »Siegfried Hausner« nannte, in Köln entführt worden. Sein Fahrer und die drei Polizisten seines Begleitkommandos wurden bei dem Überfall erschossen. Die Entführer forderten die Freilassung von elf RAF-Mitgliedern, die sich in verschiedenen Justizvollzugsanstalten in Haft befanden: darunter Andreas Baader, Gudrun Ensslin und Jan-Carl Raspe in Stuttgart-Stammheim, die sogenannte »Erste Generation« der RAF. Seit Anfang der 1970er-Jahre hatten die Linksterroristen mit Gewalttaten in Deutschland für Angst und Schrecken gesorgt, unter anderem mit Raubüberfällen und Bombenanschlägen, die bis zur Entführung der »Landshut« mehr als ein Dutzend Opfer gefordert hatten. Um die »Erste Generation« aus der Haft zu befreien, versuchte die RAF mit der »Offensive 77« schon seit dem Frühjahr, Druck auf die Bundesregierung auszuüben. Am Gründonnerstag 1977 waren Generalbundesanwalt Siegfried Buback und seine Begleiter Georg Wurster und Wolfgang Göbel in Karlsruhe ermordet worden, im Juli 1977 der Vorstandssprecher der Dresdner Bank Jürgen Ponto im hessischen Oberursel. Verantwortlich für diese Taten war die sogenannte »Zweite Generation« der RAF, deren Anführerin Brigitte Mohnhaupt war. Am Abend der Entführung von Schleyer wandte sich Bundeskanzler Helmut Schmidt (SPD) mit einer dramatischen Fernsehansprache an die Öffentlichkeit: »Der Staat muss darauf mit aller notwendigen Härte antworten.« Damit schwor der Kanzler die Bevölkerung darauf ein, dass die Bundesregierung den Forderungen der Terroristen nicht nachgeben werde. Bei dieser Linie blieb er.

Zuletzt hatte sich die Bundesregierung 1975 dem Diktat von Linksterroristen gebeugt, als der Berliner CDU-Politiker Peter Lorenz am 27. Februar 1975 von der »Bewegung 2. Juni« entführt worden war. Im Austausch für Lorenz waren sechs inhaftierte Mitglieder der Bewegung und der RAF in die Volksrepublik Südjemen ausgeflogen worden, darunter die Linksextremistin und spätere RAF-Terroristin Verena Becker. Lorenz kam frei. Doch für Bundeskanzler Helmut Schmidt stand danach fest, dass er sich kein weiteres Mal von Terroristen erpressen lassen würde.

Am 13. Oktober war auch die GSG 9 an der Suche nach dem entführten Hanns Martin Schleyer beteiligt. Sie hatte im Auftrag des Bundeskriminalamts in den zurückliegenden Wochen mehrere Wohnungen im Raum Köln gestürmt, in denen Schleyer oder RAF-Mitglieder vermutet wurden, und Durchsuchungen des BKA abgesichert. In Köln wurde an diesem Tag das Uni-Center durchkämmt, ein Hochhaus, in dem sich auch ein Studentenwohnheim befand. In der Rückschau stellte sich heraus, dass die entscheidende Information zum Aufenthaltsort von Schleyer bei der Landespolizei Nordrhein-Westfalen versickert war. An diesem 13. Oktober ging man noch davon aus, dass Schleyer in einer der Wohnungen des Hochhauses gefangen gehalten wurde. Seit den frühen Morgenstunden sicherte die GSG 9 die Maßnahme ab, die im gesamten Hochhaus stattfand. »Wir waren bei der Razzia, als die Alarmierung kam«, erinnern sich Walter und People. »Dann fragte mich mein Einheitsführer: Willst Du mit wegen eines entführten Flugzeugs?«, erzählt People. Zu diesem Zeitpunkt wusste er noch gar nicht, dass die »Landshut« entführt worden war. »Natürlich wollte ich mit. Das wollten alle.« Kommandeur Ulrich

Wegener war vom Krisenstab in Bonn informiert und beauftragt worden, der »Landshut« hinterherzufliegen und die Geiseln zu befreien. »Dann wurden 20 Mann zusammengewürfelt und mit Blaulicht zum Standort gebracht«, erinnert sich People. Von dort ging es direkt weiter mit dem Hubschrauber zum Flughafen Köln/Bonn. Auch Walter war dabei.

Um 15:37 Uhr informierte Bundesinnenminister Werner Maihofer (FDP) den Bundeskanzler, dass eine Maschine der Lufthansa vom Kurs abgewichen sei und es sich dabei um eine Entführung handeln könnte. Das Terrorkommando an Bord der »Landshut« zwang unterdessen den Piloten, die Maschine zunächst nach Rom zu fliegen, wo sie um 15 Uhr 45 auf dem Flughafen Fiumicino landete. Obwohl der Bundesinnenminister seinen italienischen Amtskollegen anrief und bat, die Maschine am Weiterflug zu hindern, hob sie zwei Stunden später wieder ab, nachdem sie betankt worden war. Dies führte im Nachgang zu Verstimmungen zwischen der deutschen und der italienischen Regierung. Insbesondere die Erklärung des italienischen Innenministers, dass man auf die Reifen der »Landshut« nicht habe schießen wollen, da dies »mit Sicherheit eine Tankexplosion und damit mit höchster Wahrscheinlichkeit ein Blutbad unter den Geiseln verursacht hätte«, verfing in Bonn nicht. Tatsächlich sah es danach aus, dass die Italiener sich des Problems entledigten, indem sie das Flugzeug einfach weiterfliegen ließen. Die Entführer steuerten als nächstes Ziel Zypern an.

Am Abend meldete die *Tagesschau*, dass die Maschine entführt worden sei: Es handle sich um »vier Männer aus dem arabischen Raum«, tatsächlich waren es zwei Männer und zwei Frauen. Die Maschine sei gerade auf dem Flughafen Larnaca auf Zypern gelandet. Weiter berichtete die *Tagesschau*, in Beirut sei bei der Nachrichtenagentur Reuters die Forderung einer bisher unbekannten Organisation eingegangen: Die Geiselnahme solle der Entführung von Arbeitgeberpräsident Schleyer Nachdruck verleihen. Einer der Luftpiraten habe in englischer Sprache die Freilassung von Gesinnungsgenossen in deutschen Gefängnissen gefordert, erfuhr das deutsche Fernsehpublikum. Die

Terroristen verlangten, dass die Maschine aufgetankt wird, andernfalls, so drohte »Captain« Mahmud, werde er die Passagiere und die Besatzung erschießen. Auch auf Zypern scheiterten deutsche Diplomaten vor Ort, die aus Bonn die Order bekamen, einen Weiterflug auf jeden Fall zu verhindern: Die Zyprer ließen die Maschine auftanken und schließlich starten. »In Rom und Zypern hatten wir die Hoffnung noch, dass es schnell gehen könnte. Doch dann war's vorbei«, erinnert sich Diana Müll. »Und dann wurde die ganze Geschichte extrem dramatisch.«

Der Irrflug der »Landshut«

Als die Männer der GSG 9 in Larnaca landeten, hatte die »Landshut« gerade abgehoben. Von Deutschland aus hatten sie sich direkt auf den Weg nach Zypern gemacht, weil die »Landshut« Rom zu schnell wieder verlassen hatte. Nachdem sie die entführte Maschine in Larnaca verpasst hatten, entschied sich Kommandeur Wegener, seine Einsatzkräfte zunächst nach Ankara zu schicken, zum NATO-Verbündeten Türkei, wo die Männer auf dem militärischen Teil des Flughafens Station machten. Dort hieß es abwarten. Sie spielten mit türkischen Soldaten Fußball und Volleyball, erinnern sich People und Walter. »Dann ging es zurück nach Hangelar«, erzählt Walter. Die Türken waren über die Anwesenheit des Flugzeugs mit bewaffneten deutschen Polizeikräften nicht begeistert, zumal die Medien davon erfahren hatten. Die türkische Regierung versuchte zu erreichen, dass das Flugzeug woanders geparkt wurde. Doch die Situation wurde dadurch bereinigt, dass die Einsatzkräfte zurückbeordert wurden: Am folgenden Tag kehrten die Männer zunächst nach Deutschland zurück. Allerdings nur für wenige Stunden.

In der Nacht erfuhr die Bundesregierung, was die Terroristen verlangten: die Freilassung von elf inhaftierten Mitgliedern der RAF, zwei Palästinensern in einem türkischen Gefängnis sowie 15 Millionen Dollar Lösegeld. Gleichzeitig drohten sie mit der Erschießung von Hanns Martin Schleyer sowie der Besatzung und der Passagiere in der »Landshut«. Die Bundesregierung hatte die Forderungen der Entführer über einen Anwalt in Genf erhalten. An mehrere Medien ging außerdem ein Foto, auf dem Schleyer abgebildet war, sowie ein Zettel mit dem Datum 13. 10. 77 und dem Logo der RAF. Auf dem rechten Bildrand stand »Commando Siegfried Hausner«, das für die Schleyer-Entführung verantwortlich war, sowie »Commando Martyr Halimeh«. Auf diese Weise machten die Täter deutlich, dass die Entführung Schleyers und der »Landshut« aufeinander abgestimmt waren. Die Bundesregierung bekam eine Frist von zwei Tagen, um die Forderungen zu erfüllen.

Nach dem Abflug in Larnaca suchten die Entführer in der Nacht nach einem neuen Zielflughafen. Mehrere Länder im Nahen und Mittleren Osten erschwerten dies jedoch, indem sie ihre Flughäfen sperrten. Die Passagiere mussten die Rollos an den Fenstern geschlossen halten. Wo genau die Maschine hinflog, erfuhren sie nie. In dieser Phase wurde die Stewardess Gabriele Dillmann für Diana Müll zur Heldin. »Sie hat uns immer beruhigt und in unsere Reihen geflüstert: Bleibt einfach ruhig und macht, was die sagen. Sie war ja selber noch so jung. Sie hatte eine innere Stärke – das war unglaublich. Ihre Kolleginnen sind reihenweise einfach umgefallen. Die lagen da, die waren geschockt und fertig. Die hatten diese Stärke nicht, diese innere Kraft.« Es begann eine regelrechte Odyssee: Im Libanon wurde um 23 Uhr der Flughafen Beirut gesperrt und eine Landung der Maschine auf diese Weise verhindert. Knapp eine Viertelstunde später sperrte auch Damaskus seinen Flughafen und verweigerte die Landeerlaubnis. Es folgten Bagdad um 0 Uhr 23 und Kuwait um 1 Uhr. Schließlich landete die »Landshut« um 1 Uhr 52 in Bahrain. Anderthalb Stunden später startete sie wieder. Dubai sperrte daraufhin seinen Flughafen, um eine Landung zu vereiteln, doch im Cockpit schaffte Mahmud nach zweieinhalb Stunden Fakten und zwang Kapitän Jürgen Schumann am Morgen des 14. Oktober um 5 Uhr 50, trotz allem in Dubai zu landen. Der Maschine drohte der Sprit auszugehen. Am Flughafen forderten die Terroristen, das Flugzeug vollzutanken, was jedoch verweigert wurde. Auf Personen, die sich der Maschine näherten, schossen die Entführer sofort.

Die Situation für die Passagiere spitzte sich von Stunde zu Stunde zu. Was sie erleiden mussten, kann sich wohl niemand wirklich vorstellen, der es nicht erlebt hat. In Dubai fiel die Klimaanlage aus, in der Maschine herrschte eine brütende Hitze. Vor allem die hygienischen Zustände wurden unerträglich. »Wir durften nach den ersten Stunden schon nicht mehr auf Toilette«, erzählt Diana Müll. Die Toiletten waren ohnehin voll und verstopft, die Entführer stellten schließlich Kartons in die Kabine, die bald voll mit Fäkalien waren. »Das hat es für die Passagiere sehr, sehr schlimm gemacht.« Die Entführer selbst standen massiv unter Strom, die Stimmung wurde immer gereizter. »Die waren ja auch ohne Schlaf. Durch den Schlafentzug wurden sie immer angespannter und aggressiver. Und dann hatten sie das Problem, dass am Tower keiner nachgegeben hat.«

Währenddessen liefen die Überlegungen im Kanzleramt auf Hochtouren, ob und wie die Maschine gestürmt und die Geiseln befreit werden könnten. Regierungssprecher Klaus Bölling verlas die Forderungen der Entführer auf einer Pressekonferenz im Wortlaut. »Das Ultimatum läuft am Sonntag, den 16. Oktober 1977, um 8 Uhr GMT ab.« Würden die inhaftierten elf RAF-Mitglieder nicht freigelassen, werde Schleyer getötet. Bölling erklärte, das Ziel sei unverändert, das Leben aller Geiseln zu retten. In der Pressekonferenz teilte er außerdem mit, dass die GSG 9 nach Zypern entsandt worden war. Bundeskanzler Helmut Schmidt suchte sich Rat im Ausland. Zahlreiche Dokumente, Gesprächsprotokolle und Vermerke wurden 2008 vom Institut für Zeitgeschichte veröffentlicht. Um 14:30 Uhr telefonierte er mit dem französischen Präsidenten Valéry Giscard d'Estaing und fragte ihn, ob er eine gewaltsame Befreiung der Geiseln für den richtigen Weg hielte. Giscard ermutigte ihn dazu. »Ich halte eine Aktion für die einzige Lösung«, sagte er in dem Telefonat. Wenn das Flugzeug auf einem deutschen Flugplatz stünde, würde man doch auch nicht zögern, argumentierte er. Auch mit dem britischen Premierminister James Callaghan telefonierte der Bundeskanzler. Er sollte in den kommenden Tagen ein wichtiger Ansprechpartner für Schmidt sein. Die Briten halfen, indem sie Kartenmaterial über den Flughafen Dubai zur Verfügung stellten. Außerdem sollten zwei britische Sicherheitsexperten zur deutschen Delegation in Dubai stoßen und Blendgranaten mitbringen. Staatsminister Hans-Jürgen Wischnewski (SPD) war unterwegs nach Dubai, um die Lage vor Ort zu sondieren. Die Regierungsmaschine flog Rüdeger von Lutzau, der Verlobte der Stewardess Gabriele Dillmann. GSG 9-Kommandeur Ulrich Wegener machte sich von Ankara aus ebenfalls auf den Weg nach Dubai, begleitet von seinem Adjutanten und von GSG 9-Unterführer Dieter Fox.

Am Mittag des 15. Oktober trafen sie in Dubai ein, Wischnewski war bereits vor Ort. In seinen Erinnerungen »GSG 9. Stärker als der Terror« erklärt Wegener, er habe die GSG 9 nach Deutschland zurückgeschickt, um zu verschleiern, dass weiterhin eine gewaltsame Befreiung der Geiseln im Raum stand. Deshalb habe man auch dafür gesorgt, dass die deutschen Medien über die Ankunft der GSG 9 auf dem Flughafen Köln/Bonn informiert waren, als die Einsatzkräfte aus Ankara zurückkehrten. Tatsächlich zeigte die *Tagesschau* am 15. Oktober Bilder der GSG 9-Beamten in Zivil auf dem Flughafen von Ankara. Zum Teil sahen ihre Familien die Männer im Fernsehen. Sie hatten selbst keine Ahnung, dass sie entsandt worden waren, die Geiselnahme an Bord der »Landshut« zu beenden. Nach Hause kamen sie jedoch nicht. Im Hauptquartier in Hangelar verbrachten die Männer nach ihrer Rückkehr nur eine kurze Nacht. »Am Morgen war direkt wieder Alarm«, erinnert sich People. Jetzt wurden zwei reguläre Einsatzeinheiten auf den Weg geschickt. »Und dann sind wir mit einer Boeing 707 der ›Landshut‹ hinterhergeflogen.« Zunächst ging es zu einem NATO-Stützpunkt auf Kreta. Die Tage bis zum Zugriff lebten die Männer an Bord dieser Maschine. »Das allein war schon eine Bewährungsprobe.«

Hans-Jürgen Wischnewski versuchte unterdessen in Dubai, Verteidigungsminister Scheich Mohammed Bin Rashid al-Maktum dazu zu bringen, einer Befreiung der Geiseln durch die GSG 9 auf dem Flughafen zuzustimmen. Doch vergeblich. Scheich Mohammed führte vom Tower am Flughafen die Verhandlungen mit Mahmud, dem Anführer der Terroristen an Bord. Nach Ablauf des Ultimatums werde die Maschine gesprengt, bekräftige »Captain Mahmud«. Scheich Mohammed wollte die Maschine nur von seinen Soldaten stürmen lassen, erklärte sich aber Wischnewski und Wegener gegenüber schließlich damit einverstanden, die Erstürmung vorher zu trainieren – an einer Boeing 737 der *Gulf Air*, die auf dem Flugplatz in Dubai stand, unter Anleitung von Wegener. Auch britische Söldner, die im Dienste Dubais standen, beteiligten sich daran. Tatsächlich übte Wegener mit den Soldaten an der Maschine, wie man in das Flugzeug eindringt und die Geiselnahme im Inneren beendet. Dabei wurde allerdings vor allem deutlich, dass es den Kräften an der nötigen Professionalität mangelte, heißt es in Wegeners Erinnerungen. Immerhin konnten Wegeners Begleiter die Terroristen fotografieren, als diese die Flugzeugtür öffneten. Wegener schreibt weiter, dass es dem britischen Geheimdienst gelang, »Captain Mahmud« als Zohair Youssif Akache zu identifizieren. Die Briten teilten mit, dass er ein halbes Jahr vorher in London den ehemaligen Premierminister von Nordjemen, dessen Ehefrau und den Botschafter erschossen habe. Erst jetzt sei klar gewesen, dass man es mit Palästinensern zu tun hatte. »Landshut«-Kapitän Schumann gelang es außerdem, die Information zu übermitteln, dass es sich bei den Entführern um zwei Männer und zwei Frauen handelte.

»Mahmud hat ständig zu uns gesprochen und ganz klar signalisiert, dass er der Chef ist. Und dass alle auf ihn zu hören haben, auch seine Kumpane«, erinnert sich Diana Müll. »Der war schlimm. Und wir hatten panische Angst vor ihm. Diese stechenden Augen, das war so ein kleiner, hagerer Typ – er hatte so was Hasserfülltes.« Alle drei Stunden habe es einen Gewaltexzess von Mahmud gegeben. Auch unter der Brutalität seiner Partnerin, Souhaila Andrawes, mussten die Passagiere leiden. »Die war richtig bösartig. Sie ist zwischendurch mal durch die Maschine gegangen und hat mit dem Knauf der Pistole auf die Köpfe geschlagen. Alte Leute sind aus dem Sitz gefallen, ohnmächtig, weil sie nichts zu trinken bekommen haben. Dann haben sie mal einen Becher vollgemacht und in die erste Reihe gegeben, und der sollte bis hinten durch reichen. Wir saßen ziemlich in der Mitte, da kamen nur noch Tropfen an. Da haben wir die Zunge reingesteckt.« Diana Müll beschreibt, wie sie im Laufe der Tage verschiedene Phasen durchlebte. Zunächst habe sie gedacht, das werde schon gut gehen. »Dann fängt man an zu zweifeln. Und dann, nach zweieinhalb Tagen, da weiß man, dass man einfach keine Chance mehr hat. Am dritten Tag wussten wir genau, die Bundesregierung wird nicht nachgeben. Und dann kommt die Phase, in der man sich nur fragt: Was passiert, wie lange dauert es noch, wie weit geht das? Man konnte nicht mehr auf Toilette, musste alles laufen lassen, egal, wie. Das war eine Katstrophe. Dieser Hunger, dieser Durst. Und vor allen Dingen, was ganz schlimm war, dieser Gestank. Und die Temperatur. Das kann man sich gar nicht vorstellen. Da hast du tagelang dringesessen. Unfassbar. Und dazu diese Angst, dass da einer tot aus dem Sitz fällt.«

Am frühen Sonntagmorgen, dem 16. Oktober, kündigte Mahmud an, er werde jetzt damit beginnen, alle fünf Minuten eine Geisel zu erschießen, wenn die Maschine nicht aufgetankt werde. Vier Passagieren gab er eine Nummer und kündigte ihnen an, sie würden aufgerufen. Eine von ihnen war Diana Müll. Auch die Stewardess Gabriele Dillmann und Kapitän Schumann bekamen eine Nummer sowie Gerry, der Verlobte von Dianas Freundin in derselben Sitzreihe. Als Gerry nach vorne gerufen wurde, bissen Diana und ihre Freundin aus Verzweiflung in ein Kissen, da sie nicht schreien durften. Doch dann wurde Gerry zurückbeordert und sollte Diana nach vorne schicken. »Mahmud hat mich dann vor die offene Tür gezerrt. Seine Partnerin hat höhnisch gelacht, als er mir die Pistole an den Kopf gehalten hat. Ich habe rausgeguckt und gedacht, ich könnte jetzt noch springen. Erst habe ich ihn angesehen. Er sollte mein Gesicht sehen. Doch dann habe ich lieber nach draußen in den Himmel geschaut und an meine Familie gedacht.« Mahmud nahm das Funkgerät, sagte, er werde bis zehn zählen. »Ich erschieße jetzt Diana, 19 Jahre alt, aus Gießen, sagte er, wenn Sie nicht auftanken.« Und dann begann er zu zählen. Kurz bevor er fertig war, gab der Tower nach. Diana Müll brach zusammen und fiel in Ohnmacht. Kurz darauf wurde die Maschine aufgetankt.

Der Tod von Jürgen Schumann

In Bonn versuchte Bundeskanzler Schmidt, politischen Druck auf Dubai zu organisieren. Das Ziel war, einen Weiterflug der »Landshut« zu verhindern und eine gewaltsame Beendigung der Geiselnahme zu erwirken. Am Morgen telefonierte er mit dem britischen Premierminister Callaghan und bat ihn, seinerseits auf den Regenten im Emirat Dubai einzuwirken. Offenbar hoffte Schmidt, dass die Briten erreichen könnten, was die Deutschen nicht schafften. Für Schmidt stand zu diesem Zeitpunkt eine militärische Lösung durch Kräfte des Emirats im Vordergrund. Eine Erstürmung der Maschine durch die GSG 9 schien aussichtslos, das war der deutschen Delegation in Dubai deutlich gemacht worden. Schmidt verwies auf die britischen Söldner und 30 Fallschirmjäger unter dem Kommando Dubais, die bereits vor Ort Stellung bezogen hätten. Der Kanzler sagte zu Callaghan, er halte eine militärische Operation mit diesen Kräften für durchführbar und chancenreich. Im Kanzleramt war man überzeugt, dass kein anderer Flughafen in der Region besser für eine gewaltsame Befreiung geeignet war. In dem Telefonat erklärte Schmidt seinem britischen Amtskollegen, dass er die GSG 9 für den Fall zum Einsatz bringen wolle, dass die Maschine doch in ein anderes Land weiterfliegen sollte. Er habe Hinweise darauf, dass die Entführer versuchen könnten, nach Aden im Südjemen zu fliegen, erklärte der Kanzler. Callaghan sagte daraufhin, dass der Verteidigungsminister der Vereinigten Arabischen Emirate, der im Tower am Flughafen mit den Entführern verhandelte, »ohne Einschränkung« zu einem militärischen Eingreifen bereit sei. Das Problem sei, dass er dazu nicht autorisiert sei.

Zwei Stunden später telefonierte Schmidt zunächst mit dem Verteidigungsminister und bat ihn darum, die »Landshut« auf keinen Fall weiterfliegen zu lassen. Auf Anraten des Verteidigungsministers sprach Schmidt anschließend mit dem Präsidenten der Vereinigten Arabischen Emirate, Scheich Zayed Bin Sultan al-Nahayan. Auch ihn bat er, einen Weiterflug der Maschine unbedingt zu verhindern, notfalls auch die Reifen zu zerschießen. Außerdem ersuchte er ihn, einer gewaltsamen Befreiung zuzustimmen, sollten die Terroristen beginnen, Geiseln zu erschießen. Scheich Zayed hingegen machte seinen Standpunkt unmissverständlich deutlich: Aus seiner Sicht wäre es das Beste, auf die Forderungen der Entführer einzugehen und die RAF-Terroristen in den deutschen Gefängnissen freizulassen, erklärte er in dem Telefonat. Schmidt versuchte erneut, Scheich Zayed umzustimmen. Doch noch während des Telefonats erhielt der Kanzler die Mitteilung seines Lagezentrums, dass die »Landshut« in Dubai gestartet war.

Erneut begannen die Entführer nach einem Flughafen zu suchen, den sie ansteuern konnten. Zunächst sperrte Oman seinen Flughafen, danach versuchten die Entführer erfolglos, in Riyan, in der sozialistischen Volksrepublik Südjemen, zu landen. Nächstes Ziel war der Flughafen von Aden, der Hauptstadt. Doch auch hier ließ die Regierung von Südjemen die Landebahn sperren. Da der »Landshut« der Sprit auszugehen drohte, entschloss sich Kapitän Schumann um 16 Uhr zu einer Notlandung auf der Schotterpiste neben der Landebahn, die von Panzern blockiert war. Es gelang dem Piloten, die Maschine unter dem Vorwand zu verlassen, sie nach der Notlandung außen überprüfen zu müssen. Doch es dauerte Stunden, bis Schumann zurückkehrte. Der Filmautor Maurice Philip Remy recherchierte, dass Schumann ein Gespräch mit dem Chef der jemenitischen Luftwaffe führte. Die Entführer drohten schließlich damit, Geiseln zu erschießen, sollte er nicht unverzüglich wieder an Bord kommen. Als er zurückkehrte, eskalierte die Situation vollends. Mahmud führte Jürgen Schumann in die Kabine und warf ihm Verrat vor. »Er hatte die Kapitänsmütze auf, hat Schumann immer salutieren und den Gang auf und ab laufen lassen. Und ihn immer angeschrien: You are guilty or not guilty?« Bist du schuldig oder nicht schuldig? Schließlich ließ er Schumann im Mittelgang niederknien. Unmittelbar vor Diana Müll, die nur einen Meter entfernt saß. »Das war das Schlimmste. Das passierte direkt vor meinen Augen. Mahmud sagte, alle müssen hingucken, wer nicht hinguckt, wird sofort erschossen. Ich saß direkt davor, ich hatte keine Möglichkeit, wegzugucken. Ich wusste, ich war mir ganz sicher, dass er ihn erschießt. Und Jürgen Schumann wusste das auch. Das habe ich an seinem Blick gesehen.« Dann schoss Mahmud Jürgen Schumann in den Kopf. Der Pilot war sofort tot. Seine Leiche lag noch stundenlang im Mittelgang.

Staatsminister Wischnewski und Ulrich Wegener hatten erfolglos versucht, ebenfalls in Aden zu landen, denn die Regierung von Südjemen verweigerte ihnen die Einreise. Sie wichen deshalb nach Dschidda aus, an der Küste Saudi-Arabiens. Die Bundesregierung nahm deshalb sogar Verbindung zur DDR auf, mit der Bitte, auf die sozialistische Regierung in Südjemen einzuwirken, um Wischnewski die Landung in Aden zu ermöglichen. Doch dazu kam es nicht mehr. Am frühen Morgen des 17. Oktober befahlen die Terroristen dem Co-Piloten, Jürgen Vietor, das Flugzeug zu starten und nach Somalia zu fliegen. Um 4:34 Uhr landete die »Landshut« auf dem Flughafen von Mogadischu. Dort nahmen die Terroristen auch die Leiche von Kapitän Jürgen Schumann aus dem Gang und beförderten sie über eine Notrutsche nach draußen. Die beiden Frauen kamen danach mit einem Besen und einer Schippe, um die Stelle zu säubern, wo die Leiche gelegen hatte. »Die haben sich da hingesetzt und dabei einen Apfel gegessen, während sie das aufgekehrt haben«, sagt Diana Müll. »Das war ein Albtraum. Ich wusste ganz genau, das werde ich mein Leben lang nicht vergessen. Das Ausmaß an Gewalt, ich konnte das gar nicht verarbeiten. Das war unvorstellbar, gruselig. Aber was ich viel schlimmer fand, war diese Gleichgültigkeit, mit der die damit umgegangen sind.«

Der Sturm wird vorbereitet – in Bonn und vor Ort

In Bonn versuchte Helmut Schmidt aufs Neue, die Weichen für eine gewaltsame Befreiung der Geiseln zu stellen. Um 8:10 Uhr saß er mit dem somalischen Botschafter und Außenminister Hans-Dietrich Genscher in seinem Arbeitszimmer im Kanzleramt. Mit dramatischen Worten schilderte er, dass Deutschland sich in einer Notlage befinde und Somalia um Hilfe bitte. In sechs Stunden, erklärte Schmidt, könne eine Maschine mit deutschen Polizeispezialisten in Mogadischu sein, wenn die somalische Regierung dies wünsche. Der Kanzler machte außerdem deutlich, dass Somalia es nicht bereuen würde: Somalia könne dann mit »aller Hilfe« von deutscher Seite rechnen. Außerdem gaben Schmidt und Genscher dem Botschafter mit auf den Weg, dass es sich bei den Entführern um drei Deutsche und einen Araber handle, der von den deutschen Terroristen »nur zur Tarnung« benutzt werde. Das war eindeutig gelogen und sollte helfen, die Zustimmung der somalischen Regierung für eine Geiselbefreiung zu erwirken. Der Botschafter wurde gebeten, seinen Präsidenten zu verständigen. Zwei Stunden später kam das Bundeskabinett zu einer Sondersitzung zusammen, auf der eine gewaltsame Befreiung der Geiseln durch Polizeikräfte beschlossen wurde, und zwar in allen denkbaren Varianten: ausschließlich durch somalische Einheiten oder mit Beratung oder Unterstützung durch die GSG 9, oder auch durch die GSG 9 allein. Voraussetzung war die Zustimmung der somalischen Regierung. Der Kanzler telefonierte außerdem mit dem somalischen Präsidenten Siad Barre. Da es bei dem Gespräch Verständigungsprobleme gab, setzte Schmidt vor allem auf Wischnewski, um die Somalis vor Ort zu überzeugen. Um 12 Uhr, unmittelbar nachdem der Staatsminister in Mogadischu gelandet war, rief Schmidt ihn an. Wie angespannt und emotionalisiert der Kanzler war, wird aus dem Gesprächsprotokoll sehr deutlich: »Ich bin froh, dass es dich gibt«, sagte Schmidt zu Wischnewski. Offenbar aus der Sorge, abgehört zu werden, erteilte er Wischnewski sehr verklausuliert umfangreiche Prokura für die Gespräche mit Siad Barre und stellte vor allem finanzielle Unterstützung für Somalia in Aussicht. Außerdem ging es um einen möglichen Einsatz der GSG 9. »Die Freunde von Herrn Wegener sind gegenwärtig dabei, den Luftraum über Dschibuti zu erreichen«, sagte Schmidt. »Wenn dein Gesprächspartner sich entscheidet, sie einzuladen, lassen wir sie durchfliegen, sonst lassen wir sie kreisen. Wenn er sich nicht entscheidet, müssen wir sie in Dschibuti landen lassen.«

Der somalische Präsident Siad Barre bestand in Gesprächen mit den deutschen Unterhändlern zunächst darauf, die Geiselnahme durch seine Soldaten zu beenden. GSG 9-Kommandeur Wegener ließ sich von einer Sondereinheit der somalischen Armee an der Präsidentenmaschine zeigen, wie sie das Flugzeug stürmen wolle. Wie schon in Dubai stellte Wegener fest, dass auch die Somalis nicht über das nötige Know-how verfügten, heißt es in seinen Erinnerungen. Er bot dem somalischen Kommandeur daraufhin an, den Zugriff gemeinsam mit der GSG 9 zu machen. Die Somalis sollten zwar nicht unmittelbar am Zugriff beteiligt werden, aber den äußeren Absperrungsring stellen. Schließlich wurde man sich einig. Was genau Wischnewski dem somalischen Präsidenten versprochen hatte, kann man nur vermuten. Somalia hatte vor allem ein Interesse: Waffen, um gerüstet zu sein für den schwelenden Konflikt mit Äthiopien. Der Entwicklung im Nachgang ist zu entnehmen, dass die Bundesregierung zwar keine Waffenlieferungen zusagte, aber Geld in Aussicht stellte, das womöglich zum Kauf von Waffen verwendet werden könne. Das politische Risiko war dem Kanzleramt dabei sehr wohl bewusst. Doch man war bereit, den Preis zu bezahlen.

Im Flugzeug spitzte sich die Lage weiter zu. Die Entführer drohten damit, die Maschine zu sprengen, sollten die inhaftierten RAF-Mitglieder in Deutschland nicht entlassen werden. Sie hatten Plastiksprengstoff dabei, der an der Kabinenwand befestigt wurde. Die Terroristen setzten ein letztes Ultimatum bis zum Nachmittag, 15 Uhr deutscher Zeit. Der Leiter der deutschen Botschaft in Somalia versuchte, noch einmal Zeit zu gewinnen, und stellte zum Schein in Aussicht, dass die RAF-Häftlinge nach Mogadischu ausgeflogen werden könnten. Mahmud ließ sich darauf ein, das Ultimatum bis 3:30 Uhr in der darauffolgenden Nacht auf Dienstag, den 18. Oktober, zu verlängern. Allerdings erhöhte er gleichzeitig den Druck: Am Nachmittag platzierten die Terroristen Sprengstoff innerhalb der Kabine, fesselten die Passagiere, schütteten Alkohol und Parfüm über ihnen aus und drohten an, sie anzuzünden. »Es ist ja immer so, dass die Hoffnung nicht schwindet«, sagt Diana Müll. »Aber irgendwann war auch meine Hoffnung dahin. Die Zustände waren so katastrophal, so schlimm, dass ich nur noch gedacht habe: Ich will jetzt lieber, dass der mich erschießt, bevor ich hier elendig verrecke. So elendig zu verbrennen, bei lebendigem Leib, zu verdursten, zu verhungern – der Gedanke war so schlimm, dass ich lieber eine Kugel in den Kopf wollte. Das war die Hölle.« Dies war der Moment, in dem sie mit dem Leben abschloss.

Im Tower führte der Leiter der deutschen Botschaft in Somalia, Michael Libal, die Verhandlungen mit dem Cockpit. Aus dem Funkverkehr zwischen Tower und Cockpit in den letzten Stunden vor dem Zugriff geht hervor, wie es gelang, Mahmud immer wieder hinzuhalten und auf diese Weise Zeit zu schinden, um der angedrohten Sprengung der Maschine durch die Entführer mit einem Einsatz der GSG 9 zuvorzukommen. Gabriele Dillmann wandte sich schließlich über Funk mit einem dramatischen Appell aus dem Cockpit an den Tower: »Ich möchte der deutschen Regierung mitteilen, dass es ihre Schuld ist, wenn wir sterben, und wir werden sterben. Ich weiß, dass sie es tun werden. Das nennen wir auf Deutsch Himmelfahrtskommando. Das ist wahrscheinlich die letzte Nachricht, bevor ich sterben werde.« Wischnewski setzte schließlich auf eine »Kriegslist«, wie er es später nannte, um ein letztes Mal Zeit zu gewinnen: Den Entführern wurde zum Schein mitgeteilt, dass ihre Forderung erfüllt werde, elf inhaftierte RAF-Terroristen aus Deutschland nach Mogadischu auszufliegen. Das brauche jedoch Zeit, da sie an unterschiedlichen Orten in Haft seien, wurde Mahmud mitgeteilt. Schließlich teilte der Tower mit, das Flugzeug sei auf dem Weg. In der Maschine entspannte sich die Lage daraufhin ein wenig. Da die Entführer sich am Ziel wähnten, nahmen sie den Geiseln die Fesseln ab. »Viele haben geschlafen in der Nacht«, erzählt Diana Müll. »Ich weiß noch, ich war vorher vorne links auf der Toilette, bin dann aus der Toilette raus und muss direkt eingeschlafen sein.« Was draußen vor sich ging, ahnte sie nicht.

Die Operation »Feuerzauber«

Um 19:30 Uhr landete die Boeing 707 mit den beiden Einsatzeinheiten der GSG 9. Auch Walter und People waren an Bord. Noch in der Luft bemerkten die Männer plötzlich zwei Kampfjets neben ihrer Maschine. »Das war schon ein mulmiges Gefühl«, erinnert sich People. Tatsächlich hatten die Somalis sie aufsteigen lassen, damit die Entführer in der »Landshut« nicht mitbekommen, dass das Flugzeug mit der GSG 9 an Bord landet. Es war bereits dunkel. »Unsere Parkposition war ungefähr 1000 Meter entfernt von der Landshut«, erzählt Walter. Die Hitze sei unerträglich gewesen. Wegeners Stellvertreter Klaus Blätte bezog mit Präzisionsschützen auf den Dünen im Umfeld der »Landshut« Stellung. Die übrigen Männer machten sich fertig und kamen zusammen, um den Einsatz zu besprechen. Dazu riefen die Einheitsführer die Truppführer zusammen. Wegener fragte, ob jemand nicht in die Maschine reinwolle. Daraufhin meldeten sich einige. »Am Ende gab es für jeden eine Aufgabe«, erzählt Walter. »Entweder in die Maschine reinzugehen oder bei der Sicherung.« Alles sei bis ins kleinste Detail besprochen worden. »Wir wussten, um was es ging. Das war der erste richtige Einsatz, ein Riesending. Und darum waren wir auch bis in die Haarspitzen motiviert, das durchzuziehen.« Ein letztes Mal trainierten sie den Zugriff an der Lufthansa-Maschine, mit der sie nach Mogadischu geflogen waren.

Die Männer der GSG 9 unmittelbar vor dem Sturm

Walter und People meldeten sich beide für die Erstürmung der »Landshut«. Sie wurden für unterschiedliche Türen eingeteilt, die sich gegenüber befanden. Um kurz nach 23 Uhr in der Nacht zum 18. Oktober begann die Operation mit dem Namen Feuerzauber. »Als wir auf die Maschine zugegangen sind, war die Anspannung schon ziemlich hoch«, erzählt People, der einen der Trupps anführte. »Wir haben lange Schatten geworfen und gedacht, wenn die das jetzt sehen …« Mahmud stand weiter mit dem Tower in Verbindung, sollte auf diese Weise abgelenkt werden. People erinnert sich bis heute, dass ihm der bestialische Gestank auffiel, der aus der Maschine kam, als er darunter stand. Die »Landshut« hatte sechs Türen, für jede Tür gab es einen Trupp, der aus fünf Mann bestand. Einer hielt die Leiter, drei stiegen hinauf, der Fünfte blieb am Boden als Sicherungsschütze. Sie legten die Leitern an und kletterten hoch, um die Türen zu öffnen, so, wie sie es immer wieder trainiert hatten. An Wegener ging die Meldung: Alle Trupps sind einsatzbereit. Um 0 Uhr 5 zündeten die beiden britischen Soldaten, die dabei waren, zwei Blendgranaten, die die Aufmerksamkeit der Terroristen an Bord ablenken sollten. Die Tür, durch die Peoples Trupp eindringen wollte, ließ sich jedoch nur einen Spaltbreit öffnen, da sie mit jeder Menge Unrat zugestellt war. »Als wir die Tür öffneten, lief eine Terroristin gerade vorbei und hat direkt das Feuer auf uns eröffnet«, erinnert er sich. Der Mann, der unten zur Sicherung stand, wurde am Hals getroffen. Blitzschnell schalteten die Männer und drangen durch eine andere Tür ein. Für jedes nur denkbare Hindernis gab es einen Plan B. Der Trupp, in dem Walter war, konnte die Tür problemlos öffnen, an der sie eingeteilt waren. Walter stürmte in die Kabine, als Erster überhaupt. »Ich war der erste Mann, der in die Maschine ging. Es ging alles automatisiert, genau, wie man es gelernt hatte. Ich bin rein, habe die Täter erkannt und habe geschossen.« Mahmud stand im Cockpit, eine der Frauen unmittelbar davor in der Toilette. Nach wenigen Sekunden war alles vorbei.

Der Zugriff war ein voller Erfolg: Alle Geiseln überlebten. Drei der vier Entführer wurden erschossen, ohne dass sie selbst jemanden töten konnten. Die Handgranaten, die sie bei sich trugen, zündeten entweder nicht oder detonierten, ohne dass jemand verletzt wurde. Nur die Stewardess Gabriele Dillmann wurde am Bein verletzt. »Von den Passagieren habe ich wenig mitbekommen«, erzählt Walter, »denn dann lief sofort die Evakuierung. Das ging in einem durch.« People erinnert sich noch, wie ein Passagier ihn ansprach: »Der fragte, kannst du mal gucken, ob ihr wirklich alle erwischt habt? Da habe ich nur gesagt: Jetzt aber raus!« Nach der Evakuierung der Geiseln durchsuchten die Einsatztechniker der GSG 9 die Maschine auf versteckte Sprengfallen. Nach dem Einsatz fiel die Anspannung von den Männern ab.

Diana Müll war von Geschrei und Schüssen aus dem Schlaf gerissen worden. »Nach dem, was wir fünf Tage durch erlebt hatten, waren wir nicht mehr ganz klar im Kopf. Ich war wie in Trance. Ich bin auch gar nicht richtig wach geworden. Ich habe nur gehört, Köpfe runter, Köpfe runter! Ich habe nicht an Befreiung gedacht, auch das Deutsch kam gar nicht bei mir an. Ich habe gedacht, jetzt erschießen sie alle.« Sie kroch instinktiv unter den Vordersitz. Ein GSG 9er redete auf sie ein: »Der hat es tatsächlich geschafft, mich zu beruhigen. Ich bring dich nach Hause, hat er gesagt – nach Hause, das war das Stichwort für mich.« Schließlich wurde sie unter dem Sitz hervorgezogen, und weil sie nicht mehr stehen konnte, nach draußen getragen. Bei der GSG 9 hatte sich in den vergangenen Tagen herumgesprochen, dass einige Schönheitsköniginnen an Bord seien. Die Männer hatten Scherze darüber gemacht, wer wohl als Erster eine von ihnen retten würde. Diana Müll erinnert sich, dass der Beamte, der sie die Leiter hinuntertrug, unten zu seinen Kameraden sagte: Ich habe gewonnen!

Doch noch war die Maschine nicht sicher. »Du musst jetzt rennen – renn um dein Leben«, sagten die Männer zu Diana Müll. Und dann lief sie. Bis zu der Düne, hinter die alle Geiseln geflüchtet waren. Kurz darauf, im Flughafengebäude, wurde sie versorgt. Neben ihr lag einer der Terroristen, mit zahlreichen Einschusslöchern, aber noch am Leben, erinnert sie sich. »Der Schöne«, hatte sie ihn an Bord genannt, bildhübsch sei er gewesen, und nicht so brutal wie Mahmud. Doch als es in Dubai darum ging, wer an Bord erschossen werden sollte, um den Tower unter Druck zu setzen, sei er es gewesen, der sie ausgewählt habe. Er starb noch im Flughafengebäude. Kurz darauf musste Diana Müll mitansehen, wie Souhaila Andrawes an ihr vorbeigetragen wurde – die einzige Überlende des vierköpfigen Terrorkommandos. »Tötet mich, wir werden siegen!«, rief sie und machte ein Victoryzeichen mit den Fingern. Auch sie war von mehreren Kugeln getroffen worden, aber nicht lebensgefährlich verletzt.

Vor dem Einsatz hatte GSG 9-Kommandeur Wegener mit Helmut Schmidt telefoniert. In seinen Erinnerungen beschreibt er das Gespräch mit dem Bundeskanzler: Schmidt habe ihn gefragt, wie er die Lage einschätze. Er sei zu 100 Prozent überzeugt, dass es klappen werde, habe er dem Kanzler versichert. Er sollte recht behalten. Was Wegener nicht wusste, ist, dass Schmidt seine Rücktrittserklärung bereits geschrieben hatte. Wie er selbst später erklärte, stand für ihn fest, dass er im Falle eines Blutbads an Bord der Maschine nicht hätte im Amt bleiben können. Unmittelbar nach dem Zugriff telefonierte Wegener erneut mit Schmidt. Den Inhalt des Telefonats hat Wegener mehrfach im Wortlaut beschrieben. »Wie viele Tote haben Sie denn?«, fragte der Kanzler. »Keinen einzigen«, antwortete Wegener. Nach einer Pause sagte Schmidt: »Wegener, ich danke Ihnen.« Die somalische Regierung hingegen war nicht so erfreut: Präsident Siad Barre fühlte sich getäuscht, hatte die Bundesregierung doch behauptet, drei der vier Entführer seien Deutsche. Die Maschine der GSG 9 wurde daraufhin von somalischen Soldaten umstellt. Um die Wogen zu glätten, stellte Wegener den Somalis in Aussicht, die GSG 9 könne beim Aufbau einer polizeilichen Spezialeinheit helfen. Die Maschine wurde schließlich freigegeben. Und tatsächlich: People war in der Folge ein Jahr lang in Somalia, um das Versprechen einzulösen.

Am Morgen des 18. Oktober wartete die GSG 9 noch darauf, dass ihr verletzter Mann aus dem Krankenhaus zurückkehrt. Zurücklassen wollten sie ihn unter keinen Umständen, erinnern sich Walter und People. Er hatte glücklicherweise nur eine Fleischwunde am Hals, wo ihn eine Patrone gestreift hatte. Wer auch noch fehlte, war Diana Müll. Sie war so geschwächt, dass sie als einzige Geisel in ein Krankenhaus gebracht worden war, das von deutschen Nonnen betrieben wurde. Ein junger somalischer Soldat hatte sie auf einem Pritschenwagen durch das nächtliche Mogadischu dorthin gefahren. Als sie hörte, wie die Nonnen auf dem Flur darüber sprachen, dass die Maschine bald starten werde, sie aber noch eine Woche bleiben müsse, um sich zu erholen, drehte sie durch. Der Gedanke, allein zurückzubleiben, löste Panik in ihr aus. Sie machte so lange Krawall, bis sie zum Flughafen gefahren wurde. Als sie ankam, waren die befreiten Geiseln bereits an Bord der Maschine, die sie nach Hause bringen sollte. Eine ihrer Freundinnen begrüßte sie mit einem Schokoriegel, den sie für sie aufbewahrt hatte. Mehr gab es nicht. Sie fiel in einen tiefen Schlaf und erwachte erst, als die Maschine auf dem Frankfurter Flughafen landete. Einige GSG 9-Beamte begleiteten die Geiseln, die meisten von ihnen flogen mit einer zweiten Maschine zurück. Im Flugzeug der GSG 9 brach sich die Erleichterung Bahn. »Auf dem Rückweg haben wir die Maschine leer gesoffen«, erinnert sich Walter. Die Euphorie war groß, meint People. »Die Trainings-Weltmeister hatten zugeschlagen. Es hatte sich bezahlt gemacht.« Mit Alkohol und Galgenhumor wurde das Erlebte verarbeitet: Dem verletzten Mann sagten die Männer lachend, er solle doch auch mal etwas trinken, um zu sehen, ob es am Hals rausläuft. Man muss sich auch bewusst machen, wie jung die Männer waren, in der Mehrzahl nämlich Anfang oder Mitte zwanzig. Sie waren dennoch bereit, ihr Leben zu riskieren. Beide Maschinen flogen nach Frankfurt am Main, wo die Geiseln ausstiegen. Die GSG 9 nutzte die Gelegenheit, den Vorrat an Bier aufzufüllen, und flog weiter nach Köln/Bonn. Dort wurden die Männer schon erwartet.

Am Flughafen Köln/Bonn war das Musikkorps des Bundesgrenzschutzes angetreten, der Bundesinnenminister wartete, die zweite Einsatzeinheit, die nicht mitgeflogen war, und die Frauen und Familien der Einsatzkräfte. Auf dem Weg zum Standort wurde den Männern zugewinkt, als sie durch Hangelar fuhren. »Einen Tag später mussten wir wieder in Bereitschaft«, erzählt People. »Denn Schleyer war noch immer nicht gefunden.« Der Erfolg der »Landshut«-Befreiung wurde zudem überschattet durch die dramatischen Ereignisse in der Justizvollzugsanstalt Stammheim: In derselben Nacht, in der die GSG 9 die Geiselnahme beendete, nahmen sich die RAF-Mitglieder Andreas Baader, Gudrun Ensslin und Jan-Carl Raspe das Leben. Irmgard Möller versuchte es und überlebte schwer verletzt. Am darauffolgenden Tag, dem 19. Oktober, wurde die Leiche von Hanns Martin Schleyer im Kofferraum eines Autos im französischen Mulhouse entdeckt. Es war der bittere Preis für die unnachgiebige Haltung der Bundesregierung, ein Preis, der einen Schatten warf auf den Erfolg von Mogadischu, die Leistung aber nicht schmälerte. GSG 9-Kommandeur Wegener setzte durch, dass nicht nur er, sondern die gesamte GSG 9 mit dem Bundesverdienstkreuz ausgezeichnet wurde. Der Orden wurde den Männern im Kanzleramt verliehen. »Für die GSG 9 war danach alles anders«, erinnert sich Walter. »Man war stolz auf sich, auf die Einheit und die Kameraden, dass wir es geschafft hatten. Jetzt hatte man den Beleg, dass wir wirklich was können. Das gesamte Ansehen ist dadurch gestiegen, auch in der Welt.«

Mogadischu als Wendepunkt

Der Einsatz in Mogadischu, wie Helmut Schmidt ihn 1977 billigte, wirkt heute wie eine Geschichte aus einer anderen Zeit. Und das ist er auch. Um die Ereignisse in ihrer Dimension zu verstehen, wie auch die Bedeutung, die die Befreiung der »Landshut« für den Kampf gegen den Terrorismus im Oktober 1977 hatte, muss man sich die Dramatik und die Verdichtung der Ereignisse auf dem Höhepunkt des »Deutschen Herbstes« vor Augen halten. Zwar weigerte sich die Regierung Schmidt im ganzen Jahr 1977 konsequent, den Forderungen der Terroristen nachzugeben, aber erst mit der Befreiung der »Landshut« gelang es dem Staat, einen wirklichen Wendepunkt herbeizuführen. Die tragische Konsequenz davon war die Ermordung Hanns Martin Schleyers. Ein Preis, den die Familie Schleyer zahlen musste. Der Einsatz der GSG 9 in Mogadischu machte darüber hinaus deutlich, welche Fähigkeiten die Bundesrepublik seit der Bewältigung der Geisellage bei den Olympischen Spielen 1972 in München erworben hatte, sie war ein Quantensprung im Bereich der inneren Sicherheit.

Die Somalis pochten in den folgenden Wochen darauf, dass die Zusagen der Bundesregierung eingehalten wurden. An symbolischen Gesten ließ Bonn es nicht fehlen: Der somalische Botschafter wurde bereits am Tag der Geiselbefreiung zu einer Kabinettssitzung eingeladen, drei Tage darauf kam Helmut Schmidt zum Empfang anlässlich des somalischen Nationalfeiertags in die Botschaft. Doch Waffen interessierten die Somalis mehr als Symbolik. Gut zwei Wochen nach der Befreiung der Geiseln empfing der Bundeskanzler den somalischen Botschafter in seinem Arbeitszimmer. Der Bundesregierung sei es nicht möglich, Waffen in Krisengebiete außerhalb der NATO zu liefern, erklärte Schmidt. Die Bundesregierung könne aber finanzielle Unterstützung geben, die auch für Verteidigungszwecke verwendet werden könne. Eine solche Vereinbarung müsse aber strikt vertraulich bleiben, betonte der Kanzler. Ein paar Tage zuvor hatte Bonn bereits erste finanzielle und technische Unterstützung auf den Weg gebracht: 30 Zehn-Tonnen-Lkw sowie Traktoren und Planierraupen wurden Somalia zugesichert, wie auch eine Verdopplung der Kredithilfe auf 25 Millionen D-Mark im laufenden Jahr. Ende November 1977 kam eine somalische Delegation nach Bonn, um Regierungsgespräche zu führen. Hierbei sicherte Schmidt wirtschaftliche Hilfe von insgesamt 76 Millionen D-Mark für 1977 und 1978 zu. Ein Drittel davon als Warenhilfe. »Dies gibt Ihnen die größtmögliche Freiheit, dafür zu kaufen, was Sie aus Ihrer eigenen Sicht für vordringlich halten«, sagte der Kanzler laut Gesprächsprotokoll. Außerdem sagte er die Lieferung von 100 gebrauchten militärischen Lkw aus Deutschland zu. Schmidt hat sich über die Zusagen gegenüber Somalia im Zuge der Geiselbefreiung jahrelang ausgeschwiegen. Erst 2009, mit der Freigabe von bis dahin als geheim eingestuften Dokumenten, wurde deutlich, welchen Preis die Bundesregierung für die Befreiung der Geiseln in der »Landshut« zahlte.

Mit dem Einsatz in Mogadischu begann für die GSG 9 ein neues Kapitel ihrer Geschichte. Dabei muss man unterscheiden zwischen der

Binnen- und der Außenwirkung. Äußerlich wurde sie zum Mythos stilisiert, es setzte eine regelrechte Heldenverehrung ein, die bis heute anhält. Als Ulrich Wegener 2020 starb, bedauerte nahezu die gesamte Medienlandschaft den Tod des »Helden von Mogadischu«. Männer wie Walter und People können damit wenig anfangen. »Nach außen war das Heldenstatus«, erklärt Walter. »Nach innen – nein. Wir haben immer gesagt, wir machen unseren Job. Aber wir haben uns nicht als Helden gefühlt. Dieser Heldenmythos ist von außen an uns herangetragen worden.« People geht es ähnlich. »Ich konnte damit nichts anfangen. Ich habe meinen Job gemacht. Für mich hat sich nichts geändert.« Man glaubt es ihnen. Die Art und Weise, wie sie ihre Geschichte erzählen, ist frei von jeglicher Eitelkeit. Es ist so, als würden sie auch heute noch schnörkellos Meldung machen. Im Gespräch antworten sie in kurzen Sätzen, beschränken sich auf die Fakten, was in ihnen vorging, ist nicht der Erwähnung wert. Walter, der als Erster in der Maschine war, hat bis jetzt nie öffentlich darüber gesprochen. Außer Frage steht, dass die Wahrnehmung der GSG 9 bis in die Gegenwart zu einem großen Anteil mit der Befreiung der »Landshut« zusammenhängt. Es ist der bis heute bedeutendste Einsatz, den die GSG 9 zu bewältigen hatte, und ihr bisher größter Erfolg. Dieser Erfolg, der in die Frühphase fällt, nur fünf Jahre nach ihrer Gründung, ist damit auch der Maßstab, an dem alles gemessen wird, was danach kam. Angemessen ist das nicht. Der Einsatz von Mogadischu war spektakulär, doch andere Aufgaben, die die GSG 9 zu bewältigen hatte, waren nicht minder gefährlich und forderten schließlich auch Todesopfer in den eigenen Reihen. Männer wie Walter und People halten gar nichts davon, die Leistung späterer Generationen in der GSG 9 nach Mogadischu gering zu schätzen. Im Gegenteil: »Ich habe die Zeit noch erlebt, als die Leute monatelang nach Kabul mussten oder in den Irak, das ist viel gefährlicher, als ein Flugzeug zu stürmen«, sagt Walter. »Man muss nicht nur vor uns den Hut ziehen, sondern auch heute vor jedem, der hier sein Leben riskiert. Was die Leute heute hier leisten, ist genauso gut wie das, was wir geleistet haben. Im Kern machen wir immer das Gleiche. Auch wenn nicht jeden Tag die Rieseneinsätze da sind. Aber wenn es dazu kommt, wird das genauso durchgeführt.«

Für die GSG 9 war der Einsatz in Mogadischu dennoch nichts weniger als identitätsstiftend. Danach musste der Verband niemandem mehr beweisen, wofür man ihn brauchte und was er konnte. »Es ist untrennbar mit der GSG 9 verbunden«, sagt GSG 9-Kommandeur Jerome Fuchs. »Und uns ist vollkommen klar, dass unser Name in der Welt so bekannt ist, weil es diesen Einsatz gab. Aber ich sage auch immer: Es ist Teil unserer Geschichte, aber wir müssen heute auf die aktuellen Herausforderungen eingehen und dürfen uns niemals auf so etwas ausruhen.« Sein Vorgänger, Olaf Lindner, sieht es ähnlich. »Das ist lange her, aber es ist bis zum heutigen Tage der bedeutendste Einsatz, weil er auch eine Bewährungsprobe für den damaligen Verband dargestellt hat«, sagt Lindner. »Er ist in seiner Vorgehensweise beispielhaft. Professionalität, Mut, Entschlossenheit – und das erfolgreiche Wirken als Team sind der Schlüssel für den Erfolg gewesen. Das gegenseitige Vertrauen von politischer Entscheidungsebene und operativen Kräften war neben taktischen Fähigkeiten die wesentliche Voraussetzung für den Einsatzerfolg.«

Die Geschichte der »Landshut« ist bis heute nicht zu Ende erzählt. Immer wieder kommen neue Kapitel hinzu – so auch 1996. In jenem Jahr wurde in Hamburg Souhaila Andrawes angeklagt, die einzige Überlebende des Terrorkommandos. Sie war nach der Erstürmung der Maschine durch die GSG 9 an die somalischen Behörden übergeben und ein halbes Jahr später in Somalia zu 20 Jahren Gefängnis verurteilt worden. Aber schon ein Jahr nach Entführung der »Landshut« schob die somalische Regierung sie nach Bagdad ab. Ins Gefängnis musste sie nicht. Sie lebte zunächst in Beirut und floh Anfang der 1980er-Jahre schließlich nach Syrien. 1991 beantragte sie mit ihrem libanesischen Ehemann und einer gemeinsamen Tochter in Norwegen Asyl. Allerdings wurde sie dort von den deutschen Behörden aufgespürt und am 13. Oktober 1994, also genau 17 Jahre nach der Entführung der »Landshut«, festgenommen und nach Deutschland ausgeliefert. In ersten Vernehmungen sagte sie aus, die RAF-Terroristin Monika Haas sei 1977 auf Mallorca gewesen, wo sie dem vierköpfigen Terrorkommando die Waffen übergeben habe. Zwar nahm sie die Aussage wieder zurück, dennoch wurde Haas verurteilt. Haas hatte die Waffen mit einem Komplizen aus Algerien nach Mallorca geschmuggelt.

Diana Müll verfolgte den Prozess gegen Andrawes in Hamburg über die Medien. Als die Verhandlung schon weit fortgeschritten war, wurde sie als Zeugin geladen. »Eins war mir wichtig – dass ich alles erzähle, so viel wie möglich.« Detailliert schilderte sie vor Gericht, wie die Angeklagte die Passagiere gequält hatte. Andrawes wurde zu 12 Jahren Haft verurteilt. Doch auch diese Haftstrafe musste sie letztlich nicht verbüßen: Schon nach einem Jahr wurde sie nach Norwegen ausgeliefert, wo sie aus gesundheitlichen Gründen nach einem weiteren Jahr aus dem Gefängnis entlassen wurde. Dort lebt sie bis heute. Tatsächlich hatte sie sich von den Schussverletzungen beim Zugriff der GSG 9 nie erholt, vor Gericht konnte sie kaum laufen. Diana Müll verspürt kein Mitleid, auch heute nicht. Das Erlebte war zu schlimm. »Ich gehöre nicht zu der Sorte Mensch, die so was vergibt. Es gibt ja dann diejenigen, die sagen, ich möchte nicht mit diesem Hass auf diese Leute leben. Ich habe niemals mit Hass auf die Leute gelebt, die waren mir egal. Wenn ich die Möglichkeit gehabt hätte, die zu verurteilen, wären die alle gestorben. Aber ich lebe nicht mit dem Hass.« Um das Erlebte zu verarbeiten, erzählt sie ihre Geschichte immer wieder.

Die Bewahrung der Geschichte, die auch ihre Geschichte ist, ist für Diana Müll zur Lebensaufgabe geworden. Immer wieder musste sie sich damit auseinandersetzen, wollte es auch, weil sie verstanden hatte, dass sie ihr Trauma nur so in den Griff bekommen würde. Vier Jahre nach ihrer Geiselhaft wurde sie krank, litt an einer schweren Depression. Ein Jahr lang machte sie eine Therapie, die sie selbst bezahlen musste, am Ende war sie hoch verschuldet. Den Kampf um eine Opferentschädigungsrente führt sie bis zum heutigen Tag. »Hätte ich den Therapeuten nicht gefunden, diesen einen Mann, dann hätte ich mich umgebracht. Ich habe nur noch an Selbstmord gedacht. So schlimm war das. Ich konnte gar nichts mehr. Panikattacken, dass ich gar nicht mehr aus dem Haus bin. Ich sage noch heute: Dieser Mann hat mir das

Leben gerettet.« Er nahm für sie Kassetten auf, die sie immer wieder abspielen konnte, wenn die Vergangenheit sie einholte. »Er hat zu mir gesagt: Das wird für immer bleiben. Du musst unbedingt lernen, damit umzugehen. Die meisten verzweifeln an ihrem Trauma.« Sie ist nicht daran verzweifelt, hat sich behauptet und erzählt ihre Geschichte immer wieder aufs Neue, wie in einem permanenten Prozess der Verarbeitung. Die Idylle im Grünen, die sie sich als Lebensort geschaffen hat, spielt dabei eine wichtige Rolle. Mehr als ein Dutzend Mal war sie umgezogen, weil sie sich in der Stadt nicht sicher fühlte. »Ich lebe hier draußen einfach friedlicher«, sagt sie. »Ich habe hier keine Ängste.«

Kapitel 5

Einsatz im Inland

Der Anschlag auf den Weihnachtsmarkt in Berlin

Um kurz vor 20 Uhr am 19. Dezember 2016 ist die Welt noch in Ordnung auf dem Berliner Breitscheidplatz. Der große Weihnachtsmarkt rund um die Gedächtniskirche ist wenige Tage vor Weihnachten gut besucht. Plötzlich rast ein Sattelschlepper über den Platz und hinterlässt eine Schneise der Verwüstung, bis er an der anderen Seite zum Stehen kommt. Am Steuer sitzt Anis Amri, einer der gefährlichsten radikalen Islamisten im Land. Den Lkw hatte er kurz zuvor gekapert. Der polnische Fahrer lag erschossen in der Fahrgastkabine. Amri tötete mit dem Sattelschlepper elf Menschen und verletzte Dutzende zum Teil schwer. Danach gelang ihm unerkannt die Flucht. Die Polizei wusste zunächst nicht, womit sie es zu tun hatte. Zwar deutete vieles auf einen islamistisch motivierten Anschlag hin. Doch war zunächst völlig unklar, um wie viele Attentäter es sich handelte, wo sie sich aufhielten und ob weitere Anschläge folgen würden.

Bereits unmittelbar nachdem Amri sein mörderisches Werk vollendet hatte, machte sich die GSG 9 in Hangelar abmarschbereit. Drei große Super-Puma-Hubschrauber der Bundespolizei flogen mit Einsatzkräften der ersten Einheit Richtung Berlin – eine Stunde nach dem Anschlag waren sie in der Luft. Gegen Mitternacht landeten sie auf dem Bundespolizei-Standort in Blumberg bei Berlin. Erst während des Flugs kam die offizielle Anforderung durch das Land Berlin und das Bundeskriminalamt an die GSG 9. Vor die Lage kommen, sagt man bei der GSG 9 – das heißt, schon auf dem Weg sein, bevor die Einsatzkräfte angefordert werden. Ad-hoc-Einsätze sind auch für die GSG 9 nicht der Alltag. »Kid« war Chef der ersten Einsatzeinheit. »Wenn man ins Blaue hineinreitet, ist das immer eine andere Geschichte«, beschreibt er die Stimmungslage in diesem Moment. »Die Jungs haben natürlich das Gefühl, jetzt geht's los, und es ist wahrscheinlich, dass geschossen wird während des Einsatzes.« Die Grundspannung sei natürlich höher, aber nicht so, wie man es als Außenstehender vermuten würde. »Man hat das Ganze schon tausend Mal geübt. Ich weiß, was wir können, was wir an Fähigkeiten und taktischen Möglichkeiten haben – da war mir klar, dass wir die Lage fest im Griff haben werden.«

Eine erste »Welle« von Einsatzkräften wurde nach Berlin geschickt, eine zweite Welle sollte zu einem späteren Zeitpunkt mit zusätzlicher Ausrüstung folgen. »Es war unklar, ob es noch Folgeanschläge gibt, deshalb wollten wir die Möglichkeit haben, auch an andere Orte noch verlegen zu können«, erinnert sich Kid. Von Blumberg aus wurden die Männer in die Berliner Innenstadt geflogen, wo Fahrzeuge für sie bereitstanden. In der Nacht vom 19. auf den 20. Dezember war die akute Phase des Anschlags zwar vorüber, aber klar war das erst in der Rückschau. Denn die Lage war noch keineswegs unter Kontrolle. Der oder die Attentäter konnten wer weiß wo sein, waren mit ziemlicher Sicherheit bewaffnet und im Zweifelsfall zu allem entschlossen, um sich einer Festnahme zu widersetzen – was die Möglichkeit einschloss, dass weitere Menschen getötet oder auch als Geiseln genommen werden konnten. Darüber hinaus befürchten die Behörden nach solchen Anschlägen immer, dass es zu spontanen Nachahmertaten kommt, das heißt, dass sich andere Islamisten, bereits radikalisiert bis hin zur Anschlagsreife, ermutigt fühlen könnten, nun auch zuzuschlagen. »Wir hatten keinen ›active Shooter‹ mehr«, erklärt Kid, »aber die Suche nach dem Verdächtigen lief auf Hochtouren. Immer wieder gab es Hinweise, da könnte er sein oder gesehen worden sein. Und je nachdem, welche Fähigkeiten gefragt waren oder wer gerade zur Verfügung stand, hat dann entweder das SEK Berlin oder wir die Aufträge abgearbeitet.«

Erst am Nachmittag, rund 20 Stunden nach dem Anschlag, konnte die Identität des Attentäters geklärt werden, da ein Ausweisdokument Amris in der Fahrerkabine gefunden wurde. Doch von ihm selbst fehlte jede Spur. Auf der Suche nach ihm erhielt die GSG 9 in der Nacht vom 21. auf den 22. Dezember den Auftrag, die Räumlichkeiten der Fussilet-Moschee im Stadtteil Wedding zu durchsuchen. Hier war Amri unmittelbar vor dem Anschlag noch gewesen. Die Moschee war *der* Hotspot der dschihadistischen Szene in Berlin. »Es gab ganz konkrete Hinweise. Aufgrund von Kameraaufnahmen und Zeugenaussagen ging man davon aus, dass er zu 90 Prozent in dieser Moschee aufhältig sein sollte«, erzählt Kid. »Für die Kräfte war klar, sie werden dort eindringen und voraussichtlich auf mindestens einen Täter treffen und möglicherweise auf weitere Sympathisanten. Und die Wahrscheinlichkeit war groß, dass er sich nicht festnehmen lassen will. Mit diesem Mindset sind unsere Leute dort reingegangen.« Die Beamten gingen also nicht nur davon aus, dass Amri in der Moschee war, sondern auch davon, dass er bereit war, dort zu sterben – und das wahrscheinlich nicht kampflos. Die GSG 9 entschied sich, die Tür aufzusprengen. »Wir mussten davon ausgehen, dass die Gegenseite damit rechnet, dass wir kommen, und sich an der Tür eine Sprengfalle befindet. Und das kann man mit einer Sprengladung neutralisieren«, erklärt Kid. »Aber von dem Moment an sind wir erkannt. Wir sind dann langsam und sicher vorgegangen, mit vielen Ansprachen in verschiedenen Sprachen, wie Leute sich zu verhalten haben, und das nimmt Zeit in Anspruch.« Am Ende war alles anders. Amri war nicht in der Moschee. Die Beamten trafen lediglich eine Person an.

Am Morgen traf die Verstärkung aus Hangelar ein. Der Rest der ersten Einheit war in den frühen Morgenstunden mit Hubschraubern und zusätzlicher Ausrüstung gestartet. An diesem 22. Dezember fehlte von Amri weiterhin jede konkrete Spur. Kaum eingetroffen, erhielten Kid und seine Männer den Auftrag, ein weiteres Objekt zu durchsuchen: die Wohnung, in der Amri zuletzt gewohnt hatte. »Man konnte nicht ausschließen, dass er dorthin zurückgegangen ist«, sagt Kid. Auch hier war unklar, worauf die Beamten stoßen würden: wenn nicht auf Amri, dann möglicherweise auf Sympathisanten oder vielleicht eine Sprengfalle. Schließlich wurde mit Rücksicht auf mögliche Unbeteiligte auf eine Sprengung verzichtet und die Wohnung unkonventionell eingenommen: Mit Lautsprecherdurchsagen forderten die Beamten auf Deutsch und Englisch dazu auf, die Wohnung zu verlassen – ein sogenanntes Call-out-Szenario. Tatsächlich war die Wohnung leer. Im Zuge der Ermittlungen stellte sich heraus, dass Amri mit großer Wahrscheinlichkeit nach der Tat zunächst in seine Wohnung zurückgekehrt war, vermutlich um einen Rucksack zu holen und danach aus Berlin zu flüchten.

Amri wurde schließlich in der Nacht vom 22. auf den 23. Dezember, also drei Tage nach der Tat, in Italien in Sesto San Giovanni, nahe Mailand von einem Polizisten erschossen, nachdem er bei einer Polizeikontrolle seine Waffe gezogen und das Feuer auf die Beamten eröffnet hatte. Amris Spur fand sich erst in Nordrhein-Westfalen wieder – bis heute ist unklar, wie er Berlin verlassen hat. Von dort flüchtete er in die Niederlande und weiter über Frankreich bis nach Italien. Damit hatte zumindest die Suche nach ihm ein Ende. Die geschilderten Abläufe machen deutlich, wie komplex, um nicht zu sagen mitunter auch chaotisch die Situation in der heißen Phase nach dem Anschlag war. Neben der GSG 9 war das Berliner SEK mit der Durchsuchung von Objekten beauftragt, in denen Amri oder mögliche Unterstützer vermutet wurden. Erst Anfang Januar war der Einsatz in Berlin für die GSG 9 zu Ende, und die Männer kehrten nach Hangelar zurück.

Dieser Einsatz, so unspektakulär er für die GSG 9 im Ergebnis verlief, war ein sogenannter Ad-hoc-Einsatz. Darunter versteht man Einsätze, für die die GSG 9 ursprünglich einmal gegründet wurde: zur Lösung einer akuten Gefährdungslage, sei es ein Terroranschlag oder ein Amoklauf mit einem »active Shooter«, der mordend unterwegs ist, oder eine Geiselnahme mit Gefahr für Leib und Leben der Geiseln. Dabei sind Spezialeinheiten nie als Erstes vor Ort – meist ist es die herbeigeeilte Polizeistreife, die sich zunächst ein Bild der Lage verschafft und diese bewertet. Aufgabe von Spezialeinheiten ist es in Fällen wie diesen, den oder die Attentäter unschädlich zu machen und sicherzustellen, dass nicht weitere unterwegs sind. Sie müssen »die Lage lösen«. Die Motivation der Täter ist dabei zunächst nicht von Bedeutung. Allerdings spielt sie eine Rolle für die Art und Weise, wie sie vorgehen. Und darauf wiederum müssen sich nicht nur Sicherheitsbehörden, sondern auch Spezialeinheiten taktisch einstellen. Die Bedrohungslage hat sich seit Gründung der GSG 9 immer wieder verändert. In der jüngeren Vergangenheit standen Anschläge von Rechtsterroristen und Islamisten im Vordergrund.

Insbesondere das Aufkommen des sogenannten Islamischen Staats führte zu zahlreichen islamistischen Anschlägen in Europa. Die Anschläge in Frankreich im Jahre 2015 und anschließend in Belgien im Jahr darauf machten deutlich, vor welche Herausforderungen der Terror »Made by IS« die Spezialkräfte in Europa und damit auch in Deutschland stellte: Die Attentäter waren schwer bewaffnet, zum Teil mit Kriegswaffen. Nach dem Anschlag flohen sie entweder oder beendeten ihr mörderisches Werk direkt an Ort und Stelle als Selbstmordattentäter. Das Niveau der Bewaffnung, der Gewaltbereitschaft und der Entschlossenheit, selbst zu sterben, aber auch der Professionalität bei der Planung und Durchführung, war eine neue Erfahrung für die Sicherheitskräfte in Europa. Der sogenannte Islamische Staat orchestrierte die Anschläge, bildete die Attentäter entweder selbst in Syrien und Irak aus oder radikalisierte sie über das Internet. Viele wurden bei der Planung ihrer Anschläge über Messenger-Kanäle von IS-Operateuren angeleitet und bis in den Tod begleitet. Zwar wusste man natürlich seit dem 11. September 2001, wozu der islamistische Terrorismus fähig war, doch die aktuelle Bedrohung Europas durch den IS-Terrorismus war auch quantitativ eine neue Dimension.

Die Bedrohung war eine gänzlich andere als durch die linksterroristische Rote Armee Fraktion in den 1970er- und 80er-Jahren, die primär darauf abzielte, Repräsentanten von Staat und Wirtschaft zu töten oder zu entführen, um politische Forderungen durchzusetzen oder inhaftierte Gesinnungsgenossen freizupressen. Rassistisch motivierte Attentäter verübten in den vergangenen Jahren mehrfach öffentlichkeitswirksam Anschläge mit vielen Todesopfern. Der Anschlag auf das Olympia-Einkaufszentrum in München (2016) sowie die Anschläge von Halle (2019) und Hanau (2020) waren Ad-hoc-Lagen, die deutlich machten, dass die Bedrohung durch rechtsextremistisch motivierte Attentäter in Deutschland mindestens so groß ist wie die durch den islamistischen Terrorismus. Anschlagspläne anderer rechtsextremer Gruppen konnten frühzeitig durchkreuzt werden, wie Oldschool Society, Gruppe Freital, Revolution Chemnitz oder Gruppe S. Der rechtsterroristische »Nationalsozialistische Untergrund« (NSU), der über viele Jahre Menschen mit Migrationshintergrund sowie eine Polizistin ermordete, achtete hingegen über Jahre darauf, keine Spuren zu hinterlassen, und bekannte sich erst zu seinen Taten, als der eigene Untergang besiegelt war. Hinzu kommen Amoktäter oder psychisch kranke Attentäter, wobei die Grenzen zum Teil nur schwer zu ziehen sind. Der Amoklauf des 19-jährigen Schülers Robert S. im Jahre 2002 ist bis heute in schrecklicher Erinnerung – er erschoss am Gutenberg-Gymnasium in Erfurt 16 Menschen. Betrachtet man das ganze Spektrum von Anschlägen oder Anschlagsversuchen unterschiedlichster Motivation, so wird deutlich, wie komplex die Bedrohungslage ist. Die Radikalisierung der Corona-Protestbewegung in den Jahren der Pandemie gibt dabei Anlass zu weiteren, schlimmsten Befürchtungen.

Von jetzt auf gleich: Ad-hoc-Einsätze

Letztlich ist jede »Lage« unterschiedlich, eins jedoch ist allen Ad-hoc-Lagen gemein: Sie kommen wie aus dem Nichts und ohne konkrete Vorwarnung. »Die Herausforderung hier ist, dass wir keine eigenen Aufklärungsergebnisse haben, uns auf unbekanntes Gebiet begeben, aus der Alarmierung heraus arbeiten – und zwar weltweit«, erklärt GSG 9 Kommandeur Jerome Fuchs. Es geht darum, so schnell wie möglich zu reagieren, von jetzt auf gleich eine konkrete, akute Bedrohungslage zu lösen, in einem Wettlauf gegen die Zeit und mit oftmals nur rudimentärer Kenntnis der Situation. »Natürlich ist die Anspannung bei Ad-hoc-Lagen höher, weil man nicht weiß, was einen erwartet«, erklärt »Elle«, der als Stabsbereichsleiter in der GSG 9-Führung verantwortlich für den Bereich Einsatz ist. »Das macht aber auch den besonderen Reiz aus.« Jede Einsatzplanung geht über seinen Tisch. Kommt es zu einer Ad-hoc-Lage, wird der jeweilige »Bereitschaftskommandeur« verständigt, das ist entweder der GSG 9-Kommandeur selbst, sein Stellvertreter oder eben Elle. Eine der drei Einsatzeinheiten im Hauptquartier ist immer in Alarmbereitschaft – auch ihr Einheitsführer wird sofort informiert. Dann heißt es, schnell zu entscheiden, wie man die Sache angeht: In einer Telefonkonferenz oder auch direkt in der Lagestelle im Hauptquartier wird besprochen, mit wie vielen Einsatzkräften die GSG 9 in den jeweiligen Einsatz geht – mit einem Trupp oder mehreren oder einer gesamten Einsatzeinheit.

Die Bereitschaftseinheit ist dabei rund um die Uhr im Modus »x plus 1«, wie es bei der GSG 9 intern bezeichnet wird, das heißt, sie muss innerhalb von einer Stunde abmarschbereit sein. Eine weitere Einheit kann als Unterstützungseinheit bei Bedarf jederzeit aktiviert werden. Eine dritte Einheit ist mit Aus- und Fortbildung beschäftigt. In diesem Dreiklang wird permanent rotiert. Da die Männer überwiegend in unmittelbarer Nähe zum Hauptquartier wohnen, können sie auch zu Hause schlafen, wenn sie in Bereitschaft sind, solange sie im Falle einer Alarmierung schnell genug in der Dienststelle sein können. Die Ausrüstung liegt im Hauptquartier in sogenannten Cages bereit, in Metallfächern, muss nur gegriffen und angelegt werden, bevor es auf die Fahrzeuge geht, die unmittelbar danebenstehen und immer einsatzbereit sind. Je nach Lage kann ein Trupp vorausgeschickt werden, ein weiterer Trupp später folgen, womöglich mit anderer Ausrüstung und Bewaffnung, die für die Bewältigung der Lage besser geeignet ist.

Jede Einsatzeinheit besteht aus mehreren Spezialeinsatztrupps (SET). Wie viele Trupps es sind, behält die GSG 9 aus taktischen Gründen für sich, damit keine Rückschlüsse auf die personelle Stärke des Verbands möglich sind. Der jahrelang immer wieder genannten Zahl von 400 Personen als Gesamtstärke der GSG 9 wurde nie widersprochen, wobei sie mittlerweile mit dem Aufbau einer weiteren Einsatzeinheit in Berlin zu niedrig sein dürfte. Allerdings handelt es sich dabei nicht nur um Einsatzkräfte, sondern die Zahl schließt auch den gesamten sogenannten Unterstützungsbereich mit ein, das heißt zum Beispiel die medizinischen Rettungskräfte sowie mehrere Fachbereiche, in denen Spezialwissen bewahrt, neue Ausrüstung für den Einsatz erprobt und die Einsatzkräfte fortgebildet werden.

Die vier Einsatzeinheiten sind das Herz der GSG 9. Jeder ihrer Trupps ist identisch gebaut und besteht aus zehn Mann. Neben dem Truppführer und seinem Stellvertreter verfügt jeder Trupp über besonders ausgebildete Spezialisten: einen »Einsatztechniker«, dessen Aufgabe es ist, den Zugang ins Gebäude zu ermöglichen; statt: mit einer Ramme, mit Sprengstoff, oder auch auf gänzlich anderem Wege als durch die Tür. Ein »Aufklärer« ist dafür da, die Einsatzbedingungen auszukundschaften, falls dafür im Vorfeld Zeit ist. Bei den sogenannten »6-Uhr-Lagen«, von denen noch die Rede sein wird, ist eine optimale Planung im Vorfeld des Einsatzes das A und O. Am Helm des Aufklärers befindet sich die Kamera, mit der jeder Einsatz gefilmt wird, um bei Rechtsstreitigkeiten im Nachhinein dokumentieren zu können, dass alles rechtmäßig gelaufen ist. Jeder Trupp hat außerdem einen »Sicherungsschützen«, der mit einer zusätzlichen Bewaffnung ausgerüstet ist und über eine Schießausbildung verfügt, die nahezu das Niveau eines Präzisionsschützen erreicht. Eine weitere Position im Trupp ist der »Medic«, der eine rettungsmedizinische Ausbildung und eine entsprechende Ausrüstung hat. Er kann im Notfall Erste Hilfe leisten, sowohl bei den Einsatzkräften als auch bei verletzten Zivilisten, allerdings ist er Teil des Einsatzteams. Er soll lediglich das medizinisch Allernötigste tun, das aber im Gefahrenbereich, in den kein ziviler Rettungssanitäter hineinkann. Danach muss der Medic im Trupp weiter den Einsatzauftrag wahrnehmen. Die übrigen Männer im Trupp werden »Trooper« genannt, die über keine besondere Spezialisierung verfügen.

Amoklauf in Königsbrück

Ein Ad-hoc-Einsatz ist eine Fahrt ins Ungewisse. »Du bist wach mit allen Sinnen«, erklärt Elle. »Das Informationsdefizit, der Zeitdruck, die besondere Gefahr, die im Raum steht – das ist die Herausforderung. Es geht viel direkter um die Rettung von Menschenleben.« Womöglich warten ein oder mehrere Täter, die bewaffnet und zu allem entschlossen sind. Dementsprechend gefährlich können diese Einsätze auch für die Männer der GSG 9 sein. Am Sonntag, dem 13. Mai 2018, war es wieder einmal so weit. »Wanne« war abends zu Hause. Er war Einsatztechniker in einem Trupp der dritten Einheit. Sie hatten Bereitschaft. Als er schon im Bett lag, kam die Alarmierung: Wanne sollte sofort auf die Dienststelle kommen. Kaum war er im Hauptquartier angekommen und abmarschbereit, wurde sein Trupp mit dem Hubschrauber nach Dresden geflogen. Bei der Ankunft erhielten sie nähere Informationen, worum es ging: Robert K., ein ehemaliger Bundeswehrsoldat, hatte eine Nachbarin erstochen, war anschließend mit seinem Auto zu einem verlassenen Truppenübungsplatz bei Königsbrück gefahren und hatte sich dort verschanzt. »Es war klar, der wollte nicht aufgeben«, erinnert sich Wanne. Der Mann war bewaffnet, so viel war bekannt, doch wo er sich auf dem weitläufigen, leer stehenden und völlig verwilderten Gelände aufhielt, war unklar. Neben der GSG 9 waren auch mehrere Spezialeinsatzkommandos aus anderen Bundesländern zur Unterstützung der sächsischen Polizei vor Ort. Das Gelände wurde in Sektoren eingeteilt, die durchkämmt werden sollten – auch Wanne und sein Trupp bekamen einen Sektor zugewiesen, den sie durchsuchen sollten. Einen Lageplan des Geländes gab es nicht.

Sie fuhren ihren Sektor bei Sonnenaufgang mit zwei gepanzerten Fahrzeugen ab und stießen schließlich auf ein Gebäude, ein leeres Abrisshaus. Als sie sich mit den Fahrzeugen näherten, fielen Schüsse. »Wir werden beschossen«, hörte Wanne über Funk aus dem Fahrzeug vor ihnen. Nun war klar, wo der Mann sich befand – allerdings wussten sie nicht, wo genau innerhalb des Gebäudes. Unklar war außerdem, ob das Gebäude mit einem weitläufigen unterirdischen Tunnelsystem verbunden war, das sich über das Gelände erstreckte. Auch dies musste zunächst abgeklärt werden, um sicher zu sein, dass der Mann nicht durch einen Tunnel flüchten konnte. Wie sich herausstellte, hatte Robert K. sich im Dachstuhl verschanzt und einzelne Dachziegel entfernt, sich auf diese Weise Schießscharten gebaut, um nach draußen schießen zu können. Wanne und sein Trupp entschieden schließlich, ins Gebäude einzudringen, und sicherten zunächst das Erdgeschoss. »Ab da war Bewegung drin. Wir haben dann das erste Obergeschoss genommen, womit klar war, dass er im Dachgeschoss sitzt«, erinnert sich Wanne. Vom ersten Stock führte die Treppe weiter bis in den Dachstuhl. Wanne musste als Einsatztechniker des Trupps klären, wie sie sich Zugang verschaffen konnten. Als sie sich der Tür näherten, fielen wieder Schüsse. Ein Sicherungsschütze des SEK Sachsen hatte in den Dachstuhl geschossen, weil er beobachtet hatte, wie Robert K. sich dort bewegt hatte. Dem Trupp der GSG 9 war in diesem Moment jedoch nicht klar, wer geschossen hatte – tatsächlich vermuteten sie, dass es der Täter war. Funkkontakt mit dem Sicherungsschützen des SEK hatten sie nicht. Eine Schwachstelle bei Einsätzen dieser Art, bei denen unterschiedliche Spezialkräfte gemeinsam im Einsatz sind – jeder benutzt seinen eigenen Funkkanal.

Der Plan war schließlich, geschützt durch ein Schild durch die Tür in den Dachstuhl einzudringen und vorher einen Einsatzhund hineinzuschicken. Wanne war als Einsatztechniker der erste Mann hinter dem Schildträger. Die Tür, eine Eisentür, war tatsächlich unverschlossen, wie sich herausstellte. Er öffnete die Tür, und der Hund sprang hinein. Sofort hörte er den Hund jaulen, er war angeschossen worden. Durch die halb offene Tür sah Wanne das Tier am Boden liegen. »Die Zielperson lag hinten in der Ecke mit einem Camouflageanzug. Ich habe eine Bewegung erkannt, da hat er auch schon auf uns gefeuert. Ich habe drei Schuss auf ihn abgegeben. Dann habe ich einen Schlag auf dem rechten Unterarm verspürt, es gab sofort eine massive Blutung.« Er war angeschossen worden. »Mir war klar, da ist eine Arterie getroffen. Dann hast du noch 30 bis 60 Sekunden, darauf werden wir geschult.« Wanne gab die Mitteilung über Funk durch, gleichzeitig bewegte der Trupp sich zurück. Sofort versuchte er, den Arm abzubinden, was allerdings nicht gut funktionierte. »Ich bin dann ein Stockwerk runter gerannt, raus aus der roten Zone. Dann kamen auch schon unsere Medics.« Wanne wurde aus dem Gebäude gebracht und in ein Fahrzeug gesetzt, das ihn zu einem zivilen Rettungswagen brachte. »Das ist wie auf Autopilot, man ruft das ab, was man tausendmal im Training gemacht hat. Wenn man die Verletzung hat, will man sie klassifizieren, ist sie lebensgefährlich oder nicht, und wenn ja, dann muss ich schnell was machen.« Er schildert die Ereignisse konzentriert und nüchtern. Man spürt aber auch, wie nahe ihm das Erlebte noch immer geht.

Robert K. war zu diesem Zeitpunkt schon tot. Das Team schickte, nachdem es sich zurückgezogen hatte, einen kleinen Roboter mit Kamera in den Dachstuhl. Robert K. bewegte sich nicht mehr. Er hatte sich selbst gerichtet. Wanne wurde nach Dresden in die Universitätsklinik gebracht. Die GSG 9 verständigte seine Frau. Der Anruf ereilte sie in dem Moment, als sie gerade ihr Hochzeitskleid anprobierte. Eine erste Untersuchung in der Klinik ergab, dass Wanne mehrfach operiert werden und voraussichtlich mindestens drei Wochen im Krankenhaus bleiben musste. »Frau Doktor«, die Ärztin der GSG 9, telefonierte mit dem behandelnden Chefarzt und anschließend mit Kliniken in Bonn, ob Wanne zurückgebracht und vor Ort operiert werden könne. Schlussendlich wurde er mit einem Hubschrauber der Bundespolizei nach Bonn geflogen. Er wurde dreimal operiert, lag drei Wochen im Krankenhaus, danach kam die Reha.

»Für mich war das nicht so schlimm wie für meine Frau«, erzählt er nachdenklich. »Stand jetzt. Meine Frau beobachtet das genau. Die Verletzung wird mich mein ganzes Leben lang begleiten. Das belastet die ganze Familie.« Seine Frau ist auch Polizeibeamtin, zugleich Rettungssanitäterin. Mittlerweile kann Wanne wieder Fallschirm springen, ist wieder einsatzbereit. Doch das Erlebte hat ihn geprägt. »Man sucht sich den Job hier aus, beschäftigt sich damit, dass so was passieren kann«, sagt er. »Das ist das Schwert, das über jedem schwebt.« Wer bei der GSG 9 ist, weiß natürlich um das Risiko, das der Dienst in einer

Einsatzeinheit mit sich bringt. »Wenn wir irgendwohin gehen, sind wir bis an die Zähne bewaffnet und bestens ausgebildet«, sagt Wanne. Anderen gehe das nicht so. »Ein normaler Streifenpolizist weiß nicht, was ihn erwartet.« Die Grundsatzfrage, ob er den Job noch machen konnte, stellte sich für Wanne jedoch nicht. Der erste Einsatz nach der Auszeit sei für ihn nicht das große Problem gewesen, erinnert er sich. Es war ein Einsatz mit geringer Gefährdungslage. »Für mich war das okay. Für meine Frau nicht so«, räumt er ein. Doch als die GSG 9 dann angefordert wurde, in Belgien bei der Suche nach einem schwer bewaffneten flüchtigen Soldaten zu suchen, ließ ihn das nicht unberührt. Die Parallele zu Königsbrück war offensichtlich. »Da denkst du schon, mal sehen, wie das wird. Aber wenn ich sagen würde, so was kann ich nicht mehr, dann muss ich auch sagen, ich höre auf. Entweder alle oder keinen.«

Zusammenarbeit mit anderen Spezialeinheiten

Die Anforderung, die die GSG 9 am 20. Mai 2021 aus Belgien erreichte, erinnerte in der Tat an Königsbrück. Jürgen Conings, ein bestens ausgebildeter Berufssoldat, war in Afghanistan und Irak im Einsatz gewesen, unter anderem als Scharfschütze. Er hatte sich radikalisiert, hatte Waffen und Raketenwerfer der belgischen Armee gestohlen und damit gedroht, den prominenten Virologen Marc van Ranst zu töten. Auch der belgischen Regierung drohte der 46-Jährige in mehreren Abschiedsbriefen, unter anderem aufgrund der Corona-Schutzmaßnahmen. Unerklärlich war, warum er überhaupt Waffen aus einer Kaserne stehlen konnte, obwohl er bereits seit Anfang des Jahres von den belgischen Sicherheitsbehörden als Terrorverdächtiger geführt wurde. Einer Festnahme hatte er sich am 17. Mai durch Flucht entzogen und war schließlich im Nationalpark Hoge Kempen unweit der Grenze zu Deutschland untergetaucht. Das Gebiet umfasst 12 000 Quadratmeter, Polizei und Armee suchten mit Hunderten Einsatzkräften, Hunden, Hubschraubern und Wärmebildkameras. Doch erfolglos. Die Bitte um Unterstützung erreichte die GSG 9 zunächst auf dem »kleinen Dienstweg« über einen Anruf ihrer belgischen Partnereinheit. Bereits in diesem Moment setzte sich die Einsatz-Maschinerie innerhalb der GSG 9 in Gang – in Erwartung einer bevorstehenden Alarmierung. Schließlich kam die offizielle Anfrage über das Bundesinnenministerium und das Präsidium der Bundespolizei. Kaum lag die Anfrage vor, machte sich Elle mit einem kleinen Team auf den Weg nach Belgien. »Ich war vor den Einsatzkräften da und nahm Kontakt zu den Kollegen vor Ort auf. Die Aufgabe ist dann, die Kräfte in den Einsatz zu führen«, erklärt er. Die GSG 9 half schließlich, ein Teilgebiet zu durchkämmen. Allerdings mussten die Männer abziehen, ohne dass Conings gefunden wurde. Es dauerte noch Wochen, bis schließlich Ende Juni seine Leiche im Wald entdeckt wurde, bereits stark verwest. Er hatte sich selbst getötet. Womöglich war er schon tot, als die GSG 9 bei der Suche nach ihm half.

Der Einsatz in Belgien war ein Novum für die GSG 9. Es war das erste Mal, dass sie von einem Partnerland des Atlas-Verbunds zur Unterstützung in einer akuten Einsatzlage angefordert worden war. Im Atlas-Verbund sind 38 europäische Polizei-Spezialeinheiten organisiert. Sie machen gemeinsame Ausbildungsprojekte, teilen Einsatzerfahrungen oder unterstützen sich im Extremfall eben auch bei einem Einsatz. Es gehört zum guten Ton, dass der Bundesinnenminister europäischen Kolleginnen und Kollegen bei schweren Terrorlagen eine Unterstützung durch die GSG 9 anbietet: so zum Beispiel auch Bundesinnenminister Thomas de Maizière seinem französischen Amtskollegen nach den Anschlägen auf das Satiremagazin *Charlie Hebdo* in Paris, als die Attentäter zwei Tage lang auf der Flucht waren und mit einem Großaufgebot an Spezialkräften verfolgt wurden. Ein solches Angebot anzunehmen ist freilich eine andere Sache. Frankreich verzichtete seinerzeit darauf. Das hatte zweifellos auch etwas mit dem Selbstverständnis der französischen Regierung zu tun, eine derartige Terrorlage allein bewältigen zu wollen. Kleinere Länder, wie eben auch Belgien 2021, stoßen schneller an die Grenzen ihrer Kapazitäten. Die Bundesregierung hat ihrerseits bereits Unterstützungsangebote aus dem Ausland angenommen, zum Beispiel beim Anschlag auf das Olympia-Einkaufszentrum in München am 22. Juli 2016, wo auch die österreichische Spezialeinheit »Cobra« vor Ort war. Auch zur Sicherung des G20-Gipfels in Hamburg im Juli 2017 waren Einsatzkräfte der Cobra zur Unterstützung der deutschen Polizei vor Ort.

Im Inland gibt es ein Nebeneinander von Spezialkräften der Länder und des Bundes. Während die GSG 9 die Spezialeinheit der Bundespolizei ist, unterhalten die Länder Spezialeinsatzkommandos (SEK). Die Bundespolizei ging 2005 aus dem Bundesgrenzschutz hervor und untersteht dem Bundesinnenministerium. Sie unterstützt die Landespolizei personell, etwa bei Demonstrationen oder Fußballspielen mit prekärer Sicherheitslage. Originär zuständig ist sie unter anderem für den Grenzschutz, aber auch für die Sicherheit an Bahnhöfen und im Flugverkehr oder den Schutz von Objekten des Bundes, wie zum Beispiel Regierungsgebäuden. Hinzu kommen internationale Aufgaben wie die Sicherung der deutschen Botschaften im Ausland. Für die Bekämpfung der Kriminalität ist die Bundespolizei nur in bestimmten Fällen zuständig, zum Beispiel wenn es um Schleusungskriminalität oder gefälschte Reisedokumente geht. Daraus ergibt sich auch, wofür die GSG 9 als Spezialeinheit der Bundespolizei unmittelbar zuständig ist. Nach der Sicherheitsarchitektur der Bundesrepublik ist Polizei in erster Linie Ländersache, und damit auch der Einsatz von Spezialeinheiten. Dieses Nebeneinander zwischen GSG 9 und Länder-SEK ergänzt sich im günstigsten Fall, im schlechtesten Fall kann es auch ein spannungsgeladenes Wettbewerbsverhältnis sein. Ob das eine oder das andere überwiegt, ist von Land zu Land und von Situation zu Situation verschieden. Es hat einerseits mit den Möglichkeiten der jeweiligen Landespolizei zu tun, andererseits aber auch mit dem jeweiligen Anspruch an sich selbst und nicht zuletzt mit Befindlichkeiten.

Die allermeisten Einsatzlagen, mit denen die Spezialeinheiten der Polizei in Deutschland zu tun haben, können sowohl von den SEK der Länder als auch von der GSG 9 des Bundes bewältigt werden. Sie erfordern keine Fähigkeiten oder personellen Ressourcen, über die nur die GSG 9 verfügt. Das macht auch das strukturelle Problem der

GSG 9 deutlich: Sie ist zwar einzigartig unter den Spezialeinheiten der Polizei, aber sie ist für nahezu nichts alleine zuständig. Zu dieser Ausgangslage im Inland kommt eine vergleichbare im Ausland. Zwar ist die GSG 9 die einzige polizeiliche Spezialeinheit in Deutschland, die in Auslandseinsätze geschickt werden kann, jedoch hat sie mit dem Kommando Spezialkräfte (KSK) der Bundeswehr auch hier einen Mitbewerber, in diesem Fall einen militärischen. Eine klare rote Linie, wer beispielsweise bei Geisellagen im Ausland unter welchen Bedingungen zum Zug kommt, lässt sich nur schwer, wenn überhaupt, ziehen. Einsätze, die die Spezialkräfte der Länder quantitativ und qualitativ überfordern würden, sind ausgesprochen selten – glücklicherweise. Komplexe Terrorlagen, wie Frankreich sie 2015 erleben musste, sind Deutschland bisher erspart geblieben.

Tatsächlich unterscheiden sich die Profile von GSG 9 und SEK bei genauerem Hinsehen aber durchaus. Ein Großstadt-SEK wie in Berlin ist pro Jahr rund 500-mal im Einsatz und damit etwa zehnmal so häufig wie die GSG 9. Zwar gibt es eine Schnittmenge bei den Einsätzen, doch das signifikante quantitative Gefälle geht Hand in Hand mit qualitativen Unterschieden bei den Einsatzlagen. Die GSG 9 hat mit »110-Einsätzen«, also dem, was tagtäglich an Notrufen über die Nummer 110 bei der Polizei aufläuft, nichts zu tun. Sie machen hingegen den Einsatzalltag eines SEK aus. Die Polizei Berlin hat jeden Tag im Jahr rund um die Uhr ein Team des SEK in Bereitschaft. »Wir haben mitunter bis zu den späten Abendstunden Alarmierungen«, sagt Youssef El-Saghir, der Chef des Berliner SEK. »Nicht selten muss das Team in einer Nacht zu drei Einsätzen ausrücken. Wir sind eben das Hauptstadt-SEK.« Dabei legt das Berliner SEK Wert darauf, auch die Funktion einer Anti-Terror-Einheit zu erfüllen. »Haben wir es mit Terror zu tun, verstehen die meisten darunter die GSG 9. Aber spätestens seit den Anschlägen von Paris haben sich auch die Länder so aufgestellt«, sagt El-Saghir. Das Berliner SEK habe schon die Anschläge in Mumbai 2008 zum Anlass genommen, sich verstärkt auf Terrorszenarien einzustellen. »Als Paris kam, haben wir gesagt: Darauf sind wir hoffentlich weitestgehend vorbereitet.«

Bei Ad-hoc-Einsätzen sind in den allermeisten Fällen ohnehin die SEK der Länder schneller vor Ort, allein schon aufgrund der räumlichen Nähe. Innerhalb der Länder gibt es jedoch sehr unterschiedliche Ausgangsbedingungen, denn nicht alle verfügen über die gleiche Dichte an Spezialkräften. In Ostdeutschland beispielsweise wird die GSG 9 häufiger angefordert, da die Polizei dort über weniger Spezialkräfte verfügt als die großen, bevölkerungsreichen Flächenländer wie Nordrhein-Westfalen und Bayern. Nordrhein-Westfalen hat sieben Spezialeinsatzkommandos, die über das gesamte Land verteilt sind. In Bayern gibt es eine vergleichbare Struktur. Personell wie materiell haben die Länder ihre Spezialeinheiten in den vergangenen Jahren deutlich aufgerüstet: So verfügt die bayerische Polizei seit November 2020 über zwei gepanzerte Einsatzfahrzeuge des Typs Enok 6.2, wie auch die Polizei in Niedersachsen. »Es ist auch eine Frage der Ehre, zu sagen, wir bewältigen unsere Aufgaben erst einmal alleine«, sagt Youssef El-Saghir, »ohne uns zu überschätzen.«

Die Herausforderung für die Länder-SEK besteht vor allem darin, trotz der hohen Einsatzfrequenz das nötige Niveau an Aus- und Fortbildung zu gewährleisten. »Das SEK ist deutlich kleiner, deutlich überschaubarer, und gebunden in der Tagesaufgabe«, erklärt Sven Mewes, der nach seiner Zeit als Einheitsführer bei der GSG 9 Kommandoführer des SEK Sachsen wurde. »Man macht sehr viele Einsätze, wenn es um die Festnahme möglicherweise bewaffneter Straftäter geht. Sehr viele kleine Einsätze, zum Teil auch zweifelhafte. Dadurch ist eine zielgerichtete Vorbereitung auf Großlagen zeitlich gar nicht möglich.« Aufgabe der GSG 9 ist es hingegen, sich genau dafür bereitzuhalten. Derartige Terrorlagen, wie 2015 in Frankreich, bedeuten eine völlig andere Herausforderung als die Einsätze, die die Alltagsroutine ausmachen. GSG 9-Kommandeur Jerome Fuchs hat es einmal so formuliert: »Wir können niemanden mehr anrufen.« Hinzu kommt, dass die GSG 9 ein sehr breites Aufgabenfeld hat. Sie muss alles können, wohingegen zum Beispiel die maritime Einsatzfähigkeit für die meisten Länder-SEK gar kein Thema ist. »Die GSG 9 kann immer noch Einsatzszenarien, die kein anderer kann«, erklärt der sächsische Innenminister Armin Schuster (CDU). »Die finanzielle Kraft, so diversifiziert auf jedes erdenkliche Szenario vorbereitet zu sein, kann kein SEK haben. Es ist eigentlich optimal, dass man den SEK den Druck nimmt, alles Erdenkliche vorhalten zu müssen.« Die speziellen Fähigkeiten der GSG 9, insbesondere das Tauchen und Fallschirmspringen, führen dazu, dass der Trainingsaufwand, der betrieben werden muss, ein gänzlich anderer ist. Dasselbe gilt für die Auslandskomponente: Die GSG 9 trainiert regelmäßig im Ausland, unterhält sehr enge Beziehungen zu europäischen Spezialeinheiten sowie zu Partnereinheiten in den USA und Israel. »Die internationale Zusammenarbeit ist ein wichtiger Bestandteil der GSG 9«, erklärt Hans-Georg Engelke, Staatssekretär im Bundesinnenministerium. »Es gibt den europäischen Atlasverbund, in dem die GSG 9 sich bewegt, und dann gibt es Einsatzlagen, auf die sie sich vorbereitet: zum Beispiel maritime Einsatzlagen oder Großterrorlagen, von denen ich glaube, dass sie den Erfahrungsbereich eines Landeskommandos deutlich übersteigen. Das muss der Bund bereitstellen.«

Zur Wahrheit gehört jedoch, dass Einsätze im Ausland Seltenheitswert haben und einzelne Fähigkeiten der GSG 9 im Inland bisher nicht abgerufen wurden. Das bedeute jedoch nicht, dass man sie nicht benötige, betont Engelke. »Wenn jemand sagt, die haben ja eine Fähigkeit, die noch gar nicht zum Einsatz gekommen ist, dann sage ich: ja, Gott sei Dank. Aber wir müssen uns darauf vorbereiten, solange das ein realistisches Einsatzszenario ist, dass wir dann auch wirksam handeln könnten. Das füllt die GSG 9 für mich in besonderer Weise aus.« Die GSG 9 sucht sich auch deshalb immer wieder zusätzliche Nischen, um etwas anzubieten, das die Fähigkeiten der landeseigenen SEK übersteigt. Ein aktuelles Beispiel ist die Vorbereitung auf sogenannte »CBRN-Lagen«, das heißt Anschläge mit chemischen, biologischen, radioaktiven und nuklearen Stoffen. Wie real diese Gefahr ist, wurde im Juni 2018 in Köln-Chorweiler deutlich, als ein Anschlagsplan mit hochgiftigem Rizin verhindert werden konnte. Die GSG 9 trainiert Anschlagsszenarien dieser Art regelmäßig und kann auf mehrere mobile Dekontaminationsanlagen der Bundespolizei zurückgreifen. Die Erfahrung aus vergangenen Jahren lehrt, dass es für die Länder bei Großlagen grundsätzlich selbstverständlich ist, die GSG 9 anzufordern. Und zwar auch für diejenigen Bundesländer, die sonst Wert darauf legen, es alleine zu können. So am 22. Juli 2016, beim Anschlag im Olympia-Einkaufszentrum in München, als der 18-jährige Schüler David S. aus rassistischen Motiven neun Menschen erschoss. Das bayerische Innenministerium zögerte nicht, die GSG 9 um Unterstützung zu bitten – vor allem auch deshalb, weil auch hier zunächst völlig unklar war, mit wie vielen Attentätern man es zu tun hatte.

Der Anschlag in Halle

Am 9. Oktober 2019 um kurz vor 12 Uhr parkte der 27-jährige Stephan B. seinen Wagen an der Synagoge in Halle an der Saale. Er war mit einem Tarnanzug bekleidet, die Kamera an seinem Helm hatte er bereits aktiviert. Wie der Attentäter von Christchurch in Neuseeland, der ein halbes Jahr zuvor einen Anschlag auf zwei Moscheen verübt und 51 Menschen getötet hatte, übertrug B. seine Tat live ins Internet. Die Übertragung dauerte 36 Minuten. Das Blutbad von Christchurch diente ihm als Vorbild für das, was er selbst vorhatte. Sein Ziel war die Synagoge, in der sich die jüdische Gemeinde der Stadt versammelt hatte, um das Jom-Kippur-Fest zu begehen, den höchsten jüdischen Feiertag. Mehr als 80 Menschen waren in dem Gebäude. Zu Beginn des Livestreams leugnete B. den Holocaust und machte deutlich, dass sein Hass auf Juden das Motiv für seine Tat war. Er versuchte, sich Zugang in die Synagoge zu verschaffen, die verschlossene Tür aufzuschießen scheiterte jedoch.

Sascha erinnert sich noch gut an den Moment, als die ersten Meldungen über Schüsse an der Synagoge in Halle eingingen – zeitgleich über die Medien und die polizeilichen Kanäle. Er war zu dieser Zeit Chef der vierten Einsatzeinheit, der Hauptstadteinheit, die sich noch im Aufbau befand. »Wir haben sofort Abmarschbereitschaft hergestellt und sind mit unseren vorgepackten Fahrzeugen los.« Die Berliner Einsatzeinheit der GSG 9 zeichnet vor allem eins aus: ihre besonders schnelle Einsatzbereitschaft. Elf Mann sind dauerhaft in Bereitschaft im Modus »x plus 15« – das heißt, sie sind innerhalb von 15 Minuten abmarschbereit, während die Bereitschaftseinheit in Hangelar innerhalb einer Stunde abmarschbereit sein muss. »Es gab sehr unterschiedliche Informationen, die uns auf dem Weg nach Halle erreicht haben. Es war unklar, ob es um eine oder mehrere Personen ging«, erinnert sich Sascha. »Ich habe mich schon auf dem Weg mit dem Kontaktbeamten für die Spezialeinheiten Sachsen-Anhalt in Verbindung gesetzt, der aus Magdeburg ebenfalls auf dem Weg nach Halle war.«

In der belagerten Synagoge bangten die Menschen um ihr Leben. B. zündete Sprengsätze und warf Brandsätze. Schließlich gab er seinen Plan frustriert auf und ging zu seinem Auto. Seine Mordlust hingegen war ungebrochen. Auf dem Weg erschoss er eine Passantin, die ihn angesprochen hatte. Ein Mann, der herbeigeeilt war, überlebte nur, weil B.s Waffe nicht funktionierte, als er auch ihn erschießen wollte. Er führte mehrere Waffen mit sich, die er mit einem 3D-Drucker nach Anleitungen aus dem Internet selbst hergestellt hatte. Anschließend fuhr er zu einem Döner-Imbiss in unmittelbarer Nähe. Vor dem Imbiss schoss er auf mehrere Menschen, die verletzt wurden, und drang schließlich in das Lokal ein, wo er einen Gast tötete. Bei einem Schusswechsel auf der Straße mit Polizisten einer herbeigeeilten Funkstreife wurde er am Hals verletzt. Schließlich flüchtete er mit seinem Wagen.

Als erste Spezialeinheit war das SEK Sachsen vor Ort, das von Leipzig aus nur einen kurzen Weg nach Halle hatte. Wenig später erreichten auch die Kräfte des GSG 9 aus Berlin den Sammelplatz für die herbeigerufenen Spezialeinheiten. »Wir kamen kurz nach den Magdeburgern an und haben die an uns gestellten Aufgaben verteilt. Dann haben wir an die Ereignisorte verlegt«, erzählt Sascha. Und derer gab es einige: Permanent gingen Hinweise zu dem oder den Tätern und weiteren Tatorten ein. Besonders relevant schien ein Supermarkt, in dem es womöglich eine Geiselnahme geben sollte. »Das wurde uns als Auftrag übertragen. Wir mussten abklären, ob es sich um eine Geiselnahme handelt, und die Verantwortung vor Ort übernehmen.« Am Ende stellte sich heraus, dass die Angestellten des Supermarkts sich aus Angst im Geschäft verbarrikadiert und selbst eingeschlossen hatten. Die Abklärung nahm eine Weile in Anspruch. Unterdessen hatte »Phil«, der stellvertretende Kommandeur der GSG 9, in Hangelar entschieden, mit Verstärkung anzurücken. Die Führungsgruppe der GSG 9 sowie weitere Einsatz- und Unterstützungskräfte starteten mit zwei Super-Puma-Hubschraubern und mehreren Fahrzeugen von Hangelar aus Richtung Halle. Als die Hubschrauber landeten, war der Täter noch nicht gefasst und weiterhin unklar, mit wie vielen Tätern man es zu tun hatte.

B. wurde schließlich in Werschen, einem Dorf in Sachsen-Anhalt, von zwei Polizeibeamten festgenommen – knapp zwei Stunden, nachdem er seine mörderische Tat begonnen hatte. »Auch zum Zeitpunkt der Festnahme ist man immer noch davon ausgegangen, dass es weitere Täter in der Stadt gibt«, erinnert sich Sascha. Der Einsatz in Halle ist in vielerlei Hinsicht typisch für das, was sich bei derartigen Einsatzlagen abspielt. »Du hast eine Vielzahl von Meldungen, und überall muss der Polizeiführer Kräfte hinschicken, um die Situation abzuklären«, erklärt Elle. »Oftmals ist da nichts, aber du brauchst Spezialkräfte dafür.« Der Mehrwert der GSG 9 in Fällen wie diesen ist neben besonderen Fähigkeiten auch die Manpower. »In solchen Fällen bist du als GSG 9 gefordert, weil wir mit einer höheren Stärke ausrücken. Wir brauchen länger, um vor Ort zu sein, aber sind dann mit einer Masse von Kräften vor Ort.«.

Planbare Einsätze

Ad-hoc-Einsätze sind Breaking-News-Situationen, das Land hält den Atem an, bis die Lage unter Kontrolle ist. Sie sind das, wofür die GSG 9 im Jahre 1972 gegründet wurde. Doch damit allein wäre sie kaum ausgelastet. Ulrich Wegener legte nach Gründung der GSG 9 Wert darauf, dass der Verband sich auf sein originäres Auftragsprofil beschränkte, im Unterschied zum Alltagsgeschäft der späteren Länder-SEK. Auch die Länder hatten nach dem Desaster der Olympischen Spiele 1972 mit dem Aufbau eigener Spezialeinheiten begonnen. Die GSG 9 trainierte jahrelang eine große Bandbreite an Terrorlagen, die Männer hatten jedoch kaum Einsatzroutine. Das Alltagsgeschäft bestand in den ersten Jahren zu einem großen Teil aus Observationseinsätzen für das Bundeskriminalamt. Mogadischu 1977 war zwar ein herausragendes, jedoch auch ein singuläres Ereignis. »Ich will nicht sagen, man hat sich ausgeruht auf den eigenen Lorbeeren von Mogadischu, aber der Erfolg war überall spürbar«, formuliert es einer, der zu dieser Zeit bei der GSG 9 anfing, mit einer Prise Ironie. »Aber der Hauptnachteil waren die relativ wenigen Einsätze. Wir galten als Trainingsweltmeister, aber jeder schlechte Einsatz ist besser als das beste Training.« Nach dem skandalträchtigen Einsatz von Bad Kleinen im Jahre 1993 wurde der GSG 9 eine regelmäßige Kooperation mit den Länder-SEK vom Bundesinnenministerium »verordnet«, mit dem Ziel, mehr Einsatzroutine zu bekommen. Sie schickt seitdem regelmäßig Einsatztrupps in die SEK. In dieser Zeit entwickelte sich vor allem mit den ostdeutschen Ländern eine enge Kooperation, da hier eigene Strukturen erst aufgebaut werden mussten.

Der Mangel an Einsatzroutine hatte auch damit zu tun, dass die GSG 9 über viele Jahre keine sogenannten »6-Uhr-Lagen« übernahm. Wegener hatte dies entschieden abgelehnt. Im Unterschied zu den Ad-hoc-Einsätzen, also der Alarmierung von jetzt auf gleich, geht es bei den 6-Uhr-Lagen um planbare Festnahmen mit hohem Gefahrenpotenzial, da es sich immer um mutmaßlich bewaffnete Zielpersonen handelt. Heutzutage machen sie den mit Abstand größten Teil der Einsätze der GSG 9 aus. Das schlägt sich in einer deutlich höheren Einsatzdichte nieder: 2020 beispielsweise war die GSG 9 insgesamt 56-mal im Einsatz. Die Einsatzroutine heute ist deshalb mit der Situation Anfang der 1990er-Jahre nicht mehr zu vergleichen. Bei der GSG 9 hat sich die Wahrnehmung derartiger Einsätze völlig verändert. »Wir waren für bestimmte Einsätze vorgesehen und haben uns für diese Einsätze ausgebildet«, sagt der Mogadischu-Veteran Walter.

»Die junge Generation wollte auch ihre Einsätze machen, danach hat man angefangen, alles Mögliche zu machen. Man sollte nicht jeden Einsatz fahren, nur um eine Statistik zu füllen. Wir haben es damals verstanden, dass wir für große Sachen vorgesehen waren«, meint Walter. Diejenigen, die heute in Führungsverantwortung bei der GSG 9 sind, sehen das anders. »6-Uhr-Lagen sind unverzichtbar«, meint GSG 9-Kommandeur Jerome Fuchs, »weil man keine Übung so realistisch und professionell gestalten kann wie einen echten Einsatz. Auch 6-Uhr-Lagen können einen fordern, auch da geht es immer darum, das Gegenüber zu überraschen. Im Einsatz gibt es eine andere Konzentration, eine andere Anspannung.« Auch Elle meint, dass die Männer das Einsatzgefühl brauchen. »Aber wir müssen immer wieder darauf hinweisen, dass wir nicht für die 6-Uhr-Lagen alleine da sind. Die GSG 9 braucht sie, aber die GSG 9 braucht man dafür nicht.«

Was ist nun eine 6-Uhr-Lage? Grundsätzlich geht es um Festnahmen von Personen, die als besonders gefährlich gelten. Der Zeitpunkt der Festnahme ist aus Sicht der Ermittler idealerweise gekommen, wenn sie ausreichend gerichtsfeste Beweise haben, die für eine Verurteilung reichen sollten. Auftraggeber sind meist das Bundeskriminalamt, der Zoll oder die Bundespolizei selbst, gelegentlich auch die Länder, und hier wiederum meist diejenigen, die über wenige Spezialkräfte verfügen. Allerdings gibt es die GSG 9 für die Länder nicht umsonst – sie müssen die Einsätze bezahlen. Geht es um eine Anschlagsplanung, kann eine Festnahme auch zu einem früheren Zeitpunkt nötig werden, weil möglicherweise Gefahr im Verzug ist. Die Einsatzkräfte müssen damit rechnen, dass die Zielperson nicht nur bewaffnet ist, sondern auch Gebrauch von der Waffe machen würde. Oder es gibt Hinweise, dass Sprengstoff oder andere gefährliche Substanzen im Spiel sind. Der Begriff *6-Uhr-Lage* ist insofern irreführend, weil der Zeitpunkt für den Zugriff tatsächlich beliebig ist. Der Vorteil ist, dass der Einsatz gut vorbereitet werden kann. Das heißt, dass ein Vorab-Team sich im Vorfeld einen genauen Überblick über die Gegebenheiten verschafft. Natürlich diskret. Wo ist der ideale Ort für den Zugriff? Um was für ein Haus oder welche Wohnung handelt es sich? Was für eine Wohnungstür? Wie kann die Tür geöffnet werden? »Nicht jede 6-Uhr-Lage löst man mit der Ramme«, erklärt Jerome Fuchs. »Das Ziel ist immer, möglichst wenig Gewalt einzusetzen. Wir machen uns im Vorfeld große Gedanken, wenn eine Lebenspartnerin oder Kinder im Objekt sind, das wird alles mit einkalkuliert.«

Grundsätzlich hat es die GSG 9 bei 6-Uhr-Lagen mit Personen zu tun, die im Zweifelsfall damit rechnen, dass sie von der Polizei oder dem Verfassungsschutz abgehört oder observiert werden könnten. Im Idealfall überrascht man die Zielperson im Bett, weshalb der Zugriff oft in den frühen Morgenstunden erfolgt. »Ich kann keinen 1,90 Meter großen Kickboxer mit zwei Zivilkräften in der Öffentlichkeit festnehmen. Da wird der sich wehren«, erklärt »Blendax«, Truppführer in der Berliner Einsatzeinheit der GSG 9. »Wenn ich in einer 6-Uhr-Lage reingehe und plötzlich vor seinem Bett stehe, dann wehrt der sich nicht. Das ist der Show-of-Force-Effekt.« Und dieser Effekt hat ebenfalls seinen tieferen Sinn: »Wir gehen rein mit einer Ausrüstung, die einschüchtert. Das sind alles Kleinigkeiten, die dazu beitragen, dass es am Ende klappt.« Man kann es wohl auf diese Formel bringen: Der ideale Zeitpunkt ist derjenige mit dem größten Überraschungsmoment und dem geringsten Risiko.

Erreicht die GSG 9 eine Einsatzanfrage, geht es auch darum, ob sie den Einsatz überhaupt übernehmen will. Das ist nicht selbstverständlich: Ein Einsatz muss mit dem Anforderungsprofil der GSG 9 in Einklang stehen. Demnach muss es sich um Einsatzlagen mit hohem Gefahrenpotenzial handeln, bei denen mit der Anwendung von Schusswaffen, Sprengvorrichtungen oder anderen Gefahrenstoffen zu rechnen ist. Bei einer Übernahme erhält die Einsatzeinheit, die den Zugriff durchführen wird, vom »Auftraggeber« die nötigen Details aus den Ermittlungsunterlagen, um den Einsatz vorbereiten zu können. »Wenn die erste Auswertung erfolgt ist, wird ein Plan für die Aufklärung erstellt«, erklärt »Bla«, der Chef der zweiten Einheit. »Die führen wir grundsätzlich und immer selbst durch, weil unsere Aufklärung immer ein anderes Ziel hat – nämlich zugriffsorientiert ist. Wir machen das so detailliert wie möglich und wie nötig. Wir versuchen auch, uns vor Ort anzusehen, wie die Zugangsbedingungen sind, vor welche Probleme wir möglicherweise gestellt werden könnten.« Schließlich wird beurteilt, wie viele Einsatzkräfte benötigt werden. Im nächsten Schritt erstellt der Einheitsführer eine Risikobewertung und arbeitet einen Einsatzplan aus. »Du machst eine Bewertung der Lage«, erklärt Eros, der Einheitsführer der dritten Einheit. »Je besser meine Infos sind, desto besser ist meine Entscheidung. Wenn ich eine gute Aufklärung habe, dann ist das schon die halbe Miete.«

Am Vorabend des Zugriffs verbringen die Männer die Nacht in einem Hotel in der Nähe. Auch hier ist wichtig, dass sie nicht als Spezialeinheit erkannt werden. In den frühen Morgenstunden brechen sie auf. »Die Sachen werden verladen, dann geht's los. Die Stimmung ist dann noch locker«, erzählt Eros. »Ich würde es den Spaßbus nennen. Dann sprichst du über Gott und die Welt. Bei uns geht's viel um Football, weil viele von uns Footballfans sind.« Bla meint, die gelöste Stimmung im Vorfeld sei wichtig. »Diese Lockerheit gehört dazu, das ist Teil der mentalen Vorbereitung. Man sollte nicht zu früh in die Anspannungsphase gehen.« Bei Ad-hoc-Einsätzen sei das anders, da sei man unmittelbar in der Anspannungsphase. Steht der Zugriff unmittelbar bevor, ist Schluss mit lustig – dann legen die Männer den Schalter um. »Wenn man final ins Fahrzeug steigt, für die Zufahrt zum Zielobjekt, wenn man die Einsatzbereitschaft gemeldet hat, dann beginnt die Konzentration für das gesamte Team«, erklärt Bla. Von diesem Moment an gehe es nur noch um die Aufgabe, sagt Eros. »Visier runter, und du gehst raus – das ist der Moment, wo du fokussiert bist, bis die Lage abgearbeitet und die Zielwohnung verlassen ist. Wir hauen ab, und dann tritt auch wieder der Ruhepuls ein.«

So gut der Zugriff im Vorfeld geplant wird, so wenig kann man alle Eventualitäten ausschließen. »Mein erster Truppführer hat immer gesagt, dein Plan hält bis zur Türschwelle«, meint Eros. Überraschungen gehören dazu, alles Mögliche kann passieren und den ursprünglichen Plan zunichtemachen – womöglich schon auf dem Weg zum Zielobjekt. »Hoffi« war jahrelang Einsatztechniker in einem Trupp der dritten Einheit und somit dafür verantwortlich, bei einem Zugriff den Zugang ins Gebäude zu ermöglichen. Das Prinzip dabei: immer sozusagen minimalinvasiv vorgehen, erklärt er. »Es geht um die Balance zwischen einerseits sicher reinkommen und andererseits möglichst keinen gefährden – und das heißt: wirklich keinen! Womöglich steht da ein kleines Kind hinter der Tür. Und natürlich auch die eigenen Leute nicht zu gefährden.« Doch schon auf dem Weg zur Tür kann Unvorhergesehenes passieren. »Du planst tausend Dinge, am Ende ist dann doch alles anders.« Einmal, erinnert sich Hoffi, wollten sie gerade ins Treppenhaus eines Mehrfamilienhauses eindringen, als das Licht anging und ihnen ein Mieter entgegenkam. Er war auf dem Weg zur Arbeit und öffnete ihnen die Haustür. »Das ist dann schon komisch. Da guckst du dich an und sagst: Guten Morgen.« Ein andermal kam Hoffis Trupp bei der Annäherung der Hausmeister mit seinem Hund entgegen. »Von ihm haben wir dann den Schlüssel bekommen. Das ist dann zwar nicht so richtig spannend, aber es ist geschmeidig und leise.« Auch aus ermittlungstaktischen Gründen kann es dazu kommen, dass der Einsatzplan kurzzeitig über den Haufen geworfen wird.

Die Festnahme der Sauerland-Gruppe

So auch bei der Festnahme der sogenannten Sauerland-Gruppe im September 2007. Der Terrorzelle gehörten vier Männer an, zwei türkischstämmige Islamisten und zwei deutsche Konvertiten, die sich in einer Ulmer Moschee und im afghanisch-pakistanischen Grenzgebiet radikalisiert hatten. Sie wollten im Auftrag der Islamischen Dschihad-Union Anschläge auf Einrichtungen der US-Armee in Deutschland verüben. Dazu hatten sie sich knapp 600 Kilogramm Wasserstoffperoxid-Lösung beschafft, die allerdings im Zuge der Ermittlungen vom Bundeskriminalamt heimlich durch eine harmlose Flüssigkeit ersetzt werden konnte. Die Gruppe wurde monatelang beobachtet, nachdem die deutschen Behörden von der amerikanischen CIA Hinweise erhalten hatten. Schließlich sollten drei Mitglieder der Gruppe am 4. September in einem Ferienhaus im sauerländischen Medebach-Oberschledorn durch die GSG 9 festgenommen werden. »Das war aufgrund der hohen Gefährdungslage ganz klar ein Fall für die GSG 9«, erinnert sich Sven Kurenbach, damals einer der leitenden Ermittler des Bundeskriminalamts (BKA) in dem Fall. Kurenbach ist heute Leiter der Abteilung »Islamistisch motivierter Terrorismus/Extremismus« im BKA.

Die GSG 9 wollte den Zugriff in den frühen Morgenstunden vornehmen, allerdings wurde nach einer Einsatzbesprechung entschieden, zunächst noch abzuwarten. Die Ermittler wollten das Trio festnehmen, nachdem oder während die Terroristen versuchten, den Sprengstoff herzustellen – dafür musste das vermeintliche Wasserstoffperoxid erhitzt werden. Das Ziel war, so viele Beweise wie möglich zu haben, dass die Gruppe die Tat auch wirklich begehen wollte. Die Ermittler waren quasi »live« dabei, weil das Haus verwanzt war. Als die drei mit dem Kochen anfingen, funktionierte das jedoch nicht wie erwartet, da es sich um eine andere Flüssigkeit handelte. Deshalb wollten sie aufbrechen, um sich einen anderen Topf zu kaufen. Die Ermittler entschieden daraufhin, die drei doch direkt an Ort und Stelle festzunehmen, da sie auch darüber sprachen, das Haus womöglich ganz aufzugeben. »Der Zugriff sollte im Interesse der Beweisführung beim oder nach dem Aufkochen erfolgen. Als die Terroristen dann überraschend und kurzfristig das Ferienhaus verlassen wollten, wurde entschieden, das nicht mehr zuzulassen, sondern den Zugriff direkt zu veranlassen«, erinnert sich Kurenbach. »Für die GSG 9 war das sicher nicht der beste Zeitpunkt.« Der Zugriff musste nun nämlich am helllichten Tage erfolgen. Die GSG 9 hatte das vermeiden wollen, da sie sich deshalb womöglich nicht unbemerkt annähern konnte. So kam es dann auch: Einer der drei Terroristen, Daniel Schneider, erblickte die Einsatzkräfte bei der Annäherung ans Haus und flüchtete, indem er aus dem Badezimmerfenster sprang. Zwei GSG 9-Beamte sahen ihn und wollten die Verfolgung aufnehmen, wobei einer strauchelte und der andere nicht schnell genug hinterherkam. Schneider, barfuß und nur mit einer Jeans und einem T-Shirt bekleidet, sprang über einen niedrigen Gartenzaun und rannte davon. Er lief schließlich Beamten des Mobilen Einsatzkommandos des BKA in die Arme, die den äußeren Absperrungsring bildeten. Dabei gelang es ihm, einem der Männer die Waffe zu entwenden – es löste sich ein Schuss, wobei der Schlitten der Waffe den Beamten an der Hand verletzte.

Bei der GSG 9 spricht man bis heute nicht gerne über den Vorgang. Im Januar 2010 berichteten die Medien darüber, als die Festnahme im Prozess gegen die Sauerland-Gruppe vor Gericht detailliert rekonstruiert wurde. Die beiden GSG 9-Beamten wurden als Zeugen vernommen. »GSG 9-Kräfte scheiterten an eigener Ausrüstung«, schrieb der *Spiegel*, in der *Welt* las man »GSG 9 patzte bei der Festnahme«. Dass der Einsatz nicht optimal lief, steht außer Frage. Zur Wahrheit gehört, dass der Beamte, der dem flüchtenden Schneider hinterherlief, nicht in seiner körperlichen Bestform war, räumt man heute auch bei der GSG 9 zähneknirschend ein. Doch für Häme bestand eigentlich kein Anlass: Aufgrund der hohen Gefährdungslage trugen die Einsatzkräfte der GSG 9 aus gutem Grund ihre schwere Ausrüstung, die allein schon 30 Kilogramm wiegt, plus Bewaffnung. »Natürlich lief er deshalb den eingesetzten Kräften weg«, sagt Sven Kurenbach. »Das war sicher sehr ärgerlich, dafür konnte man ihnen aber aus unserer Sicht angesichts der schweren Einsatzausrüstung eher weniger einen Vorwurf machen.«

So wichtig wie eine gute Vorbereitung ist die Nachbereitung der Einsätze. Nach jedem Einsatz schildern diejenigen, die beteiligt waren, wie es gelaufen ist, welche Erfahrungen sie gemacht haben. Alle drei Monate werden die Einsätze im Rahmen einer Tagung aller Trupp- und Einheitsführer der GSG 9 ausgewertet. Mit Spezialeinheiten im Ausland gibt es einen regen Erfahrungsaustausch. Eine gründliche Nachbereitung der GSG 9-Einsätze ist auch deshalb sehr anschaulich möglich, weil sämtliche Einsätze gefilmt werden. Letztlich ist das eine wesentliche Konsequenz aus dem Desaster von Bad Kleinen, bei dem die GSG 9 sich mit dem Vorwurf konfrontiert sah, der RAF-Terrorist Wolfgang Grams sei bei seiner Verhaftung regelrecht hingerichtet worden. Am Helm des »Aufklärers« im Einsatztrupp befindet sich eine Kamera, die jeden Einsatz filmt. Die Aufnahmen sind nicht Teil der

Beweisführung, sondern dienen der GSG 9 lediglich zur Absicherung für den Fall, dass Vorwürfe erhoben werden, bei einem Einsatz seien rechtswidrige Mittel zur Anwendung gekommen. Selbstschutz bedeutet auch, dass Fehlverhalten hart sanktioniert wird und zum Ausschluss aus dem Verband führen kann. Bei einem Einsatz in der Justizvollzugsanstalt Kassel im Juli 1994 wurde einer der Häftlinge von einem Beamten geschlagen. Dieser musste die GSG 9 deshalb verlassen. »Für uns gelten dieselben gesetzlichen Grundlagen wie für jeden Polizeibeamten, es gibt keine Lex GSG 9«, betont Jerome Fuchs.

Identitätsschutz wird großgeschrieben bei der GSG 9, wie bei Spezialeinheiten überhaupt. Klarnamen der Einsatzkräfte werden sorgfältig geheim gehalten. Müssen sie beispielsweise in einer Gerichtsverhandlung aussagen, werden lediglich Kennziffern verwendet. In den Einsatz gehen die Männer mit Sturmhauben, die ihre Gesichter verbergen. Auch das trägt zur martialischen Erscheinung bei, ist aber mehr als nur »Show of Force«. Die Klientel, mit der sie es zu tun haben, besteht ausschließlich aus Personen, die die Sicherheitsbehörden für sehr gefährlich halten. Oftmals handelt es sich um Festnahmen im Bereich der schweren oder der Organisierten Kriminalität. Deshalb geht es beim Identitätsschutz vor allem um den Schutz der Privatsphäre, der Familien, die nicht Ziel von Einschüchterungsversuchen oder Racheakten werden sollen. In der ARD-Doku »GSG 9 – Terror im Visier« sind die Beamten ausschließlich mit Sturmhauben zu sehen, auch im Gebäude und auf dem Flur. Das jedoch war den Dreharbeiten geschuldet. Auch wenn die Männer sich mit Spitznamen anreden, kennen sie ihre Klarnamen untereinander und tragen Sturmhauben auch nur, wenn sie sich im Einsatz befinden.

Schusswaffen kommen bei der GSG 9 nur sehr selten zum Einsatz. Bisher bei insgesamt neun Einsätzen. »Das Ziel ist nicht nur, dass alle am Leben bleiben, sondern dass niemand verletzt wird«, sagt Fuchs. Dennoch kann es jeder Einsatz mit sich bringen, dass die Männer auf eine Zielperson schießen und diese auch töten müssen. Auch für die Einsatzkräfte ist jeder Einsatz potenziell lebensgefährlich. Wer sich dafür entschieden hat, zur GSG 9 zu gehen, dem ist das natürlich bewusst. Eine Gefahrenzulage gibt es nicht, allerdings eine sogenannte »Erschwerniszulage« in Höhe von monatlich 500 Euro, die nicht nur die Beamten in den Einsatzeinheiten, sondern jeder und jede erhält, die bei der GSG 9 beschäftigt ist. Die Beamten in den Einsatzeinheiten sind angehalten, sich damit auseinanderzusetzen, dass sie von einem Einsatz nicht mehr zurückkehren könnten. Viele haben dafür einen Brief an ihre Angehörigen verfasst und diesen hinterlegt. Doch wie intensiv man sich diesem Thema stellt, ist sehr individuell. »Ich habe mir Gedanken darüber gemacht«, erzählt »Mü« aus der ersten Einheit. »Ich habe das aber nicht bis ins letzte Detail durchdacht. Ich weiß, ich muss die Dinge regeln, damit es nicht an anderen hängen bleibt. Ich habe mir das hier ausgesucht und weiß, die Gefahr besteht. Das gehört dazu. Das verstehen nicht alle außerhalb der GSG 9.« Eros erzählt, dass er Vorkehrungen getroffen hat. »Der eine macht ein größeres Paket, der andere ein kleineres«, erklärt er. Wie das Paket aussieht, das er selbst hinterlegt hat, darüber will er im Detail aber nicht sprechen.

Für Angst ist kein Raum im Einsatz. »Im Prinzip ist das bei uns kein Thema«, erklärt Eros. »Es geht darum, konzentriert an die Sache heranzugehen. In unserem Job solltest du so professionell sein, dass du Emotionen ausblenden kannst.« Auch Mü, der stellvertretende Chef der ersten Einheit, meint, Angst sei kein Thema im Einsatz: »Das können wir nicht gebrauchen. Wenn einer an den Punkt kommt, muss er das sofort artikulieren. Dann würden wir ihn rausnehmen.« Einen kühlen Kopf zu bewahren ist entscheidend. Zwar muss man blitzschnell reagieren können, wenn etwas Unvorhergesehenes geschieht. Das Ziel ist jedoch, durch permanentes Training Automatismen zu entwickeln, damit die Männer instinktiv das Richtige tun. Die Teams sind so eingespielt, dass man sich blind vertraut. Dabei gilt bei der GSG 9 seit jeher das Prinzip »Führung von vorne«. Das heißt, die Entscheidung, was in einer konkreten Einsatzsituation zu tun ist, trifft derjenige, der vor Ort ist und damit umgehen muss, der »den Blick ins Gelände« hat, wie die Beamten es ausdrücken. Denn dann ist in der Regel keine Zeit für eine Rücksprache mit Vorgesetzten. Dass eine Entscheidung in der Rückschau sich als falsch erweisen kann, versteht sich dabei von selbst. Mü bringt es auf diese Formel: »Respekt vor den Einsätzen – ja. Unsere Leute sind unheimlich mutig und entschlossen. Wir mögen Herausforderungen.«

Kapitel 6

Alte Männer, wilde Zeiten

Beim Stammtisch der Ehemaligen

An einem Abend im Oktober 2021 sitzen 16 Männer in einer Kneipe in St. Augustin. Es sind überwiegend ältere Herren, einige sind schon deutlich über 70 Jahre alt. Sie sitzen an drei Tischen, die in einer Ecke des Lokals direkt am Fenster stehen. Die Bänke an den Wänden sind mit rotem Kunstleder bezogen, auf den Fensterbänken stehen künstliche Blumen. Die Kneipe ist so rustikal wie die Männer auch. Sie trinken Bier und unterhalten sich angeregt. Alle von ihnen sind oder waren einmal Teil der GSG 9, manche länger, andere kürzer. Einer von ihnen ist Walter, der Mogadischu-Veteran. Er gehört zum Vorstand der GSG 9-Kameradschaft, einem Verein, in dem die meisten Ehemaligen organisiert sind. An den Tischen sitzen weitere Vorstandsmitglieder. Heute seien besonders viele gekommen, meint Walter. Das liegt vor allem daran, dass am kommenden Tag ein Mitgliedertreffen stattfindet, wenn auch der Pandemie geschuldet nur in begrenztem Umfang. Einige werden in einer Unterkunft im Hauptquartier übernachten, ein Privileg, das Ehemalige der GSG 9 zeitlebens in Anspruch nehmen können. Sonst sind sie bei ihrem Stammtisch auch manchmal nur zu fünft. Einmal im Monat treffen sie sich und reden über alte Zeiten, Gott und die Welt oder schmieden Pläne für die nächste Motorradtour. Walter ist fast immer dabei. Die anderen Männer heißen »Willi«, »Murmel«, »Peter« oder »Ike«, was entweder ihre richtigen Namen oder ihre Spitznamen aus ihrer aktiven Zeit bei der GSG 9 sind. Einige waren schon in der Anfangsphase dabei, andere kamen erst später dazu. Alle sind voll von Geschichten aus ihrer Zeit bei der GSG 9. Geschichten, die sie sich untereinander immer wieder erzählt haben. Sollte einer doch einmal eine Erzählung nicht kennen, löst das Erstaunen aus. Ein Journalist war hier noch nie zu Gast. Dementsprechend fremdeln die Männer zunächst auch mit der Situation. Doch schließlich tauen die meisten von ihnen auf und freuen sich spürbar, dass jemand dabei ist, der eben noch nicht alle Geschichten kennt – oder wenn doch, dann nur aus Büchern.

Im Laufe des Abends wird immer deutlicher, wer hier alles an den Tischen versammelt ist. Nach und nach lassen die Männer sich auf ein Gespräch ein, erzählen über ihre Zeit bei der GSG 9 und was sie dort erlebt haben. Es ist wie ein Streifzug durch die Geschichte der GSG 9, angefangen mit den wilden Jahren der Aufbauphase am Anfang, über den Einsatz in Mogadischu und die Jahre danach, die nicht frei von Skandalen waren, in denen es aber auch spektakuläre Festnahmen gab. Bis hin zur GSG 9 von heute, die sich doch sehr unterscheidet von dem Verband, wie diese Männer ihn erlebt haben. Einige waren unter den Ersten, die 1972/73 rekrutiert wurden. Einer hat das sogenannte »Celler Loch« gesprengt und vier Jahre später die RAF-Terroristinnen Brigitte Mohnhaupt und Adelheid Schulz in einem Waldstück bei Heusenstamm festgenommen. Es ist eine illustre Runde, die sich hier beim Stammtisch versammelt hat.

»Murmel« sitzt auf der Bank, vor ihm steht ein Bier. Er erzählt, dass er schon bei Landshut77.de mitgemacht hat, einem Projekt vom Haus der Geschichte zur Entführung der »Landshut«, an dem viele Zeitzeugen mitgewirkt haben. Zur GSG 9 kam er 1973, mit 24 Jahren. Er hatte Dreher gelernt, fing dann beim Bundesgrenzschutz in Lüneburg an und stieg gerade zum Gruppenführer im technischen Zug auf, als es eine Werbeaktion für die GSG 9 gab. Er wollte hingehen, durfte aber nicht, denn sein Vorgesetzter wollte nicht, dass er sich wegbewirbt. Murmel schrieb dennoch eine Bewerbung, gemeinsam mit einem Kollegen, und hinterlegte sie im Geschäftszimmer. Sein Vorgesetzter teilte ihm schließlich mit, er habe die Bewerbung zerrissen. Doch das war nicht schlimm, denn Murmel hatte sie auch direkt an die GSG 9 geschickt. Die Ereignisse in München 1972, die Geiselnahme bei den Olympischen Spielen und das Fiasko, das die Polizei dort erlebt hatte, waren ihm noch in lebhafter Erinnerung. »Die Aufgabe hat mich gelockt. Nach München hat mich das gereizt, das war einer der Hauptgründe. Außerdem gab es bessere Aufstiegschancen«, erzählt Murmel. Im April 1973 fing er mit der Ausbildung an, allerdings hatte er für Juni einen Urlaub mit seiner Frau auf Ibiza gebucht. Wegener rief ihn deswegen zu sich. »Sie können in Urlaub fliegen, sagte er mir. Wo ist der Haken, habe ich gefragt. Wegener sagte, dann müssen Sie die Ausbildung noch mal machen. Sie haben die Ausbildung nicht zu Ende gemacht, dann fangen Sie im Herbst noch mal an«, erzählt Murmel. »Nee, habe ich gesagt, so einen Scheiß mache ich nicht.« Wegener half ihm, ein Attest zu bekommen, um die Reise »krankheitsbedingt« stornieren zu können. An die Ausbildung selbst denkt er mit gemischten Gefühlen zurück. »Die Anfangszeit war unheimlich spannend und körperlich sehr, sehr anstrengend. Es war so anstrengend, wir haben jeden zweiten Tag gekotzt.« Nach der Ausbildung wurde Murmel Truppführer. Nachdem Walter mit seiner Ausbildung fertig war, kam er in Murmels Trupp. Murmel war bei der Erstürmung der »Landshut« in Mogadischu dabei und blieb bis Juni 1987 bei der GSG 9, dann schied er altersbedingt aus. »Es gibt nichts Besseres, als bei der GSG 9 Dienst zu machen. Ich habe es keinen einzigen Tag bereut.« Bis heute kommt er regelmäßig zum Stammtisch. Seit vier Jahren machen sie Motorradtouren, Murmel hat keine verpasst.

Am Tisch nebenan sitzen »Willi«, »Ike« und »Peter«. Willi kam, wie Murmel, 1973 zur GSG 9. Der Anfang sei so hart gewesen, dass er es zwischenzeitlich schon bereut habe, erzählt er. Er hatte sich für vier Jahre verpflichtet, schied deshalb schon 1977 aus. Als Mogadischu kam, war Willi schon weg. Er wollte heiraten und fragte sich: Will ich das mein Leben lang weitermachen? Er entschied sich, stattdessen zum Bundesamt für Verfassungsschutz zu gehen. Mit dem Einsatz zur Befreiung der »Landshut« hatte er schließlich zumindest mittelbar zu tun: Der Beamte, der bei der Erstürmung der Maschine einen Streifschuss am Hals erlitt, war Willis Schwager. Als die Neuner zurück in Deutschland waren, besuchte er ihn im Krankenhaus. Auch Ike war schon nicht mehr bei der GSG 9, als es nach Mogadischu ging. Er war unter den Ersten, die 1972 beim Aufbau der neuen Spezialeinheit dabei waren. Doch er war skeptisch und fragte sich, ob das etwas werden würde, denn Polizei war nun einmal Ländersache. Außerdem wollte er gerne zur Abendschule, was mit dem Dienst in der GSG 9 nur schwer in Einklang zu bringen war. Deshalb wechselte er schließlich zur Hundestaffel. Dann kam Mogadischu – da habe er sich dann doch geärgert, meint Ike. Beide halten bis heute die Verbindung zur GSG 9, obwohl sie nur vier Jahre dabei waren, und das in der Anfangszeit. Die Zeit sei etwas Besonderes gewesen und die Kameradschaft unbeschreiblich, meint Willi.

Die Bedienung bringt ein Tablett mit belegten Brötchen an die Tische. Ike verabschiedet sich, Willi geht an den Nachbartisch. Peter sitzt noch da und beginnt schließlich zu erzählen. Zwanzig Jahre war er bei der GSG 9, nicht in einer Einsatzeinheit, sondern im technischen Unterstützungsbereich. Auch er war schon in der Aufbauphase dabei. Seinerzeit sei alles möglich gewesen, meint er. Bis heute sind einige der technischen Innovationen, die Peter erfunden hat, legendär in der GSG 9. Wie zum Beispiel ein Wassergewehr. Immer wieder gab es Schwierigkeiten, beim Zugriff Türen zu öffnen. Durch Sprengungen bestand eine hohe Verletzungsgefahr für diejenigen, die sich dahinterbefanden – bei Geiselnahmen damit auch für die Geiseln. Peter erfand deshalb ein Wassergewehr, mit dem Wasser so stark beschleunigt werden konnte, dass man mit dem Strahl eine Tür aufschießen konnte. 1978, wenige Monate nach der Erstürmung der »Landshut«, wurde Peter ausgewählt, um einen streng geheimen Auftrag des niedersächsischen Verfassungsschutzes auszuführen. Über die Geschichte kann man heute nur noch den Kopf schütteln, doch damals, unmittelbar nach dem »deutschen Herbst«, als die Bedrohung durch die RAF noch immer alles andere in den Schatten stellte, war manches denkbar, was heute unvorstellbar erscheint.

Das »Celler Loch« und eine spektakuläre Festnahme

Die GSG 9 wurde beauftragt, ein Loch in die Mauer der Justizvollzugsanstalt (JVA) Celle zu sprengen – eine »False Flag«-Operation, die man der RAF in die Schuhe schieben wollte. Das Ziel war, einen Befreiungsversuch für den Häftling Sigurd Debus vorzutäuschen, der als Mitglied der RAF im Hochsicherheitstrakt der JVA Celle einsaß. In der Folge hoffte der Verfassungsschutz, einen V-Mann in die RAF einschleusen zu können, der sich mit dem Befreiungsversuch brüsten konnte. Die Landesregierung und der Leiter der JVA waren im Vorfeld informiert. Bei der GSG 9 wurde Peter mit der Operation beauftragt. Da die JVA Celle unmittelbar an der Aller liegt und die Annäherung durch den Fluss erfolgen sollte, besorgte er sich einen Taucher, mit dem er die Operation plante. Sie übten den Einsatz in der Sieg. Der Plan war, den Fluss zu durchqueren und die Sprengladung an der dem Fluss zugewandten Mauer zu deponieren. In der Nacht zum 25. Juli 1978 war es so weit. Peter befand sich mit einem Mitarbeiter des Verfassungsschutzes am anderen Ufer, der zweite Mann der GSG 9 machte sich, das Gesicht hinter einer Sturmhaube verborgen, mit der Sprengladung durch den Fluss auf den Weg zum anderen Ufer und anschließend die Böschung hoch zur Außenmauer der Haftanstalt. Nachdem er den Sprengsatz deponiert hatte, entfernte er sich zur nahe gelegenen Brücke über die Aller, wo er von Mitarbeitern des Verfassungsschutzes erwartet wurde. Diese benachrichtigten Peter, dass der Mann in Sicherheit sei. Peter zündete daraufhin um 2 Uhr 54 den Sprengsatz, der ein Loch von 40 Zentimeter Durchmesser in die Außenwand des Gefängnisses riss. Neun Jahre blieben die wahren Hintergründe der Sprengung geheim, bis die *Hannoversche Allgemeine Zeitung* sie enthüllte. Auch innerhalb der GSG 9 blieb die Operation bis dahin ein streng gehütetes Geheimnis. Außer Peter und seinem zweiten Mann wussten lediglich Kommandeur Ulrich Wegener und sein Stellvertreter davon. Peters Einheitsführer wurde erst eingeweiht, als alles schon vorbei war. Stinksauer sei der gewesen, erinnert sich Peter. Bis heute befindet sich der Teil der Außenmauer mit dem Loch als

Gedenkstein auf dem Gelände der JVA Celle. Die Außenmauer wurde in der Folge erneuert. Peter erzählt, dass er im vergangenen Jahr da war, weil er sich den Ort noch einmal ansehen wollte.

Doch Peter sprengte nicht nur das Celler Loch. Er war auch einer von denen, die die RAF-Terroristinnen Brigitte Mohnhaupt und Adelheid Schulz festnahmen – der wohl spektakulärste Erfolg im Kampf gegen die sogenannte zweite Generation der RAF. Anfang November 1982 war in einem Waldstück bei Heusenstamm in Hessen das zentrale Erddepot der RAF von Pilzsammlern entdeckt worden. Die Ermittler im Bundeskriminalamt waren überzeugt davon, dass es von der RAF-Spitze immer noch genutzt wurde und diese über kurz oder lang zum Depot zurückkommen würde. Das BKA forderte die GSG 9 zur Observation an und um festzunehmen, wer auch immer kommen würde. Die Trupps legten sich im Schichtdienst in die Kälte, getarnt unter einer Zeltplane, die flach über den Boden gespannt und mit Zweigen abgedeckt war. Einsätze dieser Art waren auch für die GSG 9 Neuland – mit »Depotlagen« hatte man noch keine Erfahrung. Einer der Männer war früher Fernspäher bei der Bundeswehr gewesen und kannte sich deshalb damit aus, wie man sich im Wald tarnte. Bald fiel ihnen auf, über welche Entfernung man Zigarettenqualm im Wald riechen konnte – mit Rauchen war dann Schluss. Zehn Tage lang warteten die Männer bei Minusgraden, ohne dass jemand kam. Nur jede Menge Spaziergänger liefen durch den Wald. Von ihnen ahnte niemand, wer da im Unterholz auf der Lauer lag und warum. Nachts war es stockfinster.

Einer der Trupps wurde von People geführt, der damals Truppführer in der dritten Einheit war. People hatte an diesem 11. November seine Nacht- gegen eine Tagschicht getauscht. Außerdem musste einer der Männer zum Zahnarzt, woraufhin Peter sich gemeldet hatte, um seinen Platz einzunehmen, obwohl er eigentlich Truppführer im technischen Unterstützungsbereich war. Es wurde schon Abend. Peter lag gemeinsam mit einem Kameraden unter der Zeltplane und wartete. Plötzlich kamen zwei Frauen und gingen gezielt auf das Depot zu. Peter versuchte People anzufunken, doch er bekam keine Verbindung.

People befand sich zwanzig Meter entfernt auf einem Sicherungsposten. Peters Kamerad war unentschlossen, ob sie schon aus der Deckung kommen sollten – es war sein erster Einsatz. »Wenn ich jetzt zwei Pilzsucher festnehme, dann macht das in der ganzen GSG 9 die Runde, habe ich gedacht«, erzählt Peter. Eine der beiden Frauen schaute genau in Richtung ihres Verstecks, sodass Peter befürchtete, sie würden gleich entdeckt. Er entschied, zu handeln und kam mit gezogener Waffe aus der Deckung. »Hände hoch«, rief Peter, der als Techniker mit Festnahmen sonst nichts zu tun hatte. Bei den Frauen handelte es sich um Brigitte Mohnhaupt, die Nummer eins der zweiten Generation der RAF, und Adelheid Schulz. Schulz nahm die Hände hoch, aber Mohnhaupt versuchte noch, ihre Waffe zu ziehen, die gespannt in ihrem Hosenbund steckte. Allerdings verfing sich der Abzugshahn in dem langen Wollpullover, den sie darübertrug. Peter drohte, er werde schießen, wenn sie nicht die Hände hochnehme, woraufhin sie sich ergab. In diesem Moment war auch People zur Stelle, um die Frauen zu entwaffnen. People nahm Kontakt zum BKA auf. Die GSG 9 brachte die beiden RAF-Terroristinnen zum Polizeipräsidium Offenbach, wo sie schließlich ans BKA übergeben wurden.

Dunkle und helle Seiten der Kameradschaft

Jeder Einzelne der Männer, die an diesem Abend beim Stammtisch sind, hat die Zeit bei der GSG 9 in lebhafter Erinnerung. Jeder hat Spektakuläres erlebt, manche mehr, andere weniger. Und jeder von ihnen hat vor allem das Miteinander, die Kameradschaft, insbesondere in der Anfangsphase der GSG 9 als besonders erlebt. Es waren Jahre, in denen alles möglich war: Ulrich Wegener, dem ersten Kommandeur, wurde kein Wunsch verweigert, er hatte die uneingeschränkte politische Rückendeckung für den Aufbau der Spezialeinheit, die verhindern sollte, dass die Bundesrepublik ein zweites Mal eine Katastrophe wie 1972 bei den Olympischen Spielen in München erlebt. Innerhalb des Bundesgrenzschutzes wurde die neue Eliteeinheit mit einer Mischung aus Neid, Missgunst und stiller Bewunderung beäugt, doch was da hinter dem Zaun ihres Stützpunkts passierte, wusste niemand so ganz genau.

Es waren wilde Jahre. Manch einer, der damals dabei war, erinnert sich an Saufgelage, bei denen auch »geballert« wurde. Ulrich Wegener, so wird bis heute erzählt, habe einmal ein Pissoir zerschossen. Teil der Wahrheit ist auch, dass nicht jeder Einzelne die Kameradschaft positiv erlebte. Besonders schwer hatten es bis in die 1980er-Jahre vor allem diejenigen, die bereits in der Laufbahn des gehobenen Dienstes waren, als sie sich bei der GSG 9 bewarben. Sie kamen nach der Ausbildung direkt in eine Führungsposition, übersprangen oftmals sogar die Ebene der Truppführer, die seinerzeit vom mittleren Dienst besetzt wurde, und wurden direkt stellvertretende Einheitsführer. »Das hat bei einigen funktioniert, bei anderen nicht. Und dann hat die Truppe rebelliert«, erinnert sich einer. Wem es nicht gelang, sich zu behaupten, sich Respekt und Anerkennung zu verschaffen, oder wem die nötige soziale Kompetenz fehlte, dem konnte mitunter übel mitgespielt werden.

Mit Barett und schwerer Bewaffnung: Die Anfänge der neuen Spezialeinheit

»Man musste in der Lage sein, sich körperlich zur Wehr zu setzen«, erzählt ein Ehemaliger. Vor allem zwei Vorfälle sind bis heute im kollektiven Gedächtnis des Verbands. Spricht man diejenigen, die damals schon dabei waren, darauf an, erntet man meist Achselzucken.

In beiden Fällen ging es um Männer, die im Anschluss an die Ausbildung direkt stellvertretende Einheitsführer wurden oder werden sollten. Einer, so heißt es, wurde nach der Abschlussfeier in seiner Ausbildungseinheit auf seiner Stube überrumpelt, in einen Teppich eingerollt und dann in einen Teich geworfen. Er beschwerte sich anschließend bei Kommandeur Wegener, der jedoch kein Mitgefühl zeigte. Wer sich nicht durchsetzen konnte, so Wegeners Überzeugung, war für den Job eben nicht geeignet. Ein anderer, der ebenfalls nach der Ausbildung zum stellvertretenden Einheitsführer avancierte, bekam einen Jutesack über den Kopf gezogen und wurde verprügelt. Am folgenden Tag erschien er mit einem blauen Auge zum Dienst. Die Geschichte machte die Runde, auch über die GSG 9 hinaus – an Konsequenzen führte wohl auch deshalb kein Weg vorbei. Eine interne Ermittlung wurde eingeleitet. Im Ergebnis wechselte das Opfer zu einer anderen Dienststelle, die Täter, die ermittelt wurden, mussten die GSG 9 verlassen.

Der Job bei der GSG 9 ist für die meisten eine Verwendung auf Zeit. Nur die allerwenigsten bleiben so lange, dass sie bei der GSG 9 in den Ruhestand gehen können. In der Regel ist aufgrund der Altersgrenze irgendwann Schluss. Über die Mitgliedschaft in der GSG 9-Kameradschaft e. V. bleiben viele dem Verband ihr Leben lang verbunden. Gegründet wurde der Verein im Oktober 1982. Im Herbst 2021 hatte er 309 Mitglieder, allesamt Ehemalige der GSG 9. Der Vorsitzende ist Sven Mewes, früher einmal Einheitsführer bei der GSG 9, heute ist er bei der Polizei Sachsen. Gründungskommandeur Ulrich Wegener war Ehrenmitglied. Einmal im Jahr findet eine Mitgliederversammlung statt. Diejenigen, die sich besonders aktiv im Verein engagieren, treffen sich regelmäßig jeden Monat zum Stammtisch. Neben St. Augustin gibt es einen weiteren in München.

Dort geht auch »Werner« gelegentlich hin. Werner ist nicht sein richtiger Name, den möchte er lieber nicht veröffentlicht sehen. Er kam 1982 zur GSG 9, nachdem er beim Bundesgrenzschutz eine Ausbildung zum Kommissar gemacht hatte. Eigentlich wollte er Sportlehrer an einer Sportschule des Bundesgrenzschutzes in Bad Endorf werden, als Jugendlicher hatte er Ju-Jutsu im Polizeisportverein praktiziert. Doch der Wechsel zur Sportschule verzögerte sich. Schließlich brachte ihn ein Kollege, der sich bei der GSG 9 beworben hatte, auf die Idee, es auch zu versuchen. Es war ein großer Ausbildungsjahrgang, erinnert sich Werner – 53 fingen an, die Hälfte kam durch. Werner wurde anschließend stellvertretender Chef einer Einsatzeinheit. Zu dieser Zeit wurden die Spezialisierungen entwickelt: das Fallschirmspringen bei der Dritten, das Tauchen bei der Zweiten. »Wir waren komplette Landratten und mussten uns erst mal das ganze See-Vokabular aneignen«, erinnert sich Werner. Er entschied sich schließlich dagegen, weiter Karriere bei der GSG 9 zu machen, und schlug einen ganz anderen Weg ein. Immer wieder hatten Ehemalige nach ihrer aktiven Zeit bei der GSG 9 als Sicherheitsbeauftragte in der Wirtschaft eine neue Beschäftigung gefunden. »Das hat mich auch gereizt. Und ich habe mich gefragt: Kannst du das auch?«, erzählt er.

Werner bot sich schließlich die Möglichkeit, als Sicherheitsbeauftragter zu einer Bank zu wechseln. Im Februar verabschiedete er sich aus der »Gruppe« und der Polizei insgesamt. Bereut habe er es nicht, sagt er – nur ein einziges Mal sei ihm dieser Gedanke gekommen. »Ich habe damals in der Innenstadt gewohnt und bin mit dem Fahrrad ins Büro gefahren. Da kam mir einmal einer in Shorts und Sandalen entgegen. Da habe ich gedacht, wenn du jetzt bei der Gruppe wärst – stattdessen sitzt du hier mit Krawatte auf dem Fahrrad.« Zum Dienst bei der GSG 9 wäre er auch in Shorts gefahren und hätte den Morgen in seiner Einheit mit Sport begonnen. Werner wurde schließlich Sicherheitschef eines großen Konzerns. »Beim Krisenmanagement gibt es echte Überschneidungen, eine inhaltliche Nähe«, erklärt er. Bei der GSG 9 habe er gelernt, in Sicherheitsstrukturen zu denken. Seine Vergangenheit bei der GSG 9 behielt er jedoch für sich. »Die Kollegen bei der Bank dachten jahrelang, ich sei Controller«, erzählt er. Schließlich sprach es sich doch herum, aber er ging dem Thema so gut es ging aus dem Weg. Über das, was er bei der GSG 9 erlebte, redete er nicht. »Du sprichst auch mit deiner Familie nicht darüber. Aber mit den Ehemaligen kann man darüber reden«, sagt Werner. Auch darum hielt er immer Kontakt. Ab und zu geht er zum Stammtisch in München, zu dem ein oder anderen von damals hält er auch engeren Kontakt.

Vieles hat sich im Laufe der Jahrzehnte bei der GSG 9 verändert. Auch hier spielen heute Themen wie Work-Life-Balance eine Rolle. Die Schlafräume in den Etagen der Einsatzeinheiten werden kaum noch zum Schlafen genutzt, früher war das anders. Ehemalige wie Walter und People erinnern sich noch gut daran, wie es früher war. Die GSG 9 von heute ist eine andere als zu ihrer aktiven Zeit. Nicht alles finden sie gut. »Wir haben in diesem Bau gelebt«, erzählt Walter bei einem Gespräch im Hauptquartier. »Wir waren jeden Tag zusammen. Heute wohnt hier keiner mehr.« Als sie 1972 oder 1973 bei der GSG 9 anfingen, war diese noch im Aufbau. Kaum jemand hatte Familie, vielleicht eine Freundin. Walter und People waren Anfang 20 und unverheiratet. »Die Kameradschaft war das Schönste, man hat sich unterstützt und geholfen«, erzählt People. Früher habe es eine intensivere Kameradschaft gegeben, ist er überzeugt. »Wir waren ja ständig hier.« Auch Walter meint, über Kameradschaft werde heute zwar noch gesprochen. »Aber ob man das noch betreibt?«, fragt er. Doch auch bei Walter und People spielte das Private mit der Zeit eine größere Rolle. Beide heirateten schließlich. »Ich habe glücklicherweise eine Frau gefunden, die das alles mitgemacht hat und mitmacht«, sagt Walter. »Ich würde aber alles wieder so machen.« Die GSG 9, wie Walter und People sie in den 1970er- und 80er-Jahren erlebten, existiert heute vor allem noch in ihrer Erinnerung. Am Stammtisch in St. Augustin geht der Abend dem Ende entgegen. Die letzten Biere werden ausgetrunken, einer nach dem anderen verabschiedet sich. Für heute Abend sind alle Geschichten erzählt. Die Verbindung untereinander und zur GSG 9 wird sie bald wieder zusammenführen. So viel ist sicher.

Kapitel 7

Mü und die Präzisionsschützen

Es ist Ende August 2021. Eigentlich wollte die erste Einsatzeinheit heute auf den Schießstand fahren. Die »100er« sind die Präzisionsschützen der GSG 9. Doch das Training wurde kurzfristig abgesagt. Ein Teil der Einheit packt unterdessen: Es könnte sein, dass die GSG 9 doch noch ein Team nach Kabul entsendet. Die erste Einheit hat zurzeit Bereitschaft und wäre deswegen am Zug. Die Männer sind hoch motiviert, auch wenn es nur eine vage Aussicht gibt, dass die GSG 9 doch noch nach Afghanistan geschickt wird. Der Evakuierungseinsatz der Bundeswehr läuft auf Hochtouren, das Kommando Spezialkräfte (KSK) sichert die Maßnahme ab. Um sofort abmarschbereit zu sein, packen die Männer der ersten Einheit in Hangelar vorsorglich die Kisten. Die Musik spielt dabei in Berlin. Dort werden die Entscheidungen getroffen. Bisher wird die Situation in Kabul als rein militärischer Einsatz behandelt, und damit als Sache der Bundeswehr. Auf dem Flur der »100er« ist die Lage in Kabul *das* Gesprächsthema. Einige der Männer unterhalten sich in ihren Stuben oder stehen in kleinen Gruppen zusammen.

Die erste Einheit ist auf der obersten Etage des Hauptquartiers in Hangelar zu Hause. Der Flur ist, wie bei der dritten Einheit auch, mit einer Vielzahl von Erinnerungen bestückt, an Trainingsaufenthalte und Einsätze im Ausland. Sie kommen dabei etwas martialisch daher – sehr oft sind Waffen abgebildet –, was daran liegt, dass es bei den Präzisionsschützen naturgemäß besonders viel ums Schießen geht. An einer anderen Stelle des endlos langen Flurs hängt ein originales Schild der deutschen Botschaft in Bagdad, auf dem mehrere Beamte der GSG 9 unterschrieben haben. Eine Erinnerung an die Zeit, als die GSG 9 in der Botschaft in Bagdad im Dauereinsatz war. Auch ein großes Foto vom ersten Ehemaligentreff der ersten Einsatzeinheit im Jahre 2018 hängt an der Wand. Die 100er sind die »Mutter« aller Einsatzeinheiten der GSG 9, die Einheit, die als erste überhaupt mit Gründung des Verbands im Oktober 1972 entstand. Auch dieser Flur versprüht mit den Wäscheständern und einem durchgehend hohen Testosteron-Level den Charme einer großen Jungs-WG.

»Bei mir war es eher ein Schlingerkurs«

»Mü«, der stellvertretende Einheitsführer, entschuldigt sich für die Unordnung. Er ist 39 und dunkelhaarig, vom Typ her Eros von der dritten Einheit durchaus ähnlich. Die beiden sind befreundet. Sie kennen sich schon aus der Zeit, bevor sie zur GSG 9 kamen. Bei beiden führte der Weg zur GSG 9 über das Bundeskriminalamt. Mü machte Abitur und bewarb sich danach sowohl beim BKA als auch beim Bundesgrenzschutz. Beim BKA genommen zu werden war wesentlich schwieriger. »Ich war von 2000 Bewerbern einer von 20, die es geschafft haben«, erinnert er sich. Er machte ein Praktikum beim Mobilen Einsatzkommando (MEK), der Observations- und Festnahmeeinheit des BKA, und fing nach der Ausbildung schließlich dort an. »Da hatte ich das Spezialeinheiten-Gen schon verinnerlicht«, erzählt Mü. Beim MEK lernte er Eros kennen, der für ein Praktikum dorthin kam. Als Eros dann zur GSG 9 ging, war er für Mü das »Zugpferd«, sich auch zu bewerben. Aus seiner Motivation seinerzeit macht Mü kein Geheimnis. »Das Elitedenken war schon eine Triebfeder«, gibt er zu. »Ich wollte mit den Besten zusammenarbeiten.« Er spricht lange darüber, wie ihn dieses Streben, zur Elite zu gehören, getrieben und gleichzeitig blockiert habe, und über den Druck, dem er sich dadurch ausgesetzt habe.

Mü wuchs in der Nähe von Leipzig auf. Sein Vater war Offizier in der Nationalen Volksarmee der DDR (NVA) – bis die Wende kam, dann war schlagartig Schluss. Das habe seinem Vater den Boden unter den Füßen weggezogen, erzählt er. »Das Elitäre ist in mir drinnen, das haben meine Eltern mir vermittelt.« Zu den Besten zu gehören war Teil der Erziehung. Die Bewerbung bei der GSG 9 war nach mehreren Stationen die konsequente Folge aus diesem Anspruch an sich selbst. Heute sieht er das durchaus kritisch. »Um ehrlich zu sein, ich habe das schon mit meinem Selbstwertgefühl verbunden«, gibt er zu. Und zwar so sehr, dass es für ihn zum Problem wurde. »Es war mein Anspruchsdenken, das mich, gepaart mit einer Versagensangst, durchaus blockiert hat. Daran musste ich arbeiten.« Er erzählt, dass er einen langen Prozess durchlaufen hat. Seine Zeit bei der GSG 9 begann mit einer Niederlage.

Beim Auswahlverfahren für die Ausbildung fiel er im April 2006 zunächst durch. Sein Körper versagte ihm die Gefolgschaft. Die körperliche Fitness sei gar nicht das Problem gewesen, erklärt er. »Es ist alles im Kopf, da wird es entschieden.« Diese Einsicht hatte er seinerzeit nicht. Damals brach für Mü eine Welt zusammen. »Die Situation hat mich fertiggemacht. Ich konnte damit nicht gut umgehen. Für mich war das, in meinem kleinen Leben, die größte Niederlage, die mir je widerfahren ist.« Er sei dann »bockig« gewesen, habe gedacht: Wenn die mich nicht wollen, dann eben nicht. Abgeschlossen hatte er jedoch noch nicht mit dem Thema. Ein halbes Jahr später erhielt er einen Anruf von der GSG 9: Er sei für das nächste Auswahlverfahren vorgemerkt. Wie das zustande kam, fragt Mü sich bis heute. Zumindest entschied er sich, es noch einmal zu probieren. Seine Eltern seien nicht begeistert gewesen, erinnert er sich. Doch dieses Mal lief es besser. Beim zweiten Anlauf bestand er das Auswahlverfahren und schaffte es in die Ausbildungseinheit. »Ich war nicht in körperlicher Topform, aber ich habe es doch irgendwie geschafft. Ein Stück weit war ich immer noch blockiert. Aber ich bekam das Gefühl vermittelt, der gehört hier hin.«

Bei der GSG 9 sei er zum ersten Mal an den Punkt gekommen, zu scheitern. »Man bekommt hier offen und ehrlich gesagt, wo man steht. Man bekommt seine Grenzen aufgezeigt. Und dann hat man es selbst in der Hand, was man daraus macht. Es gibt Männer hier, die sehr gradlinig sind. Bei mir war es eher ein Schlingerkurs.« Dieser Kurs führte im Anschluss an die Ausbildung 2007 direkt zur ersten Einsatzeinheit. Seine Einarbeitungszeit hat Mü nicht in bester Erinnerung. »Gerade in dieser Prägephase brauchst du Leute, die dich auch mal einbremsen.« Heute funktioniere das nach der Ausbildung besser. Damals hingegen sei man ziemlich viel hin und her geschoben worden. Einsätze habe es kaum gegeben, zwischen fünf und zehn im Jahr, erinnert er sich. Die GSG 9 war in dieser Zeit zu einem erheblichen Umfang mit der Sicherung der Deutschen Botschaft in Bagdad beschäftigt, wo die Männer im Rotationsprinzip für jeweils drei Monate eingesetzt waren. Auch Mü war einmal in Bagdad.

Der Job hatte damals absolute Priorität für ihn. Unmittelbar bevor es nach Bagdad ging, hatte er noch geheiratet. Doch die Ehe kam nach wenigen Jahren unter die Räder. »Das hatte auch damit zu tun, dass ich nicht reif genug war«, räumt er ein. Seine Beziehung sei nicht an der GSG 9 gescheitert, betont Mü, sondern seinetwegen. Mittlerweile hat er ein zweites Mal eine Familie gegründet. Er gehe die Dinge nun anders an. »Heute kann ich sagen, ich muss mich auch mal um meine Familie kümmern.« Die GSG 9 ist für ihn aber auch wie eine Familie. »Hier gibt es Männer, mit denen habe ich mehr zu tun als mit meinen besten Freunden. Man muss nicht mit jedem perfekt können, aber mit jedem eine Verbindung haben.« Wichtig sei, offen mit seiner Gefühlswelt umzugehen, da sonst Konflikte aufbrechen könnten, gerade in Krisensituationen. »In so einer Männerwelt muss man eher den Starken markieren. Schwäche zeigen ist ein Thema, mit dem hier noch schwer umgegangen wird. Wie gehe ich damit um, wie kommuniziere ich das nach außen? Ich war selbst so«, gibt er zu. »Vor zehn Jahren dachte ich noch, wenn du Schwäche zeigst, kann das gegen dich verwendet werden.«

Mü wollte vom ersten Tag an weiterkommen in der GSG 9. Als nach drei Jahren bei den Präzisionsschützen ein neuer »Spieß« für die Einheit gesucht wurde, hob er die Hand. Eigentlich kam er dafür nicht infrage, sondern nur einer der Truppführer, doch von denen habe das damals keiner machen wollen, erzählt er. Er war damals 29 Jahre alt. Das bedeutete, auch Älteren gelegentlich eine Ansage machen zu müssen. Aber das schreckte ihn nicht. Später wurde er schließlich Truppführer und schaffte zuletzt den Aufstieg zum stellvertretenden Einheitsführer. Das bedeutet auch, dass er nun deutlich mehr am Schreibtisch sitzt. Auf die Jahre als Truppführer blickt er besonders gern zurück. »Truppführer in der GSG 9 ist der beste Job der Welt«, sagt er. »Man hat ein kleines Team, kann sich mit den Leuten auf die Kernaufgaben konzentrieren. Du hast eine gewisse Verantwortung, aber wenn du ein eingespieltes Team hast, hast du es wirklich gut. In der Zeit bin ich am meisten gereift.« Bereut hat er den Aufstieg in die Einheitsführung allerdings nicht. »Aber man hat nicht mehr so viel seine Kumpels um sich. Es gibt Tage, an denen man denkt, ich wäre jetzt lieber mit den Jungs draußen.«

Christa – die Mutter der Kompanie

Das Hauptquartier in Hangelar ist voll mit Alphatieren und Silberrücken. Das prägt die Atmosphäre seit Gründung der GSG 9. Bis heute gibt es keine einzige Frau in den Einsatzeinheiten, nur vereinzelt in den Unterstützungsbereichen des Verbands, wie zum Beispiel in der operativen Einsatzmedizin. Mit der gesellschaftlichen Realität 2022 »da draußen« hat das Prinzip der Männerbastion wenig zu tun. Spricht man jemanden darauf an, holen die Männer erst einmal tief Luft. Mü überlegt lange, bis er antwortet. »Meine persönliche Meinung ist: Ich bin noch nicht offen dafür. Aber das liegt an mir.« Vor allem ist er dagegen, Kompromisse bei der körperlichen Belastbarkeit zu machen. »Eine Frau müsste dieselbe Leistung bringen wie die Männer.« Im Laufe des weiteren Gesprächs räumt er zumindest ein, dass Frauen in den Einsatzeinheiten etwas in Bewegung bringen könnten. »Ich denke grundsätzlich schon, dass Frauen in manchen Situationen anders an die Dinge herangehen würden. Dass sie eventuell nicht so in unseren Denkstrukturen gefangen sind. Sie könnten auch dieses Silberrückengehabe, das es an der ein oder anderen Stelle gibt, durchaus etwas aufbrechen.« Am Ende hängt sein Herz aber am Konzept der »Jungs-WG«.

Eine Frau gibt es dennoch auf dem Flur. Für »die Jungs« ist Christa »die Mutter der Kompanie«. Seit mittlerweile zwölf Jahren arbeitet sie bei der ersten Einheit als Reinigungskraft. »Ich sage immer, wir haben hier das beste Arbeitsverhältnis der Welt, und ich möchte mit niemandem tauschen«, schwärmt sie. »So zufrieden und glücklich, wie ich hier bin, das kann mir sonst keiner bieten. Wie die mir begegnen, mit so viel Respekt und Freundlichkeit. Das kenne ich von woanders nicht.« Zu Beginn des Gesprächs ist sie ein wenig nervös. Im Vorfeld meinte sie, dass sie zu einem Buch über die GSG 9 doch gar nichts beizusteuern habe. Doch so ist es nicht. Die meisten der Frauen, die bei der GSG 9 sauber machen, sind viel mehr als bloße Reinigungskräfte. Für Christa gilt das ganz besonders – sie ist die Dienstälteste unter ihnen. »Die erste Einheit ist für mich meine zweite Familie«, sagt sie. »Ich bin in einem Alter, wo das meine Söhne sein könnten.« Sie ist jetzt 62. »Sie ist eine Mutterfigur, und wir sind wie Kinder für sie«, sagt Mü. So tief wie Christa blickt sonst kein Außenstehender in die Welt der ersten Einheit. »Sie ist in unseren Buden drin, in dem Intimsten, was wir haben. Und sie würde darüber niemals etwas erzählen. Sie ist absolut integer.« Als sie vor zwei Jahren umzog, war es selbstverständlich, dass die Männer halfen. Und als sie 60 Jahre alt wurde, verstand sich von selbst, dass »ihre« Einheit mit ihr feiern würde. »Da habe ich mit den Jungs gegrillt«, erinnert sich Christa. »Ich musste nur sagen, ich brauche eine Biergarnitur, Getränke – die haben sich um alles gekümmert.« Und wenn einer ihrer Jungs Geburtstag hat, backt sie natürlich einen Kuchen. Sie genießt die Aufmerksamkeit und Wertschätzung unverkennbar. Dass es keine Frauen unter den Einsatzkräften gibt, findet sie deshalb auch gar nicht schlimm.

Christas Arbeitstag beginnt morgens um sechs. Dann geht sie auf ihre Etage. Ihr erster Gang führt sie immer in die Küche. »Da mache ich dann erst mal die Unordnung weg. Die sagen immer, lass das, das ist nicht deine Aufgabe.« Sie macht es trotzdem. Natürlich. Und die

Männer wissen das zu schätzen und auch zu zeigen. »Ich werde morgens gedrückt, was ich auch brauche«, sagt sie. Wenn Zeit ist, trinkt man erst einmal einen Kaffee gemeinsam. »Ich fühle mich richtig dazugehörig.« Danach macht sie die Zimmer sauber. Immer so viele, wie sie schafft. Ihre Arbeit teilt sie sich selbst ein. Wenn die Buden sich in einen Saustall verwandeln, setzt sie auch mal einen der Männer »auf den Topf«. Dann stellt sie den Putzwagen hin und sagt: »In einer Stunde komme ich wieder, dann ist hier aufgeräumt.« Und, sagt sie, »dann klappt das auch«. Man glaubt es ihr. »Man muss auch mal einen raushauen. Austeilen und einstecken, das gehört dazu.« Im Gegenzug können die Männer mit allem zu ihr kommen. Christa hat immer ein offenes Ohr. Und ein Gespür dafür, wenn es gerade mal nicht passt. »Ich bin ein offener Mensch. Ich kann mich reindenken in den Menschen. Wenn jemand ein Gespräch sucht, ist es schön, wenn nicht, dann muss man sie auch mal in Ruhe lassen.«

Wenn die Männer im Einsatz sind, macht Christa sich Sorgen. »Das beschäftigt mich sogar sehr. Ich bin immer froh, wenn sie wohlbehalten zurück sind.« Schwer fällt ihr immer, wenn jemand bei »ihrer« ersten Einheit aufhört, vor allem, wenn es keine Anschlussverwendung innerhalb der GSG 9 gibt. Zu einigen, die ausgeschieden sind, hat sie auch nach Jahren noch Kontakt. Einmal sollte sie in einen anderen Bereich auf dem Standort wechseln, außerhalb der GSG 9, erzählt sie. »Da war ich komplett aufgelöst. Und dann habe ich gekämpft im ganzen Haus, bis ich schließlich wieder auf meine Etage gekommen bin.« Mit Erfolg. »Was mich sehr berührt: Ich habe den kleinsten Rang, aber ich fühle mich nicht klein. Man begegnet sich auf Augenhöhe.« Um 12 endet Christas Arbeitstag. Dann kümmert sie sich um ihre Familie, vor allem ihren Enkel, der noch keine zwei Jahre alt ist. Im kommenden Jahr könnte sie in Rente gehen, aber das kommt für sie noch nicht infrage. »Ich brauche das noch, das ganze Remmidemmi und die Jungs.«

Die »Jungs« sind die Präzisionsschützen der GSG 9. Es gibt sie in allen Spezialeinheiten, also auch in den SEK der Landespolizei, im Unterschied zu den Fallschirmspringern oder den Tauchern. Während es beim Fallschirmspringen und Tauchen um eine besondere Form der Annäherung geht, ist das Präzisionsschießen eine Lösungsoption, um eine akute Gefährdung abzuwenden, die zum Beispiel von einem bewaffneten Geiselnehmer oder einem Selbstmordattentäter ausgeht. »Wir sehen uns als wichtigen Bestandteil der Einsatzbewältigung«, erklärt Mü. »Es geht darum, zur Lösung einer Lage beitragen zu können – durch einen gezielten Schuss und dadurch, dass wir Aufklärungsergebnisse generieren.« Schießen kann jeder bei der GSG 9. Präzisionsschießen ist jedoch etwas anderes. Es ist wesentlich komplizierter: Es geht darum, das Zusammenspiel von Waffe, Munition und Optik perfekt zu beherrschen. Der Schütze muss die Fähigkeiten seiner Waffe und der Munition genau kennen, und er muss wissen, wie sich die Witterung, insbesondere der Wind auswirkt. »Das muss er beurteilen können, damit der Schuss genau dahin geht, wo er ihn haben will«, erläutert Mü. Welche Hindernisse das Projektil überwinden muss, beispielsweise eine Glasscheibe, spielt eine Rolle, wie natürlich auch die Frage, was oder wer sich hinter dem Ziel befindet. Die Beurteilung dieser Faktoren muss oftmals in Sekundenschnelle erfolgen. Sind mehrere Schützen im Einsatz, muss das Schießen mitunter synchron erfolgen – der Einsatz der Schützen also haargenau aufeinander abgestimmt sein.

Gleichzeitig liefern die Präzisionsschützen wichtige Informationen über das, was gerade passiert, weil sie das Geschehen intensiv und ununterbrochen beobachten. Oftmals über viele Stunden. Das wiederum ist sehr ermüdend. Um wirklich einsatzbereit zu bleiben, ist die Position entscheidend, in der man sich befindet – wie man liegt oder steht, erklärt Mü. »Es hat Auswirkungen auf den Schuss, wenn es für den Schützen unkomfortabel ist.« Auch die Atmung spielt eine Rolle, denn der Schütze will so wenig Bewegung wie möglich auf die Waffe übertragen. »Es ist schon ein bisschen meditativ«, meint Mü. »Ich muss meinen Körper von den Zehenspitzen bis zu den Haarspitzen befragen, ob ich im Idealzustand bin. Wenn du lange gelegen hast, und der Nacken wird steif, dann zehrt das.« Mü ist überzeugt, dass es vor allem auf drei Dinge ankommt: Ausdauer, Willenskraft und Humor. Warum

Humor? »Wenn alles wehtut, dann muss man das auch mit Humor nehmen können.« Zum Beispiel wenn man bei fünf Grad in der Nässe liegt. In Situationen wie diesen fange irgendwann das Denken an. Entscheidend sei aber, fokussiert zu bleiben. »Ich darf nicht anfangen, über mein Leben nachzudenken.« Wichtig sei außerdem, die eigenen Grenzen zu kennen. »Wenn du über den Punkt hinaus bist, kannst du eventuell nicht mehr deinen Auftrag erfüllen.«

Präzisionsschützen werden beim Militär Scharfschützen genannt. Das ist nicht dasselbe. »Der Präzisionsschütze hier hat eine höhere Bandbreite, da er für polizeiliche Einsatzlagen da ist«, erklärt Mü. »Das heißt aber nicht, dass er besser ist«, fügt er schnell hinzu. Klar ist, dass die Polizei eine größere Bandbreite an Aufgaben hat. Im Unterschied zu einem militärischen Einsatz im Krieg, wo Soldaten den »Feind« bekämpfen, hat das polizeiliche »Gegenüber« Rechte. Bei der Polizei spielt eine größere Rolle, was mit dem Schuss erreicht werden soll und darf. »Schießen hat eine Auswirkung«, betont Mü. Was banal klingt, hat dennoch schwerwiegende rechtliche und psychische Konsequenzen. Jeder Schütze muss für sich beantworten, ob er in der konkreten Situation schießen darf. »Es muss sich ja nur ein Detail ändern, und schon habe ich eine neue Situation.« Auch psychisch ist das alles andere als banal. »Man muss die Männer gut darauf vorbereiten, dass womöglich jemand stirbt, wenn sie den Finger krümmen.«

Einige Tage später räumen die Männer aus der ersten Einheit die Kisten, die sie vorsorglich für einen Einsatz in Kabul gepackt haben, wieder aus. Zwei Tage nach dem Gespräch mit Mü stellt die Bundeswehr ihre Luftbrücke zur Evakuierung von Menschen am Flughafen in Kabul ein. Die GSG 9 wurde nicht mehr benötigt. Auf dem Flur der ersten Einheit unterhalten sich die Männer über das, was sie in Afghanistan erwartet hätte. Wie gefährlich Einsätze in Krisengebieten sind, weiß hier jeder. An der Wand hängen die Fotos der vier Männer aus der ersten Einheit, die im Laufe der Jahre im Dienst ihr Leben verloren: zwei von ihnen bei »Arbeitsunfällen«, beim Abseilen im Training in den 70er-Jahren, zwei weitere im Einsatz. Thomas Hafenecker, Spitzname »Oma«, wurde 2004 im Irak getötet. »Shorty«, wie Michael

Newrzella genannt wurde, starb 1993 in Bad Kleinen. Er war der erste GSG 9-Beamte überhaupt, der sein Leben im Einsatz verlor. Nicht nur deshalb ist Bad Kleinen bis heute ein wunder Punkt für die GSG 9.

Kapitel 8

Bad Kleinen

Ein Desaster mit einem langen Schatten

Jedes Jahr am 15. September besucht Thomas Newrzella das Grab seines Bruders auf dem Friedhof in Hamburg-Nienstedten. »Ich gehe lieber hin, wenn er Geburtstag hat«, sagt er, »nicht an seinem Todestag.« Sein Todestag, das ist der 27. Juni 1993. An diesem Tag starb Michael Newrzella, genannt »Shorty«, auf dem Bahnhof von Bad Kleinen bei einem Schusswechsel der GSG 9 mit dem RAF-Terroristen Wolfgang Grams. Das Gespräch über seinen Bruder fällt Thomas Newrzella nicht leicht. In diesem Jahr hat er seine beiden Eltern verloren, erst den Vater, dann starb auch seine Mutter. Bei der Haushaltsauflösung holte die Vergangenheit ihn wieder ein, als er auf einen Aktenordner stieß, in dem seine Eltern alle Zeugnisse und Urkunden von Michael aufbewahrt hatten. Fein säuberlich abgeheftet. Auf einer Kommode stehen mehrere Fotos, die er aus der Wohnung seiner Eltern mitgenommen hat: Michael als Kind, vielleicht fünf Jahre alt, eine Aufnahme aus einem Fotostudio, oder ein Bild vor dem Weihnachtsbaum im Wohnzimmer der Eltern. »Hier ist er 17«, sagt Thomas Newrzella und hält ein gerahmtes Porträt in der Hand, »das stand bei meiner Mutter auf dem Nachttisch.« In den Wochen vor ihrem Tod habe sie noch einmal besonders viel über ihn gesprochen. »Meine Mutter ist über den Tod von Michael nie hinweggekommen.«

Und er? »Er war mehr als ein Bruder«, erzählt Thomas Newrzella. Nach der Schulzeit wohnten die beiden zusammen, verbrachten Urlaube gemeinsam. Michael hatte nach der 12. Klasse eine Ausbildung beim Bundesgrenzschutz angefangen. Schließlich bewarb er sich bei der GSG 9, im zweiten Anlauf schaffte er es. Das war 1992. »Das hat mich schon stolz gemacht«, sagt Thomas Newrzella, »weil man ja wusste, das schafft nicht jeder.« Seine Eltern waren nicht so begeistert, vor allem seine Mutter habe Angst gehabt, ihm könnte etwas zustoßen. »Er hat immer gesagt, da passiert schon nichts. Die machen nichts, was mich gefährden würde. Das hat meine Eltern immer beruhigt.« Vom 20. bis zum 27. Juni 1993 wollten die Brüder zum Wildwasserfahren nach Österreich, alles war gebucht. »Doch dann sagte er, ich kann nicht mit, ihr müsst ohne mich fahren.« Thomas Newrzella stellte keine Fragen, er konnte sich denken, was dazwischengekommen war. Über seine Arbeit erzählte Michael ohnehin nicht viel. Als Thomas mit dem Nachtzug aus Österreich zurückkam, sah er am Bahnhof die Schlagzeilen über einen Einsatz gegen die RAF am Bahnhof in Bad Kleinen.

Es war ein Einsatz, der in einem Desaster endete: Nach einer Schießerei auf dem Bahnsteig lagen der RAF-Terrorist Wolfgang Grams und der GSG 9-Beamte Michael Newrzella lebensgefährlich verletzt in ihrem Blut. In den Tagen danach sollte sich die Republik am Rande einer Staatskrise wiederfinden. Monströse Vorwürfe wurden in den Medien erhoben – Beamte der GSG 9 hätten Grams regelrecht hingerichtet. Die Justiz ermittelte monatelang, der Bundesinnenminister trat zurück, der Generalbundesanwalt wurde gefeuert, zwei Beamte der GSG 9 wurden zu Beschuldigten im Ermittlungsverfahren. Monatelang wurde ermittelt, der Hergang wurde minutiös rekonstruiert. Am Ende blieb von den Vorwürfen nichts übrig. Der Journalist Butz Peters schrieb ein Buch über die Ereignisse, das 2006 erschien. Es verbannte das am linken Rand der Gesellschaft bis heute hartnäckig gepflegte Narrativ einer Hinrichtung erneut ins Reich der Legenden. Zum 20. Jahrestag von Bad Kleinen wurden 2013 in der ARD gleich zwei Dokumentarfilme zu den Ereignissen ausgestrahlt. Ein Aspekt jedoch blieb bei jeder journalistischen Aufarbeitung bisher außen vor: Was haben die Vorgänge eigentlich mit der GSG 9 gemacht? Insbesondere mit den Beamten, die unmittelbar betroffen waren? Die Helden von Mogadischu sollten plötzlich die Mörder von Bad Kleinen sein. Gleichzeitig musste die GSG 9 mit dem Tod von Michael Newrzella zum ersten Mal überhaupt erleben, dass einer aus den eigenen Reihen seinen Einsatz mit dem Leben bezahlte. Dieses Kapitel will die Ereignisse von damals auch aus einer Perspektive betrachten, die bisher noch nicht erzählt ist. Dabei werden Personen zu Wort kommen, die unmittelbar von den Ereignissen betroffen waren und bisher nie öffentlich darüber gesprochen haben. »Auch« heißt: Dennoch soll die Geschichte nicht auf den Blickwinkel der GSG 9 verengt, sondern vielmehr darum erweitert werden. Denn das hieße, sie auf andere Weise einseitig zu erzählen.

Der 27. Juni 1993 war ein Sonntag. Gegen 13 Uhr stieg am Bahnhof von Bad Kleinen, einer Kleinstadt in Mecklenburg-Vorpommern, eine Frau aus einem Zug. Dass sie bereits erwartet wurde, bemerkte sie nicht. Die Frau hieß Birgit Hogefeld, war 46 Jahre alt und gehörte zur Führungsspitze der »dritten Generation« der RAF. Sie wartete auf einen Mann, der kurze Zeit später ankam. Was Hogefeld auch nicht wusste: Dieser Mann mit Namen Klaus Steinmetz war ein Spitzel. Das Landesamt für Verfassungsschutz in Rheinland-Pfalz hatte ihn in die RAF eingeschleust. Steinmetz war es gelungen, sich das Vertrauen der RAF-Führung zu erschleichen. Für die Sicherheitsbehörden war das wie ein Lottogewinn: Von ihm hatte der Verfassungsschutz den Hinweis bekommen, er werde Hogefeld in Bad Kleinen treffen. Andere aus der RAF-Kommandoebene würden womöglich dazustoßen. Dabei war immer wieder von einem Treffen in »BK« die Rede gewesen, sodass nicht sicher war, ob es am Ende um Bad Kleinen oder womöglich auch um das nahe gelegene Bad Kühlungsborn gehen würde. Es blieb nichts anderes übrig, als mit beiden Varianten zu rechnen. Und zu warten, was passieren und wer kommen würde. Nachdem die RAF-Führung jahrelang wie vom Erdboden verschluckt war, ergab sich jetzt die Möglichkeit, Schlüsselfiguren aus der Kommandoebene festzunehmen. Ein Einsatz nach dem Motto »Fahren auf Sicht«.

Birgit Hogefeld wurde verdächtigt, am 27. März, also genau drei Monate früher, gemeinsam mit Wolfgang Grams, Daniela Klette,

Burkhard Garweg, Ernst-Volker Staub und anderen als Kommando »Katharina Hammerschmidt« einen Sprengstoffanschlag auf die Justizvollzugsanstalt Weiterstadt verübt zu haben, die sich zu diesem Zeitpunkt noch im Bau befand. In den frühen Morgenstunden zündeten mehrere Sprengsätze auf dem Areal und zerstörten große Teile der Anlage. Es entstand ein Sachschaden in Höhe von annähernd 100 Millionen D-Mark, verletzt wurde niemand. Die dritte Generation der RAF machte damit jedoch deutlich, dass mit ihr weiterhin zu rechnen war. Und das, nachdem sie im Jahr zuvor, im April 1992, verkündet hatte, »Angriffe auf führende Repräsentanten aus Wirtschaft und Staat« einzustellen. Die dritte Generation der RAF hatte bis dahin zahlreiche Anschläge und Morde verübt: darunter einen Sprengstoffanschlag auf die Rhein-Main-Airbase der US-Streitkräfte, bei dem zwei Menschen getötet und mehrere zum Teil schwer verletzt wurden. Bereits am Tag zuvor war der US-Soldat Edward Pimental erschossen worden, weil die RAF seine Zutrittskarte für die Airbase stehlen wollte. Zwischen 1985 und 1991 ermordete sie Ernst Zimmermann, Vorstandvorsitzender der Maschinen-Turbinen-Union (MTU), Karl Heinz Beckurts, Vorstandsmitglied von Siemens, und dessen Fahrer, den Diplomaten Gerold von Braunmühl, den Vorstandssprecher der Deutschen Bank, Alfred Herrhausen, sowie den Chef der Treuhand, Detlev Karsten Rohwedder. Die Mordanschläge auf die Staatssekretäre Hans Tietmeyer im Bundesfinanzministerium und Hans Neusel im Bundesinnenministerium misslangen.

Die Ermittlungen führte das Bundeskriminalamt (BKA) unter Leitung der Bundesanwaltschaft. Dort war man nach jahrelangen Misserfolgen regelrecht elektrisiert angesichts der Aussicht, womöglich gleich mehrere Schlüsselfiguren der RAF festnehmen zu können. Das BKA hatte sich erstmalig im Frühjahr 1993 an die GSG 9 gewandt, die den Zugriff übernehmen sollte. Die Polizei war mit dem großen Besteck angerückt. Neben der GSG 9 waren zahlreiche Ermittler des Bundeskriminalamts samt Mobilem Einsatzkommando (MEK) sowie eine Tatortgruppe des BKA für die Spurensicherung vor Ort. Das Ziel war, so viele RAF-Mitglieder wie möglich festzunehmen. Der Zugriff sollte erfolgen, sobald feststand, dass keine weiteren RAF-Kader mehr kommen würden. Dementsprechend verdeckt musste der Einsatz über die Bühne gehen, unter keinen Umständen durfte auffallen, dass die Polizei nur darauf wartete, zuzugreifen. Das Risiko war den Ermittlern sehr wohl bewusst, was sie erwartete, war hingegen umso weniger klar. Sie gingen auf alle Fälle davon aus, dass die RAF-Mitglieder, wie viele es auch immer sein würden, extrem gewaltbereit sein würden.

Zugriff – aber wo?

Die GSG 9 war mit der ersten Einsatzeinheit vor Ort, um den Zugriff durchzuführen. Einsatzleiter für den Zugriff war Sven Mewes, der Chef der ersten Einheit. Er hatte 1980 beim Bundesgrenzschutz angefangen und sich vier Jahre später bei der GSG 9 beworben. Seit 1989 stand er an der Spitze der ersten Einheit. Die GSG 9 war zu dieser Zeit viel mit Observationen im Auftrag des BKA beschäftigt. Einsätze im klassischen Sinne gab es nur sehr wenige. Ein Vorabkommando hatte eine Woche vor dem Zugriffstermin damit begonnen, den Einsatz vorzubereiten und die Örtlichkeiten in Augenschein genommen. »Wir haben uns den Bahnhof angeschaut. Der ist relativ groß, gut einsehbar und wenig frequentiert«, erzählt Mewes im Sommer 2021. »Darum haben wir gesagt, den Zugriff können wir da nicht machen, da kriegen wir unsere Kräfte nicht gut platziert. Wir haben ein Votum gegen einen Zugriff dort abgegeben, und die Führung hat das mitgetragen.«

Doch zunächst hieß es abwarten, was passiert. Hogefeld und Steinmetz blieben nicht in Bad Kleinen, sondern fuhren mit dem Zug weiter nach Wismar. Wie sich herausstellte, hatten sie dort eine Ferienwohnung gemietet. Die anschließende Observation lief jedoch alles andere als optimal: am Abend stellten die Beamten fest, dass die Beiden im Laufe des Tages über den Garten das Grundstück verlassen hatten. Das fiel erst auf, als sie zurückkehrten und plötzlich vor der Eingangstür standen. Daraufhin entschied das BKA, die Zielpersonen am kommenden Tag festzunehmen. Zwar war Steinmetz mit einem Peilsender ausgestattet, der befand sich jedoch in seinem Laptop. Von dem Peilsender wusste der V-Mann, jedoch hatte er keine Ahnung, dass man auch ein Mikro bei ihm platziert hatte, mit dem die Beiden zumindest phasenweise abgehört werden konnten.

Der Zugriff sollte erfolgen, während Hogefeld und Steinmetz auf dem Weg zur Bushaltestelle waren. Allerdings hörten die Beamten schließlich, wie die Beiden beim Bezahlen sagten, sie würden im Laufe des Tages noch Freunde treffen. Die GSG 9 befand sich bereits in der Anfahrt für den Zugriff, da wurde das Team in letzter Sekunde durch das BKA gestoppt, um möglichst noch weitere RAF-Mitglieder festnehmen zu können. Der kurzfristige Abbruch war nicht ohne Risiko, da die Observationskräfte sich schon zurückgezogen hatten, deshalb war zunächst niemand mehr an dem Duo dran, der Einsatz für den Moment außer Kontrolle. »Wieder ging es um die Frage: wo treffen sie sich? Bad Kleinen oder Bad Kühlungsborn«, erzählt Sven Mewes. »Wir haben überlegt, wie teilen wir die Kräfte auf?« Schließlich wurde vereinbart, dass die GSG 9 Bad Kleinen übernimmt, und das Mobile Einsatzkommando des BKA Bad Kühlungsborn. Unterdessen fuhren Hogefeld und Steinmetz mit dem Bus in Wismar zum Bahnhof.

Dort erschienen sie dann wieder auf dem Radar. Am Bahnhof waren mehrere GSG 9-Beamte postiert worden, als sogenannte »Auffanglinie«. Einer von ihnen war »Stefan«. Er heißt eigentlich anders, will aber lieber anonym bleiben. Bad Kleinen hat ihn lange genug verfolgt. Stefan ist bis heute bei der GSG 9. Damals in Bad Kleinen war er 24 Jahre alt. Erst ein halbes Jahr zuvor hatte er die Ausbildung beendet und bei der ersten Einheit angefangen. »Ich war in Wismar auf dem Bahnsteig, als Hogefeld und Steinmetz ankamen. Die haben dann auf den Zug gewartet. Die Hogefeld stand schließlich direkt neben mir«, erinnert er sich. »Ich dachte schon, sie will mich was fragen. Solche Zufälle gibt es.« Das Duo merkte nichts von der Observation. Als Hogefeld und Steinmetz in den Zug nach Bad Kleinen einstiegen, stiegen die Beamten der GSG 9 mit ein. Aus dem Zug gaben sie über Funk die Information durch, wohin sie fuhren. In Bad Kleinen stiegen sie mit Hogefeld und Steinmetz wieder aus. Während die beiden in das

Bahnhofscafé auf Gleis 1/2 gingen, verließen die Beamten den Bahnhof erst einmal um nicht aufzufallen.

Auf dem Bahnhofsvorplatz stand ein Fahrzeug der GSG 9. Auch an diesem Bahnhof waren vorsichthalber einige Männer postiert worden, als Rückfalloption für den Zugriff in Wismar. In dem Wagen saßen vier Beamte, darunter »Sascha« und »Stone«. »Wir sind dann auch in die Bahnhofs-Gaststätte gegangen«, erinnert sich Sascha. Die beiden waren für die Beschattung besonders gut geeignet, da Hogefeld und Steinmetz sie noch nicht gesehen haben konnten. Als sie hinein gingen, entdeckten sie das Duo sofort. »Die hatten sich taktisch sehr gut platziert, an einem Eckplatz, damit sie die Gaststätte gut im Blick hatten. Wir haben dann was zu essen und zu trinken bestellt, damit wir nicht auffielen.« Die GSG 9 wusste zwar, dass Steinmetz ein V-Mann des Verfassungsschutzes war, die Männer hatten jedoch im Vorfeld des Einsatzes kein Foto von ihm gesehen, sondern lediglich Videomaterial. Stone hatte einen C-Netz-Mobilfunkkoffer dabei, mit dem er auf die Toilette ging. Handys gab es noch nicht. Von dort gab er die Standort-Information weiter.

Nach einer Weile standen Hogefeld und Steinmetz wieder auf und gingen hinaus. »Da haben wir uns gefragt, was machen wir jetzt?«, erzählt Sascha. Er war noch sehr jung, erst 21. Mit 18 war er zur GSG 9 gekommen und seit zwei Jahren mit der Ausbildung fertig. Stone war schon länger dabei und erfahrener. »Stone meinte, Ruhe bewahren und nicht nachgehen. Das haben wir dann auch gemacht. Nach einer gewissen Zeit kamen sie zu dritt zurück und haben sich wieder auf denselben Platz gesetzt. Wir saßen immer noch da. Den Dritten haben wir sofort als Wolfgang Grams erkannt.« Grams war 40 Jahre alt und gehörte, wie Birgit Hogefeld auch, zur Kommandoebene der RAF. Die beiden hatten eine Liebesbeziehung. Grams stand in Verdacht, mehrere Menschen ermordet zu haben. Auf dem Bahnhof wimmelte es von Observationskräften. Das Wichtigste war deshalb weiterhin, nicht aufzufallen. Stone und Sascha verließen das Lokal, als eine Frau mit Reisekoffer hereinkam. Sie gehörte zum BKA. Auch sie setzte sich an einen Tisch und übernahm fortan die Beobachtung des Trios. Sie konnte zwar über Funk nicht sprechen, da das aufgefallen wäre, sollte aber ein Funkzeichen geben, sobald die Drei das Café verließen. Sascha und Stone schlossen sich draußen den anderen Einsatzkräften der GSG 9 an, die bereits intensiv mit der Planung des Zugriffs beschäftigt waren.

Die Leitung des gesamten Einsatzes hatte das Bundeskriminalamt. Die maßgebliche Figur beim BKA war Rainer Hofmeyer, Abteilungsleiter Terrorismus, der allerdings nicht vor Ort, sondern in seinem Büro in Wiesbaden war. Er verfolgte das Geschehen am Telefon. Sven Mewes, der die Einsatzkräfte der GSG 9 führte, stand mit einem Fahrzeug auf dem Parkplatz vor dem Bahnhof und war über Funk mit den Kräften auf dem Bahnhofsgelände verbunden. Hofmeyer ordnete an, dass der Zugriff durch die GSG 9 weder im Bahnhofscafé, noch auf dem Bahnsteig oder im Zug erfolgen dürfe. Das Risiko, dass Unbeteiligte zu Schaden kommen könnten, schien in allen Fällen zu hoch. Das Bahnhofscafé befand sich auf Gleis 1/2. Von hier aus musste man in einen Tunnel, durch den man, vorbei am Aufgang zum Bahnsteig 3/4, am anderen Ende ins Bahnhofsgebäude und hinaus nach Bad Kleinen gelangte. Der Zugriff sollte in diesem Tunnel erfolgen. Hier, so die Überlegung, war man in der Lage, den Fluchtweg zu versperren und gleichzeitig unbeteiligte Personen daran zu hindern, im Moment des Zugriffs durchs Bild zu laufen. Die GSG 9 erhielt somit den Auftrag, den Zugriff dort durchzuführen. Wie sie das tat, war ihr überlassen. »Es war genau die Situation, die wir nicht haben wollten«, erinnert sich Sven Mewes, der Chef der Einsatzeinheit vor Ort. Schließlich hatte die GSG 9 sich dezidiert gegen einen Zugriff am Bahnhof ausgesprochen, aus Sorge, die Einsatzkräfte könnten auf dem kleinen Bahnhof entdeckt werden. Am Ende gab es dennoch einen Konsens. »Wir hatten auch mal diskutiert, dass wir sie weiterfahren lassen. Wir haben das mit dem BKA besprochen. Aber wir haben dann doch gesagt, dass wir das nicht zulassen. Es sollte in Bad Kleinen beendet werden. Diese Entscheidung war einvernehmlich zwischen mir und dem BKA.«

Die GSG 9 entschied sich, den Zugriff auf diese Weise durchzuführen: sicher war, dass Grams, Hogefeld und Steinmetz in den Tunnel gehen würden, sobald sie das Bahnhofscafé verließen. Was sie dann tun würden, wusste niemand. »Es war alles unklar: die waren vorher an ein Gleis gegangen, um Grams abzuholen. Wieder gab es die Frage, holen sie eine vierte Person ab oder verlassen sie den Bahnhof? Oder fahren sie alle weg?«, erzählt Sascha. Die gesamte Situation war hochdynamisch. Unklar war außerdem, ob weitere RAF-Mitglieder am Bahnhof ankommen würden oder womöglich schon auf das Trio warteten. Auch das musste einkalkuliert werden. Ein weiteres Problem war, dass das Mobile Einsatzkommando des BKA und damit zusätzliche Observationskräfte noch nicht vor Ort waren. Die GSG 9 setzte darauf, dass Hogefeld, Grams und Steinmetz zum Ende des Tunnels gehen würden, um den Bahnhof zu verlassen. Der Plan war, sie in dem Moment festzunehmen, in dem sie aus dem Tunnel heraus nach rechts die Treppe hinauf ins Bahnhofsgebäude gehen. Auf dieser Treppe ging der Einsatztrupp in Stellung. Er bestand aus sieben Männern. Stefan war einer von ihnen. Der Trupp war aus dem Tunnel nicht zu sehen, erst unmittelbar bevor man den Treppenaufgang erreichte.

Im Tunnel wurde ein Mann postiert, und zwar so, dass der erste Mann des Trupps ihn vom Treppenaufgang aus im Blick hatte. Der erste Mann war Michael Newrzella. Stefan stand direkt hinter ihm. »Ich habe mit Shorty noch diskutiert, wer erster sein soll«, erinnert er sich. Der Mann im Tunnel sollte per Handzeichen das Signal für den Zugriff geben, sobald die Drei nah genug herangekommen waren. Dann sollte der Trupp um die Ecke kommen. In der Schrecksekunde sollten die ersten drei das Trio zu Boden werfen, die anderen mit gezogener Waffe sichern. »Die sollten überwältigt werden. Das war der erste Plan. Dabei hat man in der Regel keine Waffe in der Hand, denn die stört dabei nur.« Stefan erinnert sich noch gut an den Moment, als sie auf der Treppe warteten. »Eigentlich war das von der Anspannung nicht dramatisch, im Gegenteil. Wir hatten ja gefühlt stundenlang gewartet, besprochen, wer steht an welcher Position.« Alles schien gut vorbereitet. An einem Treppenaufgang am anderen Ende des Tunnels standen Sascha und Stone mit weiteren Beamten als zusätzlicher Einsatztrupp, auch sie waren vom Tunnel aus nicht zu sehen. In der Mitte des Tunnels ging man ein paar Stufen hoch über ein kleines Plateau, von hier ging auch die Treppe zum Bahnsteig mit den Gleisen 3/4 ab. Auf diesem Bahnsteig stand ein Mann der GSG 9 als Beobachtungs- und Sicherungsposten, für den Fall, dass das Trio doch nicht den Weg in den Ort nehmen, sondern hinauf auf den Bahnsteig 3/4 gehen würde.

An dieser Stelle stand »Andreas«. Auch er heißt eigentlich anders und wird nur hier so genannt. Er war bereit, für dieses Buch ein Interview zu geben, jedoch nur anonym. Wie Stefan auch. Beide sind froh, das Kapitel Bad Kleinen hinter sich gelassen zu haben. Für Andreas gilt das in besonderem Maße. Er ist einer der beiden GSG 9-Beamten, die nach dem Einsatz von Bad Kleinen unter Mordverdacht gerieten. Im Zuge der Ermittlungen bei der Staatsanwaltschaft Schwerin wurde er als »Zeuge Nr. 8« geführt. Andreas war mit 23 Jahren zur GSG 9 gekommen, hatte seine Ausbildung gemeinsam mit Olaf Lindner gemacht, der später einmal Kommandeur werden würde. Nur zwei Jahre vor dem Einsatz in Bad Kleinen war Andreas mit der Ausbildung fertig geworden. Jetzt stand er zunächst am Bahnsteig 3/4, um von dort aus das Bahnhofscafé zu beobachten, als die Männer sich auf den Zugriff vorbereiteten. »Dann fiel mein Funkgerät aus, ich hatte einen Bruch am Kabel«, erzählt er. »Ich bin dann runter und habe einem Kameraden aus dem Trupp gesagt, er soll mich ablösen. Ich habe mich dann dafür dem Trupp angeschlossen.« Es sollte nicht das letzte Problem mit dem Funkverkehr sein. Seine Ablösung ging wie vereinbart auf dem Bahnsteig in Position.

Ein Missverständnis mit tödlichen Folgen

Schließlich war es so weit. Grams, Hogefeld und Steinmetz kamen aus dem Café und gingen in den Tunnel. Doch sie blieben in der Mitte stehen. Hogefeld warf einen Blick auf den Fahrplan, Grams und Steinmetz gingen auf das Plateau, direkt an der Treppe zum Bahnsteig 3/4. Jetzt kam es zu einem Missverständnis, das verheerende Folgen haben sollte: Sven Mewes, der keinen Blick auf das Geschehen hatte, gab den

Einsatzkräften aus dem Führungsfahrzeug auf dem Bahnhofsvorplatz noch eine zusätzliche Anweisung: »Wenn Zugriff erfolgt, kontrolliert den Kadett!«. Der Wagen war auf dem Parkplatz vor dem Bahnhof aufgefallen und wirkte verdächtig. Doch über Funk kam etwas anderes an, entweder weil Teile des Funkspruchs von einem Funkschatten überlagert waren, oder weil das erste Wort aufgrund eines Bedienfehlers verschluckt wurde. Statt »wenn Zugriff erfolgt« hörte man nur »Zugriff erfolgt, kontrolliert den Kadett«, was ein Beamter des BKA auch noch wiederholte: »Zugriff erfolgt!«. Daraufhin verließ der Mann auf dem Bahnsteig 3/4 seinen Posten und ging die Treppe hinunter in den Tunnel – in der falschen Annahme, das Trio sei bereits festgenommen worden. »Er kam dann runter, weil er unten unterstützen wollte und war total überrascht, als er plötzlich allein auf die Terroristen traf«, erzählt Andreas. »Unser Mann im Tunnel hat seine aufgerissenen Augen gesehen und ihm war klar, dass Grams etwas gemerkt haben muss. Deshalb hat er das Handzeichen gegeben.« Damit wurde der Zugriff ausgelöst. »Und dann sind wir los«, erzählt Stefan. Mit Gebrüll stürzten die Männer in den Tunnel, in der Erwartung die Drei unmittelbar vor sich zu haben. Doch so war es nicht. Die Distanz betrug noch etwa 15 Meter.

Hogefeld erstarrte, doch Grams spürte sofort, was los war. In dem Moment, als der Trupp um die Ecke und auf ihn zugerannt kam, reagierte er blitzschnell und stürmte die Treppe nach oben auf den Bahnsteig 3/4. »Ich bin in den Gang hineingestürmt«, erinnert sich Stefan, »habe dann kurz bei der Hogefeld verharrt, die anderen sind durchgelaufen, aber es waren schon zwei Beamte an ihr dran, darum bin ich dann auch die Treppe zum Bahnsteig hochgestürmt. Als ich noch nicht ganz oben war, hörte ich schon, wie Schüsse fielen.« An der Spitze des Einsatztrupps lief Michael Newrzella, einer der »Greifer«. Grams zog auf dem Weg die Treppe hoch seine Waffe, drehte sich auf dem Bahnsteig um und schoss auf die beiden ersten Männer. Newrzella und ein weiterer Beamter wurden getroffen. »Dass Schüsse fielen, hat mich überrascht, aber dann hat man einfach funktioniert«, sagt Andreas. »Wir waren jung. Ich wollte auch noch zum Schuss kommen und habe mir eine Position auf der Treppe gesucht. Stress war das, keine Frage, aber für Angst war keine Zeit.«

Die Männer schossen vom Treppenaufgang auf Grams, nur einer suchte Deckung hinter einer Säule auf dem Bahnsteig. Auch Grams schoss mehrfach auf die Beamten. »Das war für mich ein bleibender Eindruck«, erzählt Stefan. »Ich habe den Druck im Gesicht gespürt, als eine Kugel an mir vorbeiflog. Hinterher habe ich gesagt: Wie knapp war das eigentlich, das hätte auch schief gehen können.« Grams wurde von mehreren Kugeln getroffen. »Ich konnte durch das Gitter am Treppenaufgang sehen, habe Grams gesehen, wie er den Arm hochriss, und dann hintenüberkippte«, erinnert sich Andreas. Grams fiel, von mehreren Schüssen getroffen, rücklings auf das Gleisbett. »Im Fallen habe ich mitgezogen und meinen fünften Schuss abgefeuert. Der ging frontal in die Längsstrebe des Gitters vor mir. Dann war plötzlich Ruhe. Ich sah, wie ein Kamerad auf den Bahnsteig zu den Gleisen ging, die Waffe im Anschlag.« Es war der Beamte, der im Tunnel gestanden und das Handzeichen gegeben hatte. »Dann bin ich nach oben«. Michael Newrzella lag am Treppenaufgang in seinem Blut.

Der Mann, der die Treppe hinuntergekommen und den Zugriff ausgelöst hatte, nahm im Tunnel Birgit Hogefeld fest. Sascha und die Männer am anderen Ende des Tunnels waren losgestürmt, als sie den Zugriffstrupp im Tunnel hörten. »Wir sind dann runter in den Tunnel, haben den anderen Trupp laufen sehen. Ich habe dann bei der Festnahme des V-Manns unterstützt«, erklärt Sascha. »Gleichzeitig lief der Schusswechsel. Es war ein kurzes Dauerfeuer, ein wirklich heftiger, kurzer Schusswechsel. Ich war beschäftigt, unten den V-Mann unter Kontrolle zu bringen. Aber ich wusste, hier läuft was richtig aus dem Ruder.« Was oben geschah, konnte Sascha nicht sehen.

Unmittelbar nach dem Schusswechsel ging Andreas aufs Gleisbett, stellte sich neben den Beamten aus dem Trupp, der bereits vor Grams in Position gegangen war. »Wir standen dann nebeneinander auf dem Gleis und haben Grams gesichert, mit der Waffe in Vorhaltung, abwärts auf den Oberkörper gerichtet«, schildert Andreas die Situation.

Die Sicherungshaltung war nötig, da in diesem Moment noch nicht klar war, ob noch eine Gefahr von Grams ausging. Was Andreas und der Beamte neben ihm zu diesem Zeitpunkt noch nicht wussten: Grams hatte sich, als er ins Gleisbett fiel oder unmittelbar nach dem Aufprall, seine Waffe an die Schläfe gehalten und abgedrückt. Als sie vor ihm standen, lebte er noch. Zunächst habe er seinen Kameraden jedoch bei Grams zurückgelassen, berichtet Andreas, um den Bahnsteig entlang zu laufen, denn im ersten Moment hieß es irrtümlich, Birgit Hogefeld sei verschwunden. »Ich bin alleine los, nach 20 oder 30 Sekunden, habe die Leute am Bahnsteig gefragt: habt ihr eine Frau mit blauer Jacke gesehen? Ich lief da allein und ohne Deckung auf dem Bahnsteig und dachte, die Terroristin steht hinter der nächsten Ecke, da war mir extrem mulmig.« Doch der Irrtum klärte sich schnell auf. Andreas ging daraufhin zurück zu seinem Kollegen aufs Gleis. Dabei habe er gesehen, erzählt er, dass die Waffe von Grams neben seinem Kopf und damit noch im Gefahrenbereich gelegen habe. »Ich habe ihm dann gesagt: Nimm die Waffe weg! Und zieh dir Handschuhe an, was er dann auch gemacht hat.«

»Nach dem Schusswechsel kam die Chaos-Phase«, erzählt Sascha. »Was ist oben los, was unten, haben wir jetzt alle? Aufgrund der eingeschränkten Kommunikation und der Verletzung unserer eigenen Leute brauchte es eine Weile, bis Sicherheit hergestellt war – das hat Minuten gedauert. Es war nicht alles klar. Das war ein Vorgehen unter 360 Grad Bedrohung. Denn womöglich wartete da ja noch mehr.« Zusätzliche Kräfte mit schwerer Ausrüstung kamen in den Bahnhof. Sascha lief auf den Bahnhofsvorplatz, um den Einsatzsanitäter zu holen. Wie sich herausstellte, war Michael Newrzella lebensgefährlich verwundet. Sascha unterstützte den herbeigeholten Einsatzsanitäter bei der Erstversorgung. »Shorty hatte einen unwahrscheinlichen Blutverlust. Er hat mit uns gesprochen, hat uns beschrieben, dass sein Herz getroffen sei, dass es vorbei sei. Es war nicht die Stimme, die ich von ihm kannte. Er hat zunächst noch eine unwahrscheinliche Kraft entwickelt, sich noch einmal aufzurichten. Als er versorgt wurde, kam er zur Ruhe, und war dann schließlich nicht mehr ansprechbar. Ich habe dann auch die Verletzung gesehen und habe mir nicht mehr viel Hoffnung gemacht«.

Sven Mewes, der Chef der Einsatzeinheit, hatte den Schusswechsel im Führungsfahrzeug auf dem Parkplatz vor dem Bahnhof gehört. »Ich bin raus aus dem Fahrzeug, als ich nichts mehr gehört habe, und dann hinein. Im Tunnel lief ich an der Hogefeld und dem V-Mann vorbei. Beide waren gefesselt. Oben habe ich jemanden liegen sehen, der von mehreren unserer Leute umringt war, Grams lag auf dem Gleis und wurde von zwei unserer Männer gesichert«, beschreibt Mewes den Anblick, der sich ihm bot. »Ich kann nicht sagen, was ich damals gefühlt habe. Da ist man wie im Film. Michael Newrzella lebte noch. Die Rettungskräfte mussten alarmiert werden. Die Emotionen kommen erst später«. Der Notarzt kam, Michael Newrzella und Wolfgang Grams wurden mit Hubschraubern in verschiedene Krankenhäuser geflogen. Sascha war einer von denen, die zu Newrzella ins Krankenhaus nach Schwerin fuhren. »Wir standen an der Notaufnahme. Dann kam der Arzt, hat sich entschuldigt und gesagt, dass er nicht mehr machen konnte. Shorty war tot. Ich habe danach die erste und einzige Zigarette in meinem Leben geraucht«. Auch Wolfgang Grams starb noch am selben Abend.

Eine Kette von Pannen und Fehlern

Beim BKA in Wiesbaden saß Rainer Hofmeyer mit einem Bundesanwalt in seinem Büro und wartete auf die Meldung, dass der Zugriff erfolgt sei. Schließlich kam die mit Spannung erwartete Information: Zugriff erfolgt, Zielperson hat das Feuer eröffnet, es gibt Verletzte, so erinnert es Hofmeyer. Dabei gingen Hofmeyer und der Bundesanwalt irrtümlicherweise zunächst davon aus, dass Birgit Hogefeld gemeint war und geschossen hatte, da ursprünglich sie als »Zielperson« geführt worden war. Diese Erstinformation wurde an die Bundesanwaltschaft in Karlsruhe übermittelt. Nach dem Debakel am Einsatzort setzte sich nun auch bei den beteiligten Behörden eine Kette von Pannen und

Fehlern in Gang, bis hin zu gezielter Desinformation. Dadurch allerdings entstand der Eindruck, dass hier etwas nicht stimmen konnte und unter den Teppich gekehrt werden sollte. Von Anfang an rollte der Zug in die falsche Richtung. Dieser Umstand sollte auf den weiteren Gang der Dinge erheblichen Einfluss haben.

Zwei Stunden nach dem Zugriff verbreitete die Bundesanwaltschaft eine erste Pressemitteilung, in der sowohl wissentlich als auch unwissentlich ein Hergang präsentiert wurde, der mit dem tatsächlichen Ablauf wenig zu tun hatte: »Die Verhaftung der beiden Beschuldigten erfolgte beim Verlassen der Gaststätte Waldeck auf dem Bahnhofsvorplatz von Bad Kleinen. Dabei kam es zu einem von Hogefeld initiierten Schußwechsel. Grams erlitt Schußverletzungen, an deren Folgen er gegen 18.00 Uhr in der Universitätsklinik Lübeck gestorben ist. Ein im MEK eingesetzter GSG 9-Beamter erlitt ebenfalls tödliche Schußverletzungen«, wurde der Öffentlichkeit als Darstellung des Geschehens präsentiert. Weder der Ort war zutreffend noch die Information, Hogefeld habe geschossen. Kein Wort auch zur Anwesenheit des V-Manns Klaus Steinmetz, dessen Beteiligung der Verfassungsschutz in Rheinland-Pfalz unter allen Umständen geheim halten wollte – in der irrwitzigen Annahme, man könne ihn erneut auf die RAF-Spitze ansetzen. Die Vorstellung, die Anwesenheit von Steinmetz einfach ausblenden zu können, bei einem Einsatz mit zwei Todesopfern, der jede Menge Fragen aufwarf, war nicht mehr als Wunschdenken. Zumal zahlreiche Zeugen am Bahnhof beobachtet hatten, dass Hogefeld und Grams nicht alleine waren, zum Beispiel im Bahnhofscafé.

Die Pressemitteilung der Bundesanwaltschaft löste bei den Einsatzkräften der GSG 9 »totale Verwirrung« aus, erzählt Sascha. »Mit dem Geschehen hatte das wenig zu tun.« Die Männer waren nach dem Zugriff ins Hotel zurückgekehrt. Bedrückt warteten sie auf Nachrichten von Shorty aus dem Krankenhaus. »Das ist schon beeindruckend für einen selbst. Wir denken immer, uns kann nichts passieren«, beschreibt Andreas die Situation. »Du denkst immer, da kommst du schon heil raus. Darum hat auch keiner Angst gehabt. Ich dachte, Shorty wird es schon schaffen.« Schließlich erreichte die Männer die

Nachricht, dass Shorty im Krankenhaus gestorben war. Das erste Mal überhaupt, dass die GSG 9 einen Beamten im Einsatz verlor. »Dann kamen die Emotionen«, erzählt Sven Mewes, »als wir mit ein paar Leuten dasaßen und uns gefragt haben, was ist da eigentlich passiert? Einer war tot, einer verletzt, Grams war tot. Die Betroffenheit über den getöteten Kameraden – das stand im Vordergrund.« Der zweite Mann direkt hinter Newrzella hatte Glück. Er war nicht lebensgefährlich verletzt. Eine Kugel von Grams hatte sein Ersatzmagazin getroffen, das er in der Brusttasche trug, was ihm das Leben gerettet haben dürfte. Stefan erinnert sich genau an die Situation. »Ich hatte nicht nur einen Kameraden verloren, sondern einen, mit dem ich Bude an Bude gewohnt habe. Wir hatten die Ausbildung zusammen gemacht, hatten gleiche Hobbys. Ich weiß nicht, wie ich das in Worte fassen soll. In dem Augenblick bist du erst mal fix und fertig.« Hätte Stefan nicht einen Moment lang bei Birgit Hogefeld verharrt, sondern wäre direkt mit Newrzella Grams hinterher die Treppe hochgelaufen – was wäre dann passiert, fragte er sich. »Ich wäre an zweiter Position gewesen, anstelle des Kollegen, der verwundet wurde. Ich habe Glück gehabt.«

Die Einsatzkräfte vom Bahnhof wurden von ihrem stellvertretenden Einheitsführer aufgefordert, noch vor Ort im Bahnhofscafé ein Gedächtnisprotokoll der Ereignisse anzufertigen, erinnert sich Andreas. »Das haben wir nebeneinander gemacht, aber schon darüber gesprochen. Wir wollten nichts Falsches schreiben. Ich habe jemanden gefragt, ob man Grams auf dem Gleis liegen sehen konnte. Der meinte, nein – da habe ich das auch geschrieben, obwohl ich mir nicht sicher war.« Das Gleisbett am Bahnhof war ungewöhnlich flach, nur etwa zwei Treppenstufen tief. »Ich hätte ihn wohl sehen müssen, hatte aber keine Erinnerung daran. Das war in dem Moment nicht wichtig.« Dass die Männer über die Ereignisse sprachen und sie gemeinsam rekonstruierten, sollte zum Problem werden. Es trug ihnen im Zuge der Ermittlungen den Vorwurf ein, es habe eine Absprache gegeben, sie hätten sich auf eine Version geeinigt, was wiederum den Eindruck erweckte, sie wollten etwas vertuschen. Und der Zugriff selbst? Das Ergebnis sprach für sich. Doch was hätte man anders machen können?

Rainer Hofmeyer macht der GSG 9 noch heute schwere Vorwürfe wegen des Zugriffs. Die Bedingungen im Tunnel waren seiner Ansicht nach eigentlich ideal. »Der GSG 9-Mann auf dem mittleren Bahnsteig hätte seinen Platz niemals verlassen dürfen. Gleich, welcher Funkspruch zu hören war. Nicht nur, dass damit Unbeteiligte hätten in den Tunnel geraten und gefährdet werden können. So wurde auch Wolfgang Grams der Fluchtweg frei gemacht.« Auch die Taktik des Einsatztrupps kritisiert Hofmeyer. »Die GSG 9 war durch ihren Polizeipsychologen völlig falsch eingestellt worden. Das hatten die auch noch so geübt. Ein Zugriff gegen einen Terroristen unter Ausnutzung einer Schrecksekunde, und sich dabei ohne gezogene Waffen auf ihn zu stürzen, wie der getötete Michael Newrzella, ist eine Programmierung auf den Tod und nicht auf den Erfolg. Statt mit lediglich Gebrüll auf Grams loszustürmen, hätte der rundum in vorgehaltene Waffen gucken müssen.« Bei der GSG 9 sah und sieht man die Dinge bis heute anders. Der ehemalige GSG 9-Kommandeur Olaf Lindner, heute Präsident der Bundespolizeidirektion 11, ärgert sich über Hofmeyers Kritik. »Es sind eindeutig Fehler gemacht worden, auf unterschiedlichen Ebenen, das ist nicht die Frage. Aber es war ein gemeinsamer Einsatz, wir alle haben Verantwortung getragen. Ich finde es allerschlechtesten Stil, einem Teil dieser Gemeinschaft eine Verantwortung oder gar die alleinige Verantwortung zuzuschieben. Das halte ich für höchst unanständig.«

In den 48 Stunden vor dem Einsatz hatte sich die Lage immer wieder verändert, sie war bis zuletzt hoch dynamisch, niemand wusste, was als Nächstes passieren und wer womöglich vonseiten der RAF noch hinzukommen würde. Die Kaltblütigkeit insbesondere von Grams zeigt sich darin, dass er keine Sekunde zögerte, seine Waffe zu ziehen und auf die Polizisten zu schießen. Er nahm damit seinen eigenen Tod in Kauf – er hätte sich auch festnehmen lassen können. Ob er sich anders verhalten hätte, wenn auch Michael Newrzella eine Waffe auf ihn gerichtet hätte, weiß niemand, aber man kann es bezweifeln. Stefan, der zweite »Greifer« direkt hinter Newrzella, hatte vielleicht zwei Sekunden mehr Zeit, den Schalter umzulegen, weil er kurz bei

Birgit Hogefeld stehen blieb. »Mir war klar, als ich die Schüsse hörte, du musst deine Waffe ziehen. Das Wichtigste ist, dass du flexibel bist. Und wenn der Plan sich ändert, dass du dann reagierst.«

Dass Michael Newrzella zu Tode kam, lag vor allem daran, dass die Männer keine Schutzwesten trugen. Tatsächlich verfügte die GSG 9 zu diesem Zeitpunkt über keine Unterziehwesten, die nicht aufgefallen wären. Die schweren Schutzwesten kamen nicht infrage, da der Zugriff in Zivil erfolgen sollte und man die Westen unter der Kleidung gesehen hätte. Eine Schutzweste hätte Michael Newrzella mit einiger Sicherheit das Leben gerettet. Auch darüber hinaus gab es erhebliche Mängel bei der Ausrüstung, insbesondere beim Funkkontakt. »Der Funk damals war sehr fehleranfällig. Man hatte einen Knopf im Ohr, es gab oft Kabelbrüche«, erinnert sich Stefan. »Zwei Drittel im Zugriffstrupp hatten keinen funktionsfähigen Funk mehr.« Mit den Funkgeräten konnten die Einsatzkräfte entweder hören oder sprechen. Je nachdem, welches Gerät die Männer hatten, ging nur das eine oder das andere. Hinzu kam, dass der Funkverkehr insgesamt nicht stabil war. Er lief über eine Relaisstation in einem Hubschrauber, der naturgemäß nicht in unmittelbarer Nähe kreisen konnte, um nicht aufzufallen. Dabei ist durchaus denkbar, dass ein Bedienfehler dafür verantwortlich war, dass das erste Wort des Funkspruchs nicht zu hören war. Sven Mewes selbst, der den Funkspruch absetzte, schließt das nicht aus, beides sei denkbar.

Im Ergebnis kam es zu dem Missverständnis bei dem Beamten auf Bahnsteig 3/4. »Das ist saublöd gelaufen, dass er runterkam. Sonst wäre Grams direkt in seine Arme gerannt«, meint Andreas. »Ich mache ihm aber keinen Vorwurf. Er dachte, ich unterstütze jetzt da unten.« Allerdings hat Hofmeyers Kritik an seiner Entscheidung, den Posten zu verlassen und die Treppe hinunterzugehen, durchaus eine gewisse Berechtigung. Der Beamte hatte einen Auftrag. Er entschied sich, seinen Posten zu verlassen, ohne dass er einen neuen Auftrag bekommen hatte. Tatsache ist, dass die geplante Einsatztaktik in dem Moment hinfällig war. Der Trupp wollte zugreifen, wenn die Distanz zum Trio kurz genug war, um sie innerhalb der Schrecksekunde zu überwältigen. Als die Männer losstürmten, war ihnen nicht klar, dass die Distanz, die sie durch den Tunnel zurücklegen mussten, tatsächlich deutlich größer und damit zu groß war. Es waren etwa 15 Meter. Wolfgang Grams hatte Zeit, zu reagieren, zu flüchten und seine Waffe zu ziehen. »Das ist der klassische Fall einer Verkettung unterschiedlicher Faktoren«, erklärt Sven Mewes. »Ein Ort, wo wir keinen Zugriff machen wollten, wir hatten keine externen Observationskräfte, die Schwierigkeiten mit der Funkverbindung und daraus resultierend der falsch verstandene Auftrag für den Zeitpunkt nach dem Zugriff.«

Den Männern, die auf Grams schossen, wurde schließlich von der Staatsanwaltschaft vorgeworfen, sie hätten mehr oder weniger blind geschossen, aus der Deckung im Treppenaufgang, und das im Nachhinein nicht eingestehen wollen. »Das stimmt einfach nicht«, sagt Andreas. Nur einer von ihnen habe sich ganz oben hingeworfen, als Grams aus kürzester Entfernung auf ihn schoss, und »verdreht über die Schulter geschossen«, meint er. Ein anderer Beamter kniete auf dem Bahnsteig hinter einer Säule. »Ich habe Grams die ganze Zeit im Blick gehabt. Wir anderen haben aufrecht im Stand geschossen, und zwar ohne die Deckung des Aufgangs zu nutzen, was eigentlich bescheuert war, aber so war es automatisiert. Das hätte man auch nachweisen können, aber die Mühe hat die Staatsanwaltschaft sich nicht gemacht.« Die Beamten gaben mindestens 30 Schüsse ab, als sie auf Grams feuerten. In dem Kugelhagel erlitt eine Bahnmitarbeiterin am Nachbargleis einen Streifschuss am Oberarm. Als die Männer nach Hangelar zurückkehrten, wurde der Einsatz nachbesprochen. »Innerhalb der GSG 9 gab es keine Vorwürfe«, erinnert sich Mewes. »Kritische Fragen, ja, aber keine Vorwürfe. Auch von vorgesetzter Stelle nicht.«

Thomas Newrzella kam am Vormittag des 28. Juni, am Tag nach Bad Kleinen, mit dem Nachtzug aus Österreich in Hamburg an. Eine Woche Wildwasserfahren lag hinter ihm, der Urlaub, den er eigentlich gemeinsam mit seinem Bruder Michael hatte verbringen wollen. Er wunderte sich, weil seine Eltern nicht wie verabredet am Bahnhof auf ihn warteten. Die Schlagzeilen auf den Titelseiten über den Einsatz gegen die RAF nahm er zwar wahr, dachte sich aber nichts dabei. Er fuhr weiter nach Ulzburg zum Haus seiner Eltern. Dort traf ihn der Schlag. »Man fasst das Ganze nicht«, beschreibt Thomas Newrzella den Moment. »Das hat mir einfach die Füße weggezogen. Es fällt mir immer noch nicht leicht, darüber zu sprechen, obwohl es fast 30 Jahre her ist.« Er blickt auf die Fotos, die seinen Bruder zeigen, steht auf und geht eine Weile aus dem Raum. Am Tag nachdem er vom Tod seines Bruders erfahren hatte, kamen der damalige GSG 9-Kommandeur Jürgen Bischoff und Sven Mewes als Einheitsführer nach Ulzburg, um mit der Familie zu sprechen. »Den Eltern zu sagen, ihr Sohn ist getötet worden bei einem Einsatz, den ich zu verantworten habe …« Auch Mewes versagt die Stimme, als er davon erzählt. Thomas Newrzella kümmerte sich um die Beerdigung seines Bruders. Sie fand schließlich wenige Tage später auf dem Friedhof in Hamburg-Nienstedten statt. Rudolf Seiters, der Bundesinnenminister, nahm teil, sowie Kameraden von Shorty, die auch den Sarg trugen. Am Abend wurden die Bilder im Fernsehen gezeigt.

Zwei Tage nach dem Einsatz präsentierte Generalbundesanwalt Alexander von Stahl der Öffentlichkeit eine neue Version des Geschehens: Demnach habe nicht Hogefeld, sondern Grams geschossen, nachdem er aus dem Tunnel über einen Treppenaufgang zum Bahnsteig geflüchtet sei. Aus nächster Entfernung habe er dabei einen GSG 9-Beamten erschossen. Auch Grams sei infolge von Schussverletzungen gestorben. Das war zwar nicht die ganze Wahrheit, denn die Anwesenheit des V-Manns Steinmetz wurde weiterhin verschwiegen, doch zumindest waren die Angaben nicht mehr falsch. Aber die Saat des Zweifels war längst gesät. Auch im Bundeskriminalamt liefen die Dinge alles andere als rund: Eine Pressemitteilung, die die erste Darstellung des Hergangs durch die Bundesanwaltschaft korrigieren sollte, wonach Hogefeld geschossen habe, blieb liegen. Die Tatortarbeit am Bahnhof von Bad Kleinen erwies sich sehr bald als purer Dilettantismus: Der Leiter der Tatortgruppe des BKA hatte alle Waffen einsammeln und sich von den Einsatzkräften der GSG 9 sagen lassen, wie viele Schuss sie dabeihatten. Davon wurde die nicht verschossene Munition abgezogen. Die Tatortgruppe suchte so lange, bis sie die Differenz an verschossenen Patronenhülsen aus den Waffen der GSG 9 gefunden hatte. Der GSG 9-Beamte, der verletzt ins Krankenhaus gebracht worden war, hatte seine Waffe jedoch nicht übergeben, sodass die Rechnung nicht stimmte – es wurden nicht alle Hülsen eingesammelt. Sie blieben am Tatort liegen. Eine Woche später ordnete die Staatsanwaltschaft Schwerin eine erneute Untersuchung des Tatorts an, bei der noch Patronenhülsen gefunden wurden.

Die Bundesanwaltschaft hatte die Staatsanwaltschaft Schwerin noch am Tag des Zugriffs ersucht, die Ermittlungen zu den Todesumständen von Wolfgang Grams zu übernehmen. Dabei ging es zunächst nicht darum, dass irgendetwas auf eine Straftat hindeutete. Die Staatsanwaltschaft veranlasste die Obduktion der Leichen von Grams und Michael Newrzella. Außerdem ging es darum, Zeugen zu vernehmen und die Ereignisse zu rekonstruieren. Doch wie die Öffentlichkeit auch wurden die Staatsanwälte in Schwerin zunächst von den beteiligten

Mängel bei der Tatortarbeit: nicht alle Hülsen eingesammelt

Bundesbehörden getäuscht: Von der Existenz des V-Manns Steinmetz erfuhren die Schweriner Staatsanwälte nichts. Erst bei der Sichtung eines Films zur Dokumentation des Tatorts fiel ihnen auf, dass im Tunnel neben Hogefeld ein Mann zu sehen war, der ebenfalls gefesselt war und den die Staatsanwaltschaft zunächst nicht zuordnen konnte – Klaus Steinmetz. Auch die Staatsanwaltschaft musste von Anfang an den Eindruck haben, dass den beteiligten Bundesbehörden nicht zu trauen war.

Insbesondere eine Zeugin sorgte dabei für Aufsehen, die noch am Abend des Zugriffs vernommen wurde: Die Frau im Bahnhofskiosk auf dem Bahnsteig 3/4. Sie hatte den Schusswechsel zunächst beobachtet, sich dann aber in ihrem Kiosk im Schrank versteckt. Den Ermittlern berichtete sie, sie habe gesehen, wie zwei Beamte der GSG 9 sich Wolfgang Grams genähert und ihn aus nächster Nähe erschossen hätten – nach dem Feuergefecht. In diesem Zusammenhang tauchte erstmals der Verdacht auf, Grams könnte gezielt von der GSG 9 getötet worden sein, als er sich bereits wehrlos im Gleisbett befand. »Sie hatte die Sicherungshaltung der GSG 9-Beamten beobachtet, also das ausgestreckte Vorhalten der Waffen, und daraus irrtümlich geschlossen, dass sie noch geschossen hätten, als Grams bereits regungslos auf dem Rücken lag«, erinnert sich der damalige Abteilungsleiter Terrorismus im BKA, Rainer Hofmeyer. »Wenn überhaupt, wären diese Schüsse gegen Grams auf die vordere Körperseite abgegeben worden. An der von der Zeugin angegebenen Stelle des Bahnsteiges hatte die Tatortgruppe jedoch keine verschossenen Hülsen gefunden. Dort war also nicht mehr geschossen worden.« Gleichzeitig bestand jedoch kein Zweifel, dass die Aussage der Kioskbesitzerin ernst zu nehmen und brisant war. Umso mehr, als die Kioskbesitzerin nicht nur mit der Polizei sprach.

Monströse Vorwürfe: die Berichterstattung von *Monitor* und *Spiegel*

Am 1. Juli, also vier Tage nach dem Einsatz, berichtete das ARD-Politmagazin *Monitor* des WDR schier Unglaubliches: Eine Zeugin habe beobachtet, wie Grams von einem der Beamten der GSG 9 in den Kopf geschossen wurde. Demnach gebe es den »fürchterlichen Verdacht«, dass Wolfgang Grams am Tatort »regelrichtet hingerichtet wurde«, formulierte Moderator Klaus Bednarz mit Grabesstimme. Zwei Tage vor der Sendung hatte der Rechtsmediziner des Krankenhauses in Lübeck das Ergebnis der Obduktion der Leiche von Wolfgang Grams bekannt gegeben: Demnach hatte Grams einen Kopfschuss erlitten, als aufgesetzten Schuss oder aus unmittelbarer Nähe, der zum Tode führte. Ein Reporter von *Monitor* hatte die Kioskbesitzerin befragt und erfahren, was sie auch der Polizei erzählt hatte. Daraufhin hatte er sich von ihr eine »eidesstattliche Erklärung« unterschreiben lassen. Den Namen von Grams schrieb er falsch. Darin hieß es: »Dann traten zwei Beamte an den reglos daliegenden Grahms heran. Der eine Beamte bückte sich und schoß aus nächster Nähe mehrmals auf den Grahms. Dabei sah der schon tot aus. Der Beamte zielte auf den Kopf und schoß, aus nächster Nähe, wenige Zentimeter vom Kopf des Grahms entfernt.« Das aber hatte die Zeugin nach eigenem Bekunden weder gesehen noch gesagt. Auch nicht in ihrer Zeugenaussage bei der Polizei am Abend des Zugriffs.

Doch auch das, was sie beobachtet haben wollte, passte in keiner Weise zu dem, was sonst an Erkenntnissen über die Abläufe des Zugriffs von anderen beobachtet wurde. In seinem Buch »Der letzte Mythos der RAF« schildert Butz Peters, was in journalistischen Beiträgen rund um die Ereignisse in Bad Kleinen meist unerwähnt blieb: die Aussagen mehrerer Zeugen, die definitiv etwas anderes beobachtet hatten. Wie die Zeugen Jürgen Zahl und Frank Kehl, die das gesamte Geschehen aus einer Entfernung von etwa 25 Metern auf dem Bahnsteig im Blick hatten und kategorisch ausschlossen, dass ein weiterer Schuss gefallen sei, nachdem Grams aufs Gleisbett gefallen war. Niemand hatte einen »nachklappenden« Schuss gehört, geschweige denn gesehen, dass Grams aus nächster Nähe in den Kopf geschossen wurde. In der »eidesstattlichen Erklärung« gegenüber *Monitor* hatte die Kioskbesitzerin sogar von mehreren Schüssen gesprochen. Und nach dem angeblichen Kopfschuss habe auch noch der zweite Beamte auf Grams geschossen. »Auch der Beamte schoss mehrmals«, stand in der Erklärung. Dass Zeugen bei Vernehmungen zu ein und demselben Ereignis völlig unterschiedliche Beobachtungen schildern, ist überhaupt nicht ungewöhnlich. In diesem Fall ging es zudem um eine absolute Ausnahmesituation, da völlig Unbeteiligte sich plötzlich inmitten einer Schießerei befanden. Umso wichtiger war es, die Beobachtungen der Zeugen miteinander abzugleichen. Doch das dauerte. Mit der Zeit stellte sich jedoch heraus, dass niemand sonst die Abläufe so schilderte, wie die Kioskbesitzerin sie wahrgenommen haben wollte.

Bei der Staatsanwaltschaft Schwerin wurde der *Monitor*-Bericht zunächst ernst genommen, auch wenn man mit der Zeugin bereits gesprochen hatte und sie etwas anderes zu Protokoll gegeben hatte. Diejenigen, die seinerzeit mit den Ermittlungen zu tun hatten, wollen heute nicht mehr öffentlich darüber sprechen. Außer Frage steht jedoch, dass der *Monitor*-Bericht die Aussage der Kioskbesitzerin in einem anderen Licht erscheinen ließ. Die Ermittler nahmen ihn ernst – das war immerhin ein Magazin der ARD. Die Bundesregierung widersprach der Berichterstattung, die *Monitor* für den Abend mit einer Vorabmeldung angekündigt hatte, noch vor der Ausstrahlung der Sendung. Das Bundesinnenministerium erklärte, dass nach Aussage der am Einsatz beteiligten GSG 9-Beamten keiner von ihnen »auf den am Boden liegenden Grams geschossen oder einen aufgesetzten Schuss abgefeuert« habe. Die These einer gezielten Hinrichtung von Grams erhielt weitere Nahrung dadurch, dass der Rechtsmediziner in Lübeck öffentlich erklärt hatte, die Waffe von Grams passe nicht zu dem Abdruck, der durch den Kopfschuss entstanden war. Das nahm er einige Tage später wieder zurück. Auch spätere Untersuchungen der Rechtsmedizin in Münster und Zürich stellten fest, dass der Abdruck von

Grams' Waffe stammte. Aber eben erst später. Wesentlich gravierender als der Bericht von Monitor wirkte sich die Berichterstattung des *Spiegel* drei Tage später aus, die die Republik in ihren Grundfesten erschütterte.

»Der Todesschuss. Das Versagen der Terrorfahnder« titelte der *Spiegel* am 4. Juli. Auf dem Cover der Kopf von Wolfgang Grams, versehen mit einem Fadenkreuz. Das Magazin berief sich in dem Artikel vor allem auf einen Kronzeugen, der sich »aus Seelennot« dem *Spiegel* offenbart habe: »Die Tötung des Herrn Grams glich einer Exekution«, wurde er zitiert. Der *Spiegel*-Artikel schilderte den Hergang im Großen und Ganzen zutreffend bis zu dem Moment, als sich die beiden Beamten der GSG 9 dem im Gleisbett liegenden Grams nähern. Im Wortlaut heißt es: »Zwei GSG-9-Männer, so die Angaben des Antiterror-Spezialisten gegenüber dem SPIEGEL, hätten den schon verletzten Grams auf dem Bahngleis erreicht. Grams sei zu Boden gerannt worden, er habe ›keinen großartigen Fluchtversuch mehr gemacht‹. Die Aussage: ... ›Er lag da auf der linken Körperseite. Ein Kollege ... kniete auf ihm. Er hatte keine Bewegungsmöglichkeit mehr.‹ ... ›Die Arme waren gespreizt. Die Waffe lag etwa zwei Meter‹ ... ›von ihm entfernt 20 Grad nach oben links. Grams hat keine‹ ... ›Möglichkeit mehr gehabt, das Schießgerät zu erreichen.‹ ... ›Auch hatte er keine Sekundärwaffe bei sich. Im Augenblick der Festnahme, sagt der Zeuge, der seinen Namen vorerst nicht veröffentlicht sehen will, ›hat Grams keinerlei Gegenwehr mehr geleistet.‹ Er ging erkennbar davon aus, daß alles vorbei ist. Über den Augenblick des Todesschusses berichtet der Beamte: ... ›Nach etwa ewig langen 20 Sekunden ist dann der‹ ... ›tödliche Schuß gefallen. Ein Kollege von der GSG 9 hat‹ ... ›aus einer Entfernung von Maximum fünf Zentimetern‹ ... ›gefeuert‹.« Nur auf den ersten Blick war der geschilderte Ablauf identisch mit dem, was die Frau aus ihrem Kiosk beobachtet haben wollte. Der angebliche Augenzeuge des *Spiegel* wollte gesehen haben, dass Grams von den Beamten »zu Boden gerannt« wurde, was nichts mit dem zu tun hatte, was die Kioskbesitzerin beschrieben hatte. Weitere angebliche Beobachtungen der *Spiegel*-Quelle ließen nur einen Rückschluss zu: Der Mann war nicht vor Ort. Und dem *Spiegel* hätte das auffallen müssen. Bei der GSG 9 schlugen die Schlagzeilen ein wie eine Bombe. »Ich habe das erst gar nicht ernst genommen, als mich der Einheitsführer anrief, und ihn gefragt, ob das ein Witz sein soll«, erinnert sich Andreas. »Völliger Irrsinn, irgendwelche Zeugen, die irgendwas gesehen haben wollten. Der *Spiegel*-Bericht war dann schon etwas anderes. Aber wir haben das relativ schnell geklärt, weil der *Spiegel*zeuge Sachen gesagt hat, von denen schon am Abend alle am Einsatz Beteiligten von GSG 9 und BKA wussten, dass es anders war.« Doch so eindeutig war es eben nur für diejenigen, die vor Ort waren. »Für uns war die Situation klar, wann der letzte Schuss gefallen war. Wir haben uns gefragt, wo kommt das denn jetzt überhaupt her?«, erinnert sich Stefan. »Wir waren uns sicher, dass die Quelle keiner aus dem Zugriffstrupp war. Natürlich sucht man dann nach einer logischen Erklärung für die Geschichte. Wir dachten, die werden doch nicht irgendwas schreiben, ohne jemanden zu haben. Aber vom Ablauf her waren sich alle sicher. Und darum war es total unlogisch, dass einer was anderes gesehen haben wollte.« Doch andernorts war die Bewertung eine andere. Überall galt der Grundsatz: Der *Spiegel* lügt nicht.

An diesem Sonntag, dem 4. Juli, hatte Bundesinnenminister Seiters eine Reihe von Spitzenbeamten aus Bundeskriminalamt und Bundesgrenzschutz einbestellt. Die Sitzung dauerte mehrere Stunden. Auch Rainer Hofmeyer war dabei. Allerdings fuhr er vor Beendigung des Gesprächs zurück zum BKA nach Wiesbaden. »Bei dieser Runde war auch die Führung des Bundesgrenzschutzes zugegen. Als Seiters am Spätnachmittag seinen Rücktritt bekannt gab, ging ich davon aus, dass ihm seitens des Inspekteurs des Bundesgrenzschutzes nach meiner Abreise berichtet worden sein musste, dass es tatsächlich einen Übergriff gegeben hätte. Anders konnte sich niemand im BKA vorstellen, dass der Innenminister zurücktreten würde. Wenn Seiters sagt, er habe dadurch politische Verantwortung übernehmen wollen, so war das Gegenteil der Fall. Seiters hat uns schutzlos allen Angriffen ausgeliefert.«

Außer Frage steht, dass es rund um den Einsatz von BKA und GSG 9 in Bad Kleinen eine Menge zu beanstanden gab, Seiters war als

1

2 Das Hauptquartier der GSG 9 in Hangelar, St. Augustin

3 »Lebensader«: Der Flur einer Einsatzeinheit

4 Präzisionsschützen: Getarnt im Gelände

5 Die Motorrad-Einheit in Berlin

6 Annäherung aus der Luft: Fallschirmspringer

7 Annäherung unter Wasser: taktische Taucher

8 Üben, üben, üben …

9 … auf dem Trainingsgelände

10 Mythos Mogadischu: Die entführte »Landshut« auf dem Rollfeld in Doha

11 Passagiere und Besatzung der »Landshut« bei ihrer Rückkehr nach Frankfurt am Main

12 Die »USS Boxer« mit den Hubschraubern der Bundespolizei an Deck

13 Schießtraining an Deck der »USS Boxer«

14 Beim Sturz des Mobutu-Regimes: Einsatz im Kongo

15 Einsatzboote der GSG 9 am Kongofluss

Ressortchef der politisch Verantwortliche. Mit seinem Rücktritt erweckte er jedoch den Eindruck, dass die monströsen Vorwürfe, die der *Spiegel* erhoben hatte, den Tatsachen entsprachen. Seiters bezeichnete seinen Rücktritt in der ARD-Dokumentation »Zugriff im Tunnel. Das tödliche Drama von Bad Kleinen« von Egmont Koch als einen »doppelten Akt der Schadensbegrenzung«, der allein schon deshalb nötig gewesen sei, weil es bereits Mutmaßungen über angebliche Vertuschungen gegeben habe. Außer Frage steht, dass es Vertuschungen gab – wie wollte man es sonst nennen, dass die Anwesenheit des V-Manns Steinmetz verschwiegen worden war. Doch hier ging es um ganz andere Vorwürfe. Für andere Beteiligte stellte sich die Entscheidung des Bundesinnenministers als massives Problem heraus.

Wolfgang Schäuble saß an jenem Sonntag in seinem Garten, als Bundeskanzler Helmut Kohl ihn anrief. Schäuble war zu dieser Zeit Fraktionschef der CDU-CSU-Bundestagsfraktion. »Kohl sagte, Seiters will zurücktreten. Wieso denn das, fragte ich ihn. Denn so klar war der Sachverhalt nicht«, erzählt Schäuble bei einem Gespräch in seinem Bundestagsbüro im Oktober 2021. »Darauf sagte Kohl, er habe alles versucht, ihn davon abzubringen, und stellte dann alle möglichen Mutmaßungen zu Seiters' Motiven an. Ich habe ihn schließlich gefragt, ob ich ihn anrufen kann. Das habe ich dann auch getan.« Schäuble war vor Seiters Bundesinnenminister gewesen. »Am Telefon hat er mir gesagt: Wolfgang, ich weiß nicht, wie es war. Aber diese Unklarheit und der nicht zu widerlegende Verdacht, dass es so war, der tut unserem Staat nicht gut. Darum, egal, wie es am Ende war, besser, ich übernehme die Verantwortung«, gibt Schäuble das Gespräch wieder. »Ich fand das hoch respektabel. Mein Eindruck war, dass Rudi Seiters nicht ausgeschlossen hat, dass es so war, und dass er das nicht abwarten wollte. Dass unser Land das nicht durchhalten würde. Darum finde ich, dass er zu Recht seine Entscheidung getroffen hat. Ich habe zunächst gedacht, es sei falsch, aber er hat mich überzeugt.« Dass alle, die in Bad Kleinen dabei waren, sich durch den Rücktritt verraten und verkauft fühlten, kann Schäuble nachvollziehen. »Da sind Sie in diesem schmalen Grat: Natürlich müssen Sie sich als Bundesminister vor

Ihre Leute stellen. Aber Sie schützen Ihre Leute auch, wenn Sie die Verantwortung übernehmen. Im Ergebnis hat er eine Menge von dem Druck genommen. Einfach sind die Entscheidungen nicht. Ich glaube, in der Abwägung hat er die richtige Entscheidung getroffen.«

Bei der GSG 9 in Hangelar konnte seinerzeit keine Rede davon sein, dass man sich auf diese Weise geschützt fühlte. Im Gegenteil. »Verarscht haben wir uns gefühlt. Wir hätten uns von der Politik mehr Rückhalt erwartet. Dass der Innenminister seinen Hut nimmt, das konnten wir nicht verstehen«, sagt der Mogadischu-Veteran Walter. Tatsächlich änderte der Rücktritt des obersten Dienstherrn alles. »Seiters' Rücktritt haben wir als Verrat empfunden«, erzählt Andreas. »Der feine Herr hat sich schön vom Acker gemacht, und wir standen da als die Deppen der Nation. Wir waren der Meinung, wir haben funktioniert. Das Ergebnis war eine Katstrophe, aber persönlich hatte ich mir nichts vorzuwerfen.« Plötzlich wehte ein anderer Wind. Stefan war zu Hause im Sauerland, als er benachrichtigt wurde, er müsse auf der Stelle nach Hangelar kommen. Notfalls mit dem Hubschrauber. »Das war eine Drohkulisse – ich dachte, was läuft denn hier für ein Streifen ab?«

Ermittlungen gegen die GSG 9

Das Bundesinnenministerium setzte den Präsidenten des Bundesverwaltungsamts als Behördenermittler ein. Auch intern beim Bundesgrenzschutz wurden die Beamten vernommen. »Wenn es um ein Tötungsdelikt gegen einen Polizeibeamten geht, dann ist das ein ganz dickes Brett«, meint Stefan. »Alle waren maßlos überfordert.« Fünf- oder sechsmal sei er am Standort vernommen worden. In der Rückschau stellt er fest: »Diese Naivität, ich habe doch nichts gemacht, dann kann mir auch nichts passieren. Heute würde ich jedem sagen: Nimm dir erst mal einen Anwalt.« Auch Andreas meint, er sei damals naiv gewesen. »Wir dachten, wir haben nichts zu verbergen, machen eine Aussage, und dann wird sich das klären«, erzählt er. Doch ganz so einfach sollte es nicht werden. Wer in Bad Kleinen dabei war, durfte nicht mehr nach Hause, wochenlang mussten sie sich für Nachfragen zur Verfügung halten. »Habt ihr einen Rütli-Schwur abgehalten, wurde ich gefragt«, erzählt Sascha. »Ich wusste gar nicht, was das ist.« Der Begriff stammt aus der Gründungsgeschichte der Schweiz. Es handelt sich um einen Treueschwur. Dabei ging es um den Vorwurf, Grams sei deshalb hingerichtet worden, weil er zwei GSG 9-Beamte angeschossen hatte. »Jeder konnte irgendwas an Vorwürfen in den Raum werfen, das war eine ziemliche Hexenjagd.«

Auch bei der Staatsanwaltschaft Schwerin änderte der Rücktritt des Innenministers in Verbindung mit dem *Spiegel*-Bericht so ziemlich alles. »Wir hatten durchaus als eine Hypothese, dass etwas dran sein könnte an den Darstellungen der Kioskverkäuferin und des *Spiegel*-Informanten, weil der Bundesinnenminister offenbar für irgendetwas die Verantwortung übernahm«, sagt Gerrit Schwarz, der die Ermittlungen der Staatsanwaltschaft leitete, in der ARD-Doku »Zugriff im Tunnel – Das tödliche Drama von Bad Kleinen«. Nach den Erfahrungen mit der Desinformationspolitik der Bundesbehörden mussten die Ermittler in Schwerin einmal mehr den Eindruck haben, dass da etwas nicht stimmte. Hinzu kam, dass es nicht beim Rücktritt des Innenministers blieb, auch Generalbundesanwalt Alexander von Stahl wurde entlassen. Die am Zugriff beteiligten GSG 9-Beamten wurden nach Schwerin eingeflogen, um vernommen zu werden – zunächst als Zeugen. Um ihre Anonymität zu schützen, erhielten sie Nummern, ihre Namen befanden sich in verschlossenen Umschlägen. Andreas war Zeuge »Nummer 8«. Er benutzt diese Nummern bis heute, wenn er über die Ereignisse von damals spricht.

Die Ermittler in Schwerin hatten bereits rekonstruiert, welche beiden Beamten unmittelbar an Grams herangetreten waren – neben Andreas war es der Mann, der im Tunnel das Handzeichen gegeben hatte, Zeuge Nr. 6. Sie standen naturgemäß im Fokus der Ermittler. »Die haben uns nicht mit Samthandschuhen angefasst«, erinnert sich Andreas. Die Atmosphäre war frostig und von gegenseitigem Misstrauen geprägt, erzählen Beteiligte auf beiden Seiten. Die GSG 9-Beamten aus Hangelar im Westen der Republik stießen auf Ermittler mit DDR-Vergangenheit, die ständig vom »Kommandanten« und »Genossen« redeten. Sven Mewes begleitete die Männer als Einheitsführer zu der Vernehmung. »Ich habe das Gefühl gehabt, dass man uns schlachten wollte und uns nicht auch die Chance geben wollte, unsere Darstellung anzubringen. So war die Stimmung, wie wir sie empfunden haben.« Sascha erinnert sich noch gut an seine Vernehmung. »Ich saß mit Blickrichtung zum Fenster und habe draußen die Journalisten mit ihren Teleobjektiven gesehen. Ich saß deshalb mit Sturmhaube beim Verhör und habe denen gesagt, sie sollen die Fenster verdunkeln, sonst ziehe ich meine Sturmhaube nicht ab. Das haben sie dann gemacht. Zum Schluss habe ich unter das Protokoll geschrieben, dass die Formulierungen so von mir nicht getätigt wurden und nicht meiner Aussage entsprechen. Wir fühlten uns vorverurteilt.« Die GSG 9-Beamten wurden zusammen in einen Raum geführt, der abgeschlossen und von der Bereitschaftspolizei bewacht worden sei, erzählt Sascha. »Die Polizei hat uns sogar auf die Toilette begleitet. Als Zeuge kam man sich nicht vor.«

Doch durch die Aussagen der Männer entspannte sich die Lage keineswegs – im Gegenteil. Sie schürten vielmehr das Misstrauen der Ermittler in Schwerin. Dabei sollte den Beamten der GSG 9 jetzt auf die Füße fallen, dass sie unmittelbar nach dem Einsatz, als jeder von ihnen ein Gedächtnisprotokoll niederschreiben sollte, die Ereignisse gemeinsam rekonstruiert hatten. »Ich habe mit dem Staatsanwalt auf dem Flur gesprochen«, erinnert sich Mewes. »Der sagte, wir glauben euch nicht. Das war vielleicht Taktik. Die Empfindung aller war aber, dass wir vorverurteilt sind.« Insbesondere die Aussagen der Zeugen Nr. 8 (Andreas) und Nr. 6, die unmittelbar bei Grams gestanden hatten, machten die Ermittler misstrauisch. Vor allem die Darstellung, dass Grams nicht mehr zu sehen war, nachdem er ins Gleisbett gekippt war. Denn das konnte nicht sein, weil das Gleisbett nicht tief, sondern sehr flach war. Die Ermittler gingen deshalb zunächst davon aus, dass die Einsatzkräfte der GSG 9 ihre Aussagen aufeinander abgestimmt hatten. Andreas und Nr. 6 wurden schließlich von Zeugen zu Beschuldigten.

»Als ich Beschuldigter war, sagte meine Anwältin, Sie sagen jetzt gar nichts mehr. Die spielen alle nur ihr Spiel, die Staatsanwaltschaft will einen Erfolg, die Behörde will sauber aus der Sache rauskommen«, erzählt Andreas. »Es war schon gut, dass einem gezeigt wurde, dass es nicht reicht, unschuldig zu sein.« Zwischenzeitlich erwog die Staatsanwaltschaft sogar, die beiden festnehmen zu lassen. Doch schließlich kamen die Ermittler auf eine andere Erklärung: Vielleicht war es doch keine bewusste Absprache? Womöglich hatten die Beamten ihre Erinnerungslücken, die jeder Zeuge hat, einfach nur gegenseitig aufgefüllt? Schließlich hatten sie alle Zeit der Welt gehabt, über die Abläufe zu sprechen. Zunächst jedoch rollte der Zug für die Ermittler Richtung GSG 9. Der Sprecher der Schweriner Staatsanwaltschaft erklärte schließlich öffentlich, dass man einen Selbstmord von Grams ausschließe. »Ich dachte, ich bin im falschen Film«, erinnert sich Andreas. »Aber das waren wir ja schon die ganze Zeit gewesen. Ich war mir aber sicher, dass sich alles aufklären wird. Unerträglicher war die Gleichsetzung des Mörders Grams mit seinem Opfer Shorty und die öffentliche Vorverurteilung und Häme.«

Zu den Todesumständen von Wolfgang Grams wurden mehrere Gutachten in Auftrag gegeben, sowohl von der Staatsanwaltschaft Schwerin als auch von den Eltern Grams. Nachdem das rechtsmedizinische Institut der Universität Münster und danach auch die Rechtsmedizin in Zürich festgestellt hatten, dass der Kopfschuss aus der Waffe von Grams kam, ging es schließlich um die Frage, ob ein GSG 9-Beamter die Waffe aufgenommen oder Grams aus der Hand entwunden haben könnte, um ihm dann damit in den Kopf zu schießen. Das Gutachten aus Zürich schloss das nicht ausdrücklich aus. Der daraufhin von der Staatsanwaltschaft konsultierte Bonner Rechtsmediziner Karl Sellier hingegen schon. Ein von den Eltern Grams in Auftrag gegebenes Gutachten der Rechtsmedizin in Düsseldorf wiederum hielt Fremd- ebenso wie Selbstverschulden für möglich. Die Gutachten für sich besagten jedoch nur, dass etwas möglich war, nicht, dass es so war. Gesehen hatte kein einziger Augenzeuge, dass ein Beamter der GSG 9 Grams die Waffe entwunden und ihm damit in den Kopf geschossen hätte. Auch einen dadurch verursachten nachklappenden Schuss nach dem heftigen Schusswechsel hatte niemand gehört. Im

Januar 1994 stellte die Staatsanwaltschaft Schwerin das Verfahren ein und legte einen mehr als 100 Seiten starken Abschlussbericht vor, wonach Grams sich selbst mit seiner eigenen Waffe erschossen hatte. Dieses Ermittlungsergebnis hatte bei allen gerichtlichen Überprüfungen Bestand – in mehreren Verhandlungen, durch alle Instanzen.

Zunächst zogen sich die Ermittlungen jedoch über Wochen. Für die GSG 9 war schließlich von großer Bedeutung, dass der Bundeskanzler sich demonstrativ hinter sie stellte – und zwar öffentlich. Helmut Kohl (CDU) kam gemeinsam mit dem neuen Bundesinnenminister Manfred Kanther (CDU) drei Wochen nach dem Desaster von Bad Kleinen nach Hangelar, zu einem Zeitpunkt, als das Ermittlungsverfahren noch in vollem Gang war. Diejenigen bei der GSG 9, die seinerzeit dabei waren, haben diesen Tag bis heute in lebhafter Erinnerung. Der gesamte Verband war auf dem Vorplatz des Hauptgebäudes angetreten, vor Journalisten und laufenden Kameras, die die Einsatzkräfte nur von hinten sahen. »Er hielt eine hervorragende Ansprache«, erinnert sich Olaf Lindner, »und hat sich hinterher mit den Kräften persönlich zusammengesetzt und Kaffee getrunken, wollte sich ein Bild von den Leuten machen.« Auch Stefan meint, der Besuch von Kohl habe damals »einiges wiedergutgemacht«. Ein Mitarbeiter des Kanzlers notierte jeden einzelnen Punkt, den die Männer vorbrachten, von der Ausrüstung bis hin zu privaten Kleidungsstücken, die nicht ersetzt worden waren. In den folgenden Wochen sorgte das Kanzleramt dafür, dass die Liste abgearbeitet und jede Beanstandung reguliert wurde. Gegen Ende des Gesprächs sagte Kohl zu seinem Mitarbeiter, er solle ihm »den Umschlag« geben. Darin befanden sich 5 000 D-Mark. Die Männer sollten damit ein »schönes Fest« machen, sagte der Kanzler.

Die weiteren Ermittlungen der Staatsanwaltschaft Schwerin zum Hergang am Tatort ergaben, dass die Aussagen der Zeugen, die die Berichterstattung von *Monitor* und *Spiegel* ausgelöst hatten, nicht belastbar waren. Gegenüber den Ermittlern schilderte die Kioskverkäuferin, die Kronzeugin des *Monitor*-Berichts, die Vorgänge in insgesamt drei Verhören jedes Mal unterschiedlich. Tatsächlich scheint ihr erst spät bewusst geworden zu sein, welche Bedeutung dem, was sie meinte gesehen zu haben, zukommen würde. Vier Tage nach dem *Monitor*-Bericht wurde sie erneut von der Staatsanwaltschaft befragt. »Ich habe gedacht, das ist nur fürs Fernsehen und Information für Leute«, sagte sie kleinlaut. Hinterher habe sie sich geärgert, »weil ich selbst gemerkt habe, dass da was nicht stimmt. Ich habe zu schnell unterschrieben.« Von einem Schuss in den Kopf habe sie dem *Monitor*-Reporter nichts gesagt. »Das Wort Kopf fiel nicht aus meinem Mund. Man muss tatsächlich alles doll durchlesen.« Die Kioskbesitzerin fühlte sich tatsächlich getäuscht, warf dem *Monitor*-Reporter vor, er habe ihr die Aussage vom Kopfschuss untergeschoben. Dieser hat das bestritten. Welche Rolle die Tatsache spielte, dass sie für ihre Bemühungen von *Monito*r eine Aufwandsentschädigung in Höhe von 150 D-Mark erhalten hatte, sei dahingestellt. Von den 142 Zeugen, die von der Staatsanwaltschaft im Laufe der Ermittlungen befragt wurden, fand sich kein weiterer, der die Version der Kioskbesitzerin bestätigte. Die Aussage der Zeugin erwies sich als wertlos. Die Quelle von Hans Leyendecker im *Spiegel* hat sich der Staatsanwaltschaft in Schwerin nie zu erkennen gegeben, obwohl sie sie gerne befragt hätte.

Dass die Staatsanwaltschaft überhaupt so lange ermittelte, erscheint in der Rückschau erstaunlich. Schließlich ließ der Abschlussbericht am Ende an Deutlichkeit nichts zu wünschen übrig. Die Vorstellung, dass ein Beamter der GSG 9 am helllichten Tage, an einem öffentlichen Ort, unter Zeugen, auf den Gedanken kommen könnte, einem Terroristen mit seiner eigenen Waffe aus nächster Nähe in den Kopf zu schießen, ist an sich schon absurd. Warum hätte er das tun sollen? Weil Grams zwei GSG 9-Beamte niedergeschossen hatte? »Was glauben die denn, wenn so was passiert, dass man das geheim halten könnte? Keiner wird riskieren, ins Gefängnis zu gehen, weil er einen Mörder gedeckt hat«, sagt Andreas. Im Laufe der Ermittlungen wurde sein Klarname, wie auch der von Nr. 6, dem zweiten Beschuldigten, in den Medien verbreitet, woraufhin der damalige GSG 9-Kommandeur Bischoff beschloss, sie unter Polizeischutz zu stellen. Andreas hielt davon wenig. Dass ab und zu eine Polizeistreife an seinem Haus vorbeifuhr, vermittelte ihm kein Gefühl von Sicherheit. Beide Beschuldigten blieben nicht mehr lange bei der GSG 9. Andreas wechselte zu einer anderen Dienststelle im Bundesgrenzschutz. »Ich habe das eigentlich gut weggesteckt. Aber der Blick aufs Land wird ein anderer. Man reift ein bisschen«, sagt er rückblickend. »Ein Unschuldiger kommt nicht ins Gefängnis – diese Gewissheit ist mir genommen worden. Ich habe gedacht: So läuft das hier also ab.« Auch Stefan sagt, dass diese Zeit ihn nachhaltig geprägt habe: »Man schaut bei den Nachrichten kritischer hin. Weil man selbst ein Mediendrama erlebt hat, wo man gesagt hätte, das kann es doch gar nicht geben.«

Die Rolle der Medien

Auslöser für die schwere Krise, die der Einsatz von Bad Kleinen auslöste, war weniger der missglückte Einsatz selbst, sondern vielmehr das, was Medien daraus machten. Dabei wurde die Berichterstattung zweifellos befeuert durch eine Kommunikationsstrategie der Behörden, die auf Vertuschung setzte und jede Menge Anlass zu Misstrauen bot. Fest steht jedoch, dass die Berichterstattung über die Ereignisse auf dem Bahnhof in Bad Kleinen keine Sternstunde des Journalismus war. Bad Kleinen war auch ein Medienskandal. Butz Peters hat das in seinem Buch »Der letzte Mythos der RAF« klar benannt. Der ARD-Dokumentarfilm »Endstation Bad Kleinen. Vom Versagen deutscher Sicherheitsorgane«, der im selben Jahr erschien wie der bereits erwähnte Film von Egmont Koch, erweckte den Eindruck, als sei die Frage, wer Wolfgang Grams tötete, nach wie vor offen. In dem Film von Anne Kauth werden Argumente für beide Varianten gebracht – die eines Selbstmords wie auch die einer gezielten Tötung – und der Zuschauer mit dem Fazit zurückgelassen, dass es darauf keine eindeutige Antwort gebe. Der Schweriner Staatsanwalt Gerrit Schwarz warf dem Film in Interviews »Legendenbildung« vor. Buchautor Butz Peters sprach von »Geschichtsklitterung«. Der *Spiegel* stellte sich schließlich Jahre später seiner Verantwortung bei der Rolle, die die Medien im Bad-Kleinen-Komplex spielten.

Im Dezember 2018 musste der *Spiegel* öffentlich einräumen, dass der preisgekrönte Autor Claas Relotius Texte, die er für das Magazin geschrieben hatte, zum Teil frei erfunden hatte. Der Fall traf den *Spiegel* ins Mark und führte dazu, dass eine Untersuchungskommission eingesetzt wurde. Daraufhin meldete sich im Dezember 2018 der ehemalige Generalbundesanwalt Alexander von Stahl bei dem Magazin und verlangte, dass die Untersuchungskommission auch die Berichterstattung des Magazins zu den Vorgängen in Bad Kleinen untersuchen müsse. Im September 2019 gab der *Spiegel* diese Untersuchung durch die von ihm eingesetzte Kommission in Auftrag und präsentierte das Ergebnis ein Jahr später im Oktober 2020. Der Abschlussbericht ist zehn Seiten lang und schildert ausführlich, wie die Kommission die redaktionellen Ereignisse des Jahres 1993 rekonstruiert oder dies zumindest versucht hat und auf welche Schwierigkeiten sie dabei gestoßen ist. Deutlich wird insbesondere, wie sich Leyendeckers Darstellung der Ereignisse über die Jahre immer wieder veränderte. Dies gilt insbesondere für die Kernfrage: Wie viele Quellen gab es? Hat er persönlich mit der oder den Quellen gesprochen, oder gab es nur Telefonate? Waren die Quellen namentlich bekannt oder lediglich anonym? Und schließlich: Ist die Version, die Leyendecker der Kommission präsentierte, glaubwürdig oder nicht?

Was die Kommission an Erkenntnissen vorstellte, kann man nur als niederschmetternd bezeichnen – insbesondere für Hans Leyendecker selbst, aber auch für den *Spiegel* insgesamt. Der Kommission gegenüber schilderte Leyendecker diese Version der Dinge, die sich in wesentlichen Punkten von dem unterscheidet, was er im Laufe der Jahre zwischen 1993 und 2018 an unterschiedlichen Darstellungen der Abläufe präsentierte: Demnach habe er am Montag nach dem Zugriff in Bad Kleinen einen »gut bekannten Informanten« gefragt, ob dieser ihm einen Kontakt vermitteln könne »zu einem Mitglied des Spezialkommandos«. Dieser Kontakt sei zustande gekommen, und er habe diese Quelle am Tag darauf getroffen. Am Donnerstag will Leyendecker erneut mit der Quelle gesprochen haben, heißt es im Bericht der Kommission, dieses Mal telefonisch, sowie einen anonymen Anruf erhalten haben. Dieser Anrufer habe ihm fast wortwörtlich dasselbe gesagt, was die Quelle ihm auch erzählt habe. Den Stimmen nach habe es sich aber um zwei verschiedene Personen gehandelt. Über den Mittelsmann habe Leyendecker außerdem Zitate aus der *Spiegel*-Geschichte mit der Quelle geklärt. Erst später habe er erfahren, dass der anonyme Anrufer und die Quelle sich kannten und in der fraglichen Woche mehrfach in Kontakt miteinander gewesen seien.

Dass es diesen anonymen Anruf gegeben hat, ist nach Einschätzung der Kommission sicher, da dieser mitgeschnitten und anschließend beim *Spiegel* transkribiert wurde. Das Transkript existiert noch und ist 63 Seiten lang. Darüber hinaus allerdings kommt die Kommission »nach Abwägung aller Aussagen und Indizien zu dem Schluss«, dass Leyendeckers Darstellung »mit großer Wahrscheinlichkeit nicht die tatsächlichen Abläufe wiedergibt«. Vielmehr spricht nach ihrer Einschätzung vieles dafür, dass es ein Treffen mit einer namentlich bekannten Quelle nicht gab, sondern nur ein anonymes Telefongespräch. Dieser Anruf sei vermutlich am Dienstag erfolgt, also einen Tag nachdem Leyendecker seinen Kontaktmann gebeten hatte, ihm einen Gesprächskanal in die GSG 9 zu verschaffen. Das lege auch der Gesprächsverlauf nahe: »Leyendeckers Fragen machen durchgängig den Eindruck, die Angaben seien ihm neu, teilweise reagiert er offenbar schockiert«, heißt es im Abschlussbericht. Zu Leyendeckers Gunsten nimmt die Kommission an, er habe womöglich angenommen, der Anruf sei das Ergebnis dieser Kontaktvermittlung gewesen. Geht man davon aus, dass es nur den anonymen Anruf gab, schlussfolgert die Kommission, würde das »die unterschiedlichen Darstellungen der Abläufe durch Leyendecker erklären, die dann nicht dem Quellenschutz dienten, sondern verschleiern sollten, dass Leyendecker einem anonymen Anrufer auf dem Leim gegangen war, ohne die Quelle zu prüfen«.

Hans Leyendecker bezeichnete den Untersuchungsbericht öffentlich als »unredlich und unseriös« und ging juristisch dagegen vor. Bis auf einige wenige Korrekturen und Ergänzungen bei der Darstellung der Abläufe hatte die Bewertung der Kommission jedoch Bestand. Dem *Spiegel* warf Leyendecker vor, den Quellenschutz nicht zu respektieren.

Der Deutschen Presse-Agentur (dpa) sagte Leyendecker nach Erscheinen des Abschlussberichts: »Die Frage der Kommission, ob ich einen Kontakt zu der damaligen Quelle herstellen könne, war eine Bankrotterklärung der heutigen *Spiegel*-Macher.« Seine Quelle sei bei der Schießerei vor Ort gewesen, »aber kann den genauen Ablauf nicht gesehen haben. Das habe ich später gelernt«, hatte er in einem Interview mit der Wochenzeitung *Die Zeit* im Januar 2020 gesagt, nachdem die Kommission ihre Arbeit aufgenommen hatte. Er habe die Verlässlichkeit der Quelle falsch eingeschätzt, und dafür habe er sich entschuldigt. Die *Spiegel*-Geschichte aber sei angesichts des »damaligen Tohuwabohus nach journalistischen Kriterien gerechtfertigt« gewesen. Überzeugend ist das nicht. Die Zitate aus der *Spiegel*-Geschichte stammten allesamt aus dem Transkript des anonymen Anrufs. Die offensichtlich falschen Angaben, zum Beispiel, dass Birgit Hogefeld geschossen habe, wurden ignoriert und weggelassen. Erschütternd ist, dass die Geschichte im *Spiegel* gebracht wurde, obwohl es zu diesem Zeitpunkt bereits klare Hinweise darauf gab, dass der anonyme Anrufer in Bad Kleinen nicht vor Ort gewesen sein konnte. Er wollte Dinge gesehen haben, die man von einem einzigen Standort aus gar nicht hätte sehen können. Hinzu kommt, dass die Schilderung der Ereignisse durch die Kioskbesitzerin, wie der Bericht von *Monitor* sie darstellte, ebenfalls nicht mit dem übereinstimmte, was der anonyme Anrufer gesehen haben wollte. Außerdem sprach er von einer »Grenzschutzsicherungsgruppe«, die es gar nicht gab. GSG 9 steht für Grenzschutzgruppe – niemand aus der GSG 9 hätte diesen falschen Begriff verwendet. Diese Widersprüche wurden offensichtlich ausgeblendet und führten nicht dazu, dass Leyendecker oder die *Spiegel*-Macher die Glaubwürdigkeit der Darstellung infrage stellten. Für die *Spiegel*-Untersuchungskommission steht deshalb fest, dass nicht nur Leyendecker für die falsche Berichterstattung verantwortlich gemacht werden kann, sondern dass auch andere Kontrollinstanzen im *Spiegel* versagten, insbesondere die Chefredaktion. Das Fazit der Kommission lautet: »Der *Spiegel* hat mit der Berichterstattung auf Basis einer mangelhaft geprüften und falschen Aussage einen journalistischen Fehler begangen.«

Die Familie Newrzella machte ihre eigenen Erfahrungen mit den Medien. Die Vorwürfe, die gegen die GSG 9 in den Medien erhoben wurden, machten den Eltern sehr zu schaffen, erzählt Thomas Newrzella. »Wenn man das seinen Kollegen unterstellte, dann unterstellte man ja meinem toten Bruder, dass er auch so war«, erklärt Thomas Newrzella im November 2021. »Aber so war mein Bruder nicht. Und weil er nicht so war, war auch klar, dass die anderen nicht so sein konnten.« Die Eltern hatten das Gefühl, dass das Andenken ihres Sohnes durch die Vorwürfe beschmutzt wurde, die gegen die GSG 9 insgesamt erhoben wurden. »Meine Eltern sind deshalb häufig in die Presse gegangen. Das war für sie ganz wichtig, dass ihr Sohn nicht das war, was man denen unterstellte. Sie wollten zeigen, was für ein Mensch mein Bruder war.« Doch im Umgang mit den Medien fehlte ihnen jede Erfahrung. Etwa zwei Wochen nach dem Tod ihres Sohnes, und damit etwa eine Woche, nachdem die *Spiegel*-Geschichte erschienen war, gingen die Eltern in die Sendung »Schreinemakers live« beim Sender Sat1. »Das war der Tiefpunkt«, erinnert sich Thomas Newrzella, und gleichzeitig der Wendepunkt für seine Eltern. In der Sendung wurde der Schusswechsel auf dem Bahnhof nachgestellt. Seine Eltern seien darauf nicht vorbereitet gewesen. »Meine Mutter sagte danach, sie hätte aufstehen und gehen sollen. Meine Eltern wollten erzählen, wie mein Bruder war. Doch das hat die gar nicht interessiert. Danach wollten sie nicht mehr.« Seine Eltern hätten sich schließlich immer mehr abgeschottet. Nach zwei Jahren zogen sie aus Ulzburg weg. »Sie sagten, man wird hier angeguckt.« Zu jedem Jahrestag von Bad Kleinen kamen die Medienanfragen. Da seine Eltern weggezogen waren, wandten sich die Redaktionen an Thomas Newrzella. »Dieses ständige Aufkochen hat mich belastet. Man kriegt kein Ende.« Eins ist ihm dennoch wichtig, und darum war er auch bereit, dieses Gespräch zu führen: »Der Tag ist Teil der Geschichte. Michael ist Teil der Geschichte. Und darum soll sie auch richtig erzählt werden.«.

Die Folgen für die GSG 9

Was hat Bad Kleinen mit der GSG 9 gemacht? Unmittelbar zunächst scheinbar wenig. Die erste Einheit durfte einige Wochen lang keinen operativen Dienst mehr machen. Etwa sechs Wochen nach dem Einsatz in Bad Kleinen übernahm sie wieder die Bereitschaft – da waren die Ermittlungen in Schwerin noch in vollem Gange. Tatsächlich wurde sie auch alarmiert: Auf dem Flughafen in Düsseldorf drohte ein Mann, ein Flugzeug zu sprengen. Als Sven Mewes mit seiner Einheit auf dem Weg zum Einsatzort war, telefonierte Kommandeur Bischoff mit dem Bundesinnenministerium. Dort wollte man wissen, wer auf dem Weg nach Düsseldorf war. Als Bischoff mitteilte, wen er geschickt hatte, sollte er die Männer sofort zurückbeordern. »Doch das ging nicht, es gab sonst niemanden«, erinnert sich Mewes. Letztlich verlief der Einsatz unspektakulär. Die Passagiere und die Crew konnten das Flugzeug verlassen, die angebliche Bombe an Bord existierte gar nicht, und der Täter ließ sich schließlich festnehmen. »Die Lage war am Ende harmlos. Aber es bestand die Möglichkeit, dass ein finaler Rettungsschuss nötig ist. Wäre das schiefgegangen, hätten wir eine ganz andere Situation gehabt. Aufgrund der Umstände war das ein extrem schwerer Einsatz.«

Doch ein einfaches »Weiter so« gab es nicht bei der GSG 9. Bad Kleinen blieb nicht ohne Konsequenzen. Im Abschlussbericht der Bundesregierung zu den Ereignissen in Bad Kleinen wurde der GSG 9 indirekt mangelnde Einsatzerfahrung attestiert. Wenig schmeichelhaft hieß es: »Die Zugriffserfahrung der GSG 9-Beamten kann durch folgende Maßnahmen noch weiter verbessert werden«, nämlich insbesondere durch gemeinsame Einsätze mit den SEK der Länder. Die Verbandsführung der GSG 9 beschloss, künftig alle Einsätze der GSG 9 sorgfältig zu dokumentieren. Das geschieht bis heute. Die Unterziehwesten, die Michael Newrzella womöglich das Leben gerettet hätten, wurden bewilligt und beschafft. Gehen musste niemand, im Unterschied zum Bundeskriminalamt, zum Bundesinnenministerium und zur Bundesanwaltschaft. Kommandeur Bischoff musste sich den Vorwurf gefallen lassen, dass er selbst nicht vor Ort gewesen war, namentlich von Ulrich Wegener, dem Gründungskommandeur, in der ARD-Doku »Zugriff im Tunnel. Das tödliche Drama von Bad Kleinen«, und damit öffentlich. »Bei mir wäre Newrzella nicht eingesetzt worden. Der hatte ja gerade die Ausbildung beendet und gar keine Erfahrung«, sagte Wegener in die Kamera. »Wäre anders geführt worden, dann wäre das nicht passiert. Nach meiner Auffassung hätte der Kommandeur vor Ort sein müssen.« Wer damals dabei war, betont, dass die Vorwürfe und die Ermittlungen gegen die GSG 9 den Verband eher zusammengeschweißt haben. »Ich muss sagen, dass die Kameradschaft das war, was einem die Stange gehalten hat«, meint Stefan. »Natürlich gab es kritische Anmerkungen zur taktischen Planung, und ja, es hätte in der Nachschau vermutlich cleverere Zugriffsvarianten gegeben, aber allen war klar, wenn unsere Jungs das so sagen, dann glauben wir das. Das war der Rückhalt, den man sich erwartet hat.« Auch Andreas erlebte das so: »Ich konnte alles, was mich bewegte, mit meiner Freundin und auch mit den Kameraden besprechen. Wir haben viel gesprochen, das nennt man wohl verarbeiten. So ist bei mir bis auf manche Illusionen über Journalisten und die Staatsanwälte nichts kaputtgegangen.«

Spurlos gingen der Einsatz in Bad Kleinen und all das, was daraus entstand, aber nicht an der GSG 9 vorbei. Dass Andreas und Stefan bis heute nur anonym über die Vorgänge reden wollen, macht deutlich, wie sehr sie seinerzeit darunter gelitten haben. »Bei der einen Sache wurde man glorifiziert zum Helden, bei der anderen Sache wird man verflucht, verteufelt und verstoßen«, bringt Walter, der Mogadischu-Veteran, die Stimmung seinerzeit auf den Punkt. Ein anderer zieht dieses Fazit: »Aus meiner Perspektive ist die Gruppe dadurch demütiger geworden. Wenn du auf dem Heldensockel stehst und dann erlebst, wie Diskussionen geführt werden, bis hin zur Auflösung, dann macht das was mit den Leuten.«

Kapitel 9

Frau Doktor und die Unterstützer

»Die kommen nicht nur mit ihren Wehwehchen zu mir«

Auf einem Sofa im »grünen Raum« sitzt eine sportliche Frau. Hier werden sonst die Gäste empfangen. Der Raum ist in einem gefälligen Pastellgrün gestrichen und befindet sich neben dem Eingangsbereich im Hauptquartier. »Frau Doktor«, wie sie genannt wird, ist ganz in Weiß gekleidet und trägt eine randlose Brille. Am Ärmel trägt sie ein grünes Badge der GSG 9, auf dem »MED« zu lesen ist. Jeder im Verband spricht mit großem Respekt von ihr. Sie gilt als Autoritätsperson. Und man versteht auch sofort, warum: Frau Doktor ist es gewohnt, sich durchzusetzen in der Männerwelt der GSG 9. Sie erzählt von ihrem Weg, der sie schließlich zur GSG 9 führte und der naturgemäß ein ganz anderer war als bei den Männern in den Einsatzeinheiten.

2004 las sie eine Stellenausschreibung im *Deutschen Ärzteblatt*: Der Bundesgrenzschutz suchte einen Arbeitsmediziner oder eine Arbeitsmedizinerin in Dresden und »einen Arzt« für die GSG 9. Dass nur ein Arzt und keine Ärztin gesucht wurde, war für sie Grund genug, sich auf die Stelle zu bewerben. Zu dieser Zeit arbeitete sie als Betriebsärztin für mehrere Unternehmen. Frau Doktor hatte in Bonn Medizin studiert, ein Auslandssemester in Australien verbracht und nebenbei noch einen Abschluss in Betriebswirtschaftslehre gemacht. Hoffnungen machte sie sich keine. Zu ihrem Erstaunen wurde sie aber ins Bundesinnenministerium zu einem Vorstellungsgespräch eingeladen, als eine von vielen, die sich auf die Stelle beworben hatten. Und dann kam tatsächlich ein Brief mit einer Einladung zum weiteren Auswahlverfahren in Hangelar. Drei Männer und eine weitere Frau waren eingeladen, doch die andere Bewerberin erschien gar nicht. Damals saßen sie im selben Raum wie jetzt.

Sie und die drei männlichen Bewerber um die Stelle des Verbandsarztes wurden auf Herz und Nieren geprüft: Es gab einen medizinischen und einen psychologischen Test sowie ein Interview. Einer der Bewerber war ein Bundeswehrarzt. Der wird es wohl werden, habe sie damals gedacht, der passt ja bestens hierhin, erinnert sich Frau Doktor. Doch drei bis vier Wochen später erhielt sie Post mit einem Einstellungsangebot. »Da habe ich erst mal ein bisschen Puls gehabt«, erzählt sie. Im September 2004 fing sie an und war damals die zweite Frau bei der GSG 9 – neben einer Polizistin im Verwaltungsbereich. »Das hat mich nicht abgeschreckt, dass hier nur Männer sind. Ich fand das interessant. Auch die Arbeit. Nur Schreibtisch, das ist nicht meine Welt. Ich wollte raus, alles mitmachen.« Und das tat sie auch, wodurch es leichter gewesen sei, sich Anerkennung und Autorität zu verschaffen, meint sie. »Die haben gemerkt: Die macht alles mit, ist sich nicht zu schade, sondern auch mal bereit, durch den Dreck zu kriechen. Das wächst dann.« Wenn für den Ausbildungsjahrgang die berühmt-berüchtigte Härtewoche ansteht, bei der der Nachwuchs bis an die Grenzen der Belastbarkeit getrieben wird, ist Frau Doktor immer mit dabei. Einmal nahm sie sogar mit Kind und Ehemann teil: Das Kind war noch ein Baby und wurde von ihr gestillt. Dem Kind habe das nicht geschadet, nur zelten wolle es seitdem nicht mehr, stellt sie scherzhaft fest.

Mit der Zeit war sie nicht nur Ärztin, sondern wurde auch zur Vertrauensperson für die Männer. »Diese Rolle erarbeitet man sich. Die kommen nicht nur mit ihren Wehwehchen zu mir«, sagt sie. »Sondern auch mit persönlichen und privaten Dingen, um sich Rat zu holen. Wenn es Konflikte zu Hause gibt, dann kommen sie und schütten ihr Herz aus oder lassen Dampf ab. Dabei wissen sie, das verlässt den Raum nicht.« Sie ist Vertrauensärztin, aber auch Beraterin des Kommandeurs in allen medizinischen Fragen. »Das muss man genau trennen.« Wenn sie über die Männer redet, spricht sie manchmal von ihren »Schäfchen«. An einer Stelle fügt sie allerdings lächelnd hinzu, dass sie das ja eigentlich nicht mehr sagen soll. Ihr Jobprofil ist außergewöhnlich: Frau Doktor ist die Hausärztin der GSG 9, wer zum Arzt muss, der muss zumindest zuerst einmal zu ihr. Gleichzeitig ist sie aber auch die Notärztin für Einsätze und Übungen. Es gibt die normale Sprechstunde mit Untersuchungen oder Impfungen, und es gibt den Einsatz.

Bei der Einsatzmedizin hat Frau Doktor die medizinische Versorgung in der GSG 9 im Laufe der Jahre auf eine völlig neue Ebene gehoben, die einzigartig ist innerhalb der Spezialeinheiten der Polizei. »Wir gehen weit über das hinaus, was ein SEK macht. Das kann man gar nicht vergleichen.« Bei der operativen Einsatzmedizin gehe es darum, die Versorgung an den Verletzten heranzubringen, erläutert sie. Wie beim Notarzt auch. Allerdings mit dem entscheidenden Unterschied, dass ein gewöhnlicher Notarzt nicht in einen Gefahrenbereich geht. Dafür hat sie es mit einer geringeren Bandbreite an medizinischen Notfällen zu tun: Es geht vor allem um Stich- und Schussverletzungen oder Folgen von Explosionen. »Normale« Notfälle wie Herzinfarkte oder Schlaganfälle sind nicht das Thema. »Das Erste und Schlimmste ist die Gefahr, zu verbluten. Da ist der Faktor Zeit das Entscheidende.« Alle Einsatzkräfte werden deshalb geschult, sich zunächst auch selbst versorgen zu können, zum Beispiel eine starke Blutung durch Abbinden zu stoppen. Darüber hinaus gibt es in jedem Einsatztrupp einen »Medic«, einen Einsatzsanitäter. Der allerdings ist Teil des Einsatztrupps: »Der Medic muss schnell wieder aus der Rolle raus, um seinen Auftrag weiterzuverfolgen«, erklärt Frau Doktor. Das bedeutet, den Verletzten zurücklassen. »Dann kommen die Leute aus meinem Bereich mit dem Auftrag, den Verletzten rauszuholen.« Frau Doktor hat über die Jahre so etwas wie eine eigene medizinische Einsatzeinheit aufgebaut, mit Zweierteams bis hin zu Rettungstrupps, die in einen Gefahrenbereich gehen, in den kein ziviler Rettungsdienst hinkommen würde.

Am 15. Oktober 2018 nahm ein Mann in der Apotheke im Kölner

Hauptbahnhof eine Geisel. Dem SEK Köln gelang es, die Geisel gewaltsam zu befreien, indem auf den Täter geschossen wurde. Die GSG 9 war ebenfalls vor Ort, auch Frau Doktor und ihr Team waren dabei. »Man hörte Schüsse und über Funk die Meldung ›Verletzte, Notfallhilfe‹, da sind wir hingelaufen«, erzählt sie. »Der Verletzte wurde uns entgegengebracht, hatte elf Löcher, davon eins im Kopf, die versorgt werden mussten.« Da es nach Gas roch, war unklar, ob noch Gefahr droht. Der Mann hatte zuvor bereits einen Molotowcocktail geworfen, am Tatort lagen Gaskartuschen und Brandbeschleuniger. »Darum konnte kein ziviler Rettungsdienst rein. Wir haben ihn versorgt, er kam dann in die Uniklinik und überlebte.«

In ihrem Bereich hat sie mittlerweile drei Frauen eingestellt, die zum »Medic«, also zur Einsatzsanitäterin, ausgebildet werden. »Ich persönlich finde, in meinem Bereich ist die Frau eine Bereicherung im Team. Die Männer waren erst skeptisch. Heute ist das kein Thema mehr.« Für sie steht außer Frage, dass Frauen ein Mehrwert auch in anderen Bereichen der GSG 9 sind. »Frauen ticken anders, auch im Gemeinschaftsgefüge. Das bringt das Team weiter.« Wenn es um die Einsatzeinheiten geht, reagiert sie allerdings genauso wie die Männer: »Schwierig«, sagt sie nach einer kurzen Denkpause. Die Unterschiede bei den körperlichen Voraussetzungen seien nun einmal vorhanden und nicht wegzudiskutieren. »Das ist das Problem in der Einsatzeinheit. Das ist für eine Frau vielleicht leistbar, aber extrem schwer.« Wie man dort auf eine Frau reagieren würde – da wagt sie keine Prognose.

Anfang 2020 kam eine neue Aufgabe hinzu: Die Corona-Pandemie stellte auch die GSG 9 vor besondere Herausforderungen. Terroristen und Schwerstkriminelle lassen sich vom Corona-Virus nicht stoppen. Deswegen war klar, dass die Pandemie nicht dazu führen durfte, dass die GSG 9 nicht zur Verfügung stand, wenn sie gebraucht wurde. »Ich habe klar gesagt, wie das abzulaufen hat. Wir wollen einsatzbereit bleiben – das war die Maßgabe«, erklärt Frau Doktor. Sie erarbeitete einen Stufenplan, maßgeschneidert für die GSG 9, abhängig von der Entwicklung der Pandemie. Wie anderswo auch, wurden Kohorten gebildet, damit nicht der ganze Verband betroffen war, sollte es trotz aller Vorsichtsmaßnahmen doch zu einer Infektion kommen. »Es lässt sich nicht vermeiden, dass es mal einen Positiven gibt. Aber solange die Männer schön machen, was ich sage, so lange läuft das.« Dass sie das tun, bringt auch die eindrucksvolle Impfquote von 96 Prozent zum Ausdruck. Sobald sie beobachtet, dass Hygieneregeln erodieren, wird die Truppe eingenordet: »Wenn das nicht so fluppt, wie ich das möchte, dann gibt es mal wieder eine Ansage.« Dass sie kein Problem hat, sich die nötige Autorität zu verschaffen, glaubt man ihr aufs Wort. Sie sei halt Rheinländerin, erklärt sie. »Da ist man gewohnt, dass man sagt, was man denkt. Die haben gemerkt, wenn die was sagt, dann meint die das auch so. Wenn ich Nein gesagt habe, dann ist es auch so.« Im Ernstfall sei eins aber auch klar: »Wenn Einsatz ist, ist Corona nicht das Problem.«

»Human Performance Optimization« – gesund bis zur Altersgrenze

Um die Gesundheit der Männer macht sich nicht nur Frau Doktor Gedanken. »Cookie« steht in der Schießhalle der GSG 9 unter dem gigantisch großen Nachbau eines Flugzeugrumpfs, der auf einer hydraulischen Anlage liegt, sodass man die verschiedenen Höhen unterschiedlicher Flugzeugmodelle simulieren kann. Jahrzehntelang wurde hier die Erstürmung von Flugzeugen trainiert. Seit einiger Zeit funktioniert die Hydraulikanlage allerdings nicht mehr, deshalb sind die Trainingsmöglichkeiten in der Halle eingeschränkt, und sie wird nun anders genutzt. An der Wand hängt ein großes Banner mit der Aufschrift »Human Performance Optimization. GSG 9«. Cookie war maßgeblich daran beteiligt, dieses Projekt zum Fliegen zu bringen – in drei Wochen soll es losgehen. Im Kern geht es um ein ganzheitliches Konzept aus Trainingsprogramm, medizinischer Betreuung nach Verletzungen und Ernährung. Es findet bisher vor allem im Kontext militärischer Spezialeinheiten Verwendung. Cookie hat sich des Themas mit Leidenschaft angenommen – aufgrund eigener Erfahrungen.

Cookie ist 38 Jahre alt, groß und hat kurzes dunkelblondes Haar. Nach der Ausbildung kam er in die zweite, die maritime Einheit, stieg auf bis zum Truppführer. Doch nach sechs Jahren bekam er schwerwiegende Probleme mit den Knien. Er verließ seinen Trupp und wechselte den Bereich, arbeitete zwei Jahre lang konzeptionell außerhalb der Einsatzeinheiten und damit ausschließlich am Schreibtisch. Dabei machte er die Erfahrung, dass er sich trotz sehr guter hausärztlicher Versorgung selbst darum kümmern musste, wieder fit und einsatzfähig zu werden. Spätestens bei der Reha merken GSG 9-Beamte, dass die Maßnahmen sich nicht einmal annähernd an dem Niveau orientieren, das sie in Training und Einsatz bereithalten müssen. Doch wie schließt man diese Lücke? Am Ende ist dafür jeder selbst verantwortlich, der infolge einer Verletzung nicht in der Lage ist, den hohen körperlichen Anforderungen gerecht zu werden. Rein betriebswirtschaftlich betrachtet ist das fragwürdig: In die Ausbildung von GSG 9-Beamten wird viel Geld investiert, nur wenige erfüllen überhaupt die körperlichen und mentalen Voraussetzungen, die für den Job nötig sind. Mit 45 Jahren ist für die Einsatzkräfte ohnehin Schluss – dann ist die Altersgrenze erreicht. »Optimalerweise kann jeder die Altersgrenze erreichen«, meint Cookie. »Es ist ein großer Mehrwert, wenn keiner aufgrund körperlicher Probleme die Einsatzeinheit verlassen muss und nach der aktiven Zeit gesund in eine Anschlussverwendung gehen kann.« Es spricht also alles dafür, in die Gesundheit der Männer zu investieren.

Grundsätzlich hat die GSG 9 auch keinen Anlass, sich zu beklagen. Sie verfügt in puncto Ausstattung über einen Standard, von dem die meisten SEK der Länder nur träumen können. Geld ist bei der GSG 9 meist nicht das Problem, zumindest wenn es um Material geht. Bei den Investitionen ins Personal sieht das mitunter schon anders aus. »Wir geben Millionen aus für Waffen, Fahrzeuge, Boote, aber investieren kein Geld in die Männer«, beklagt Frau Doktor. »Wir müssen umdenken, dass sie unser größtes Gut sind. Das ist für mich absolut zukunftsweisend.« Zweifellos ist insbesondere der Job der Einsatzkräfte nicht nur gefährlich, sondern auch belastend für die Gesundheit. Die

Männer schleppen im Einsatz und auch im Training unter Einsatzbedingungen bis zu 30 Kilo Gepäck, das Gewicht der Waffen kommt noch dazu. Sie müssen sich mit voller Ausrüstung vom Hubschrauber abseilen, von Mauern springen oder klettern. Kurzum: Sie tun ununterbrochen Dinge, mit denen man sich auf Dauer die Gesundheit ruiniert, selbst wenn man, wie die allermeisten von ihnen, mit einer außergewöhnlichen Konstitution gesegnet ist. Wohin das im ungünstigen Fall führen kann, hat Cookie mit seinen Knien erfahren.

Mit einer Handvoll Kameraden, darunter auch Mü aus der ersten Einheit, überlegte er, wie es besser laufen könnte. Das Projekt »Human Performance Optimization« war das Ergebnis dieser Überlegungen. Cookie steht auf einem »Speed Court« und erklärt mit jungenhafter Begeisterung, welche Trainingsmöglichkeiten das Gerät eröffnet. Es besteht aus mehreren Feldern auf dem Boden, in der Art eines Sudoku-Spiels. Auf einem großen Monitor erscheinen je nach gewähltem Spielmodus Aufgaben: zum Beispiel Zahlenkolonnen, die man sich merken und dann auf dem Spielfeld ablaufen muss. Jedes Feld hat hierbei eine Nummer. Dasselbe gibt es mit Farben. Wobei die Transferleistung beispielsweise darin besteht, dass der Schriftzug »Blau« in Rot erscheint. Es gibt Hunderte verschiedene Varianten. »Es ist das Herzstück der Anlage«, strahlt Cookie, eine von mehreren Trainingsstationen in der Halle. »Im Kern geht es um Fokussierung, Wahrnehmung und Reaktionstraining«, erklärt er. »Wenn man das noch mit dem Schießtraining verbindet, wird es richtig interessant.«

In drei Wochen soll ein Modellversuch starten, an dem mehr als 60 Beamte der GSG 9 teilnehmen. Cookie hat das Projekt mittlerweile an »Mecki« übergeben, weil er sich entschieden hat, wieder in eine Einsatzeinheit zurückzukehren. Mit dem Aufbau einer vierten Einheit am neuen Standort Berlin boten sich für ihn neue Möglichkeiten. Cookie ging als Truppführer in die Hauptstadt. Mecki gehört zu den älteren Semestern bei der GSG 9, ist seit mittlerweile 31 Jahren hier. Zum Bundesgrenzschutz war er wegen der Sportförderung gegangen: Er war Wintersportler und als Ski-Langläufer in der deutschen Nationalmannschaft. Mit 22 Jahren beendete er seine Sportlerkarriere und wechselte zur GSG 9. Mit dem Sportprogramm sei das damals so eine Sache gewesen, erzählt er. Bei der GSG 9 sei immer viel gelaufen worden, doch in den 80er- und 90er-Jahren hätten viele vor allem Gewichte gestemmt. »Wir hatten viele Bodybuilder, die nur gepumpt haben. Völlig wahnsinnig«, meint Mecki. »Wer kaputtgegangen ist, für den war es erst mal vorbei.«

Auch von psychologischer Betreuung wollten die Männer seinerzeit nichts wissen. »Das wurde früher in der Einheit um 16 Uhr mit einer Flasche Bier gelöst«, erzählt Mecki. »Früher hieß es, mit den Psychologen spreche ich beim Auswahlverfahren, danach nicht mehr.« Auch er habe den Psychologen nach seinem Auswahlverfahren gehasst. »Der zieht dich komplett aus. Danach wollte man mit dem nichts mehr zu tun haben.« Heute hat Mecki eine andere Haltung dazu. Bei Human Performance Optimization geht es nicht nur um ein Sportprogramm, sondern auch um eine individuelle Betreuung durch Physiotherapeuten, einen Trainer und einen Psychologen. Während die Sportgeräte schnell bewilligt waren, mussten sie beim Personal dicke Bretter bohren. Als sie das Konzept präsentierten, seien sie erst mal ausgelacht worden, erinnert sich Cookie. »Wir wollten kein Traumschloss mit Trainern und Masseuren, sondern Leute, die uns für den Einsatz optimal vorbereiten und nach einer Verletzung schnellstmöglich wieder in den Einsatz bringen.« Schließlich wurde das nötige Personal bewilligt.

Das Modellprojekt, das nun startet, wird gemeinsam mit der Sporthochschule Köln durchgeführt, an der regelmäßig Daten erhoben und ausgewertet werden, ob und wie sich das Projekt auf die Teilnehmer auswirkt. In den eigenen Reihen war nicht so viel Überzeugungsarbeit nötig: »Die kennen das aus den USA«, erklärt Mecki, wenn die Männer beispielsweise zu einem Lehrgang bei der Delta Force gehen. Auch die Bereitschaft, mit Psychologen zu arbeiten, sei heutzutage eine andere als früher. »Die Kultur hier hat sich geändert. Bei den Jüngeren ist das mittlerweile ausgeprägt.« Bei der Cobra, der österreichischen Partnereinheit der GSG 9, gebe es bis heute viele, die aus dem Winter-Leistungssport kommen, erklärt Mecki. Jeder Biathlet, jeder Skispringer wisse, wie elementar wichtig mentales Training und psychologische Betreuung seien, um maximale Leistungsfähigkeit abzurufen. »Sprüche gab es hier natürlich«, räumt er ein: »Machen die Auszubildenden die Liegestütze jetzt auch mental?«

»Das war ein riesiger Rückhalt von allen Leuten«

»Hoffi« kam 2002 zur GSG 9. Nach Abschluss der Ausbildung bei der GSG 9 fing er in der dritten Einsatzeinheit an und wurde Fallschirmspringer. 2011 schlug das Schicksal zu: Er erkrankte schwer, mit damals 36 Jahren. In seinem Kopf wurde ein Tumor diagnostiziert. Er wurde operiert, danach kam die Reha. Anschließend machte er zunächst in Lübeck den Lehrgang für den Aufstieg vom mittleren in den gehobenen Dienst, 2013 kam er schließlich nach Hangelar zurück an seinen alten Platz in der dritten Einheit. Die Wiedereingliederung erfolgt in solchen Fällen behutsam. Wer längere Zeit ausgefallen ist, wird nicht direkt wieder ganz vorne eingesetzt.

Doch schon ein Jahr darauf kehrte die Krankheit zurück. Erneut das volle Programm: Operation, Chemo, Bestrahlung, Reha. So niederschmetternd das war, so sehr habe die GSG 9 ihn aufgefangen. »Das war ein riesiger Rückhalt von allen Leuten – also wirklich von allen«, erinnert sich Hoffi. Man spürt, dass es ihm bis heute nicht leichtfällt, über diese Zeit zu sprechen. Er überlegt, bevor er antwortet, schaut viel aus dem Fenster. »Die Leute haben mich besucht, Hilfe angeboten, mich überall hingefahren. Es kamen Postkarten nach Hause, ich sollte mich immer melden, wenn ich Unterstützung brauchte. Das war top. Es gibt keinen Bereich, der mich nicht mal irgendwo hingefahren hat. Das hat mich auch zu Hause entlastet.« 2015 hatte er die Krankheit ein zweites Mal besiegt. »In der Reha gab es welche, die hatten keinen Bock mehr, die sagten, ich stelle einen Antrag auf Berufsunfähigkeit. Mein erstes Ziel war, zurückzukommen.« Und das schaffte er auch. »Die GSG 9 und ich selbst, wir hatten den unbedingten Willen, hier wieder voll einsatzfähig zu sein.« Doch bis es so weit war, lebte er in der Angst, am Ende vielleicht doch nicht mehr GSG 9-tauglich zu sein. Frau Doktor habe schließlich »zig« Tests gemacht, erzählt er, und ihm am Ende gesagt, er sei wieder einsatzfähig. Auch Fallschirm springen durfte er wieder.

Doch Hoffi entschied sich anders. »Vor allem nach dem ersten Mal habe ich gesagt, ich kann das noch. Nach dem zweiten Mal dachte ich, ja – grundsätzlich schon.« Aber die Krankheit war eben doch nicht spurlos an ihm vorbeigegangen. »Das weiß jeder, der mal mit so was zu tun hatte. Vor allem beim zweiten Mal. Das hat sicher seinen Teil dazu beigetragen, dass ich gesagt habe, ich gehe weg aus der dritten Einheit.« Hoffi bekam die Möglichkeit, in den Unterstützungsbereich zu wechseln. Der Abschied aus der dritten Einheit fiel ihm nicht leicht. Er ist seitdem nie wieder Fallschirm gesprungen. »Das Springen fehlt mir immer dann, wenn ich die Jungs springen sehe. Wenn die hier landen, dann denke ich: Du könntest auch noch mal einen raushauen.« Auch die Altersgrenze spielte eine Rolle bei seiner Entscheidung. Hoffi war 40, als er den Krebs das zweite Mal besiegt hatte. Die Stelle bei der Aus- und Fortbildung bot ihm die Möglichkeit, zumindest bis zum 50. Lebensjahr bei der GSG 9 zu bleiben.

Die Altersgrenze baumelt wie ein Damoklesschwert über jedem bei der GSG 9. Wenn sie erreicht ist, bedeutet das nicht, dass man den Verband verlassen muss, zumindest nicht jeder. Wer für die Einsatzeinheit zu alt wird, findet danach oftmals im Unterstützungsbereich eine neue Aufgabe – zumindest so lange, bis dann auch hier die Altersgrenze greift. Auf diese Weise geht die Erfahrung, die die Männer im Einsatz gesammelt haben, nicht verloren. Doch die Unterstützungsbereiche der GSG 9 sind kein Sammelbecken für in die Jahre gekommene Beamte. Hier sind auch viele externe Experten beschäftigt, die wertvolles Spezialwissen in die GSG 9 einbringen, ohne jemals in einer Einsatzeinheit gewesen zu sein. Es gibt verschiedene Sachgebiete, in denen das Personal über besondere Fähigkeiten verfügt, die über die Spezialisierungen in den Einsatzeinheiten hinausgehen. In der operativen Technik sind unter anderem die Entschärfer, also die Sprengstoffexperten. Sie werden zum Beispiel gebraucht, wenn man es mit einer Sprengfalle zu tun hat, die sie dann eigenhändig oder mithilfe eines Roboters entschärfen. Auch für die Zugangstechnik gibt es hier besonderes Spezialwissen, sowie für die Aufklärung, wo ein großes Repertoire an Drohnen oder Robotern mit Kameratechnik vorgehalten wird. Die Sachgebiete unterstützen nicht nur bei Einsätzen, sondern führen auch Fortbildungsmaßnahmen durch. Ein weiterer Bereich ist die Informations- und Kommunikationstechnik, die auf die Kommunikation im Einsatz spezialisiert ist. Schließlich gibt es das Kraftfahr- und Verkehrswesen, das den Fuhrpark verwaltet, aber auch Fahrtrainings durchführt, von schnellem Fahren über Ausweich- bis Abdräng-Manöver. Und natürlich das Waffenwesen – ein Bereich, der für die GSG 9 naturgemäß von großer Bedeutung ist.

Ein Besuch in der Waffenkammer im Hauptquartier ist eine Erfahrung der anderen Art, vor allem, wenn man sonst mit Waffen nichts zu tun hat: Wem sie nicht geheuer sind, der dürfte an diesem Ort Beklemmungen bekommen. Nicht weniger als 1600 Waffen lagern hier: Von Faustfeuerwaffen über Maschinenpistolen, dem Standard-Gewehr G36 bis hin zu den Präzisionsschützengewehren ist alles dabei. 70 Sorten Munition hält die GSG 9 vor, auch die verschiedenen Schutzhelme, Westen und Schilde werden hier gelagert. Hier werden auch Waffen erprobt: Wenn es etwas Neues auf dem Markt gibt, das von Interesse sein könnte, wird der Hersteller kontaktiert und eine Waffe zur Erprobung angefordert. In der Werkstatt werden die Waffen überprüft, zum Beispiel, wenn sie auf den Boden gefallen sind, und routinemäßig gewartet.

So modern die Bewaffnung, der Fuhrpark, die technische Ausstattung der GSG 9 sind, so sehr ist das Hauptquartier in die Jahre gekommen. Wer es von innen sieht, kann sich kaum vorstellen, dass hier die beste Spezialeinheit der deutschen Polizei untergebracht ist. Das Gebäude ist fast genau so alt wie die GSG 9 selbst – es entstand Mitte der 70er-Jahre, unmittelbar nach Gründung des Verbands. Und das sieht man ihm auch an. Eine Renovierung lohnt jedoch nicht mehr, denn die GSG 9 soll einen Neubau bekommen – das allerdings werden die meisten, die aktuell zur Führung des Verbands gehören, in ihrer aktiven Zeit wohl nicht mehr erleben. Geplant ist eine Fertigstellung im Jahre 2027, doch es gibt wohl kaum ein Bauprojekt dieser Größenordnung durch die öffentliche Hand, das nicht erst Jahre später fertig würde. Die Pläne jedoch immerhin sind es. Demnach soll die GSG 9 ein hochmodernes Hauptquartier bekommen, das sich weiterhin in Hangelar auf dem Standort der Bundespolizei befinden wird: ein Hauptgebäude mit fünf Spangen. Auch das Schießhaus soll neu gebaut werden. Letztlich wird der gesamte Standort der Bundespolizei in St. Augustin völlig anders aussehen, wenn das Bauvorhaben abgeschlossen ist.

Kapitel 10

Einsatz im Ausland

»Bambi« sitzt am Besprechungstisch in einem Büro des Hautquartiers. Fast achtzehn Jahre liegen die Ereignisse mittlerweile zurück, aber die Bilder sind immer noch in seinem Kopf. Vor allem der Moment, als sie beschossen wurden an jenem 7. April 2004, ist ihm noch genau in Erinnerung, in all seinen dramatischen Details. In den frühen Morgenstunden waren sie in Amman aufgebrochen, ein Konvoi mit fünf GSG 9-Beamten auf dem Weg von der jordanischen Hauptstadt in den Irak. Ihr Ziel war die deutsche Botschaft in Bagdad. Doch für zwei von ihnen wurde es eine Fahrt in den Tod. »Oma« und »Ärmel«, wie Thomas Hafenecker und Tobias Retterath genannt wurden, erreichten ihr Ziel nicht.

Eine Woche zuvor waren sie von Deutschland nach Amman geflogen: Bambi und vier weitere GSG 9-Beamte, ein »frisches« Team für die Botschaft in Bagdad. Ein gefährlicher Job wartete, das war ihm klar. »Man wusste aus Schilderungen der Vorgängerteams, die Fahrten unternehmen mussten zwischen Bagdad und Amman, dass schon auf Fahrzeuge geschossen worden war«, erzählt Bambi. »Es war keine Angst, aber man war auf jeden Fall konzentriert.« Bambi war damals schon seit 13 Jahren bei der GSG 9, als Rettungssanitäter in verschiedenen Bereichen des Verbands. Es war sein erster Einsatz im Irak.

Oma und ein weiterer Beamter, »Flöte«, hatten sie in Amman in Empfang genommen. Die beiden waren schon seit knapp drei Monaten in Bagdad und sollten nach Deutschland zurückkehren, sobald das neue Team eingearbeitet war. Zwei Tage nach der Ankunft hatten sie einen ersten Versuch unternommen und sich auf den Weg gemacht, waren mit drei gepanzerten Limousinen und drei jordanischen Lasttaxis Richtung Bagdad aufgebrochen. Doch sie mussten umkehren, nachdem erst eine und dann eine zweite Limousine liegen blieb, weil ein Sandsturm aufgekommen war. Zurück in Amman, organisierten sie sich neue Fahrzeuge: einen Mercedes S-Klasse vom jordanischen Königshaus und einen Toyota Landcruiser. Da die Zeit drängte, flogen zwei »frische« GSG 9er mit einer Linienmaschine von Amman nach Bagdad vorweg, der neue Teamleiter und der Kommunikationsexperte. Für die anderen gab es jedoch keine Alternative zum üblichen Landweg. »Das Problem war der Transport der Waffen und Funkgeräte«, erklärt Bambi. Eintausend Kilometer: Die ersten 500 bis zur Grenze waren harmlos, doch danach kam die zweite Hälfte durch den Irak bis nach Bagdad.

Damals wurden die Männer für jeweils drei Monate nach Bagdad geschickt. Das Team vor Ort bestand aus zehn Beamten. Seit Mai 2003 war die GSG 9 für den Schutz des Botschaftspersonals verantwortlich. Am 1. Mai hatte der damalige US-Präsident George W. Bush das Ende des zweiten Irakkriegs verkündet, der im März begonnen und zum Sturz von Saddam Hussein geführt hatte. Befriedet war der Irak jedoch keineswegs. Die Situation im Land war noch für Jahre geprägt von bürgerkriegsähnlichen Zuständen, mit einer Vielzahl von Terroranschlägen mit ungezählten Todesopfern – obwohl das Land bis zum Abzug der amerikanischen Truppen und ihrer Verbündeten im Jahre 2011 besetzt blieb. Dementsprechend gefährlich war der Aufenthalt, auch für diejenigen an der diplomatischen Vertretung. Die deutsche Botschaft befand sich zudem nicht in der besonders geschützten »Green Zone«. Den Landweg zwischen Bagdad und Amman hatten die Einsatzkräfte der GSG 9 bereits rund 25-mal hinter sich gebracht – sie wussten um die Gefahr.

Sechs Fahrzeuge machten sich am Morgen des 7. April 2004 auf den Weg: drei gepanzerte Limousinen und drei jordanische Lasttaxis. Oma hatte die Führung, er saß mit Ärmel im Toyota Landcruiser. Bambi war mit »Murmel« und Flöte in der Mercedes S-Klasse unterwegs,

Murmel am Steuer, auch für ihn war es der erste Einsatz im Irak. Die dritte gepanzerte Limousine war ein 7er-BMW der deutschen Botschaft in Bagdad, den Methat fuhr, der Botschaftsfahrer – ein irakischer Mitarbeiter, der die Strecke gut kannte. Methat fuhr einige Hundert Meter vorweg und sollte über Funk melden, wenn es etwas Auffälliges gab. Wie immer legten sie an der Grenze ihre Ausrüstung an, die Waffen führten sie im Fußraum mit sich. »Als wir im Irak waren, gab es eine neue Lageentwicklung«, erinnert sich Bambi. »Die eigentliche Route war nicht mehr möglich, weil die USA vor Falludscha alles dichtgemacht hatten. Da wurde noch mal überlegt, nehmen wir die Alternativroute oder kehren wir um. Da haben wir gesagt: Wir sind zeitlich in Verzug, es gibt eine Alternativroute, wir fahren deshalb trotzdem. Das war eine gemeinsame Entscheidung.« Nur wenige Tage zuvor hatten US-Truppen Falludscha angegriffen, nachdem irakische Guerillakämpfer vier Mitarbeiter des US-Sicherheitsunternehmens Blackwater getötet hatten. Zwei der Leichen waren verstümmelt an einer Brücke aufgehängt worden. Der Angriff der Amerikaner war die Antwort darauf und galt dem Ziel, die Stadt wieder unter Kontrolle zu bekommen. Eine Woche vorher, bei ihrem ersten Versuch, in den Irak zu kommen, hätten die GSG 9-Beamten noch die übliche Route nehmen können.

Der tödliche Hinterhalt

Etwa 15 Kilometer vor Falludscha wurde der Konvoi von der Route 1 Richtung Bagdad abgeleitet und fuhr nun auf einer Ausweichroute. Die Straße sei gut ausgebaut gewesen und habe durch eine Wüstenregion geführt, erinnert sich Bambi. Der BMW sei schließlich außer Sichtweite gewesen und der Funkkontakt zu Methat abgebrochen. Dann erreichten sie die ersten Ausläufer von Al Karma, einer Stadt nordöstlich von Falludscha. »Oma sagte, wir verharren jetzt erst mal hier. Links neben uns war ein niedriger Sandhügel. Wir saßen zu dritt in der S-Klasse. Oma versuchte im Toyota, Methat anzufunken«, erzählt Bambi. »Dann war links auf einmal eine kleine Sandfontäne zu sehen. Ich sagte: Das ist Beschuss! Daraufhin haben wir über Funk das Codewort für Beschuss durchgegeben. Das war der Anlass, Gas zu geben.« Mit Vollgas setzten sich die beiden gepanzerten Limousinen und die Lasttaxis in Bewegung. Sie zogen mit dem Mercedes an Oma und Ärmel vorbei. Der Beschuss kam von beiden Seiten: links vom Sandwall und rechts aus dem Mauerwerk. Kilometerlang ging das so. Als Bambi kurz auf den Tacho blickte, fuhren sie 180 km/h schnell.

Plötzlich sei ihnen ein Bus entgegengekommen, erinnert sich Bambi, der ein Wendemanöver begonnen und dadurch ihre Fluchtroute versperrt habe. Später hieß es, die Aufständischen hätten mit dem Bus die Straße abriegeln wollen, doch für Bambi sah es damals nicht danach aus. Sie wollten nicht abbiegen, um die Route nicht zu verlassen. Also rasten sie auf den Bus zu. Auf einmal fiel die Servolenkung aus, dann ging auch noch der Motor aus. »Wir hatten zum Glück ein sehr hohes Tempo drauf«, erzählt Bambi. Er erinnert sich noch genau, wie er in diesem Moment die Hand auf Murmels Schulter legte und sagte: »Du zirkelst uns jetzt ganz locker hier durch. Und das hat er dann auch 1-a gemacht.« Es gelang Murmel, den Wagen durch eine Lücke links am Bus vorbeizumanövrieren. »Murmel hat dann noch in den Rückspiegel geschaut und uns gemeldet: Der Toyota ist auch durch!« Es war das letzte Mal, dass einer von ihnen den Wagen sah, in dem Oma und Ärmel saßen. Sie rollten mit dem Mercedes weiter und sahen noch schwarze Geschosse, vermutlich Panzerabwehrgranaten, an sich vorbeifliegen, bis der Wagen schließlich stehen blieb.

Sie waren aus Al Karma heraus, sahen zwar noch Menschen, die Waffen trugen, aber wurden nicht mehr beschossen. »Wir sind dann ausgestiegen, haben eine Rundumsicherung gemacht und die Lage eruiert. Wir haben fest damit gerechnet, dass der Toyota kommt, aber er kam nicht.« Schließlich kam das Erste der drei Lasttaxis und fuhr an ihnen vorbei. Auch der zweite Fahrer sei weitergefahren, erzählt Bambi. Der Dritte habe schließlich nach ein paar Hundert Metern angehalten. Die drei GSG 9er liefen hinterher. Bambi und Murmel warfen sich auf das Gepäck auf der Ladefläche, Flöte stieg auf den

Beifahrersitz. »Man ist voller Adrenalin. Wir waren erst mal froh, dass wir den Wagen unbehelligt verlassen und unsere Fahrt fortsetzen konnten«, erzählt Bambi. »Uns kam dann noch ein Lkw entgegen, der voll war mit tanzenden Leuten, die ihre Waffen in die Höhe hielten. Da haben wir in unserer Dreierblase gedacht, dass wir hier erst mal rauskommen müssen. Wir waren gut sichtbar. Was erwartet uns noch? Jetzt erst mal bis zur Botschaft kommen, das war unser Gedanke.«

Doch kaum in der Botschaft angekommen, ging es um die Frage, wo der Toyota mit Oma und Ärmel abgeblieben war. Der BMW und die Lasttaxis hatten die Botschaft erreicht. »Jeder hat für einen Moment die Hoffnung gehabt, die kommen noch.« Doch Oma und Ärmel kamen nicht. Vier Tage später tauchte ein Video auf, das ein britischer Reporter gedreht hatte, den die Aufständischen zu dem Toyota geführt hatten. In dem Video waren das ausgebrannte Fahrzeug und daneben auch zwei Leichen zu sehen. Was genau passierte, nachdem der Toyota an dem Bus vorbeigefahren war, ist unklar. Der Wagen wurde später geborgen. Eine Granate hatte ihn getroffen, er war von Kugeln durchsiebt. Wahrscheinlich wurden die beiden erschossen, als sie das Fahrzeug verlassen mussten.

Vor Ort ging es darum, die Leichen zu finden, um sie nach Hause überführen zu können. Selbst konnten sie nicht nach ihnen suchen, da das Gebiet von den Aufständischen kontrolliert wurde. Die Amerikaner erhielten Personenbeschreibungen, und die deutschen Sicherheitsbehörden versuchten mithilfe von bezahlten Informanten, in Al Karma an Informationen über den Verbleib der Leichen zu kommen. Schließlich meldeten sich die Amerikaner: Es gebe eine Leiche, die man nicht zuordnen könne. Bambi erhielt den Auftrag, zum Flughafen zu fahren und Gewebeproben zu entnehmen. Dort war ein Leichensack in einem Zelt aufgebahrt. Bambi wurde gewarnt, den Sack besser nur ein Stück weit zu öffnen, gerade so viel, um die Proben entnehmen zu können. Sie wurden zum Bundeskriminalamt nach Wiesbaden geschickt. Einige Tage später teilte sein Teamführer ihm mit, dass es sich um Ärmel gehandelt habe. Tobias Retteraths sterbliche Überreste wurden nach

Deutschland überführt und beerdigt. Thomas Hafenecker, Oma, wurde nie gefunden. Seine Frau, seine Kinder und Eltern hatten nicht die Möglichkeit, ihn zu beerdigen.

Bambi blieb wie vorgesehen drei Monate in Bagdad. »Für uns stand fest, wir wollen bleiben. Ich muss ganz ehrlich sagen, für mich war überraschend, dass die Frage gestellt wurde, ob wir uns das noch zutrauen. Wer soll denn sonst so eine Situation meistern?« Als er abreiste, war die Route über den Landweg nach Amman bereits Vergangenheit. Die Bundesregierung fand Möglichkeiten, dass die GSG 9-Beamten nach Bagdad ein- und ausfliegen konnten. Zurück in Deutschland holte das Erlebte Bambi schließlich ein. »Das erste Gefühl von richtiger Trauer kam, als ich nach Hause kam. Meine Familie hatte Zeitungsausschnitte und Bilder von Ärmels Beerdigung aufbewahrt, da kam die erste richtige Traurigkeit. Bis dahin hatte ich alles relativ sachlich und nüchtern behandelt.« Gemeinsam mit Murmel besuchte er Ärmels Grab und die Familien von Oma und Ärmel. Bambi kehrte noch drei Mal für drei Monate nach Bagdad zurück.

In Deutschland ging es im April 2004 auch um die Frage, warum sich der Konvoi überhaupt auf den Weg gemacht hatte. Hatten die Beamten die Risiken falsch eingeschätzt? In einem Beitrag von *Spiegel TV* wurden die Fahrer der Lasttaxis interviewt, die behaupteten, sie hätten einen der Beamten eindringlich davor gewarnt, zu fahren. Bambi hat daran keine Erinnerung. Die Entscheidung hätten sie gemeinsam getroffen, sagt er. Methat, der Botschaftsfahrer, sei eingebunden gewesen. Oma und Flöte waren die beiden, die Erfahrung mit der Route hatten, Ärmel, Murmel und Bambi waren noch nicht im Irak gewesen. »Mein Gefühl als Novize war: Die wissen, was sie tun, und wollen, dass wir ankommen.« Er habe aber hinter der Entscheidung gestanden. Auch aus der Botschaft gab es keine Anweisung, nicht zu fahren. Bei der GSG 9 gilt: Die Entscheidung, was zu tun ist, treffen diejenigen, die den »Blick ins Gelände« haben. Den hatte jedoch letztlich keiner von ihnen. Das eigentliche Problem war, dass der Landweg damals generell sehr gefährlich war.

Von Mai 2003 bis Januar 2010 war die GSG 9 im Irak im Dauereinsatz. Wer in diesen Jahren bei der GSG 9 war, war mindestens einmal in Bagdad. Im Treppenhaus des Hauptquartiers in Hangelar hängt eine Holztafel mit der Inschrift »Einsatz in Bagdad«, auf der sämtliche Vor- oder Spitznamen der 9er aufgelistet sind, die dort im Dienst waren. Es sind Dutzende. Darunter finden sich Namen wie Mopsi, Phil, Zitze, Cookie, Heini, Milli, Blendax, Fisch, Eros, Mü, Bambi, Elle, Sascha, Jerome, Olaf oder Bla, die auch in diesem Buch vorkommen. Und natürlich Oma und Ärmel. Da der Einsatz über Jahre erhebliche Ressourcen band, fiel schließlich die Entscheidung, die Aufgabe aus der GSG 9 auszugliedern und einer gesonderten Einheit, die heute »Polizeiliche Schutzaufgaben Ausland« (PSA) heißt, zu übertragen. Sie unterstand zunächst noch dem GSG 9-Kommandeur, wurde dann aber vor einigen Jahren gänzlich von der GSG 9 entkoppelt und ist seitdem eine eigenständige Einheit innerhalb der Direktion 11 der Bundespolizei (Spezialkräfte). Für die GSG 9 bedeutete das zwar eine Entlastung, letztlich aber auch den Verlust von Einsatzroutine im Ausland. Einsätze an deutschen Auslandsvertretungen sind zwar weiterhin denkbar, doch die Hürde ist deutlich höher. In Krisenregionen stellt zunächst einmal die PSA die besonders qualifizierten Personenschützer für das Botschaftspersonal. Das gilt zum Beispiel bis heute für die Botschaft in Bagdad und galt bis zu ihrer Schließung im August 2021 auch für die Botschaft in Kabul.

Evakuierung der Botschaft in Kabul

»Fisch« ist seit bald 40 Jahren bei der GSG 9. Im Juni 2021 ging er als Sicherheitsberater an die Botschaft in Kabul. Drei Jahre zuvor war er schon einmal dort gewesen, damals für ein Jahr. Formal gehörte er als Sicherheitsberater der Botschaft nicht zur GSG 9, da er ans Auswärtige Amt entsandt war, kehrte im Anschluss an diese Aufgabe jedoch zu den 9ern zurück. Er gehört zu den sehr wenigen, die schon besonders lange bei der GSG 9 sind. Mit 19 begann er mit der Ausbildung bei der GSG 9. Er wurde Truppführer in der ersten Einheit, stieg schließlich auf zum Einheitsführer. Als Kommandeur Jerome Fuchs seine Ausbildung bei der GSG 9 machte, war Fisch einer seiner Ausbilder. Er war mehrfach für den Verband im Ausland.

Als Sicherheitsberater in Kabul war Fisch für weit mehr als den Personenschutz verantwortlich, nämlich für das Sicherheitskonzept der Botschaft insgesamt. Das schloss die PSA-Personenschützer ein sowie das örtliche Sicherheitspersonal. Darüber hinaus hielt er Verbindung zu den anderen Auslandsvertretungen der NATO-Verbündeten, allen voran zur US-Vertretung, ohne die in der Green Zone von Kabul, in der sich auch die deutsche Botschaft befand, gar nichts ging. Unter dramatischen Umständen führte Fisch am 15. August 2021 die Evakuierung der deutschen Botschaft durch, als die Taliban zur Überraschung der westlichen Geheimdienste die afghanische Hauptstadt kampflos einnahmen und im Präsidentenpalast einzogen. Fisch befehligte den Konvoi, mit dem das deutsche Botschaftspersonal, darunter auch drei Mitarbeiter des BND, zur US-Botschaft gebracht wurde – gesichert von den PSA-Kräften, die Waffen im Anschlag. Zu diesem Zeitpunkt war eine Fahrt zum Flughafen nach Einschätzung vor Ort bereits nicht mehr zu verantworten. Die Briten, deren Botschaft in Kabul unmittelbar neben der deutschen liegt, waren bereits abgezogen, selbst die Green Zone galt nicht mehr als sicher. Vom Gelände der US-Botschaft wurden sie mit Hubschraubern der US-Armee zum militärischen Teil des Flughafens in Kabul ausgeflogen. Die Öffentlichkeit verfolgte danach tagelang, wie Tausende Afghanen versuchten, das Land zu verlassen, als Amerikaner, Deutsche und weitere Verbündete so viele ihrer Staatsangehörigen und ihrer Ortskräfte wie möglich mit Militärmaschinen evakuierten.

Immer wieder ist die GSG 9 seit ihrer Gründung an deutsche Auslandsvertretungen geschickt worden. Diese »Feuerwehrfunktion« macht das Gros der Auslandseinsätze aus. In den 1980er-Jahren ging es mehrfach in den Libanon, aber auch nach El Salvador, Liberia, Kongo, Peru, Angola oder Haiti, um nur einige Einsätze zu nennen, die sich jeweils über mehrere Wochen hinzogen. Oftmals waren es Ad-hoc-Einsätze, da Leib und Leben des Botschaftspersonals bedroht waren. GSG 9-Kommandeur Jerome Fuchs wurde im September 2002, als er Chef der maritimen Einheit war, von jetzt auf gleich mit einem Team in die Elfenbeinküste nach Westafrika geschickt. Anlass war eine Rebellion von Teilen der Armee, die zu bürgerkriegsähnlichen Zuständen führte. Ein führender Oppositioneller des Landes flüchtete sich in die Residenz des deutschen Botschafters in Abidjan. Er wurde von regierungstreuen Truppen bedroht. Das Auswärtige Amt fürchtete deshalb um die Sicherheit der Residenz und des Botschafters. In einer Telefonschalte des Krisenstabs im Auswärtigen Amt wurde beschlossen, sofort Einsatzkräfte der GSG 9 zu entsenden. Die Lufthansa stellte umgehend ein Flugzeug zur Verfügung. »Wir saßen in derselben Nacht noch in einer Maschine nach Afrika«, erinnert sich Fuchs. »Darauf muss man eingestellt sein, dass das immer passieren kann.« Auch wenn die Verlegung schnell ging, kamen die Einsatzkräfte schließlich nur über Umwege ins Land. Die Elfenbeinküste sperrte den Flughafen von Abidjan, sodass die Maschine aus Frankfurt zunächst nach Accra ins benachbarte Ghana ausweichen musste. Am kommenden Tag gelangte das Team der GSG 9 schließlich nach Abidjan. Die unmittelbare Bedrohung vor Ort war zu diesem Zeitpunkt bereits von französischen Soldaten abgewendet worden. Fuchs und sein Team blieben aber drei Monate lang vor Ort.

Beim Sturz des Mobutu-Regimes im Kongo

Am 16. Mai 1997 setzte die Rebellenbewegung AFDL im Kongo der Herrschaft von Präsident Mobutu Sese Seko ein Ende. Angeführt wurde sie von Laurent-Désiré Kabila, der neuer Präsident wurde. Mobutu hatte das Land mehr als dreißig Jahre lang diktatorisch regiert. Zwei Tage lang dauerte es, bis das alte Regime aus Kinshasa vertrieben war. In der Nacht vom 16. auf den 17. Mai stand ein Team der GSG 9 auf dem Dach der deutschen Botschaft und beobachtete, was sich in der Stadt abspielte. Mit zehn Mann waren sie im Kongo, um die Botschaft zu schützen, »Martini« war einer von ihnen. »Das war kein

Riesenkampf, aber es gab einzelne heftige Gefechte und Granatbeschuss. Über uns flogen Gewehrkugeln. Dramatisch waren die gewalttätigen Plünderungen, die überall in der Stadt stattfanden, auch direkt gegenüber der Botschaft«, erinnert er sich. Am Tag zuvor und in der Nacht hatte das Team der GSG 9 die deutschen Staatsangehörigen in der Stadt auf das Botschaftsgelände in Sicherheit gebracht. Die Rebellen waren monatelang langsam, aber unaufhaltsam vorgerückt, bis sie schließlich vor den Toren der Hauptstadt standen. Der Aufenthalt im Land war hochgefährlich. Das hatten Martini und seine Kameraden am eigenen Leib erfahren.

Fünf Wochen vor dem Sturz des Mobutu-Regimes waren sie ins Land gekommen. Der Alltag bestand darin, den Botschafter bei Außenterminen zu begleiten und ihn sowie die Botschaft zu beschützen und die absehbar bevorstehende Evakuierung der Deutschen im Land vorzubereiten. Die GSG 9 hielt sogar zwei Einsatzboote am Kongofluss bereit, um Personen im Extremfall ans andere Ufer in die benachbarte Republik Kongo-Brazzaville bringen zu können. Alle drei bis vier Tage fuhren sie die Evakuierungsrouten ab, um im Bilde zu sein, was sich auf den Straßen abspielte. Am 24. April 1997, also drei Wochen vor dem Umsturz, waren sie wieder unterwegs, in Zivil und mit Diplomatenpässen ausgestattet, in einem Fahrzeug der deutschen Entwicklungshilfe GTZ. Vier Beamte der GSG 9, inkognito, mit einer einzigen Waffe, um sich notfalls gegen Kriminelle verteidigen zu können. Schon das war riskant. Wer mit einer Waffe erwischt wird, der wird erschossen, hatte Mobutu per Dekret verfügt. Die Route führte an Camp Tshatshi vorbei, wo die Leibgarde Mobutus kaserniert war. Ein Ort, der für Gräueltaten bekannt war. Dort fuhren sie in eine Militärsperre. »Wir sind dann mit bewaffneter Begleitung zur Wache des Camps gebracht worden. In der Wache ging dann plötzlich die Tür auf, und zehn Soldaten kamen herein. Der Ton wurde schärfer, wir wurden geschlagen, mit Knüppeln und Gewehrstößen auf einen Pritschenwagen getrieben und zum Gefängnistrakt gefahren.« Dort wurden sie durchsucht, wobei auch die Waffe entdeckt wurde. »Einer der Soldaten fuchtelte ständig mit einer Pistole vor unseren Köpfen. Ich hatte die berechtigte Sorge«, erinnert sich Martini, »dass der sie nicht richtig bedient und sich versehentlich ein Schuss löst.«

Jeweils zu zweit wurden sie in zwei Zellen gesperrt. Darin war es stockfinster, da es draußen mittlerweile schon dunkel war. Sie fanden eine kleine Luke, durch die sie mit einem Häftling in der Nachbarzelle sprechen konnten, einem Libanesen. »Der sagte uns, er sei jetzt seit drei Monaten da, wisse aber nicht, warum. Das war unsere größte Sorge, dass niemand mitbekam, wo wir waren.« Fünf oder sechs Stunden hockten sie in der Zelle und fragten sich, ob sie das Camp lebend wieder verlassen würden. Schließlich ging die Tür auf, und sie wurden mit lautem Gebrüll hinausgetrieben. Zurück auf der Wache trafen sie auf einen Mitarbeiter von Mobutus Geheimdienst, der ihnen sagte, sie sollten sich keine Sorgen machen. Doch freigelassen wurden sie nicht. Stattdessen wurden sie in ein Auto gepfercht, mussten sich ducken, um nicht gesehen zu werden, und wurden aus dem Camp gefahren. Nach einer Weile erreichten sie ein abgeschirmtes Villengrundstück und hielten dort. Martini und seine drei Kameraden wurden an den Haaren herausgezogen und auf den Boden gedrückt. »Die haben sich mit vier Soldaten hinter uns gestellt, die Kalaschnikows auf den Kopf gerichtet und durchgeladen.« Er selbst habe in dem Moment nicht an eine Hinrichtung geglaubt, erzählt Martini. Vermutlich, weil gegenüber in der Schusslinie weitere Soldaten standen, wie er nachträglich rekonstruierte. Nach kurzer Zeit ließen die Soldaten sie aufstehen und fingen an zu lachen.

Sie wurden ins Haus gebracht und trafen dort auf den Geheimdienstchef. »Er war höchst aggressiv seinen eigenen Leuten gegenüber, und wir konnten dann mithören, wie er mit einem Vertreter der deutschen Botschaft telefonierte. Der brüllte ihn an, er solle uns sofort freilassen.« Sie bekamen noch etwas zu trinken angeboten und durften schließlich mit ihrem eigenen Fahrzeug fahren – eskortiert von der Leibgarde des Präsidenten. Als diese jedoch nicht zur Botschaft fuhr, sondern Richtung Kongofluss, beschlossen sie zu flüchten. Martini saß am Steuer, bog plötzlich an einer Kreuzung ab und raste Richtung deutscher Botschaft, die sie schließlich auch unbeschadet erreichten.

Später stellte sich heraus, dass sie zum Verteidigungsminister gebracht werden sollten, wo der deutsche Botschafter auf sie wartete. Der Minister wurde später in der Nacht des Umsturzes, vermutlich von der Präsidentengarde, ermordet. Nach der Machtübernahme blieb das Team noch drei Wochen im Kongo – zwischenzeitlich war es nicht mehr möglich, das Land zu verlassen. »So, wie es ausgegangen ist, war ich für die Erfahrung sogar dankbar«, meint Martini. »Das war prägend. Aber natürlich bin ich dankbar, dass wir alle lebend nach Hause kamen. Wer sagt, er hätte in so einer Lage keine Angst, der lügt wahrscheinlich.«

Wann kann die GSG 9 im Ausland eingesetzt werden?

Auslandseinsätze – das ist die »Königsklasse« oder die »Champions League«, heißt es bei der GSG 9. Die Gründe liegen auf der Hand: Ein Einsatz in einem fernen Land, in einer Krisenregion, unter Bedingungen, die völlig andere sind als zu Hause in Deutschland, bedeutet eine ganz andere Herausforderung als ein Inlandseinsatz. Der bis heute bekannteste Einsatz der GSG 9, 1977 in Mogadischu, war ein Auslandseinsatz. Sie sind außerdem das vielleicht wichtigste Alleinstellungsmerkmal in Abgrenzung zu anderen deutschen polizeilichen Spezialeinheiten. Die Kompetenzen und Fähigkeiten der GSG 9 auf diesem Gebiet sind einzigartig in Deutschland. Die Rechtsgrundlage ist in § 8 des Bundespolizeigesetzes verankert, in dem die Verwendung der Bundespolizei im Ausland geregelt ist. Absatz 2 bezieht sich dabei auf Einsätze der GSG 9, ohne diese ausdrücklich beim Namen zu nennen: »Die Bundespolizei kann ferner im Einzelfall zur Rettung von Personen aus einer gegenwärtigen Gefahr für Leib oder Leben im Ausland verwendet werden.« Einschränkend heißt es weiter: »Die Verwendung ist nur für humanitäre Zwecke oder zur Wahrnehmung dringender Interessen der Bundesrepublik Deutschland und im Einvernehmen mit dem Staat, auf dessen Hoheitsgebiet die Maßnahme stattfinden soll, zulässig.« Diese Einschränkung ist ganz wesentlich:

Die Zustimmung des Staates, in dem die GSG 9 eingesetzt werden soll, ist die Voraussetzung für einen Einsatz. Das wiederum setzt allerdings voraus, dass es vor Ort staatliche Strukturen gibt, was nicht immer oder in einigen Fällen nur sehr eingeschränkt der Fall ist, etwa in »Failed States«. In diesen Fällen geht es vor allem um Geisellagen, bei denen deutsche Staatsangehörige in die Gewalt einer Terrorgruppe oder von Kriminellen geraten sind – zu Land oder auch auf See. Ein Einsatz zum Schutz einer deutschen Auslandsvertretung ist nicht an die Zustimmung des Ziellandes gebunden, da das Botschaftsgelände deutsches Hoheitsgebiet ist.

Am 19. September 2008 wurde eine Touristengruppe in Ägypten entführt. Elf Frauen und Männer, fünf davon aus Deutschland, sowie ihre acht ägyptischen Reisebegleiter. Die Gruppe war auf einer Wüstentour zum Gilf el-Kebir, einem Hochplateau in der Sahara im Südwesten Ägyptens, nahe der Grenze zu Libyen. Auf ihrer Reise wurden sie von sudanesischen Kidnappern entführt, die sie zunächst in den Sudan, dann nach Libyen und schließlich in den Tschad verschleppten. Die Geiseln wurden immer wieder in neue Verstecke gebracht, um die Suche nach ihnen zu erschweren. August Hanning, damals Staatssekretär im Bundesinnenministerium und davor Chef des Bundesnachrichtendienstes, ebnete über geheimdienstliche Kanäle das Feld für eine gewaltsame Befreiung der entführten Gruppe durch die GSG 9. Bei aller Diskretion war es keineswegs selbstverständlich, dass Ägypten eine Operation dieser Art durch die deutsche Polizei auf seinem Hoheitsgebiet erlaubte. Innerhalb weniger Tage wurde die gesamte GSG 9 entsandt und ein Camp in der Wüste aufgebaut. Doch unmittelbar nachdem der Verband sein Lager aufgeschlagen hatte, gerieten die Entführer bei einer erneuten Verlegung der Geiseln mit ihrem Tross in eine Grenzkontrolle des ägyptischen Militärs. Die Kidnapper flüchteten und ließen die Geiseln zurück. Eine Befreiung durch die GSG 9 war damit hinfällig geworden.

Die Ausgangslage bei Geisellagen ist eine völlig andere als bei Einsätzen zum Schutz einer deutschen Auslandsvertretung. Wenn das Leben des Botschaftspersonals bedroht ist, steht außer Frage, dass die

Bundesregierung für seine Sicherheit und Unversehrbarkeit sorgen muss. Hier ist von Personenschutz bis hin zu einer Evakuierungsmaßnahme alles denkbar. Eine gewaltsame Befreiung bei einer Entführungslage im Ausland hingegen ist immer eine Einzelfallentscheidung, die von zahlreichen Faktoren abhängig ist. Bei vielen Entführungen wollen kriminelle Gangs schnelles Geld verdienen und haben gar kein Interesse daran, ihre Geisel lange festzuhalten. Die Dinge liegen anders, wenn die Entführung einen politischen Hintergrund hat, zum Beispiel weil die Täter zu einer Terrororganisation gehören und eine Entführung propagandistisch ausschlachten oder die Bundesrepublik erpressen wollen. Auch wenn eine Geisel für die deutsche Entwicklungshilfe oder eine Hilfsorganisation tätig ist, kann man von einem politischen Hintergrund sprechen. Eine Rolle spielt auch die mediale Aufmerksamkeit, die ein Entführungsfall in Deutschland erfährt. Das wiederum kann politischen Druck erzeugen.

Auslandseinsätze sind in jedem Fall hochpolitisch, da sie die Souveränität eines anderen Landes berühren. Oder auch mehrerer Länder, wenn beispielsweise nicht nur deutsche Staatsangehörige entführt wurden, sondern auch andere Nationen betroffen sind. Ob in Fällen wie diesen eine gewaltsame Befreiung durch die Entsendung deutscher Spezialkräfte in Betracht kommt, hängt von zahlreichen Faktoren ab. Lässt sich der Aufenthaltsort der Geisel(n) überhaupt zuverlässig ermitteln? Schon hier ist Deutschland in der Regel auf Unterstützung aus dem Ausland angewiesen. Gibt es Anhaltspunkte zum Aufenthaltsort der Entführungsopfer, werden sogenannte Aufklärungskräfte entsandt, um abzuklären, ob eine solche Operation überhaupt durchführbar wäre und zu welchem Risiko.

Der Ort, an dem diese Fragen besprochen werden, ist der Krisenstab des Auswärtigen Amts. Hier kommt jeder Entführungsfall, an dem deutsche Staatsangehörige beteiligt sind, auf den Tisch. Auch wenn eine deutsche Auslandsvertretung oder überhaupt deutsche Staatsbürger aufgrund einer krisenhaften Entwicklung bedroht sind, werden hier Konsequenzen bis hin zu Evakuierungsmaßnahmen besprochen. Hier sitzen alle am Tisch, die zu einer Lagebewertung und ihrer Lösung etwas beitragen können – wie auch immer sie aussehen mag. Geleitet wird der Krisenstab vom Krisenbeauftragten, in besonders wichtigen Fällen von einem Staatssekretär des Auswärtigen Amts. Vertreten sind das Bundeskanzleramt, das Bundesinnenministerium, der Bundesnachrichtendienst, die Bundespolizei, das Bundeskriminalamt, das Verteidigungsministerium und das Bundesministerium für Entwicklung und wirtschaftliche Zusammenarbeit, je nach Lage auch weitere Behörden. Allerdings ist der Krisenstab ein Konsensgremium, niemand am Tisch ist weisungsbefugt. Am Ende steht schließlich eine politische Entscheidung, die von den Bundesministerinnen oder -ministern der betroffenen Ressorts zu treffen ist. Sobald der Einsatz von Spezialkräften als Option in Erwägung gezogen wird, geht es um die Frage, wer den Zuschlag bekommt. Der Mitbewerber der GSG 9 auf diesem Feld ist ein militärischer: das Kommando Spezialkräfte (KSK) der Bundeswehr.

GSG 9 oder KSK?

Gegründet wurde das KSK, nachdem Deutschland 1994 bei der Evakuierung deutscher Staatsangehöriger während des Völkermords in Ruanda auf die Unterstützung durch die belgische Armee angewiesen war. Die GSG 9 lehnte den Einsatz seinerzeit ab, da die Verbandsführung in Hangelar der Überzeugung war, es handele sich um eine Lage, die militärisch gelöst werden müsse. Den Fallschirmjägern der Bundeswehr traute man seinerzeit den Einsatz nicht zu. Zwar waren sie für »Kommandoeinsätze« vorgesehen, verfügten jedoch nach damaliger Einschätzung nicht über Ausrüstung und Fähigkeiten von Spezialkräften. Das KSK sollte diese Fähigkeitslücke in der Bundeswehr schließen. Der Verband ist in der Graf-Zeppelin-Kaserne in Calw stationiert und wurde im September 1996 offiziell in Dienst gestellt. An der Ausbildung der ersten Einsatzkompanien war die GSG 9 wesentlich beteiligt. Wie die GSG 9 auch, orientierte sich das KSK in seiner Aufbauphase darüber hinaus an Spezialeinheiten im Ausland, vor allem in den USA und in Großbritannien. Bereits kurze Zeit später wurde das KSK in erste Einsätze geschickt, als es im Zuge der Kriege auf dem Balkan darum ging, mutmaßliche Kriegsverbrecher festzunehmen. Mittlerweile ist das KSK mit rund 1600 Soldatinnen und Soldaten deutlich größer als die GSG 9. Es gibt klare Unterschiede: Das KSK ist Teil der Bundeswehr, es hat dementsprechend einen militärischen Auftrag, die GSG 9 hingegen einen polizeilichen. Das bedeutet auch, dass das KSK deutlich aggressiver vorgehen kann. Als Verband der Bundeswehr kommt es ausschließlich im Ausland zum Einsatz. Im Unterschied zum KSK muss der Bundestag bei Auslandseinsätzen der GSG 9 nicht seine Zustimmung erteilen. Bei Einsätzen des KSK, die der Geheimhaltung unterliegen, müssen zumindest die Obleute der einzelnen Fraktionen im Verteidigungsausschuss informiert werden – die Zustimmung des Parlaments wird dann im Nachgang eingeholt, um die Geheimhaltung einer Operation nicht zu gefährden.

Grundsätzlich sind die Trennungslinien nicht leicht zu ziehen, wenn es um die Frage geht, ob ein Einsatz eher ein Fall für die GSG 9 oder das KSK wäre. In manchen Fällen sogar gar nicht. Je robuster die Situation im Einsatzgebiet, je mehr es sich um ein Kriegsgebiet handelt, desto eindeutiger ist das KSK gefordert. In Krisenregionen hingegen kann man trefflich darüber streiten, wer beispielsweise im Falle einer Geiselbefreiung besser geeignet wäre. Im Prinzip hätte eine polizeiliche Lösung Vorrang, da eine Geiselnahme zunächst einmal eine polizeiliche Lage ist. De facto aber brach sich in diesen Fällen, die zwar selten vorkommen, das Wettbewerbsverhältnis zwischen GSG 9 und KSK Bahn, wenn es in den vergangenen Jahren um Geisellagen im Irak, in Somalia oder in Mali ging. Dabei wäre durchaus denkbar, eine entsprechende Operation auch gemeinsam zu bestreiten. Das würde jedoch voraussetzen, dass GSG 9 und KSK regelmäßig gemeinsam trainieren. Die Realität sieht anders aus. Als dieses Buch entsteht, ist das KSK aufgrund von zahlreichen Rechtsextremismus-Ermittlungen in den eigenen Reihen, die schließlich zur Auflösung einer ganzen Kompanie führten, stark mit sich selbst beschäftigt. Letztlich hat sich der Wettbewerbsdruck mit der GSG 9 auch deshalb eher verschärft.

Mehr denn je braucht das KSK Erfolge, um seine schwer angeschlagene öffentliche Reputation wiederherzustellen. Die dramatische Situation am Flughafen von Kabul nach der Machtübernahme der Taliban in Afghanistan bot dazu eine Gelegenheit, die das KSK genutzt hat.

Im Unterschied zur GSG 9, die nur wenige Jahre nach ihrer Gründung mit der Befreiung der »Landshut« einen identitätsstiftenden Einsatz hatte und damit eine Gelegenheit, sich öffentlichkeitswirksam zu bewähren, kann das KSK nicht auf einen Einsatz dieser Art zurückblicken. Das spielt mit Blick auf das Selbstverständnis der beiden Verbände zweifellos eine Rolle. Dabei war das KSK ab 2001 zwanzig Jahre lang nahezu durchgehend in Afghanistan im Einsatz. Der Verband war in dieser Zeit an einer Vielzahl von Festnahmen beteiligt, darunter von Hubschraubern unterstützte Operationen, von denen die Öffentlichkeit jedoch wenig oder gar nichts erfuhr. Karl Theodor zu Guttenberg (CSU) war der erste Verteidigungsminister, der 2010 den Einsatz der Bundeswehr in Afghanistan als »Kriegseinsatz« bezeichnete. Bis dahin tat sich die Bundesregierung quälend schwer damit, die Dinge beim Namen zu nennen. In Afghanistan kam es auch zum wohl bedeutendsten Einsatz des KSK bisher: der Evakuierung des deutschen Generalkonsulats in Masar-e Sharif am 10. November 2016 infolge eines schweren Terroranschlags.

Unmittelbar vor dem Gebäude hatte der Fahrer eines Lkw, der mit bis zu vier Tonnen Sprengstoff beladen war, eine Sprengladung gezündet. Danach drangen wahrscheinlich drei oder vier Selbstmordattentäter – bis heute ist nicht sicher, wie viele es waren – mit Kalaschnikows und Sprengstoff bewaffnet in das Gebäude ein. In seinem Ostflügel befanden sich bis zu 25 Beschäftigte, in einem anderen Teil der Generalkonsul mit weiteren Mitarbeitern und Personenschützern. Kurz nach einer »Schnellen Eingreiftruppe«, die aus georgischen Soldaten bestand, trafen zehn KSK-Soldaten mit acht Kampfrettern, eine Spezialeinheit der Luftwaffe, aus dem nicht weit entfernten Camp Marmal ein, um die Lage zu lösen. Teile des Gebäudes standen in Flammen. Den KSK-Kräften gelang es, die Personen im Ostflügel sowie den Generalkonsul und die übrigen Beschäftigten zu evakuieren, während sich die Attentäter noch im Objekt befanden. Der Vorfall fand in Deutschland nur verhältnismäßig wenig Beachtung. Als herausragender Einsatz des KSK ist er zumindest nicht in Erinnerung geblieben.

Beide Verbände versuchen, ihr »Auslandsgeschäft« am Laufen zu halten. Dazu gehören auch Ausbildungskooperationen mit anderen Ländern. Der Erfolg von Mogadischu 1977, der weltweit registriert wurde, machte die GSG 9 schlagartig zu einem gefragten Ausbildungspartner im Ausland. Von den Deutschen wollte man jahrelang vor allem lernen, wie man ein Flugzeug stürmt. Ausbildungskooperationen gab es mit Somalia, Saudi-Arabien, Israel, Argentinien und Brasilien bis hin zu Thailand, Malaysia und Indonesien, um nur Beispiele außerhalb Europas zu nennen – die Liste ist lang. Einsatzkräfte der GSG 9 bildeten entweder dort aus, oder die Einheiten kamen dafür nach Deutschland. Dabei waren derartige Ausbildungskooperationen mit dem Ausland oftmals politische Entscheidungen, mit denen mitunter Wohlwollen oder Gegenleistungen anderer Regierungen erkauft werden konnten. Aber wofür die jeweiligen Länder diese Fähigkeiten dann einsetzen, ist eine andere Frage und Teil der politischen Abwägung. Gleichzeitig setzt die GSG 9 auf strategische Partnerschaften mit Ländern, die im Falle eines Auslandseinsatzes von Bedeutung sein könnten. Mittlerweile unterhält der Verband einen Verbindungsbeamten in Tunesien, der den regelmäßigen Austausch mit den beiden polizeilichen Spezialeinheiten im Land organisiert. Zum einen will die GSG 9 auf diese Weise von den Erfahrungen vor Ort profitieren, zum anderen geht es darum, im Falle eines Einsatzes in Nordafrika bereits einen Fuß in der Tür zu haben. Auch mit der Elfenbeinküste, wo die französische Eliteeinheit GGN ein Anti-Terror-Trainingszentrum unterhält, sowie mit Burkina Faso erwägt die GSG 9, eine strategische Partnerschaft zu etablieren. Das Beispiel Burkina Faso macht dabei deutlich, wie schnell sich die politischen Verhältnisse grundlegend ändern können: Dort putschte im Januar 2022 das Militär.

Zur Wahrheit gehört, dass die GSG 9 in den vergangenen Jahren kaum Auslandseinsätze hatte. Die Suche nach strategischen Partnern ist die notwendige Konsequenz aus der Tatsache, dass weder die GSG 9 noch das KSK in der Lage wären, im Falle eines Auslandseinsatzes etwa in Afrika die logistischen Herausforderungen alleine zu bewältigen. Die GSG 9 ist dabei in dieser Hinsicht in einer ungünstigeren Ausgangslage als das KSK: Ohne Unterstützung der Bundeswehr ginge meist gar nichts. Doch auch die Bundeswehr wäre auf Unterstützung aus dem Ausland angewiesen, insbesondere durch die US-Armee. Im militärischen Jargon spricht man von strategischer Kräfteprojektion: Wie schnell ist man in der Lage, Mensch und Material in die Zielregion zu transportieren? Wie viel einsatzbereites Material steht dafür zur Verfügung? Hat man Hubschrauber, die auch in der Luft betankt werden können? Stehen die nötigen Mittel für die Aufklärung im Vorfeld und während der Operation zur Verfügung? Tatsache ist, dass die Bundeswehr über die dafür nötigen Mittel entweder gar nicht oder nicht in ausreichender Menge verfügt. Und schließlich geht es um die Frage, ob der nötige politische Wille vorhanden ist, die Risiken einer derartigen Operation in Kauf zu nehmen.

Kapitel 11

Eine Einheit für Berlin

GSG 9 in Berlin. Die Außenstelle ist klein und diskret. Kein Hinweis an der Tür, wer oder was sich dahinter befindet. Doch eins merkt man sofort: Hier sieht es völlig anders aus als bei den drei Einsatzeinheiten unter dem Dach des Hauptquartiers in Hangelar. Kein langer Flur mit den »Buden« der Männer, keine Erinnerungen an die vergangenen Jahrzehnte. Wie auch – die vierte Einheit ist eine Neugründung. »Die GSG 9 in Berlin, das ist definitiv etwas anderes«, sagt »Heini«, der Einheitsführer. Stattdessen gibt es ein modernes Großraumkonzept, das mit den Arbeitsbedingungen – um nicht zu sagen: dem Mief – im Hauptquartier so gar nichts gemeinsam hat. Mit einem langen Tisch für Besprechungen und zum Essen, drei großen grauen Ledersofas als sozialem Mittelpunkt, in U-Form um einen großen Flatscreen-Fernseher angeordnet – das ist das Herzstück der vierten Einheit. Draußen in einem Lichthof steht ein Grill. An einem Raumtrenner hängt ein großer Stadtplan von Berlin. Dahinter befinden sich vier Computer-Arbeitsplätze. An der Wand hängt ein gerahmtes Trikot von Hertha BSC Berlin, versehen mit einer Widmung: »Für die 4. GSG 9«.

Die andere Hälfte des Großraums besteht aus einem Briefing-Bereich mit einer Beamer-Leinwand, wo aktuelle Dienstpläne hängen. Hier werden bevorstehende Einsätze geplant und besprochen. Zu beiden Seiten befinden sich die »Cages«, wie es sie auch in Hangelar gibt: große Metallregale, in denen die Männer ihre Ausrüstung deponieren. Zwei Türen weiter befindet sich ein Bereich mit Fitnessgeräten und einem Raum, in dem Kampfsport trainiert wird. Die Einheitsführung ist in einem anderen Teil des Gebäudes untergebracht, wie auch die Schlafräume für die Männer. All das gibt einen Vorgeschmack darauf, wie die anderen Einsatzeinheiten im zukünftigen Hauptquartier in Hangelar einmal untergebracht sein werden – wann immer es fertig sein wird. In diesem Sinne ist die vierte Einheit in einer Vorreiterrolle.

Heini, der Chef der »400«er, steht dabei für Kontinuität. Knapp 20 Jahre war er in Hangelar, bis er in die Hauptstadt wechselte. Zuletzt als Truppführer in der dritten Einheit. 2017 erhielt die GSG 9 den Auftrag, eine Einsatzeinheit in Berlin aufzubauen. Die Rekrutierung der Einsatzkräfte für die neue Einheit fand noch unter dem Dach des Hauptquartiers statt. »Das haben wir komplett in St. Augustin gemacht. Berliner, die sich beworben haben, mussten erst einmal nach St. Augustin«, erklärt Heini. »Wir hatten einige Stammkräfte, die gesagt haben, ich gehe nach Berlin. Der Standort ist also nicht nur mit jungen Bewerbern aus Berlin befüllt worden.« Einer der Stammkräfte war »Zitze«. Er war, wie Heini auch, in Hangelar in der dritten Einheit und wurde gefragt, ob er als Truppführer in die neue Hauptstadteinheit gehen wolle. Zitze ist in Norddeutschland aufgewachsen, sein Bruder ist beim SEK der Berliner Polizei. »Ich bin hierhergekommen mit dem Wunsch, näher an die Heimat zu kommen«, erzählt er. Allerdings blieb seine Familie in Bonn, sodass er pendelt. Entscheidend für den Wechsel war für ihn etwas anderes: »Der Hauptpunkt war, etwas Neues zu machen. In Hangelar schwimmst du so mit, hier konntest du dich ganz anders einbringen. Die Aufgaben hier sind verantwortungsvoller. In Hangelar ist alles schon da, hier wurde alles von der Pike auf neu gemacht. Neue, junge Leute anlernen, das war für mich eine sehr interessante Aufgabe und Herausforderung.« Für die GSG 9 war der gesamte Prozess alles andere als banal – der Verband betrat damit in jeder Hinsicht Neuland. Es ging um viel mehr als den Aufbau einer zusätzlichen Einheit. Zum ersten Mal überhaupt sollte die GSG 9 einen zusätzlichen Standort bekommen. Zum ersten Mal würden nicht mehr alle unter einem Dach sein.

Ausschlaggebend für die Entscheidung waren vor allem die dramatischen Ereignisse in Paris im Jahre 2015. Am 7. Januar wurde das

Satiremagazin *Charlie Hebdo*, das Mohammed-Karikaturen veröffentlicht hatte, Ziel eines islamistischen Terroranschlags. Zwei Attentäter drangen in die Redaktion ein und töteten elf Menschen. Doch es kam noch schlimmer. Am Abend des 13. November 2015 schlug ein Terrorkommando des sogenannten Islamischen Staats, bestehend aus zehn Männern, in der Pariser Innenstadt zu. Die Fernsehzuschauer in Deutschland waren live dabei, als zwei Attentäter ihre Sprengstoffwesten vor dem Stade de France zündeten, während die deutsche Nationalelf gegen Frankreich spielte. Weitere Attentäter drangen in Bars und Restaurants in der Innenstadt ein und feuerten wahllos auf die Gäste. Andere schossen sich den Weg ins Konzerthaus Bataclan frei, um dort das Feuer auf die Menge zu eröffnen. Insgesamt töteten die Terroristen 131 Menschen, Hunderte wurden verletzt.

Dabei unterstrichen diese Anschläge in Paris, was man eigentlich schon lange vor 2015 wusste: dass die Hauptstädte bevorzugtes Ziel islamistischer Terroristen sind. Bereits im März 2004 war es zu Bombenanschlägen in mehreren Regionalzügen in Madrid gekommen. London erlebte zahlreiche islamistische Terroranschläge, den schwersten im Juli 2005 auf U-Bahn-Züge und einen Bus durch mehrere Selbstmordattentäter. Es kamen jeweils Dutzende Menschen zu Tode. Die Ereignisse in Frankreich im Jahre 2015 waren dabei ein Schlüsselerlebnis – auch für diejenigen, die in Deutschland Verantwortung für die Sicherheit trugen. Schlagartig stand die Frage im Raum: Ist Deutschland für vergleichbare Anschläge gerüstet? Die GSG 9 sollte schneller in der Hauptstadt verfügbar sein. »Die naheliegendste Begründung ist, dass wir uns dort vorbereiten müssen auf terroristische Anschläge. Dass das am Regierungssitz sehr leicht passieren kann, das zeigen alle Beispiele weltweit – da muss man kein Hellseher sein«, erklärt Hans-Georg Engelke, Staatssekretär im Bundesinnenministerium. »Die GSG 9 muss in der Hauptstadt sein und gleichzeitig da bleiben, wo sie schon immer war. Ich bin froh, dass sie jetzt hier in Berlin ist.« Ein Umzug des gesamten Verbands nach Berlin wäre eine Option gewesen, die jedoch schnell vom Tisch war. Denn es gab durchaus Argumente, warum die GSG 9 in St. Augustin verbleiben sollte, auch nach dem Umzug der Regierung nach Berlin. Aus Sicht der GSG 9 bietet der Standort ideale Trainingsbedingungen. Außerdem liegt er im bevölkerungsreichsten Teil Deutschlands, im Unterschied zu Berlin. Aus logistischen Gründen sprach also einiges dafür, sich gegen einen kompletten Umzug der GSG 9 zu entscheiden. Dass der Verband sich in St. Augustin zu Hause fühlt und verwurzelt ist, viele Einsatzkräfte dort mit ihren Familien leben, ist zweifellos Teil der Gesamtrechnung gewesen. Der Kompromiss war schließlich, dass die GSG 9 einen zusätzlichen Standort in Berlin bekommen sollte, mit einer weiteren Einsatzeinheit für die Hauptstadt.

Doch es vergingen Jahre, bis das Naheliegende endlich umgesetzt war. Erst der Anschlag auf dem Berliner Breitscheidplatz kurz vor Weihnachten 2016 gab den Plänen für ein Standbein der GSG 9 in Berlin den letzten, nötigen Impuls. Erneut war dem Bundesinnenministerium bewusst geworden, dass es im Falle eines Bataclan-Szenarios in Berlin zu lange dauern würde, bis die GSG 9 vor Ort wäre. Es verging noch einmal fast ein Jahr, bis am 13. November 2017 schließlich der Aufstellungserlass des Bundesinnenministeriums für die vierte Einsatzeinheit der GSG 9 erging. Die Suche nach einer geeigneten Unterkunft gestaltete sich allerdings schwierig. Klar war von Anfang an, dass die neue Einheit zunächst in ein Provisorium ziehen würde, und zwar auf dem Gelände der Julius-Leber-Kaserne der Bundeswehr in Berlin-Wedding, direkt am Flughafen Tegel. Während die GSG 9 nach dem Aufstellungserlass zügig ans Werk ging, um den Aufbau der neuen Einheit voranzutreiben, vergingen erneut Jahre, bis die Unterkunft in der Julius-Leber-Kaserne zur Verfügung stand.

Eine Motorrad-Einheit für die Hauptstadt

Neben der Frage der Unterbringung galt es zu klären, welche Rahmenbedingungen am Standort Berlin gelten sollten, insbesondere für den Fall einer Alarmierung. Dazu wurden die Anschlagsszenarien der vergangenen Jahre in europäischen Hauptstädten ausgewertet. Das übergeordnete Ziel war klar: Die neue Hauptstadteinheit sollte im Falle einer Alarmierung so schnell wie möglich verfügbar sein. Am Standort in Hangelar gilt das Prinzip »x plus eins«, das heißt, dass die jeweilige Bereitschaftseinheit innerhalb einer Stunde abmarschbereit sein muss. Für Berlin sollte eine schnellere Verfügbarkeit gewährleistet sein. Deshalb wurde für die neue Einsatzeinheit »x plus 15« festgelegt: also eine Abmarschbereitschaft bereits innerhalb von 15 Minuten. Über die schnelle Reaktionsfähigkeit hinaus sollte außerdem sichergestellt sein, dass die Einsatzkräfte nicht im Großstadtverkehr stecken bleiben. Dementsprechend fiel die Spezialisierung der vierten Einheit aus: Nach Tauchern und Fallschirmspringern bekam die GSG 9 in der Hauptstadt eine Motorrad-Einheit. »Man hat die Möglichkeit, unabhängig von Verkehrswegen und Verkehrsaufkommen Kräfte in den Einsatz zu bringen«, erklärt Heini. »Damit haben wir die Option, schnellstmöglich an einen Brennpunkt zu kommen. Das ist eine Annäherungskomponente, die nicht nur in einer Großstadt Sinn macht.«

Nicht nur mit dem zweiten Standort, sondern auch mit der Spezialisierung als Motorrad-Einheit begann bei der GSG 9 ein neues Kapitel. Das über Jahrzehnte gewachsene Wissen, das in den anderen Einsatzeinheiten über ihre jeweiligen Spezialisierungen vorhanden ist, gab es in der vierten Einheit noch nicht. Zitze hatte immerhin einen Motorradführerschein, aber das galt nicht für jeden, der für die GSG 9 nach Berlin gehen wollte. Und selbst wer einen Motorradführerschein hatte, konnte deshalb noch lange keine Einsätze auf einem »Krad« fahren. In der Aufbauphase fuhr die neue Einheit deshalb im September 2019 zu einem Motorrad-Training bei der Yamam, der Partnereinheit der GSG 9 in Israel. Die Szenen in der ARD-Doku »GSG 9 – Terror im Visier«, die in Israel gedreht wurden, entstanden bei dieser Gelegenheit. Das Motorradtraining durfte damals nicht gedreht werden, da die GSG 9 die Spezialisierung ihrer neuen Einsatzeinheit noch geheim halten wollte. In den Medien wurde immer wieder kolportiert, die Hauptstadteinheit sei spezialisiert auf ABC- oder präziser gesagt CBRN-Anschläge, die mit chemischen, biologischen, radioaktiven oder nuklearen Substanzen verübt werden. Doch bei derartigen Einsatzlagen geht es vor allem um eine besondere Schutzausrüstung, weniger um spezielle Fähigkeiten. Tatsächlich hat sich die GSG 9 insgesamt auf Anschlagsszenarien mit diesen Waffen spezialisiert, vor allem nach den Anschlagsvorbereitungen mit hochgiftigem Rizin in Köln, die im Juni 2018 von der Polizei unterbunden wurden. Bei der israelischen Yamam bekamen die Einsatzkräfte der GSG 9 einen Crashkurs in Sachen Motorrad-Einsätze. Die Yamam verfügt seit vielen Jahren über diese Komponente und setzt sie sehr erfolgreich bei Einsatzlagen in der Innenstadt ein.

Motorradfahren ist etwas anderes, als das Motorrad im Einsatz mit kompletter Ausrüstung zu beherrschen. Zumal die Krads in der Regel in Zweierbesetzung in den Einsatz geschickt werden. »Selbst für erfahrene Motorradfahrer gilt: Eine Treppe herunterfahren oder Geländefahrten ist ein anderer Schnack als auf der Straße«, erklärt Zitze. Im Einsatz ist dabei vieles erlaubt, was sonst verboten ist: Treppenfahren, Fahren über Bahnschienen, durch einen Park, über einen Radweg, selbst durch ein Einkaufszentrum, wenn es nötig wäre. Der Sozius muss dabei während der Fahrt abspringen können, zum Beispiel, um jemanden zu greifen und festzunehmen. Es gibt endlos viele Varianten, wie die Krads taktisch eingesetzt werden können. Ob bei einem Zugriff, einer Observation oder einer Verfolgung. Und damit oftmals in Zivil, um nicht aufzufallen. Bei einem Ad-hoc-Einsatz, wenn es darauf ankommt, so schnell wie möglich vor Ort zu sein, hätte die Berliner Einheit die Möglichkeit, innerhalb weniger Minuten erste Einsatzkräfte auf Motorrädern loszuschicken, bevor weitere, wenn nötig mit besserer Ausrüstung und Fahrzeugen, folgen würden. Auch die SEK in Hamburg und in Berlin verfügen über eine Motorradkomponente, jedoch nicht in dem Umfang wie die GSG 9. Die vierte Einheit könnte komplett mit Motorrädern ausrücken.

Dabei sieht sich die GSG 9 in Berlin als Ergänzung zu den Spezialkräften der Berliner Polizei. »Wir sind keine Konkurrenzeinheit zum SEK Berlin«, betont Heini. Aus Sicht der Berliner Polizei eine willkommene Ergänzung, denn das SEK der Hauptstadt klagt nicht über Langeweile. Im Schnitt hat es 500 Einsätze pro Jahr. Das Kommando ist 100 Mann stark. »Das muss man erst einmal bewerkstelligen, auch als großes Kommando«, sagt Youssef El-Saghir, der Chef des Berliner SEK. »Wir haben erkannt, wir werden zwei Spezialeinheiten haben, die dieselbe Luft atmen. Es wäre naiv, zu glauben, dass das keine Auswirkungen hat.« Als die GSG 9 damit begann, eine Einsatzeinheit für Berlin aufzubauen, setzte sie sich mit dem Berliner SEK zusammen, um die Zusammenarbeit auf eine neue Grundlage zu stellen. Und zwar ganz praktisch. »Zum Beispiel im Falle einer Ad-hoc-Situation, einer Amokstraftat – wie kommunizieren wir das, wenn wir Unterstützung brauchen?«, erklärt El-Saghir. »Das Brandenburger SEK wäre nicht überrascht, die kennen das. Aber die Alternative wäre: Wir informieren die GSG 9. Das würden wir in jedem Fall tun, das gebietet schon der Respekt. Aber dann können wir in Erfahrung bringen, was möglich wäre.« SEK und GSG 9 haben vereinbart, bereits in der ersten Phase, wenn das Berliner SEK alarmiert wird, auch die Berliner Einheit der GSG 9 zu alarmieren. »Und zwar verbunden mit einer Anfrage nach einer möglichen Unterstützung. Wenn es zu so einer Lage kommt, dann kann ich mir nicht vorstellen, dass wir durch die Straßen ziehen und die in ihrem Quartier sitzen.«

Beim Aufbau der neuen Einsatzeinheit ging es nicht nur um Rekrutierung und Ausbildung in der neuen Spezialisierung. »Für eine neue Einheit ist es sehr wichtig, sich eine eigene Identität zuzulegen«, meint Heini. Bei den Einsatzeinheiten in Hangelar ist diese über Jahrzehnte gewachsen und sehr ausgeprägt. Die Männer identifizieren sich in hohem Maße mit ihrer jeweiligen Einsatzeinheit. Als »Neugründung« haben die 400er keine eigene Geschichte. »Als junge Einheit hat man die Möglichkeit, Dinge neu zu denken und umzusetzen.« Dabei spielt eine Rolle, dass die meisten in der vierten Einheit nicht in Berlin, sondern anderswo zu Hause sind. Dementsprechend schlafen die Männer überwiegend in der Unterkunft, wobei die Schlafräume deutlich moderner und komfortabler sind als in Hangelar. »Hier ist eine völlig andere Welt als in Hangelar«, meint Zitze. »Hier in Berlin ist es so, wie ich es mir immer bei der GSG 9 vorgestellt habe. Du bist viel enger verbunden. Wir verbringen hier sehr viel Zeit zusammen, viele sind

Pendler, kaum einer fährt abends nach Hause. Nur die wenigsten wohnen auch in Berlin. Man kann das vergleichen mit der Frühzeit der GSG 9.«

Zwei Standorte, eine GSG 9

Die zentrale Herausforderung für den Verband insgesamt besteht darin, sich weiterhin als *eine* GSG 9 zu verstehen. »Die Gefahr ist groß, dass man sich abkapselt hier«, sagt Zitze. »Das darf nicht passieren. Das geht ruckzuck.« Das fängt mit der Ausrüstung an, geht über gemeinsame Standards bei Ausbildung und Einsatztaktik bis hin zu gemeinsamen Werten. »Das ist auch meine Aufgabe als Einheitsführer«, erklärt Heini. »Die Maßnahmen, die wir ergriffen haben, damit wir uns nicht auseinanderleben, sind diejenigen, die mit einigem Aufwand verbunden sind, der aber notwendig ist.« So findet das Gros an Ausbildungsmaßnahmen für die vierte Einheit weiter in Hangelar statt. Das bedeutet, dass die gesamte Einheit jeden Monat eine Woche im Hauptquartier verbringt oder andernorts von der Aus- und Fortbildung aus dem »Mutterhaus« geschult und bewertet wird. In dieser Zeit kommen Einsatztrupps aus Hangelar nach Berlin.

Dennoch steht außer Frage, dass die GSG 9 sich mit dem zweiten Standort grundlegend verändert hat. »Das ist ein Paradigmenwechsel«, meint Elle, dem in der GSG 9-Führung alle vier Einsatzeinheiten unterstellt sind. »Wir waren über viele Jahre an einem Standort. Natürlich macht das was mit uns. Es gab intern Diskussionen, ob und wie wir das machen sollen. Wie bleiben wir eigentlich eine GSG 9? Eine eigene Logik pro Standort, unterschiedliche Taktiken – das gilt es zu vermeiden. Es muss alles kompatibel bleiben.« Die Zeiten, wo alle »9er« unter einem Dach untergebracht waren, man sich ständig auf dem Gelände begegnete, der Kommandeur den gesamten Verband antreten lassen konnte, sind ein für alle Mal vorbei. Im Hauptquartier ist man sich dessen bewusst.

An einem Donnerstag Mitte Oktober sind die Mitglieder der »AG Wertekompass« in einem der Lehrsäle im Hauptquartier versammelt.

Ein Unternehmensberater ist dabei sowie Günter Weber vom Institut für Konfliktforschung und Krisenberatung, das die GSG 9 fast seit ihrer Gründung begleitet, sowohl bei der Auswahl von Bewerbern als auch bei Veränderungsprozessen. Aus allen Ebenen und Bereichen der GSG 9 sind Mitarbeiterinnen und Mitarbeiter an der Arbeitsgemeinschaft beteiligt. Geleitet wird sie von »Lattek«, der seinen Arbeitsplatz am neuen Standort Berlin hat. Er ist der Coach des Verbands, kommt aber ursprünglich aus den Einsatzeinheiten. Parallel dazu bildete er sich privat als systemischer Coach und Yogalehrer weiter. Als die Einheit in Berlin aufgebaut wurde, wechselte Lattek in die Hauptstadt und war dort für die Organisation der Fortbildung zuständig. Sein Herz schlug jedoch für den Job als Coach. Mittlerweile beschäftigt die GSG 9 ihn nun ausschließlich in dieser Funktion. Er bietet Coachings für die Einsatzkräfte an, auf Initiative der Einheitsführer oder von Frau Doktor, zum Beispiel nach einer Verletzung, oder um diejenigen zu fördern, bei denen die Vorgesetzten Potenzial für Führungsaufgaben sehen. Als die AG Wertekompass gegründet wurde, wurde ihm die Leitung übertragen.

Worum geht es? »Es geht um ein Zielbild, an dem sich alle orientieren können. Und dann wünschen wir uns, den Wertekompass in die Mannschaft zu tragen«, erklärt Lattek. Alle Bereiche der GSG 9 wurden im Vorfeld aufgefordert, Vorschläge einzureichen. Jetzt ist die AG gerade dabei, zu priorisieren. Auf mehreren Tafeln liest man Begriffe wie Kameradschaft, Professionalität, Vertrauen, Respekt, Wertschätzung, Integrität oder Loyalität und darunter, was damit verbunden wird. Sechs Monate soll der Prozess dauern. Klar ist, all das findet nicht im luftleeren Raum statt. Es geht nicht nur darum, *eine* GSG 9 zu bleiben, es geht auch um die Frage, *was für eine* GSG 9 man sein will. »Gerade vor dem Hintergrund aktueller Vorfälle beim KSK und bei den SEK«, betont Lattek. Bei den »Vorfällen« ging es unter anderem um Chatgruppen, in denen rassistische, fremdenfeindliche oder rechtsradikale Inhalte geteilt wurden, oder gar um Rechtsextremisten und darum, dass Waffen und Munition gestohlen wurden. Vorfälle, die die Spezialeinheiten insgesamt in Verruf gebracht haben. »Ich glaube, wir als GSG 9 haben kein Problem mit diesem Thema«, meint Lattek. »Wir sagen, das kann uns in dem Maße nicht passieren. Diese Gesinnung kommt bei uns nicht rein, und da lassen wir uns auch nicht reinziehen. Wenn das nach innen stimmt, auf den Werten, die wir diskutieren, sind wir immun gegen so etwas.« Bisher zumindest hatte die GSG 9 mit keinem Vorfall dieser Art zu tun – der Wertekompass soll dazu beitragen, dass es so bleibt. »Ich war und bin mir sicher, dass wir dahingehend bei der GSG 9 in der Vergangenheit und aktuell kein Problem haben«, meint Jerome Fuchs. »Weil wir unsere Mitarbeiterinnen und Mitarbeiter sehr sorgfältig aussuchen, sie eng begleiten, wenn sie aus der Ausbildungseinheit in die Einsatzbereiche wechseln, wir genau hinhören, wie sie untereinander kommunizieren. Und sollte es Bedenken, bezogen auf den Charakter und die Haltung geben, würden wir uns auch wieder voneinander trennen.«

Der Wertekompass soll außerdem dafür sorgen, dass der Verband sich weiterhin als eine GSG 9 begreift – an allen Standorten. »Wir haben *ein* Mindset und *eine* Philosophie in der GSG 9«, betont Fuchs. Im Februar 2022 war der Wertekompass schließlich fertig. Am Ende sind sieben Werte herausgekommen: Vertrauen, Kameradschaft, Professionalität, Zuverlässigkeit, Respekt, Disziplin und Wertschätzung. Für jeden Wert sei eine Definition erarbeitet worden, erklärt Fuchs. »Wir wollen den Wertekompass leben, er soll nicht nur an der Wand hängen.« Jenseits der gemeinsamen Werte bleibt der Betrieb mit zwei Standorten eine permanente Herausforderung. Die Unterbringung in der Julius-Leber-Kaserne in Berlin ist ohnehin nur ein Provisorium – wie lange, wird jedoch niemand seriös prognostizieren wollen. Geplant ist eine dauerhafte Unterbringung der Berliner Einsatzeinheit in der Schmidt-Knobelsdorf-Kaserne in Berlin-Spandau. Nach derzeitiger Planung im Jahre 2028. In puncto Sicherheit und Logistik soll der neue Standort alle Anforderungen erfüllen: Die GSG 9 soll auf demselben Niveau abgeschirmt sein wie auf dem Standort in St. Augustin, und die Dependance in Berlin soll über einen Hubschrauber-Landeplatz verfügen. In den Komplex soll auch die Direktion 11 der Bundespolizei einziehen, die bisher am Schöneberger Ufer untergebracht ist.

Kapitel 12

Spezialeinheiten in Verruf

Am 3. Februar 2017 betrat ein Oberleutnant der Bundeswehr mit Namen Franco A. eine Behindertentoilette am Flughafen Wien. Er wollte an den Lüftungsschacht des Raumes, in dem er elf Tage zuvor etwas deponiert hatte, das er nun wieder an sich nehmen wollte: eine Pistole. Sie war mit sechs Schuss geladen. Kurz nachdem er den Raum betreten hatte, wurde Franco A. von der Polizei festgenommen. Die Waffe hatten die Beamten bereits in Gewahrsam genommen – eine Reinigungskraft hatte sie gefunden. Franco A. selbst präsentierte den Ermittlern eine abenteuerliche Geschichte, wie er an die Waffe gekommen sei: Er habe sie in einem Gebüsch gefunden, nachdem er in Wien einen Offiziersball besucht hatte. Erst am folgenden Tag, unmittelbar vor der Sicherheitskontrolle auf dem Flughafen Wien, sei ihm wieder eingefallen, dass er die Waffe in der Tasche hatte. Daraufhin habe er sich entschlossen, sie in der Toilette zu verstecken und zu einem späteren Zeitpunkt wieder abzuholen.

Doch damit nicht genug. Die Ermittler stießen im Fall Franco A. auf einen Mann, der ein verstörendes Doppelleben führte. Auf der einen Seite das eines Vorzeigesoldaten, auf der anderen Seite hatte er sich eine Fake-Identität zugelegt: Er ließ sich auf dem Höhepunkt der Flüchtlingskrise 2015 als syrischer Flüchtling namens David Benjamin registrieren und beantragte Asyl. Angeblich tat er dies, um systemische Schwächen bei der Bewältigung der Flüchtlingskrise aufzudecken – eine Erklärung, die die Bundesanwaltschaft jedoch nicht überzeugte. Sie fand die Namen von Politikern und Personen des öffentlichen Lebens bei A., zu denen er Informationen recherchiert hatte, versehen mit kryptischen Notizen – nach Einschätzung der Ermittler mit dem Ziel, mit seiner Identität als syrischer Flüchtling Anschläge zu verüben. Der Generalbundesanwalt übernahm die Ermittlungen. Seit Mai 2021 steht Franco A. als mutmaßlicher Rechtsterrorist vor dem Oberlandesgericht Frankfurt. Der Prozess dauert an, während dieses Buch entsteht, und so lange hat Franco A. als unschuldig zu gelten.

Die Geschichte um Franco A. zog mit seiner Festnahme im April 2017 ein Erdbeben innerhalb der Bundeswehr nach sich und führte zu einem Bewusstseinswandel im politischen Raum. Stand doch der Verdacht im Raum, dass es innerhalb der Sicherheitsorgane eine Struktur von Rechtsterroristen geben könnte, die Anschläge auf politische Repräsentanten des Staates planen. »Der Fall Franco A. war ein Weckruf«, erinnert sich der Bundestagsabgeordnete Uli Grötsch (SPD), Innenexperte und Mitglied des Parlamentarischen Kontrollgremiums, im Mai 2021. Zeitgleich und zum Teil im Zuge der Ermittlungen im Fall Franco A. erschienen weitere Personen auf dem Radar der Sicherheitsbehörden, die meinten, sich auf einen »Tag X«, einen Zusammenbruch der staatlichen Ordnung oder auf bürgerkriegsähnliche Zustände vorbereiten zu müssen – vor allem infolge der Flüchtlingskrise der Jahre 2015/2016. Immer wieder waren Polizisten oder Soldaten beteiligt, sodass die Frage im Raum stand, ob ein Netzwerk innerhalb der Bundeswehr und der Polizei existiert, mit dem Ziel, die freiheitlich demokratische Grundordnung zu bekämpfen, die sie eigentlich schützen sollen.

Zur selben Zeit, als die Öffentlichkeit von Franco A., der versteckten Waffe am Flughafen Wien und seinem Doppelleben als syrischer Flüchtling erfuhr, veranstaltete die zweite Kompanie des Kommandos Spezialkräfte (KSK) der Bundeswehr am 27. April 2017 eine Abschiedsfeier für ihren scheidenden Kompaniechef. Gefeiert wurde auf einem Schießplatz in Sindelfingen – als Überraschungsgast für den Oberstleutnant hatten seine Kameraden eine Prostituierte »gebucht«. Zu vorgerückter Stunde übte man sich im Weitwurf von Schweineköpfen, hörte Rechtsrock und zeigte vereinzelt den Hitlergruß. Die ARD-Recherchegruppe »Y-Kollektiv« erfuhr davon und konfrontierte das Bundesverteidigungsministerium mit seinen Informationen, das daraufhin Ermittlungen durch das Bundesamt für den Militärischen Abschirmdienst (BAMAD) einleitete. Dabei hielt sich der Eifer des BAMAD, das für die Bekämpfung von Extremismus innerhalb der Truppe zuständig ist, zunächst in Grenzen, Rechtsextremismus als ernst zu nehmendes Problem innerhalb des KSK zu begreifen. Die Ermittlungen nahmen schließlich auch deshalb Fahrt auf, weil das Parlamentarische Kontrollgremium des Bundestags sich dafür interessierte und die bisher umfangreichste Untersuchung in der Geschichte des Gremiums einleitete. Ein Zwischenbericht bemängelte, dass die Befragungen von Verdachtspersonen oftmals nach dem Prinzip »Kameraden befragen Kameraden« erfolgten. Dieser wenig schmeichelhafte Befund führte dazu, dass der Militärische Abschirmdienst insgesamt neu aufgestellt wurde. Derweil förderten die Ermittlungen bedrückende Ergebnisse zutage.

Das BAMAD stieß auf rund 50 rechtsextremistische Verdachtsfälle innerhalb des KSK. Doch ein Verdachtsfall ist noch keine Grundlage für einen Rauswurf aus der Bundeswehr. Der Militärische Abschirmdienst muss den Betroffenen eine gefestigte rechtsextremistische Grundhaltung nachweisen. Dass jemand den Hitlergruß zeigt, reicht als Begründung nicht aus. Dementsprechend fällt die Bilanz aus: Fünf Soldaten wurden aus der Bundeswehr entlassen, weitere 16 wurden entweder versetzt oder mussten das KSK verlassen – so der Stand im März 2021. Hinzu kam, dass im KSK in großem Umfang Munition und Sprengstoff verschwunden waren. Öffentlichkeitswirksamer Höhepunkt der Ermittlungen war eine Razzia auf dem Grundstück eines KSK-Soldaten im sächsischen Collm, bei der Waffen, Munition und Sprengstoff gefunden wurden, die im Garten vergraben waren. Sie stammten überwiegend aus KSK-Beständen. In der Folge entschied sich die damalige Bundesverteidigungsministerin Annegret Kramp-Karrenbauer (CDU), die zweite Einsatzkompanie des KSK, in der es besonders viele rechtsextremistische Verdachtsfälle gab, komplett aufzulösen – ein bis dahin beispielloser Vorgang. Das KSK glich schließlich einem rauchenden Trümmerfeld.

Das Kommando Spezialkräfte war auch in früheren Jahren bereits mit dem rechten Rand der Gesellschaft in Verbindung gebracht worden. Im November 2003 wurde Brigadegeneral Reinhard Günzel als Kommandeur des KSK von Bundesverteidigungsminister Peter Struck (SPD) entlassen, nachdem er den Bundestagsabgeordneten Martin Hohmann (CDU) zu einer Rede beglückwünscht hatte, die dieser zum Tag der deutschen Einheit gehalten hatte. In weiten Teilen der Öffentlichkeit war die Rede als antisemitisch kritisiert worden. Günzel trat wenige Monate später in Hamm als Redner bei einer Tagung der »Ordensgemeinschaft der Ritterkreuzträger« auf, die unter anderem die Kriegsverbrechen der Wehrmacht relativieren. Fünf Jahre vor Günzels Auftritt hatte Verteidigungsminister Rudolf Scharping (SPD) wegen extremistischer Tendenzen sämtliche Kontakte der Bundeswehr zur Ordensgemeinschaft untersagt. Günzel trat auch als Gastredner beim »Institut für Staatspolitik« des neu-rechten Verlegers Götz Kubitschek auf, der auch ein Buch über Gespräche, die er mit Günzel führte, herausgab.

2007 erschien das Buch »Geheime Krieger. Drei deutsche Kommandoverbände im Bild« im Verlag Pour le Mérite des rechtsextremen Verlegers Dietmar Munier. Einer der drei Autoren des Buchs war GSG 9-Gründungskommandeur Ulrich Wegener mit einem Beitrag über die GSG 9. Das Kapitel über das Kommando Spezialkräfte (KSK) hatte Reinhard Günzel verfasst, Dritter im Bunde war Wilhelm Walther, der ein Kapitel über die »Brandenburger« beisteuerte, einen Sonderverband der Wehrmacht »zur besonderen Verwendung« für geheime Kommandoeinsätze. Wegener befand sich da zweifellos nicht in guter Gesellschaft. In dem Buch stellte Günzel sowohl das KSK als auch die GSG 9 in die Tradition der »Brandenburger«. Im Bundesinnenministerium löste das Buch Entsetzen aus, erinnert sich der damalige GSG 9-Kommandeur Olaf Lindner. Lindner selbst sagt heute, er habe Wegener bis zu diesem Zeitpunkt nie über die »Brandenburger« sprechen hören. Die GSG 9 hatte de facto keine Traditionslinie, in die sie sich hätte stellen können. Und in diese Tradition wollte der Verband auch nicht gestellt werden.

Schließlich führte auch bei den Ermittlungen der Bundesanwaltschaft im Fall Franco A. eine Spur zum Kommando Spezialkräfte sowie zu einem Verein namens »Uniter«. Der Verein, seine Zielsetzung und Mitgliederstruktur warfen Fragen auf, die die Sicherheitsbehörden bis heute beschäftigen. Als zentrale Figur bei Uniter geriet der KSK-Soldat André S. in den Fokus. Er administrierte unter dem Pseudonym »Hannibal« mit einem anderen KSK-Soldaten mehrere Chatgruppen, die er im Zuge der Flüchtlingskrise ins Leben gerufen hatte und in denen es darum ging, sich auf bürgerkriegsähnliche Zustände vorzubereiten. In den Chatgruppen mit den Bezeichnungen Nord, Süd, West und Ost, Österreich und Schweiz tummelten sich Personen unterschiedlichster Provenienz – im Süd-Chat auch Franco A. Als dieser festgenommen wurde, ordnete Hannibal an, die Chats zu löschen. Vor allem die Berliner *taz* recherchierte hartnäckig und berichtete schließlich über »Hannibals Schattenarmee«. Auch wenn keine Schattenarmee gefunden wurde, wurde in den Medien immer wieder die Frage aufgeworfen, ob es ein Netzwerk mit »Tag-X«-Planungen innerhalb der Sicherheitsbehörden gibt.

Den Verein Uniter hatte André S. alias Hannibal ursprünglich in Halle an der Saale gegründet. Vorgeblich mit dem Ziel, eine Anlaufstelle für Soldaten aus Eliteverbänden, Polizisten und Personen mit Interesse an Sicherheitsthemen zu bieten. Auch geschäftliche Interessen spielten eine Rolle, wie der Verkauf von Versicherungen an Soldaten in Spezialeinheiten. Paramilitärische Strukturen innerhalb des Vereins, Überlebenstrainings bis hin zu Tag-X-Vorkehrungen warfen die Frage auf, worum es bei Uniter tatsächlich geht. Der Verein ist streng hierarchisch gegliedert, mit einer irritierenden Neigung zu Rängen und Orden, die an Vereinsmitglieder verliehen werden können. All das alarmierte die Sicherheitsbehörden. Hinzu kam, dass Uniter bis heute ein großes Geheimnis um seine Mitglieder macht. Schließlich wurde Uniter ein Fall für den Verfassungsschutz. Im Verfassungsschutzbericht für das Jahr 2020 ist der Verein unter »sonstige rechtsextremistische Organisationen« aufgeführt. Uniter verlegte seinen Sitz schließlich in die Schweiz.

Der Fall »Nordkreuz«

Dies ist ein Buch über die GSG 9, nicht über das KSK und auch nicht über den Verein Uniter. Warum also gibt es dieses Kapitel überhaupt? Ein Buch über Spezialeinheiten kommt an diesem Thema seit nunmehr einigen Jahren nicht vorbei. Denn zeitgleich mit den Ermittlungen gegen Franco A. und innerhalb des KSK gerieten auch Spezialeinheiten der Polizei in den Fokus. Insbesondere der Fall »Nordkreuz« in Mecklenburg-Vorpommern führte dazu, dass Spezialeinheiten insgesamt in Verruf gerieten. Auch hier ging es zunächst um Chatgruppen: Bei Nordkreuz und »Nord.com«, deren Mitglieder weitgehend identisch waren, ergingen sich sogenannte Prepper, Bundeswehr-Reservisten, aber auch Polizisten in Tag-X-Vorbereitungen. Namens- und Adresslisten von politisch Linken wurden erstellt, sogar Leichensäcke bestellt. Im August 2017 gab es erstmalig bei zwei Mitgliedern der Gruppe Durchsuchungen. Die Bundesanwaltschaft verdächtigte einen Anwalt und einen Polizisten in Mecklenburg-Vorpommern, Anschläge geplant zu haben. Die beiden waren auch im Süd-Chat, der von Hannibal administriert wurde, genauso wie auch Franco A. Dass die Ermittlungen von der Bundesanwaltschaft geführt wurden, macht deutlich, wie ernst der Sachverhalt genommen wurde. Auch im politischen Berlin schrillten bald alle Alarmglocken.

Administrator der beiden Chatgruppen war der Polizeibeamte Marko G., der jahrelang im SEK Mecklenburg-Vorpommern im Dienst gewesen war. Auch sein Haus wurde im August 2017 durchsucht, allerdings wurde er zunächst nur als Zeuge geführt. Im Juni 2019 standen die Ermittler erneut bei ihm vor der Tür, diesmal mit einem Haftbefehl, den die Staatsanwaltschaft Schwerin erwirkt hatte – gegen ihn sowie gegen zwei weitere und einen ehemaligen Beamten der Landespolizei Mecklenburg-Vorpommern. Diesmal ging es um mutmaßlich entwendete Munition. Was die Ermittler besonders alarmierte:

Alle vier waren entweder aktive oder ehemalige Beamte des SEK Mecklenburg-Vorpommern. Den SEK-Beamten wurde vorgeworfen, über mehrere Jahre Munition aus Beständen des Landeskriminalamts entwendet und an Marko G. übergeben zu haben.

Es war kein Zufall, dass die von der Bundesanwaltschaft veranlasste Durchsuchung im August 2017 durch die Bundespolizei unter Beteiligung der GSG 9 vorgenommen wurde – das Innenministerium von Mecklenburg-Vorpommern und die Landespolizei hatten im Vorfeld keine Informationen darüber erhalten. Die Ermittler wollten auf Nummer sicher gehen: Hielten sie es doch für denkbar, dass insbesondere Marko G. im Vorfeld gewarnt werden könnte. Die Ermittler fanden Schusswaffen und 20 000 Schuss Munition bei Marko G., wobei er das meiste davon legal besaß, was an sich schon erstaunlich ist. Bei der zweiten Durchsuchung im Juni 2019 wurden die Ermittler erneut fündig: Sie stellten eine Maschinenpistole Uzi sicher, die 1993 bei der Bundeswehr gestohlen worden war – und zwar in der Kaserne, in der Marko G. seinerzeit diente. Außerdem wurden weitere 30 000 Schuss Munition sichergestellt, die nicht legal gekauft werden konnten und zum Teil aus Beständen der Bundeswehr und der Polizei stammten. Marko G. wurde von der Staatsanwaltschaft Schwerin angeklagt und schließlich im Dezember 2019 wegen Verstoßes gegen das Kriegswaffenkontrollgesetz und Verstößen gegen das Waffen- und Sprengstoffgesetz vom Landgericht Schwerin zu einer Bewährungsstrafe von einem Jahr und neun Monaten verurteilt. Das Gericht glaubte ihm, dass er die Uzi nicht gestohlen, sondern gekauft hatte. Woher die Munition stammte, spielte wegen eines Formfehlers der Waffenbehörde vor Gericht keine Rolle.

Der damalige Innenminister Lorenz Caffier (CDU) setzte eine Expertenkommission ein, die die Vorgänge beim SEK Mecklenburg-Vorpommern untersuchen sollte. Geleitet wurde sie von Heinz Fromm, dem ehemaligen Präsidenten des Bundesamts für Verfassungsschutz. Auch der ehemalige GSG 9-Kommandeur Friedrich Eichele gehörte ihr an. Im November 2019 stellte sie ihre Ergebnisse vor: Demnach hatte sich innerhalb des SEK eine Gruppe um Marko G. gebildet und abgeschottet. Innerhalb der Gruppe sei es zu rechtsextremistischen Äußerungen gekommen. Marko G. habe, stellte die Kommission fest, schon vor seinem Eintritt in die Landespolizei rechtsextremistische Ansichten vertreten. Kritik übte die Kommission außerdem an der Führungskultur. Sie empfahl eine Umstrukturierung, psychologische Tests bei der Auswahl von Bewerbern für das SEK sowie einen höheren Frauenanteil. Im Zuge der weiteren staatsanwaltlichen Ermittlungen sollte Innenminister Caffier jedoch selbst in schwieriges Fahrwasser geraten.

Eine entscheidende Frage im Rahmen der Nordkreuz-Ermittlungen ist, woher die Munition aus Polizei- und Bundeswehrbeständen stammte, die bei Marko G. sichergestellt wurde. Besonders brisant erschienen in diesem Zusammenhang die engen Verbindungen, die Marko G. zu einem Schießplatz in Güstrow, Mecklenburg-Vorpommern, und einem Waffenhändler namens Frank T. unterhielt. T. war zumindest eine Zeit lang in der Nordkreuz-Chatgruppe. Er ist jeder Spezialeinheit in Deutschland ein Begriff. Nahezu alle Spezialeinheiten nahmen jahrelang entweder an Schießtrainings teil, die T. in Güstrow anbietet, oder an »Special Forces Workshops«, die er seit 2009 jährlich auf dem Schießplatz »Großer Bockhorst« in Güstrow organisierte. Dabei handelte es sich um eine Art Messe für Spezialkräfte, die sich gleichzeitig in Wettkämpfen miteinander messen konnten. T. kooperierte mit dem SEK Mecklenburg-Vorpommern und konnte mit Innenminister Caffier einen prominenten Schirmherrn für die Veranstaltungen gewinnen, der es sich nicht nehmen ließ, jedes Jahr persönlich vorbeizuschauen. Die Special Forces Workshops erhielten damit einen zumindest semi-behördlichen Charakter. Nachdem Caffier mit dem Vorwurf konfrontiert wurde, er habe eine Waffe bei T. gekauft, trat der Innenminister im November 2020 zurück. Das Amtsgericht Güstrow sah es schließlich als erwiesen an, dass Caffier die Waffe von T. im Januar 2018 sogar als Geschenk erhalten hatte, samt Munition und Einweisung. Caffier wurde deshalb wegen Vorteilsnahme zu einem Strafbefehl in Höhe von 13 500 Euro verurteilt, wie das Amtsgericht im Dezember 2021 mitteilte. Die Ermittlungen gegen

T. wurden im Oktober 2021 gegen eine Geldauflage in Höhe von 3 000 Euro eingestellt.

Intensiv beschäftigte die Ermittler in Mecklenburg-Vorpommern die Frage, ob im Zuge der »Special Forces Workshops« oder von Schießtrainings Munition an T. geflossen war – und wenn ja, woher. Das Landeskriminalamt Mecklenburg-Vorpommern versuchte, die Herkunft der Munition zu klären, die aus Beständen der Polizei und der Bundeswehr stammte und bei Marko G. sichergestellt worden war. Dass sie von T. zu Marko G. gelangte, konnte letztlich nicht bewiesen werden, auch wenn es naheliegend schien. Die Ermittlungen zur Herkunft der Munition waren aufwendig und liefen oftmals ins Leere. Munition kann nur anhand der Chargen- oder Losnummer zugeordnet werden, die sich auf der Verpackung befindet. Allerdings gibt die Nummer nur Aufschluss darüber, wo und wann die Munition hergestellt, nicht aber, an wen genau sie geliefert wurde. Tonnenweise Munition kann dieselbe Chargen- bzw. Losnummer haben und an zahlreiche Dienststellen geliefert worden sein. Oftmals kann sie deshalb nicht einer bestimmten Einheit zugeordnet werden.

Auch Einsatzkräfte der GSG 9 nahmen von 2012 bis 2015 am Special Forces Workshop in Güstrow teil. 2016 und 2017 waren Auslandspersonenschützer aus der PSA-Einheit, die seinerzeit auch noch zur GSG 9 gehörte, dabei. Die Ermittlungen rund um die Herkunft der aufgefundenen Munition führten allerdings nicht zur GSG 9. »Ich habe das Thema sehr ernst genommen«, erinnert sich Jerome Fuchs, »weil es direkte Auswirkungen auf den Verband, bis hin zu gravierenden organisatorischen und personellen Veränderungen, hätte haben können. Zu einer aufrichtigen und integren Haltung eines Mitglieds einer Spezialeinheit in der Bundesrepublik Deutschland gehört auch ein sorgfältiger und verantwortungsbewusster Umgang mit Waffen und Munition.« Die GSG 9 nahm die Vorgänge zum Anlass, ihre internen Abläufe gründlich zu überprüfen. Von der Ausgabe über die Dokumentation verschossener sowie nicht verschossener Munition, die Lagerung bis hin zur Rückgabe in der Waffenkammer. »Im Ergebnis konnten wir keine Missstände in den Abläufen der GSG 9 feststellen«, betont Fuchs.

Auflösung des MEK Sachsen

Hingegen führten die Ermittlungen in Mecklenburg-Vorpommern zum Mobilen Einsatzkommando (MEK) der sächsischen Polizei. Ende März 2021 kam es zu einem Paukenschlag – Sachsens Innenminister Roland Wöller (CDU) löste das MEK auf. Anlass waren Ermittlungen der Generalstaatsanwaltschaft Dresden, die auf die Erkenntnisse des LKA Mecklenburg-Vorpommern zurückgingen. Die Ermittler stellten fest, dass die Einheit im Jahre 2018 nicht weniger als 7 000 Schuss Munition aus Beständen des sächsischen Landeskriminalamts abgezweigt hatte, um damit ein nicht genehmigtes Schießtraining bei Frank T. im November 2018 zu »bezahlen«. Weitere 7 500 Schuss wurden aus den Beständen entwendet, um das Training vor Ort durchzuführen. Demnach fuhr das MEK ohne Wissen der Vorgesetzten zu dem Schießtraining auf den Schießplatz in Güstrow und bezahlte es mit der entwendeten Munition. »Ich bin stinksauer und unfassbar enttäuscht«, sagte Wöller auf einer Pressekonferenz.

Die Enttäuschung führte auch dazu, dass zwei hochrangige sächsische Polizeibeamte ihren Platz räumen mussten, obwohl sie die Trainingsmaßnahme bei der Beantragung ausdrücklich untersagt hatten: der Leiter des sächsischen Landeskriminalamts, Petric Kleine, sowie der für die Spezialkräfte der sächsischen Polizei zuständige Abteilungsleiter, Sven Mewes, der früher einmal bei der GSG 9 gewesen war. Zur Begründung hieß es, dass auch an übergeordneter Stelle ein personeller Neuanfang nötig sei. Wöller setzte dieselbe Untersuchungskommission ein, die bereits die Vorgänge beim SEK Mecklenburg-Vorpommern untersucht hatte. Im September 2021 stellte sie ihre Untersuchungsergebnisse zum MEK Sachsen vor: Demnach wurden zwar keine Verbindungen von Beamten des MEK in die rechtsextreme Szene oder zu Mitgliedern der Nordkreuz-Gruppe entdeckt, allerdings gravierende Organisationsmängel innerhalb der sächsischen Spezialkräfte. Insbesondere die Kontrolle bei Waffen und Munition wurde bemängelt. Der dafür zuständige Beamte war gleichzeitig Schießleiter und habe sich »praktisch selbst kontrolliert«, erklärte der ehemalige

GSG 9-Kommandeur Friedrich Eichele bei der Vorstellung des Abschlussberichts. Bei der verschossenen Munition habe es jahrelang de facto gar keine Kontrolle gegeben. Das MEK Sachsen sorgte auch in den darauffolgenden Monaten weiterhin für Schlagzeilen. Schließlich wurde Innenminister Wöller entlassen. Sein Nachfolger wurde Armin Schuster, seit Jahren einer der maßgeblichen Innenexperten der CDU. Für ihn ist eindeutig, was die Lehre aus dem MEK-Skandal ist: »Es geht darum, wieder auf eine alte Methode zu setzen: nämlich die Dienst- und Fachaufsicht zu stärken. Mit einer präsenten Führung. Da sein, hinschauen und vor allen Dingen einschreiten. Führungskultur ist etwas, das man prägen muss. Das ist nicht automatisch da«.

Mitte März 2022 teilte die Staatsanwaltschaft Schwerin mit, dass sie aufgrund dieser Vorgänge Anklage gegen Frank T. erhebt. Der Vorwurf: T. soll im Herbst 2018 einem sächsischen Polizeibeamten angeboten haben, das Schießtraining des MEK Sachsen mit Munition zu »bezahlen«, um diese dann entweder selbst zu verwenden oder weiterzuverkaufen. Im November habe er Munition aus sächsischen Beständen im Wert von 3 680 Euro von diesem entgegengenommen. Angeklagt wird auch ein Mitarbeiter des Landkreises Ludwigslust-Parchim, der als Sachbearbeiter bei der Waffenbehörde beschäftigt war, als im Juli 2017 bei Marko G. durchsucht wurde. Einige Monate später habe er auf Geheiß von Marko G. zehn Patronen Kriegswaffenmunition, die bei der Durchsuchung gefunden wurden, an Frank T. übergeben. Dabei geht die Staatsanwaltschaft davon aus, dass es darum ging, auf diese Weise Beweismittel aus dem Verkehr zu ziehen. Die Anklage macht deutlich, auf was für einen Sumpf die Ermittler im Nordkreuz-Komplex stießen.

Am 10. April 2021 berichtete die Zeitung *Welt am Sonntag* über Ermittlungen der Generalstaatsanwaltschaft München gegen zwei Beamte des SEK Nordbayern. Auch sie würden beschuldigt, Munition veruntreut zu haben. Demnach seien 90 Patronen der Marke 223 Remington Sniperline bei Marko G. gefunden worden, die dem SEK Nordbayern zugeordnet werden konnten, hieß es in der Meldung. Auch hier stand der Vorwurf im Raum, dass die Munition bei einem

Schießtraining bei Frank T. in Güstrow übergeben worden und mutmaßlich von dort aus zu Marko G. gelangt war. Die Generalstaatsanwaltschaft München teilte im Januar 2022 im Zuge der Recherchen für dieses Buch auf Nachfrage mit, dass das Ermittlungsverfahren zeitnah eingestellt werde: »Trotz aufwendiger Ermittlungen ist ein Tatnachweis gegen bayerische Polizisten nicht zu führen.« Allerdings bestätigte die Generalstaatsanwaltschaft, dass die bei Marko G. gefundene Munition aus Beständen der bayerischen Polizei stammte. Die Ermittlungen des LKA Mecklenburg-Vorpommern ergaben weiterhin, dass ca. 900 Schuss Kaliber 9 mm bei Marko G. aus Beständen der Polizei Mecklenburg-Vorpommern gefunden wurden. Ein Ermittlungsverfahren der Staatsanwaltschaft Schwerin gegen drei ehemalige Beamte des SEK Mecklenburg-Vorpommern in diesem Zusammenhang wurde schließlich »mangels eines hinreichenden Tatverdachts eingestellt«. Auch hier liefen die Ermittlungen ins Leere.

Der Befund nach mehreren Jahren intensiver Ermittlungen rund um das Kommando Spezialkräfte der Bundeswehr, den Verein Uniter, das Nordkreuz-Netzwerk und weitere Gruppen ist besorgniserregend. Unzählige Verbindungen zwischen den Akteuren wurden untersucht und auf ihre Relevanz hin überprüft. Die Sicherheitsbehörden gehen heute zwar davon aus, dass es das *eine* zielgerichtete Netzwerk mit einem gemeinsamen Plan für einen Tag X nicht gibt. Jedoch einzelne, potenziell gefährliche Gruppen und Akteure, die oftmals in Verbindung stehen. Es handelt sich um Personen aus der Prepperszene, Rechtsextremisten und mitunter eben auch Soldaten, Reservisten oder Polizisten, die Zugang zu Waffen und Informationen haben, taktisch ausgebildet sind und sich konspirativ verhalten. Im politischen Berlin hält das Unbehagen deshalb bis heute an. »Es gibt keine Schattenarmee, und nach meiner Überzeugung auch keinen ›tiefen Staat‹, kein heimlich agierendes, hoch organisiertes Netzwerk mit einem klaren, gemeinsam formulierten Willen«, bilanziert Hans-Georg Engelke, Staatssekretär im Bundesinnenministerium. »Aber es gibt eine Vernetzung von Menschen mit einer zumindest ähnlichen Ideologie in verschiedenen Funktionen innerhalb der Gesellschaft – und gelegentlich ist auch ein Uniformträger dabei. Das ist kein Massenphänomen. Aber es gibt Netzwerkstrukturen, die wir immer noch nicht genau verstanden haben, wo man sehr genau hinschauen muss und die man nicht auf die leichte Schulter nehmen darf.«

Dabei wird das Ergebnis der strafrechtlichen Ermittlungen im Nordkreuz-Komplex sowohl in den Medien als auch im politischen Berlin vielfach als unbefriedigend empfunden. Die Bundesanwaltschaft ermittelte noch bis Ende 2021 gegen zwei Personen der Nordkreuz-Gruppe wegen Terrorverdachts – Anfang 2022 wurden die Ermittlungen schließlich eingestellt. »Ich finde das schwierig«, sagt Irene Mihalic, Innenexpertin der Grünen Bundestagsfraktion. »Das Signal in die rechte Szene hinein ist natürlich verheerend: Ihr könnt machen, was ihr wollt, man findet Waffen und Munition, aber am Ende passiert nichts. Das ist auch gerade mit Blick auf das Vertrauen in Sicherheitsbehörden sehr schwierig.« Der Fall Nordkreuz macht deutlich, wie schwierig es mitunter in diesen Fällen ist, strafrechtlich Relevantes zu ermitteln, das am Ende auch zu einer Verurteilung führt. Bedrückend bleibt, dass zigtausend Schuss Munition aus Beständen von Bundeswehr und Polizei bei einem rechtsextremen Polizisten gefunden wurden, am Ende jedoch nur eine Bewährungsstrafe steht. Nach dem Urteil wurde Marko G. im Gericht von seinen Unterstützern gefeiert. Die Verachtung, die sie für den Rechtsstaat empfanden, war mit Händen zu greifen. »Die Quintessenz ist, dass das Hingucken, das wache Auge, eine Daueraufgabe ist«, sagt der Innenpolitiker Uli Grötsch (SPD), Mitglied des Parlamentarischen Kontrollgremiums des Bundestags. »Wir müssen uns da auch selbst in die Pflicht nehmen. Dieses wache Auge hatten wir anfangs nicht, weil wir es uns auch nicht vorstellen konnten.«

Auflösung des SEK Frankfurt

Es gab weitere Vorfälle, die dazu geführt haben, dass Spezialeinheiten in Verruf geraten sind. Insbesondere die Auflösung des SEK Frankfurt durch den hessischen Innenminister Peter Beuth (CDU) im Juni 2021 sorgte für Aufsehen – sowohl in der Öffentlichkeit als auch und in besonderem Maße in der Spezialkräfte-Community. Die Staatsanwaltschaft Frankfurt teilte am 9. Juni 2021 mit, dass sie gegen 19 aktive und einen ehemaligen Beamten der hessischen Polizei ermittelt, davon gehörten 18 zum SEK Frankfurt. Sie wurden beschuldigt, in verschiedenen Chatgruppen zum Teil NS-Symbole und volksverhetzende Inhalte geteilt zu haben. Drei SEK-Beamten wurde Strafvereitelung im Amt vorgeworfen, da sie das Ganze als Vorgesetzte nicht unterbunden hätten. Die Wohnungen und Arbeitsplätze von sechs Beschuldigten wurden durchsucht. Ausgangspunkt waren Ermittlungen gegen einen SEK-Beamten, der kinderpornografisches Material besessen haben soll. Über die Auswertung seiner Kommunikation waren die Ermittler auf die Chatgruppen gestoßen, die größtenteils bereits aus den Jahren 2016 und 2017 stammten.

Innenminister Beuth fackelte nicht lange und gab schon am Tag darauf die Auflösung des SEK Frankfurt bekannt. Die Entscheidung sei »unumgänglich«, erklärte er und machte eine »abgestumpfte, diskriminierende Haltung und teils rechtsextreme Gesinnung« bei einigen der Einsatzkräfte dafür verantwortlich. Die Fehlerkultur habe »vollkommen versagt«. Bereits zwei Wochen darauf wurde bekannt, dass der allergrößte Teil der Nachrichten in den Chats nicht strafbar sei. Die Ermittlungen gegen zwei Vorgesetzte wurden nach wenigen Wochen eingestellt. Im hessischen Landtag präsentierte Beuth im September 2021 die strafrechtliche Bilanz der Auswertung: 16 Fälle mit volksverhetzenden Inhalten sowie zwei Fälle, bei denen Kennzeichen verfassungsfeindlicher Organisationen verwendet wurden. Nach Einschätzung des hessischen Landeskriminalamts waren die Chats »nicht vornehmlich radikal geprägt«, wie seinerzeit mitgeteilt wurde. Das wird deutlich, wenn man die Zahl der strafrechtlich relevanten Fälle ins Verhältnis zur Gesamtzahl setzt: In einer der insgesamt sieben Chatgruppen wurden 10 000 Nachrichten verschickt, in einer anderen 9 000. »Tausende Nachrichten, aber kaum strafbare«, schrieb der *Spiegel* am 13. August 2021.

Die Polizeigewerkschaften kritisierten die Auflösung des SEK scharf. »Man muss mit Augenmaß vorgehen und darf nicht die ganze Einheit vorverurteilen und bestrafen«, erklärte Stefan Rüppel, der Landesvorsitzende der Gewerkschaft der Polizei (GdP), gegenüber der Deutschen Presse-Agentur (dpa). Die Deutsche Polizeigewerkschaft (DPolG) kritisierte, Beuth habe sich an die Spitze derer gestellt, die der Polizei »mit Fackeln und Heugabeln zu Leibe rücken«, sagte der hessische Landeschef Engelbert Mesarec. Im September 2021 setzten sich schließlich einige der beschuldigten Beamten öffentlich zur Wehr. In der »Hessenschau« des Hessischen Rundfunks sagten drei SEK-Beamte, sie seien vorverurteilt worden und fühlten sich »verfolgt und stigmatisiert«. Die Chats seien schon einige Jahre alt. Die Wortwahl sei zwar »daneben« gewesen, argumentierten sie. Seitdem habe sich bei der Polizei aber viel getan. »Auch wir haben gesagt, so dürfen wir nicht mehr sprechen.« Dass Nazi-Symbole wie Hakenkreuze geteilt wurden, sei ihnen nicht bekannt, sagten die Beamten. Wenn doch, dann sei das sicherlich »satirisch-lustig« gemeint gewesen. »Dem Verfahren stellen wir uns. Wir kritisieren, dass wir überzogen werden mit Unwahrheiten«, sagte ein Beamter im *HR*-Interview. Insbesondere deshalb, weil die Auflösung nicht nur mit problematischen Chats begründet wurde. Den Beamten wurde vorgeworfen, einen fragwürdigen Totenkult und ein übersteigertes Eliteverständnis gepflegt zu haben. Dabei verwies die Führung der hessischen Polizei auf ein mehr als lebensgroßes Bild eines getöteten SEK-Beamten an einer Wand, neben dem sich eine Stange befand, an der jeder, der vorbeiging, ihm zum Gedenken Klimmzüge machen musste. Weil sich die Beamten in voller Ausrüstung vor der Frankfurter Skyline fotografieren ließen, wurden ihnen ein übersteigertes Eliteverständnis und Selbstglorifizierung attestiert. Anstoß erregte außerdem, dass in den Räumlichkeiten mitunter martialische Erinnerungstafeln von Besuchen anderer Spezialeinheiten hingen.

In der Spezialkräfte-Community schlug die Maßnahme ein wie eine Bombe. »Die Verunsicherung ist da«, räumt Youssef El-Saghir, der Chef des Berliner SEK, im Dezember 2021 ein. Für Irritationen sorgten bei vielen Beamten vor allem die Vorwürfe wegen des angeblichen Totenkults um den getöteten SEK-Beamten und des angeblichen Hangs zur Selbstglorifizierung. In den Kommando- und Verbandsführungen und ihren übergeordneten Dienststellen fragte man sich einmal mehr: Was kommt da noch? Nach den Ermittlungen rund um die Herkunft der Munition im Nordkreuz-Komplex gab es nun die Sorge, dass einzelne Beamte in irgendeiner Chatgruppe unterwegs sind oder waren, in der rechtsradikale oder rassistische Inhalte geteilt wurden. Die Spezialkräfte-Community ist klein. Viele Beamte kennen sich über die einzelnen Einheiten hinaus. Sollten auf einen Schlag mehrere Beamte durch einen Vorfall dieser Art in den Fokus von Ermittlungen geraten, ist ein Kommando schnell nur noch bedingt einsatzbereit. Youssef El-Saghir meint, alle Kommandos seien gut beraten, das Thema ernst zu nehmen. Das Problem fange nicht erst dort an, wo es strafrechtlich relevant wird. »Schwierig ist es darunter, wenn es um den Anschein geht«, erklärt El-Saghir. »Vor zehn oder 20 Jahren hätte bei diesen Fällen niemand vor der Entlassung gestanden. Fakt ist aber, dass wir aktuell deutlich konsequenter reagieren und in geeigneten Fällen auch einen Verweis oder eine Geldbuße auferlegen.« Auch bei der Auswahl von Bewerbern werde genauer hingeschaut.

Dabei stößt man vielerorts bei Einsatzkräften auf eine Mischung aus Genervtheit und Verunsicherung, was man »noch sagen« kann und was nicht. »Die rote Linie bei uns ist eindeutig«, meint Jerome Fuchs. »Sie wird bei rassistischen, sexistischen oder ausländerfeindlichen Äußerungen jeder Art überschritten. Da gibt es auch nichts Lustiges, kein ›das sagt man mal eben so‹. Sollte das passieren, ist klar, dass wir uns von solch einem Mitarbeiter trennen werden. Das passt auch nicht zur GSG 9.« Die maritime Einheit der GSG 9 trennte sich vor einigen Jahren aus eigenem Antrieb von ihrem Einheitssymbol, einem Piraten-Totenkopf mit Augenklappe. Auch der FC St. Pauli hat einen Piraten-Totenkopf als Symbol. In Zusammenhang mit Uniformträgern allerdings weckt das Symbol in Deutschland Erinnerungen an die SS, speziell die SS-Totenkopfverbände, die die Wachmannschaften der Konzentrationslager stellten. »Ich bin hier im Haus durch die Aufenthaltsräume gegangen, habe mir angeschaut, was an den Wänden hing«, erzählt

Youssef El-Saghir. »Da geht es vor allem um Gastgeschenke von anderen Einheiten. Ein Totenkopf war dabei. Den haben wir abgenommen. Man schaut heute anders darauf. Das passt nicht mehr in die Zeit.«

Das Problem mit den Grauzonen

Rafael Behr, Professor für Polizeiwissenschaften am Fachhochschulbereich der Akademie der Polizei Hamburg, beschäftigt sich seit Jahren mit dem Thema Rassismus und Rechtsextremismus in der Polizei. »Man vermutet, mit dem Begriff Rechtsextremist eine Kategorie zu haben, die klar ist. Aber das ist in der Regel nicht so klar. Wer ist schon ein klarer Rechtsextremist? Das Problem sind die Grauzonen«, erklärt Behr. »Die am unteren Ende, die dazu stehen, dass sie die freiheitliche demokratische Grundordnung ablehnen, da ist es ganz klar, aber das sind die allerwenigsten.« Das Ziel ist für Behr dabei gar nicht, dieses Gedankengut zu eliminieren. Man könne ohnehin nicht jeden, der einen rassistischen Witz mache, rausschmeißen, schon beamtenrechtlich gehe das nicht, betont der Polizeiforscher. »Ich bin mir sicher, dass einiges von dem, was in den Chatrooms gepostet wird, spätadoleszente Provokation ist, die viel mit Größenfantasien zu tun hat, und nicht massiver Rassismus oder massiver Rechtsextremismus. Ich glaube, die Zahl der nicht mehr umkehrbaren Rechtsextremisten in der Polizei ist relativ überschaubar.« Für Behr liegt der Schlüssel darin, die Abwehrkräfte zu stärken. »Es geht darum, eine Kultur herzustellen, in der dieses Gedankengut sofort von anderen eingefangen oder konfrontiert wird. Dass man den Mund aufmacht im Sozialraum, dass man ein Bild nicht nur wegdrückt, sondern sagt, ich will das nicht, warum machst du das? Dann hätten wir etwas an demokratischer Resilienz in der Polizei erreicht.«

Offensichtlich ist, dass vieles mit Haltung und Führung zu tun hat. Immer wieder waren Vorgesetzte in Chatgruppen dabei, die bei geschmacklosen oder gar rechtsextremistischen Inhalten nicht einschritten. »Ein problematischer Punkt ist, dass die erste Führungsebene, also

Dienstgruppenleiter oder Teamführer beim SEK, wo man eine Personalverantwortung für wenige hat, normalerweise rekrutiert wird aus dem Kreis derer, die geführt werden«, meint Behr. »Man hat keine spezielle Führungsschulung oder Führungskultur gelernt, das kommt erst weiter oben. Die Sandwich-Position ist typisch für den Teamleiter. Er ist nicht mehr ›one of the boys‹, aber er ist noch kein abgesetzter Polizeiführer. Da liegt das Problem, dass wir diese Leute zu wenig stützen und begleiten.« Viel stärker als bei der normalen Polizei habe man es bei Spezialkräften zudem mit Korpsgeist zu tun, ein Begriff, der eigentlich aus dem militärischen Kontext kommt. Oftmals ist die Gemeinschaft mit den Kameraden so etwas wie eine zweite Familie. »Die emotionale Bindung an die Gruppe ist enorm hoch. Weil die Beamten vor Ort mit ihren Kollegen mehr Gefahrenerlebnisse haben als mit ihren Angehörigen, die oft nicht wissen, welche Einsätze sie fahren«, erklärt Behr. »Die Bindung an die Gruppe ist auch eine essenzielle Voraussetzung, um in einer Gefahrensituation handlungsfähig zu bleiben. Man muss sich auf den anderen verlassen können. Dieses emotionale Band verhindert aber auch, dass man sich in bestimmten Situationen von den Kollegen distanziert.«

Dieses Bedürfnis nach Distanzierung hatte eine Beamtin des Bundeskriminalamts (BKA), die sich in der Einheit Auslands- und Spezialeinsätze, kurz ASE, beworben hatte. Dabei handelt es sich um die Beamten des BKA, die als Personenschützer im Ausland eingesetzt werden, beispielsweise bei Auslandsreisen von Politikern. Auch die ASE ist eine Spezialeinheit. Nach ihrer erfolglosen Bewerbung beschwerte die Beamtin sich über die Zustände dort, insbesondere über Macho-Gehabe und sexistische Sprüche. Das BKA leitete interne Ermittlungen ein: Man stieß auf eine Chatgruppe, in der sich rassistische Äußerungen fanden. Heraus kam außerdem, dass bei einer Feier dieser Einheit im Jahre 2018 ein Beamter einen Hitlergruß gezeigt hatte. Ein anderer hatte einen Kollegen massiv bedroht. Schließlich entdeckten die internen Ermittler auch noch Unregelmäßigkeiten bei der Dokumentation verschossener Munition. »Wenn Sie eine Spezialeinheit haben, und da wird ein Hitlergruß gezeigt, und Sie haben das Thema

Munition, dann sind alle Alarmglocken an«, sagte BKA-Präsident Holger Münch in einer Sendung des rbb-Inforadios im September 2021. Auch den BKA-Chef beschäftigte vor allem die Tatsache, dass ein derartiges Verhalten toleriert oder gar gedeckt wurde. »Sie sind in Spezialeinheiten auf ein besonderes Zusammengehörigkeitsgefühl angewiesen, das ist eine Gefahrengemeinschaft. Das darf aber nicht dazu führen, dass man auf der anderen Seite sagt, wir regeln das hier alles unter uns, und wir verraten uns auch nicht. Führung in solchen Einheiten ist ganz besonders gefordert und muss sorgfältig ausgewählt werden.« Die Führung der BKA-Einheit wurde ausgewechselt. Im rbb-Inforadio betonte Münch jedoch, dass es eben nicht reiche, einen Sachverhalt wie diesen nur aufzuklären und zu sanktionieren. »Wir müssen dafür sorgen, dass solche Dinge aus der Polizei heraus aufgedeckt werden, dass die Courage da ist, dass Fehlverhalten auch benannt wird.«

Im Bundesinnenministerium wird mittlerweile geprüft, das Dienstrecht zu ändern, da viele Fälle mit rechtsradikalem oder rassistischem Hintergrund keine strafrechtliche Relevanz haben. Es gehe jedoch nicht nur um die krassen Fälle, ist Staatssekretär Hans-Georg Engelke überzeugt. »Ich glaube, es ist wichtig, unterhalb dieser Schwelle zu agieren. Dass in einer Gruppe von Menschen völlig klar ist: Das sind die Regeln, das und das geht nicht, wird nicht toleriert, darf nicht vorkommen. Es gibt auch kein Augenzwinkern. Vor allem gibt es keine Kumpanei, wenn es dann doch vorkommt. Dann wird eben eingeschritten.« Ein Massenphänomen sei das aber nicht, meint Engelke. Er sieht auch keinen Anlass für einen Vertrauensverlust. »Ich weiß und bin felsenfest davon überzeugt, dass wir kein flächendeckendes Problem haben mit unseren Sicherheitsbehörden, weil ich die Menschen kenne und auf die wirklich demokratische Überzeugung vertraue«, sagt Engelke. »Aber es gibt eben mehr als nur den gelegentlichen Einzelfall, und deshalb haben wir allen Anlass, sehr genau hinzuschauen und kritisch zu sein.« Über rechtsextremistische Vorfälle in der GSG 9 ist bisher nichts bekannt geworden. In dieser Hinsicht hat der Verband auch im politischen Raum einen guten Ruf. »Bei der GSG 9 ist das bisher nicht aufgetreten, oder zumindest hat man nichts davon gehört«, sagt die Innenexpertin der Bundestagsfraktion der Grünen, Irene Mihalic. Woran das liegt, kann sie letztlich nur mutmaßen. »Die GSG 9 lässt sich zum Beispiel bei ihrem Rekrutierungsverfahren extern begleiten und scheint im Inneren eine besondere Kultur des Umgangs miteinander zu haben. Mein Eindruck war, die scheinen eine Menge richtig zu machen.«

Die Polizei insgesamt versucht seit geraumer Zeit, rechtsradikalen und rassistischen Tendenzen, aber auch Korruption in den eigenen Reihen auf verschiedene Weise zu begegnen. Das Bundeskriminalamt führte Anfang 2021 einen Wertebeauftragten ein. Vorher hatte sich eine Arbeitsgemeinschaft im BKA mit der Frage beschäftigt, welche Werte die Beschäftigten nach innen wie außen vertreten sollen. Die Berliner Polizei setzt auf eine Extremismus-Beauftragte, die vor allem präventiv arbeiten soll. Eine Wertediskussion innerhalb der Berliner Polizei soll folgen. In der Direktion 11 der Bundespolizei, der auch die GSG 9 unterstellt ist, hat dieser Prozess bereits begonnen. »Ich kann nicht ausschließen, dass eine Führungskraft andere Maßstäbe anlegt als ich. Darum führen wir eine Wertediskussion«, erklärt Olaf Lindner, der Chef der Direktion 11. »Aber ob jeder bei derselben Definition rauskommt, weiß ich nicht. Es zählt am Ende der Einzelfall.« Für den Polizeiforscher Rafael Behr ist ein Wertekompass vor allem ein Hilfsmittel. »In einem Verband, in dem ich darauf vertraue, dass jemand aufpasst, zu sagen, ich konzentriere mich auf einen Wertekanon mit Sekundärtugenden wie Fleiß, Gehorsam und Pflichtbewusstsein, da kann das funktionieren. Es ist mir zumindest sympathischer, als gar keine Tugenden zu vermitteln. Aber es gibt keine Sicherheit dafür, dass das so bleibt.«

Kapitel 13

Auswahl und Ausbildung

In einer Woche Mitte September 2021 sieht man ständig junge Männer auf dem GSG 9-Areal, die weiße Westen mit einer großen schwarzen Nummer tragen. Es wirkt, als nähmen sie an einem Wettkampf teil. Im übertragenen Sinne ist das auch so. Es sind die Bewerber für den neuen Ausbildungsjahrgang der GSG 9, die fünf Tage lang getestet werden. Viele tragen die blaue Uniform der Bundespolizei. Wer sich bewerben will, muss eine abgeschlossene Polizei-Ausbildung haben, das ist die Grundvoraussetzung. Ob bei der Bundespolizei, dem Bundeskriminalamt oder einer Landespolizei, spielt dabei keine Rolle. An diesem Dienstagvormittag stehen einige von ihnen im Flur direkt neben dem Eingangsbereich des Hauptgebäudes und warten darauf, dass sie aufgerufen werden. Im »Holzzimmer«, wie der Besprechungsraum aufgrund seiner Wandvertäfelung genannt wird, werden sie erfahren, dass sie es nicht geschafft haben. Ihren Blicken ist zu entnehmen, dass sie bereits ahnen, welche Nachricht sie erwartet. Für den einen oder anderen dürfte ein Traum zerplatzt sein. Einige wenige werden eine zweite Chance bekommen. Manch einer hat aber vielleicht auch schon festgestellt, dass er hier falsch ist. An Tag zwei der Auswahlwoche wird bereits die Hälfte der knapp 30 Bewerber aussortiert.

Die Auswahlwoche gibt den Bewerbern einen Vorgeschmack auf das, was sie bei der Ausbildung erwartet. Das Auswahlverfahren ist hart. In dieser Woche wird die körperliche Belastbarkeit getestet, auch der Gesundheitszustand. Wirklich gefürchtet ist jedoch der psychologische Teil des Auswahlverfahrens. Dafür ist Günter Weber angereist.

Er ist einer der beiden geschäftsführenden Gesellschafter des Instituts für Konfliktforschung und Krisenberatung in München. Es wurde 1972 von Wolfgang Salewski gegründet, der in den folgenden Jahrzehnten bundesweit als Polizeipsychologe und Krisenmanager bekannt wurde. Salewski hatte zunächst als Psychologe in einem Industrieunternehmen angefangen und sich dann selbstständig gemacht. Nach den desaströsen Erfahrungen, die die bayerische Polizei bei der Bewältigung der Geiselnahme bei den Olympischen Spielen 1972 in München gemacht hatte, begann sie, mit Salewski zusammenzuarbeiten. Er schulte sie in Verhandlungstaktik bei Geisellagen. Zeitgleich wurde die GSG 9 gegründet. Bereits in der Frühphase entwickelte sich eine Zusammenarbeit mit Salewski und seinem Institut, vor allem bei der Auswahl von Bewerbern für die neue Spezialeinheit des Bundesgrenzschutzes. Sie hält bis heute.

Kein Auswahlverfahren für den Nachwuchs der GSG 9, bei dem die Experten aus München nicht dabei wären, um die psychologischen Tests durchzuführen. Salewskis Institut entwickelte sich schließlich zu einer gefragten Adresse für Personal- und Organisationsmanagement, aber auch für Krisenmanagement. So war Salewski auch involviert, als es 1977 um die Entführung der »Landshut« ging. Im Anschluss an das Auswahlverfahren bleibt das Institut Teil der zwölfmonatigen Ausbildung. Und wenn es um grundlegende Organisationsveränderungen bei der GSG 9 geht, sind Günter Weber und sein Team immer an Bord. Weber selbst fing 1991 als Werkstudent bei Salewskis Institut an und arbeitete sich im Laufe der Jahre hoch. Seitdem, seit nunmehr 30 Jahren, hat er regelmäßig mit der GSG 9 zu tun. Er studierte zunächst Betriebswirtschaftslehre und promovierte dann in Organisations- und Wirtschaftspsychologie an der Ludwig-Maximilians-Universität München. Seit zwanzig Jahren ist er einer der beiden Leiter des Instituts, das von Wolfgang Salewski gegründet wurde. Am Lehrstuhl für Psychologie der Technischen Universität München ist er außerdem als Lehrbeauftragter tätig.

»Das Auswahlverfahren kann man sich praktisch wie ein großes Assessment-Center vorstellen«, erklärt Weber. Methodisch unterscheide sich das gar nicht so sehr von dem, was viele Unternehmen auch machen. Bei der Polizei sind Auswahlverfahren ohnehin eine Selbstverständlichkeit. Der Aufwand jedoch, der bei der GSG 9 betrieben wird, ist im Vergleich außergewöhnlich hoch: Eine Woche lang werden die Bewerber auf Herz und Nieren geprüft. Und bei den Anforderungen gibt es dann noch einmal erhebliche Unterschiede zu dem, was Unternehmen suchen: »Die Bandbreite ist sehr groß. Belastbarkeit ist ein großes Thema, Motivstruktur, Intelligenzstruktur, die hier bestimmte Anforderungen erfordert«, sagt Weber. »Und auf der persönlichen Seite schauen wir uns kommunikative oder soziale Kompetenzen an.« Hinzu kommt dann eben noch, dass man auch körperlich Höchstleistungen erbringen muss. Schließlich spielen medizinische Tests eine wichtige Rolle. Vor allem diese Kombination ist ungewöhnlich. Dabei werden kognitive Fähigkeiten, psychische Belastbarkeit und Stressfähigkeit in Verbindung mit extremer körperlicher Belastung getestet. »Zum Beispiel in einer Situation, bei der die Bewerber nicht wissen, wie lange die Aufgabe dauert. Kein 5000-Meter-Lauf, bei dem ich weiß, ich bin nach so und so viel Runden durch«, erklärt Weber. »Sondern die Bewerber werden aufgefordert, loszulaufen, körperliche Übungen zu machen, und wissen dabei nicht, wie lange das dauert. Und wenn das Programm absolviert ist und jeder schon an seine körperliche Grenze gestoßen ist, dann machen wir noch Merkfähigkeits- und Konzentrationstests.« Letztlich geht es darum, ob jemand unter extremer körperlicher Belastung noch in der Lage ist, seine kognitiven Fähigkeiten abzurufen. Hinzu kommen Interviews, in denen es um die eigene Biografie, um persönliche Erfahrungen geht. Methodisch kommen eignungspsychologische Verfahren und Beobachtungssituationen zur Anwendung. Und nicht zuletzt spielen auch die Ergebnisse beim Schießen eine wichtige Rolle. Das Körperliche, das schafft man schon irgendwie, wenn man die nötigen Voraussetzungen mitbringt, hört man immer wieder von denen, die das alles irgendwann einmal erfolgreich hinter sich gebracht haben. Der psychologische Teil hingegen sei die eigentliche Hürde.

Die Bewerber sind meist sehr jung, haben ihre Polizeiausbildung hinter sich, vielleicht ein paar Praktika, und erste Erfahrungen im Polizeialltag gesammelt. Entscheidend sei, meint Weber, ob jemand eine stabile Persönlichkeit entwickelt habe. Auch die Frage, warum jemand zur GSG 9 will, spielt eine wesentliche Rolle. »Wir suchen hier Personen, die auf der einen Seite sehr leistungsmotiviert und leistungsorientiert sind, aber damit nicht so gerne nach außen gehen, sondern bescheiden auftreten. Jemand, für den Anerkennung zwar wichtig ist, aber eher von den Kameraden und weniger von einer wie auch immer gelagerten Öffentlichkeit«, beschreibt Weber das Anforderungsprofil. Hinzu kommt, dass es sich um eine Tätigkeit handelt, bei der es im Einsatz um Leben und Tod gehen kann. Draufgänger mit einer Rambo-Mentalität oder solche, die den Helden spielen wollen, kann man bei der GSG 9 nicht gebrauchen. Manch einer kommt mit falschen Vorstellungen. Wer meint, Abenteuer erleben zu können, sei an der falschen Adresse, sagt Weber. Auch wer völlig angstbefreit ist oder so tut, wird womöglich eher zum Risiko für sich selbst und andere.

Schließlich geht es um das Wertefundament der Bewerber. Das ist auch deshalb besonders von Bedeutung, da rechtsradikale oder rassistische Tendenzen in der Polizei insgesamt, aber gerade auch in Spezialeinheiten in den vergangenen Jahren immer wieder Thema waren. Da sich ausschließlich Polizeibeamte bei der GSG 9 bewerben können, geht es nicht gezielt darum, sie auf ihre Verfassungstreue zu überprüfen, also darauf, ob sie auf dem Boden der freiheitlichen demokratischen Grundordnung stehen, denn das ist schon geschehen. Bei der Auswahl gehe es jedoch sehr wohl um die Frage, mit welchen Einstellungen, Haltungen und Grundwerten jemand aufgewachsen sei, erklärt Günter Weber. Die politischen Überzeugungen von Bewerbern können und dürfen dabei nicht abgefragt werden. »Wenn man sich anschaut, was an anderer Stelle passiert ist, dann geht es für mich vielmehr darum, ob jemand eine persönliche Stabilität, ein gesundes Selbstwertgefühl, einen auch zur GSG 9 passenden Wertekanon entwickelt hat. So etwas verhindert dann auch solche Tendenzen, wie man sie in anderen Einheiten gesehen hat«, erklärt Weber.

Dass bisher immer von Bewerbern die Rede ist, hat damit zu tun, dass es seit Jahren keine Bewerberinnen gegeben hat. Zumindest nicht für die Einsatzeinheiten. Dabei spielen die körperlichen Anforderungen eine entscheidende Rolle. 30 Kilogramm wiegt die schwere Variante der Ausrüstung, plus Waffen. Mit dieser Ausrüstung muss man körperliche Höchstleistungen erbringen, auch über einen längeren Zeitraum. Andere Einheiten sind dazu übergegangen, bei Männern und Frauen unterschiedliche Kriterien anzulegen, um es Bewerberinnen besser zu ermöglichen, die Voraussetzungen zu erfüllen. Die GSG 9 ist dazu nicht bereit, aus guten Gründen, meint Kommandeur Jerome Fuchs. »Wir haben feste Parameter für die Einsatzeinheiten, da können wir nicht unterscheiden zwischen Männern und Frauen und für Bewerberinnen die körperlichen Anforderungen senken. Aber ganz klar: Jede Frau, die die Anforderungen erfüllt, ist herzlich willkommen.«

Die GSG 9 wird für ihr Auswahlverfahren beneidet. Es gilt nicht nur als außergewöhnlich anspruchsvoll, sondern auch als besonders gut. Entscheidend ist, dass die Auswahl mit der einen Woche Auswahlverfahren erst beginnt. Zwar wird genau hingeschaut und bereits in diesen fünf Tagen konsequent aussortiert, doch die Frage, ob jemand wirklich zur GSG 9 passt und die Voraussetzungen erfüllt, ist damit noch nicht beantwortet. »Das Auswahlverfahren ist ein erster Filter«, sagt Günter Weber. »Wir geben eine Prognose für das Bestehen der Ausbildung ab, aber man hat die Ausbildung als Möglichkeit, weiter auf die Eignung zu schauen.« Tatsächlich kann jeder Bewerber, der es in die Ausbildung der GSG 9 schafft, danach in den folgenden zwölf Monaten bis zum Abschluss der Ausbildung noch jeden Tag aussortiert werden. Und das passiert auch.

Timo – Ausbildung mit Rückschlägen

Timo ist mittendrin. Er ist 30 Jahre alt, dunkelhaarig und kommt aus Kiel, dort ist er geboren und aufgewachsen. Es ist Mitte Oktober 2021, und er hat die Hälfte der Ausbildung hinter sich. Nach dem Abitur bewarb er sich bei der Landespolizei Schleswig-Holstein. »Polizei war immer mein Traumberuf«, sagt er. »Ich habe mir das spannend vorgestellt. Man weiß nicht immer, was kommt. Ich mag es nicht, mich zu langweilen.« Bundeswehr wäre seine zweite Wahl gewesen. Das Gespräch findet im »Holzzimmer« statt. Timo antwortet kurz und knapp. So ganz wohl fühlt er sich nicht in seiner Haut, das spürt man. Er weiß nicht, ob er die Ausbildung schafft, das weiß niemand sicher. Doch in einem Buch über die GSG 9 kommt er vor, selbst wenn er doch noch aussortiert werden sollte. Will man das? Befohlen wurde ihm das nicht, sondern er hat sich freiwillig gemeldet. Aber eine gewisse Skepsis hat er mitgebracht.

In seiner Jugend hat Timo von klein auf Fußball gespielt, stand schließlich zwölf Jahre lang als Schiedsrichter auf dem Platz. »Es macht mir schon Spaß, etwas zu geben«, sagt er. Bei der Polizei durchlief er die Ausbildung zum gehobenen Dienst und fing dann bei der Bereitschaftspolizei an. Vier Jahre lang blieb er dabei. »Aber ich hatte trotzdem Lust auf mehr. Die Herausforderung, sich hier mit den Besten zu messen, zusammenzuarbeiten und dazuzugehören.« Ende 2017 sagte er seinem Vorgesetzten, er wolle sich bei der GSG 9 bewerben. »Das war für mich alles sehr weit weg«, erinnert er sich. »Es gab nicht diesen einen Anlass. Spezialeinheit fand ich immer schon reizvoll, jeder hatte mal was von der GSG 9 gehört. Beim Landes-SEK hatte ich die Ausschreibung gerade verpasst, und ich wollte nicht länger warten.« Als er sich bewarb, war er 27. Dann kam das Auswahlverfahren. »Ich war komplett aufgeregt. Diese Unwissenheit, wie es hier abläuft, hat die Aufregung noch verstärkt. Das war hier eine riesengroße Unbekannte.«

Nachdem er die ersten Mitbewerber kennengerlernt hatte, ging es ihm besser, erinnert sich Timo. Schnell habe man sich gegenseitig gestützt. Im Vorfeld herauszukriegen, was einen im Auswahlverfahren erwartet, das sei nicht so einfach gewesen. Er trainierte viel, brachte sich körperlich in Topform. »Der Belastungslauf war knackig. Man ist auf Abruf und muss die klassischen Körpergewichtsübungen machen, mal schneller, mal langsamer. Und das muss man dann irgendwie durchhalten.« Auf die Interviews mit den Psychologen habe er sich nicht speziell vorbereitet. »Da wollte ich so sein, wie ich bin.« Er blieb die ganze Woche dabei. Am letzten Tag hieß es, er habe es nicht geschafft, könne aber noch einmal wiederkommen. Das Ergebnis bei einem Reaktionstest war nicht gut genug, auch beim Belastungslauf reichte die Leistung nicht ganz. »Als ich im Auto saß und wieder Richtung Norden fuhr, da fiel die Last von mir ab. Die Enttäuschung war schon da«, gibt Timo zu. »Ich hatte das Gefühl, ich bin nah dran. Aber die Enttäuschung ist dann auch wieder schnell umgeschlagen. Ich war auch stolz auf das Erreichte, dass ich so weit gekommen war. Ich hatte nichts verloren zu dem Zeitpunkt. Ich hatte Dinge erlebt, die ich sonst nicht erlebt hätte. Ich habe dann sehr schnell beschlossen, ich probiere es noch einmal. Es fühlte sich unfertig an.« Ein halbes Jahr später bewarb er sich aufs Neue.

Beim zweiten Versuch war er nicht ganz so aufgeregt. An Scheitern habe er nicht gedacht. Und beim zweiten Anlauf kam er durch. »Erleichtert war ich auf jeden Fall. Ich war sehr, sehr glücklich und auch dankbar für die Unterstützung. Für den Moment soll man ja auch stolz sein – aber das ist erst der Anfang. Die Ausbildung dauert zwölf Monate.« Im März 2020 fing er schließlich in Hangelar an. Acht Monate war er dabei, dann wurde er aussortiert – »abgelöst«, wie es heißt. Die Leistungen bei einer Schießübung hatten nicht gereicht. Beim Schießen zählt das nackte Ergebnis. In anderen Bereichen bekommt man immer wieder eine Rückmeldung, wo man steht, doch wenn es beim Schießen nicht reicht, gibt es kein Pardon.

»Nach acht Monaten abgelöst: Das war brutal. Das werde ich nie vergessen. Das war kein Vergleich zu der Enttäuschung nach dem ersten Auswahlverfahren«, erinnert sich Timo. »Diese Gedanken – ich muss das alles noch mal machen. Aber dann in den Gesprächen mit den anderen zu dem Gedanken zu kommen, ich mach das noch mal, diese Entscheidung stand schnell für mich fest.« Sehr schnell habe man von ihm wissen wollen, ob er es noch einmal versuchen werde. Noch einmal alles von vorne. »Es fühlte sich wieder unfertig an«, sagt Timo. Er entschied sich, die Ausbildung noch einmal zu machen. Jetzt ist er an demselben Punkt angekommen, an dem er seinerzeit ausgeschieden war. Doch dieses Mal hat er die Schießübung geschafft. »Das fühlte sich letzte Woche gut an. Und das nehme ich als Motivation mit.« In Timos Ausbildungseinheit waren sie mit 30 Mann gestartet, jetzt sind noch 20 übrig. »Ich habe unheimlich viele Dinge gelernt. Dinge, die ich sonst nicht erlebt hätte. Die Härtewoche, als Spitze, die vielen kleinen Herausforderungen – sich das immer vor Augen zu führen, was man alles erleben wird, wenn man es schafft. Ich weiß ja nicht, ob ich es schaffe, aber ich bin so sehr mit mir im Reinen, dass ich hier nichts verliere.«

Die Härtewoche

Die Härtewoche. Für jeden der Höhepunkt der Ausbildung. Nicht nur für die Auszubildenden, auch für die Ausbilder. »Puvi« ist Chef der Aus- und Fortbildung bei der GSG 9. Seit 1993 ist er hier. Auch er selbst brauchte zwei Anläufe. Auch bei ihm war es die Schießübung mit der Pistole, die dem ersten Anlauf ein Ende setzte. »Da habe ich mir damals schon Gedanken gemacht, ob ich der Richtige bin. Die ersten vier Monate haben so wehgetan, dass ich genau überlegt habe, ob ich mir das noch mal antun möchte«, gibt er zu. »Mir fehlte die geistige Reife, ich habe alles viel zu verbissen gesehen. Die Psyche war das Problem, körperlich kriegt man das hin, es ist vor allem der stetige psychische Druck über den gesamten Ausbildungszeitraum.« Den spürt man auch in der Härtewoche. Aber auch die körperliche Belastung wird hier bis an die Grenze des Zumutbaren getrieben.

Eine Woche in der Eifel. Die Männer werden mit dem Hubschrauber hingeflogen, ein Einsatzszenario wird zugrunde gelegt. Dann heißt es, sich durchschlagen, Kontrollpunkte anlaufen, Belastungsmärsche bewältigen, als Team und allein, das alles mit schwerem Gepäck und voller Bewaffnung, wenig Schlaf und sehr wenig Essen. Es gibt lediglich einen einzigen Nährwertriegel – der muss für die ganze Woche reichen. Wasser hingegen gibt es genug. Am Anfang steht die Marschphase, drei Tage lang, in denen insgesamt 140 bis 150 Kilometer zurückgelegt werden müssen. Querfeldein, keine Wege, im Team, verbunden mit komplexen Orientierungsaufgaben. Klappt das gut, schafft man es rechtzeitig zum Lager, dann kann man sich dort noch hinlegen. Aber nur eine, maximal drei Stunden, länger nicht. Nachts wird allein marschiert, zum Beispiel einen Bachlauf entlang, ohne Nachtsichtgerät. »Da kommt es auf den Durchhaltewillen an«, erklärt Puvi. »Vor allem bei den Einzelmärschen muss jeder für sich mit der Situation klarkommen. Im Team wird man vielleicht aufgefangen, alleine nicht.« In der letzten Nacht der Marschphase bekommen die Männer ein Huhn, das sie schlachten können – das ist die Überlebensaufgabe, ein lebendes Tier zu Nahrung zu verarbeiten.

Nach den drei Tagen folgt die Ruderbootphase auf der Mosel und dem Rhein, die zwei Tage dauert. Die Männer sind zu zehnt in einem großen Schlauchboot unterwegs, müssen sowohl stromabwärts als auch stromaufwärts paddeln. In der Nacht vom ersten auf den zweiten Tag muss ein Lager auf einer Insel aufgebaut werden. »Da denkst du oft, ich will nicht mehr. Man kann aufhören, aber wer das sagt, der wird noch einmal gefragt, ob er das wirklich will – dann ist er raus.« Und zwar endgültig. Vereinzelt gebe es das, sagt Puvi, aber nicht mehr so häufig wie früher. Die Härtewoche findet unter ärztlicher Aufsicht statt. Frau Doktor, die Ärztin der GSG 9, ist immer dabei. »Das muss sie auch«, sagt Puvi. »Wir gehen an die Grenze dessen, was man machen kann. Wir checken die Jungs jeden Tag. Ich würde den einen oder anderen schon eher rausnehmen, aber Frau Doktor überprüft das, und wenn sie sagt, das geht noch, dann läuft der weiter.« Wer es nicht schafft, für den ist die Ausbildung zu Ende. Auch Puvi ist bei jeder Härtewoche dabei. Jeder der Männer trägt einen GPS-Sender am Körper. In den Nachtmärschen, wenn die Männer allein unterwegs sind, geht er ihnen hinterher. »Ich beobachte sie und ihr Verhalten, stelle mich daneben, aber die sind so durch, die merken gar nicht, dass ich da bin.« Nach der Ruderbootphase geht es zurück ins Hauptquartier. Dann marschieren die Auszubildenden ein. »Der ganze Verband steht auf dem Vordach und vor dem Gebäude, und es wird geklatscht. Der Kommandeur hält eine kurze Ansprache«, erzählt Puvi. Die Ausrüstung wird abgelegt, die Männer werden medizinisch untersucht und gehen in eine Erholungsphase.

In der Rückschau hat Timo nicht nur schlechte Erinnerungen an die Härtewoche. »Man bestreitet das gemeinsam. Man erkennt sehr schön, wer wann seinen Tiefpunkt hat. Man ist dann ja schon knapp vier Monate zusammen. Nach der Woche ist man dann als Gruppe noch mal gestärkter, weil man die Woche gemeinsam geschafft hat. Und man weiß, einiges wird man sich noch lange anhören müssen.« Vor allem den Einzelmarsch in der Nacht hat er nicht in so guter Erinnerung, der sei ihm schwergefallen. »Am dritten Tag, ausgehungert – das ist im Kopf gegen sich selbst.« Aber Aufgeben sei für ihn nicht infrage gekommen. An dem Punkt sei er nie gewesen. »Auf eine Woche gesehen war es auf jeden Fall das Härteste. Aber die größte Herausforderung ist, dem Druck zwölf Monate lang standzuhalten und immer wieder abzuliefern.« Timo hat das am Ende geschafft: Im Januar 2022 schließt er seine Ausbildung erfolgreich ab.

In der Ausbildung gibt es nur zwei Wochen, in denen die Auszubildenden nicht unter Beobachtung sind: eine Woche Sanitätsausbildung und ein Englisch-Lehrgang. Sonst sind die Ausbilder immer dabei. Es gibt zwar Präsenzwochen, in denen die »Azubis« in der Unterkunft schlafen, aber darüber hinaus müssen sie nicht im Hauptquartier wohnen. In den zwölf Monaten erhalten sie ihre Basis- und Spezialausbildung. Es geht um Schießen, Kämpfen, um Zugriffsszenarien an unterschiedlichsten Zielobjekten, vom Flugzeugsturm bis zu Zugriffen in Bus und Bahn ist alles dabei. Am Ende der Ausbildung werden zwei Wochen lang alle Inhalte ein letztes Mal überprüft. Dabei hat sich einiges verändert im Laufe der Jahre. »Die Ressource Mensch wird heute anders betrachtet als 1993«, meint Puvi. »Bei uns geht es um Personalgewinnung und -erhalt. Es gibt heute weniger Leute, die aufgeben. Die Einstellung stimmt, früher haben wir viele verloren mangels richtiger Vorbereitung und Motivation, die hatten falsche Vorstellungen. Heute werden sie besser vorbereitet.« Am Ende hält im Durchschnitt ein Drittel des Jahrgangs durch, zwei Drittel scheiden aus, in guten Jahrgängen schafft es die Hälfte. Das Ziel ist dennoch, jeden durch die Ausbildung zu bringen. »Wenn die Leistungen oder die Einstellung nicht stimmt, wir keine kontinuierliche Verbesserung sehen, dann schicken wir denjenigen nach Hause. Er kriegt eine Wiederholungschance, manchmal aber auch nicht, wenn es um Dinge geht, die man nicht abstellen kann.« Wer es schafft, bekommt am Ende der Ausbildung das ersehnte Tätigkeitsabzeichen der GSG 9 – die sogenannte »Schwinge«, den Bundesadler mit Lorbeer zu beiden Seiten. Dann werden die Männer auch auf die Einsatzeinheiten verteilt. Man kann Wünsche äußern, die aber naturgemäß nicht immer erfüllt werden können. Die Neuen werden dann einem Einsatztrupp zugeteilt. Die ersten sechs Monate sind sie noch in einer Probezeit, erst danach gehören sie wirklich dazu.

Nachwuchsgewinnung war von Anfang an ein wichtiges Thema bei der GSG 9. Kaum war die Entscheidung gefallen, innerhalb des Bundesgrenzschutzes eine Eliteeinheit aufzubauen, begannen schon die ersten Werbetouren. Der Bedarf ist groß: Die GSG 9 ist vor allem in den vergangenen Jahren enorm gewachsen, allein schon durch den Aufbau einer vierten Einsatzeinheit am neuen Standort Berlin. Auch viele SEK in den Ländern wurden personell aufgerüstet. Die GSG 9 gab einen Imagefilm von gut vier Minuten Länge in Auftrag, der Lust auf diesen besonderen Job in der Einsatzeinheit machen soll. Die martialische Machart orientiert sich klar an der Zielgruppe: Potenzielle Bewerber werden angesprochen. Der hohe Bedarf führe aber nicht dazu, dass Abstriche beim Leistungsniveau gemacht würden, betont Kommandeur Jerome Fuchs. Überhaupt habe die GSG 9 keine Nachwuchssorgen. »Wir haben aktuell eine gute Bewerberlage«, erklärt Fuchs. »Aktuell haben wir die zweitstärkste Ausbildungseinheit in der Geschichte der GSG 9. Für die nächste Ausbildung ist die Bewerberlage so gut, dass wir mit zwei Ausbildungseinheiten an den Start gehen.«

Dabei existiert auch die GSG 9 nicht unter der Käseglocke. Sie muss gesellschaftlichen Entwicklungen Rechnung tragen. Themen wie die Vereinbarkeit von Beruf und Familie sind längst auch bei der GSG 9 angekommen. In mancherlei Hinsicht bildet der Verband die gesellschaftliche Realität nicht ab. Das gilt, jenseits des geringen Frauenanteils, auch für die ethnisch-kulturelle Diversität. Die GSG 9 besteht bis heute fast ausschließlich aus weißen Männern. »Wir sind da absolut aufgeschlossen und unvoreingenommen«, betont Jerome Fuchs. »Das spielt überhaupt keine Rolle, welche Religion, Herkunft oder Hautfarbe jemand hat. Da ist auch schon einige Vielfalt vertreten bei uns.« Man nehme sich für jeden Bewerber viel Zeit. »Und wenn die Anforderungen erfüllt sind, ist er dabei.« Die Frage allerdings ist, ob genug unternommen wird, um möglicherweise geeignete Frauen oder Bewerber mit Migrationsgeschichte gezielt zu ermutigen, sich bei der GSG 9 zu bewerben. Die prinzipielle Offenheit alleine wird vermutlich nicht reichen.

Kapitel 14

Bla und die Taucher

»Ich mag diese Einheit einfach unglaublich«

Wer von der »zweiten« Einheit spricht, steht schon im Fettnapf. Die »200er« legen Wert darauf, die »zwote« Einheit genannt zu werden. Sie sind die maritime Einsatzeinheit der GSG 9. Über dem Eingang zu ihrem Flur hängt ein Bullauge. Der Flur selbst unterscheidet sich kaum von dem der ersten und der dritten Einheit auf den anderen Etagen. Auch hier sieht der Besucher eine Vielzahl von Erinnerungen aus den zurückliegenden Jahrzehnten an den Wänden, vor allem von Trainingsaufenthalten bei anderen Taucheinheiten in aller Welt. Auch hier gibt es eine Fotogalerie, direkt neben der Tür, hinter der sich das Büro der Einheitsführung befindet. Hier stehen in mehreren Regalen untereinander Kinderfotos der aktiven Einsatzkräfte. »Bla« ist etwa anderthalb und steht in einem Kinderbettchen. Heute ist er 38 Jahre alt und der Einheitsführer. Er hat dunkle Haare, hohe Geheimratsecken, trägt einen kurzen Vollbart und ist mittelgroß. In den Bilderrahmen von »Biggi« und »Harry« befinden sich keine Kinderfotos, sondern das Bild einer Antonov-Transportmaschine und des britischen Prinzen Harry. »Das passiert, wenn man kein Foto abgibt«, sagt Bla lächelnd.

Über den Fotos hängt ein Straßenschild: »Pirates Alley« steht darauf. Die Piraten-Allee befindet sich in New Orleans. Als sie zu einem Training bei den amerikanischen Navy Seals waren, sahen sie das Schild in einem Geschäft in New Orleans und brachten es mit nach

Hangelar, da es so gut zu ihnen passte. Die maritime Einheit sah sich scherzhaft schon immer als Piraten. Lange hatten sie einen Piraten-Totenkopf mit Augenklappe als Symbol, wie einige andere tauchende Einheiten auch. Doch wie schon berichtet, trennte sich die »Zwote« vor ein paar Jahren davon, aus Sorge, das Symbol könnte falsche Assoziationen an die Nazizeit hervorrufen. Bla gibt zu, dass ihm der Schritt nicht ganz leichtgefallen ist. »Ich verstehe es, aber ich bin damit hier ›groß‹ geworden«, erklärt er. »Aber man muss auch loslassen können. Wir haben dann für uns entschieden, ein neues Symbol zu wählen. Die Erarbeitung des neuen Zeichens kam dann aktiv von den Männern. Das ist auch der Grund, warum wir uns heute mit dem neuen Symbol identifizieren. Das hat mich sehr stolz gemacht.« Jetzt ist ein Dreizack das Symbol der maritimen Einheit. In Blas Büro hängt einer an der Wand hinter seinem Schreibtisch, neben einem großen Anker, der ein Geschenk einer italienischen Partnereinheit ist. Symbole spielen bei Spezialeinheiten eine große Rolle. Und die Einsatzkräfte bei der GSG 9 identifizieren sich in hohem Maße mit ihrer jeweiligen Einsatzeinheit. »Ich halte es für keinen einfachen Schritt, insbesondere gewachsene Identifikationsmerkmale loszulassen beziehungsweise zu wechseln. Unsere Aufgabe hier bringt Risiken mit sich. Und jeder ist bereit, diese Risiken einzugehen. Dabei ist es wichtig, dass man sich mit seiner Einheit identifiziert. Und da sind gemeinsame Werte, aber auch eine gemeinsame Symbolik eine wichtige Grundlage.«

Bla kam 2006 zur GSG 9. Seine Ausbildung machte er damals gemeinsam mit Mü. Danach kam er direkt in die maritime Einheit. Der Gedanke, sich bei der GSG 9 zu bewerben, kam ihm erst, als er schon beim Bundesgrenzschutz war. Dass er nun gerade bei der maritimen Einheit landen würde, hätte er damals nicht gedacht. Das einzig Maritime in seiner Biografie ist die Herkunft: Bla kommt aus der Region Stralsund-Rügen. Tatsächlich gehöre er eher in die Kategorie Nichtschwimmer, bekennt er. »Ich komme durchs Wasser, bin aber kein guter Schwimmer.« In der Ausbildung hatte er zwei Ausbilder aus der maritimen Einheit. »Die haben mir klargemacht, dass schwimmen und tauchen nicht dasselbe ist. Aber am Ende haben es die Menschen ausgemacht, mit denen wollte ich zusammenarbeiten.« Bla hat sich etwas Jungenhaftes bewahrt. Und wenn er über seine »Jungs« redet, kann er fast sentimental werden. »Ich mag diese Einheit einfach unglaublich. Hier arbeiten ganz besondere Menschen.« Den Rest habe er in Kauf genommen – wie das Tauchen. »Tauchen gehört zu unseren Aufgaben. Das machen wir halt«, sagt er lapidar.

Nach der Ausbildung fing er als letzter Mann in einem Einsatztrupp an und arbeitete sich sukzessive nach vorne. Er wurde damals als Einziger neu in die Einheit aufgenommen. Dabei erwarb er sich auch seinen Spitznamen: »Die Aufgabe war, du musst die Jungs unterhalten. Das habe ich getan.« Danach hieß er eben »Bla«. Einige Jahre später wurde er schließlich Truppführer in seinem alten Trupp. »Ich konnte alles lernen, von der Pike auf, habe jede Funktion im Team und jede Führungsfunktion durchlaufen. Mein persönliches Ziel war dann irgendwann, hier Einheitsführer zu werden.« Heute fragt er sich manchmal, warum eigentlich. »Ich verbringe hier mehr Zeit am Schreibtisch, als auf der Schießbahn zu stehen oder irgendeine Tür einzutreten«, sagt er lachend. Wie Eros und Mü auch sehnt er sich manchmal nach der Zeit zurück, als er noch Truppführer und mit den Männern draußen war.

Aus der maritimen Einheit sind auffällig viele Führungskräfte der GSG 9 hervorgegangen: Der aktuelle Kommandeur Jerome Fuchs war hier früher Einheitsführer, so wie sein Vorgänger, Olaf Lindner, auch. Lindner ist jetzt Präsident der Bundespolizei-Direktion 11, zu der auch die GSG 9 gehört. Sein Stellvertreter, Carsten Laube, war ebenfalls früher in der maritimen Einheit der GSG 9. Auch zwei Stabsbereichsleiter in der aktuellen GSG 9-Führung sind einmal auf diesem Flur »zu Hause« gewesen, einer davon ist Elle. Den »200«ern eilt deswegen ein wenig der Ruf als Kaderschmiede voraus. »Ich sage ja«, sagt Bla mit einem Anflug von Genugtuung, »hier arbeiten besondere Menschen.« Im Regal im Büro der Einheitsführung steht ein großes Foto von Jerome Fuchs in der Uniform der Bundespolizei – daneben sein Kinderfoto. Bla hat es dort hingestellt. Vielleicht wollte er den Kommandeur daran erinnern, wo er herkommt?

Die maritimen Fähigkeiten der GSG 9

Im und auf dem Wasser ist die »Zwote« in ihrem Element. Der Einsatz auf einem Schiff, auch das Aufentern an der Bordwand auf See, gehört zwar zum Standard-Repertoire aller Einsatzeinheiten der GSG 9, erklärt Bla. Vor allem das taktische Tauchen, aber auch spezielle Verfahren beim Entern hingegen sind das Alleinstellungsmerkmal der maritimen Einheit. »Wir sehen uns auch als Weiterentwickler für den gesamten Verband in diesem Bereich.« Die GSG 9 hat in ihrer Geschichte immer wieder Nischen gesucht und besetzt. Ihre maritimen Fähigkeiten sind ein gutes Beispiel dafür. Keine andere Spezialeinheit innerhalb der deutschen Polizei verfügt über ein vergleichbares Niveau an Fähigkeiten und Ausrüstung, wenn es um Einsatzlagen auf See geht. Über die Polizei hinaus sind lediglich die Kampfschwimmer der Bundeswehr ähnlich aufgestellt. Die Wahrscheinlichkeit, dass diese Fähigkeit benötigt wird, ist dabei – wie beim Fallschirmspringen auch – ausgesprochen gering. »Es ist ein unwahrscheinlicher Einsatz, national wie international, diese Lagen gibt es nicht oft«, räumt Bla ein. »Aber wenn es sie gibt, sind wir polizeiseitig bundesweit die Einzigen, die das können. Auch im europäischen und sogar im internationalen Vergleich sind wir sehr gut aufgestellt.« Die Geiselnahme an Bord des deutschen Containerschiffs »Hansa Stavanger« im Jahre 2009 vor der Küste Somalias war ein derartiger Fall. Dass diese Fähigkeiten nicht oft benötigt werden, bedeutet nicht, dass sie verzichtbar wären. Allein schon mit Blick auf die Sicherheit der deutschen Küstengewässer muss die Polizei in der Lage sein, maritime Einsätze durchzuführen – und zwar auch komplexe. »Das kann keiner so abbilden wie wir, in der Ganzheitlichkeit, wie wir sie darstellen – mit Blick auf Material und Personal.«

Das Tauchen ist dabei eine Annäherungs- und »Infiltrations«-Variante, wie das Fallschirmspringen auch. Infiltration heißt, unbemerkt mit einer kleinen Einheit in ein Gebiet einzudringen, das von anderen kontrolliert wird, zum Beispiel von einer kriminellen oder einer terroristischen Organisation. Das Ziel ist dabei, offene Kampfhandlungen zu vermeiden – über die Annäherung aus der Luft mit Fallschirmspringern, oder eben aus dem Wasser mit Tauchern. »Der Taucheinsatz als Infiltrationsform ist die einzige Annäherungsvariante, ein Zielobjekt auf See unerkannt und unentdeckt zu erreichen und zu gewinnen«, erklärt Bla. »Damit werden das Entdeckungs- und Konfrontationsrisiko im Vorhinein des Zugriffs auf ein Minimum reduziert. Wenn wir alles richtig machen, nähern wir uns nahezu unsichtbar.« Einfach sind derartige Einsätze nicht, allein schon deshalb, weil sie nachts erfolgen müssen. Unter Wasser kommunizieren die Taucher mit Handzeichen oder Geräuschen. Sobald sie auftauchen, haben sie wieder Funkkontakt.

Allerdings müssen bestimmte Voraussetzungen erfüllt sein, damit ein Taucheinsatz überhaupt infrage kommt. Eine Annäherung an ein Schiff ist nur möglich, wenn es nicht in Bewegung ist. Die Natur setzt weitere Grenzen, ähnlich wie beim Fallschirmspringen: »Strömung, Welle, Wind – das sind die Faktoren, die wir beurteilen müssen und die uns unter Umständen limitieren«, sagt Bla. Das Training unter echten, nämlich Einsatzbedingungen, ist vor der Haustür in Hangelar nur begrenzt möglich. Zwar trainiert die maritime Einheit auch in Seen im Umland oder im Rhein. »Was dann fehlt, sind gewisse Bedingungen. Auch ein See ist mit seinen Herausforderungen und Möglichkeiten irgendwann endlich. Deshalb ist es absolut notwendig, in in- und ausländischen Küstengewässern zu trainieren.« Vor allem in der Nord- und Ostsee trainiert die maritime Einheit sowie zwei Wochen im Jahr in Italien, um nicht nur bessere, sondern auch andere Witterungsbedingungen zu haben.

Die große Entfernung zwischen Hangelar in Nordrhein-Westfalen und der Küste ist nicht nur ein Problem beim Training, sondern auch mit Blick auf einen Einsatz vor der deutschen Küste. »In unseren Trainingswochen haben wir schon immer scherzhaft, mit einem gewissen romantischen Blick auf das Wasser, gesagt, die ›Zwote‹ muss an die Küste. Das ist völlig sinnvoll.« Wann und in welcher Form es dazu kommt, ist noch unklar. Im Bundesinnenministerium steht man dem Vorhaben zumindest grundsätzlich positiv gegenüber. Dabei steht außer Frage, dass das Bedrohungspotenzial auf See groß ist – auch vor der deutschen Küste. In der zweiten Junihälfte 2021 bereitet sich die maritime Einheit auf das Trainings-Highlight des Jahres vor: Bei der »Seal«-Übung in der Ostsee vor Rügen geht es um Szenarien, die niemand erleben will, auf die man jedoch vorbereitet sein muss.

Kapitel 15

Einsatz auf See

Die Sonne steht noch niedrig am tiefblauen Himmel, es weht eine angenehme Brise, und die Oberfläche der Ostsee kräuselt sich leicht. Es ist 7 Uhr, und das Wetter könnte kaum besser sein am 23. Juni 2021. Auf der Backbordseite liegen die Kreidefelsen von Rügen. Der Blick ist malerisch. Die »Finnpartner« hat vor einer halben Stunde den Hafen von Sassnitz verlassen und fährt nun aufs offene Meer. Sie ist eine Fähre, ein sogenanntes Roll-on-Roll-off-Passagierschiff, gehört der finnischen Reederei »Finnlines« und fährt unter schwedischer Flagge. Die »Finnpartner« wurde 1994 erbaut, und ihre mittlerweile 27 Jahre sieht man ihr auch ein wenig an. Sie verkehrt normalerweise täglich zwischen Travemünde und Malmö in Südschweden. Neun Stunden dauert die Überfahrt. Eine Richtung wird am Tage, die andere nachts zurückgelegt. Das Schiff ist 183 Meter lang, 29 Meter breit und hat zehn Decks. Die Passagiere sind Touristen, vor allem aber Lkw-Fahrer. Die Autos und Lastwagen finden Platz im Bauch des Schiffs. Für die Nachtfahrt können die Passagiere eine Kabine buchen. Auf den Decks 3 A und 5 gibt es Außen- und Innenkabinen in unterschiedlichen Größen. Einzel- oder Mehrbettkabinen mit WC und Dusche. Immerhin 274 Betten stehen zur Verfügung. Auch ein großes Restaurant bietet das Schiff sowie eine Bar und ein Sonnendeck, und sogar einen Spa-Bereich mit Sauna, Whirlpool und einem kleinen Pool. Doch in dieser Woche entspannt sich dort niemand.

Kein einziger Lkw-Fahrer oder Tourist ist an Bord. »Das hatten wir noch nie«, sagt ein Besatzungsmitglied an einem kleinen Empfangsdesk, an dem die Türkarten für die Kabinen ausgegeben werden, »das ist wirklich mal was anderes.« Die Passagiere in dieser Woche sind fast ausschließlich Polizeibeamte aus Spezialeinheiten mehrerer europäischer Länder, an Bord, um den Ernstfall zu üben: einen Terroranschlag auf ein Passagierschiff. »Seal« heißt die Übung auf der Ostsee, für die die »Finnpartner« eigens angemietet wurde. Spezialeinheiten aus Dänemark, den Niederlanden, Finnland und Schweden sind dabei – die GSG 9 ist mit ihrer maritimen Einsatzeinheit vertreten sowie einem Teil der ersten Einheit, den Präzisionsschützen. Frankreich, Spanien, Italien und Belgien sind mit Beobachtern an Bord. Die Übung findet im Rahmen des »Atlas«-Verbunds statt, in dem sich 38 Polizei-Spezialeinheiten aus mehreren europäischen Ländern zusammengeschlossen haben. Die GSG 9 koordiniert die maritime Komponente in diesem Verbund und hat die Übung organisiert. Es geht darum, das zu trainieren, was niemand erleben will: die Bewältigung einer Terrorlage auf See, und zwar gemeinsam, als multinationaler Einsatz. Die ganze Woche geht das so: Morgens um 6 läuft die »Finnpartner« aus, am Tage trainieren die einzelnen Einsatzeinheiten auf See – mal jede für sich, dann gemeinsam in wechselnden Paarungen. Am Abend kehrt das Schiff in den Hafen von Sassnitz zurück. Dann gibt es Gelegenheit, sich bei einem Feierabendbier auf dem Sonnendeck zu unterhalten, wenn man nicht zu erschöpft ist. Höhepunkt der Woche ist ein gemeinsamer Zugriff aller beteiligten Spezialeinheiten am letzten Tag der Übung, der zumindest zum Teil live nach Berlin übertragen wird.

Vor Ort hat man das große Besteck herausgeholt. Neben der Fähre als »Zielschiff« sind weitere Schiffe beteiligt: die »Triton« von der schwedischen Küstenwache sowie gleich mehrere Küstenschiffe der Bundespolizei, darunter ihre drei neuesten Errungenschaften im XL-Format, die »Potsdam«, die »Bamberg« und die »Bad Düben«. Die drei Schiffe wurden 2016 in Betrieb genommen und haben jeweils eine stattliche Länge von 86 Metern. Ein Quantensprung im Vergleich zu den Schiffen der 68-Meter-Klasse, die bis dahin das Größte waren, was die Küstenwache der Bundespolizei aufbieten konnte. Die neuen

Schiffe der »Potsdam-Klasse« sind schwimmende Einsatzzentralen. Sie haben zwischen 14 und 19 Personen Besatzung und Platz genug, um darüber hinaus eine gesamte Einsatzeinheit der GSG 9 zu transportieren. Außerdem verfügen sie über eine Hubschrauber-Landefläche, auf der ein großer Hubschrauber vom Typ Super Puma bei Tag und Nacht starten und landen sowie betankt werden kann. An Bord der Schiffe befindet sich außerdem eine Operationszentrale, aus der Einsätze auf See geführt werden können. Die Schiffe können auch die Einsatzboote der GSG 9 transportieren – dabei sind sie in der Lage, ein Boot in Fahrt aufzunehmen und zu Wasser zu lassen. Schließlich sind die Schiffe mit einer vollautomatischen Bordkanone ausgestattet. Nichts von alldem konnten die Küstenschiffe der 68-Meter-Klasse. Kommt das Gespräch auf die neuen Schiffe, müssen sich die angereisten Beobachter aus der Bundespolizei-Führung sichtbar bremsen, um nicht zu sehr ins Schwärmen zu geraten. Kritische Stimmen außerhalb der Bundespolizei meinen, dass die neuen Schiffe eigentlich schon Kriegsschiffe seien – vor allem natürlich aufgrund der Bewaffnung. Das 57-mm-Geschütz hat eine Reichweite von 300 bis 6 000 Metern. Es kann Warnschüsse abgegeben, aber auch gezielt den Schiffsantrieb oder die Radaranlage eines Zielschiffes zerstören und wäre tatsächlich auch in der Lage, ein Schiff zu versenken. Den Vergleich mit den Schiffen aus dem Ausland müssen sie zumindest nicht scheuen: Die finnische »Turva«, die ebenfalls an der Seal-Übung teilnimmt, ist zwar noch größer und verfügt auch über eine Hubschrauber-Landeplattform, allerdings nicht über eine Bordkanone.

Die Wetterbedingungen sind ideal für eine maritime Übung an diesem 23. Juni 2021 – so scheint es zumindest. »Ein bisschen zu ideal vielleicht«, sagt Elle aus der GSG 9-Führung, der die Übung leitet. Im Ernstfall seien die Bedingungen womöglich alles andere als ideal, das heißt, die See rauer, was einen Einsatz deutlich erschwere. Er blickt über die Reling der »Finnpartner« die Bordwand des Schiffs hinunter. »Das ist noch nicht einmal besonders hoch«, stellt er fest. Eine Einschätzung, die nicht jeder teilen würde, der hinuntersieht. Zwölf Meter geht es in die Tiefe. Anti-Terror-Übungen zur See sind dennoch alles andere als Trainingsalltag. »Das ist selbst für Spezialeinheiten Hochreck«, meint Elle. »Aber unsere zwote Einheit ist hier in ihrem Element.« Vor allem die Bootsführer. Lediglich die Taucher der maritimen Einsatzeinheit kommen nicht zum Zuge, da das Schiff auf offener See mit zehn Knoten unterwegs ist. Um Taucher einzusetzen, muss das Schiff stillstehen.

Im Laufe dieses Tages wird jedes Element eines Einsatzes geübt: die Annäherung an das Zielschiff mit »Ribs«, hoch motorisierten Einsatz-Schlauchbooten, die über die See jagen und die Trupps an die Bordwand befördern, an der sie dann »aufentern« müssen. Das Aufentern aus dem Einsatzboot über eine Strickleiter die Bordwand hoch bis an Deck, und zwar mit Waffe und insgesamt 25 Kilo Ausrüstung am Leib, ist auch für die trainierten Spezialkräfte sehr anstrengend. Die Männer sind nicht zu beneiden. Und es ist gefährlich: Wer nicht richtig gesichert ist und abstürzt, fällt in die Tiefe – die Bordwand hinunter entweder auf das Einsatzboot oder ins Meer, kann sich schwer verletzen und muss dann erst einmal geborgen werden, während die anderen, die schon auf Deck angelangt sind, warten müssen. Bei hohem Wellengang kann es vorkommen, dass sich das Einsatzboot überschlägt – besonders kritisch ist der Moment, wenn es sich an die Bordwand annähert. Während der Übung werden die Einsatztrupps mit Problemen dieser Art überrascht: Eine lebensgroße Puppe wird beim Aufentern über Bord geworfen, um zu simulieren, dass einer der Männer auf dem Weg nach oben in die Tiefe gestürzt ist. Das Aufentern kann nun erst fortgesetzt werden, nachdem die Puppe aus dem Wasser ins Boot gezogen wurde. »From GSG 9 with love« hat ihr jemand mit rotem Edding auf die linke Wange geschrieben – ein kleiner Gruß des Organisationsteams der GSG 9 an den Einsatztrupp aus Schweden, der an diesem Tag mit der simulierten Panne umgehen muss. Unterdessen geraten die Männer, die bereits an Deck sind, unter »Beschuss«. Sehr schnell erschließt sich, warum ein Zugriff wie dieser zum Schwierigsten gehört, womit es eine Spezialeinheit zu tun haben kann.

Gleichzeitig sind Hubschrauber im Einsatz: Wie aus dem Nichts tauchen die gewaltigen Super Pumas auf, die aufgrund des Lärms, den die Schiffsmotoren machen, erst im letzten Moment zu hören sind. In einem atemberaubenden Manöver fliegen sie mit einem Einsatztrupp an Bord bis über das Oberdeck, auf das sich die Männer in Windeseile abseilen. Ein zweiter Hubschrauber sichert den Einsatz mit Scharfschützen ab. Für die Piloten ist das kein Spaziergang: Die großen Super Pumas müssen die Position bei Wind und Wetter neben und über dem fahrenden Schiff exakt halten, in diesem Fall in unmittelbarer Nähe des Schornsteins der Fähre, der dabei dem Heck des Hubschraubers bedrohlich nahe ist. Die Sicherheit, mit der die Piloten dieses Manöver fliegen, ist beeindruckend. Man ahnt allerdings, um wie vieles schwieriger es wäre, wenn die Sonne nicht vom Himmel strahlen würde, sondern es stürmisch wäre. An Bord müssen sich die Einsatztrupps durch das gesamte Schiff arbeiten, Schlüsselpositionen, wie zum Beispiel die Brücke, einnehmen und sichern, womöglich eine Geiselnahme beenden und Attentäter, die im gesamten Schiff unterwegs sein können, unschädlich machen. Dabei sind sowohl menschliche »Terroristen« unterwegs als auch »Pappkameraden« mit Waffe im Anschlag, die einem ständig begegnen, wenn man sich durch das Schiff bewegt. In mehreren Durchgängen trainieren die Einsatztrupps aus den verschiedenen Ländern den Zugriff. Den finalen Einsatz am Ende des Tages trainieren schließlich alle Nationen gemeinsam: mit fünf Einsatzbooten und drei Hubschraubern gleichzeitig.

Maritime Einsatzlagen wie diese sind aus verschiedenen Gründen besonders schwierig zu bewerkstelligen. »Ich muss ja erst einmal irgendwie das Zielobjekt erreichen, und ich muss das auch möglichst überraschend tun«, erklärt Jerome Fuchs an Bord der »Finnpartner«. »Dabei gibt es auf hoher See nicht so viele Deckungsmöglichkeiten. Ich muss mir dann überlegen, von wo aus ich eine solche Operation starte – sinnvollerweise vom Land aus, aber je nachdem, wie weit sich das Schiff auf hoher See befindet, muss ich anfangen, zu rechnen. Reicht der Sprit überhaupt? Und komme ich dann wieder zurück?« Mit den neuen Bundespolizeischiffen gebe es in dieser Hinsicht ganz andere Möglichkeiten als bisher, da man mit den Einsatzbooten und den Hubschraubern von Deck aus operieren könne.

Hinzu kommt, dass das Zielobjekt sehr groß ist. Ein Schiff dieser Größe, mit mehreren Decks, zahlreichen Räumen, sehr unübersichtlich und verwinkelt, zum Teil mit komplizierten Wegen – gleichzeitig gibt es nur begrenzte Möglichkeiten, Einsatzkräfte an Bord zu bringen. »Es ist auch klar, dass wir als GSG 9 mit unseren Einsatzkräften nicht ausreichen, um ein Zielobjekt wie dieses abzuarbeiten. Da müssen wir uns gegenseitig unterstützen, und das funktioniert im internationalen Verbund sehr gut«, erklärt Fuchs. Doch gerade maritime Einsätze unter Beteiligung mehrerer Nationen sind kompliziert. »Es gibt sicherlich gemeinsame Standards, aber trotzdem hat jede Nation ihre Eigenarten. Das Timing muss einfach stimmen. Es bringt mir nichts, wenn ich ein Team unheimlich schnell an Bord habe, das dann warten muss.« Übungen wie Seal sind schon deshalb sehr ergiebig, weil sie Seltenheitswert haben, allein schon, weil Aufwand und Kosten erheblich sind.

Wie gefährdet sind Schiffe?

Trainiert wird für ein Albtraum-Szenario: Eine Gruppe bewaffneter Terroristen mischt sich unter die Passagiere an Bord einer Fähre, bringt das Schiff unter ihre Kontrolle und nimmt Passagiere als Geiseln oder erschießt sie wahllos. Denkbar wären auch andere Szenarien: Das Schiff könnte beispielsweise selbst als Waffe eingesetzt werden, sei es, um ein anderes Schiff zu rammen, oder um mit voller Fahrt in einen Hafen zu fahren. Es sind Terror-Szenarien mit zahlreichen Todesopfern. Passagiere und Crew wären den Attentätern bis zu einem Zugriff der Sicherheitskräfte hilflos ausgeliefert, hätten keine Chance zu fliehen. Bisher waren Passagierschiffe gottlob nur selten Ziel von Terroranschlägen. Der wohl bekannteste Fall, der 1990 auch als Vorlage für einen Film mit Burt Lancaster diente, ist die Entführung der »Achille Lauro« im Oktober 1985. Das Schiff war auf dem Weg von Alexandria nach Port Said im Nordosten von Ägypten und hatte 680 Passagiere an Bord sowie 350 Besatzungsmitglieder, überwiegend Italiener und Portugiesen. Es wurde am 7. Oktober von einem vierköpfigen palästinensischen Terrorkommando entführt. Da sich ein großer Teil der Passagiere auf einem Landausflug befand, waren lediglich rund 100 Personen an Bord. Die Entführer, die der Palästinensischen Befreiungsfront angehörten, ermordeten einen Passagier und forderten die Freilassung von in Israel inhaftieren »Gesinnungsgenossen«, andernfalls drohten sie mit der Erschießung weiterer Geiseln an Bord des Schiffs. Die »Achille Lauro« erreichte schließlich Port Said, wo es den ägyptischen Behörden gelang, das Geiseldrama auf dem Verhandlungsweg zu beenden.

Heutzutage haben insbesondere Kreuzfahrtschiffe einen sehr hohen Sicherheitsstandard. Die Sicherheit an Bord dieser schwimmenden Hotelburgen ist mit der von Flughäfen und Flugzeugen vergleichbar. Allerdings sind die Reedereien nicht sehr auskunftsfreudig: Wer nach den konkreten Sicherheitsstandards an Bord dieser Schiffe fragt, erhält meist nur schmallippig Auskünfte. Fest steht, dass die Kontrollen der Passagiere und ihres Gepäcks dem Niveau entsprechen, das auch für Flugreisen gilt. An Bord gibt es ein engmaschiges Netz von Kameras, die das Geschehen beobachten. Ein besonderes Augenmerk wird auf die Crew gerichtet. Für die Sicherheit an Bord ist ein ganzes Team zuständig. Das ist auch nötig: Anders als Fährschiffe, die im Pendelverkehr von A nach B unterwegs sind, legen Kreuzfahrtschiffe mitunter erhebliche Distanzen zurück, sind mitunter wochenlang unterwegs und haben Tausende Menschen an Bord. Im Falle eines gravierenden Sicherheitsproblems kann es im ungünstigsten Fall sehr lange dauern, bis Hilfe oder Rettungskräfte vor Ort sind. Auch die Größe des Schiffs wäre eine ganz andere Herausforderung als eine Fähre wie die »Finnpartner«.

Die Kontrollen bei Fähren erreichen nicht das Niveau eines Kreuzfahrtschiffs. In dieser Hinsicht sind Fähren eher mit dem Zugverkehr vergleichbar. Die Fahrzeuge, die an Bord kommen, werden nicht alle kontrolliert, auch das Gepäck der Passagiere nicht – Kontrollen finden nur stichprobenartig statt. Beim Güterverkehr werden zwar die Frachtpapiere, aber nur im Einzelfall die Ladung in Augenschein genommen. Kontrolliert werden auf Fährschiffen vor allem die Fahrkarten.

Verhält sich jemand auffällig, wird genauer hingeschaut – so soll es zumindest sein. Ein intensives Kontrollregime hätte seinen Preis: Mit Blick auf den Zugverkehr wurde mehrfach darüber diskutiert, ob intensive Sicherheitskontrollen geboten sind. Anlass dafür waren jeweils islamistische Terroranschläge, von denen es mehrere in Europa gab: zum Beispiel die glücklicherweise gescheiterten Anschläge mit Kofferbomben auf zwei Regionalzüge in Köln im Juli 2006. Zwei Jahre zuvor, am 11. März 2004, waren bei den verheerenden Bombenanschlägen auf Regionalbahnen in Madrid 191 Menschen getötet worden. Im August 2015 konnte ein Anschlag eines Islamisten auf den Thalys-Zug von Brüssel nach Paris durch das beherzte Eingreifen amerikanischer Soldaten verhindert werden, die als Touristen an Bord waren. Zuletzt griff ein junger Mann im Juli 2016 mehrere Menschen in einer Regionalbahn in Würzburg mit einer Axt und einem Messer an und verletzte fünf Menschen zum Teil schwer. Die Liste ließe sich fortsetzen. Kurzum: Dass Züge potenzielle Anschlagsziele sind, steht außer Frage. Doch sind wir bereit, deswegen auf die Vorteile eines offenen Zugverkehrs zu verzichten, der täglich Millionen Menschen befördert und der es uns ermöglicht, spontan und kurzfristig in jeden Zug unserer Wahl einzusteigen, und zwar ohne aufwendige Sicherheitskontrollen? Nein, da absolute Sicherheit im öffentlichen Raum ohnehin eine Illusion wäre. Für Passagierschiffe gilt letztlich dasselbe: Fähren sind Transportmittel, sowohl für den Personen- als auch für den Frachtverkehr. Hinzu kommt, dass eine potenzielle Gefährdung zwar nicht von der Hand zu weisen ist, es bisher jedoch zumindest in Europa noch keine Anschläge auf Fährschiffe gegeben hat. Dabei gab es in der Vergangenheit durchaus erhebliche Veränderungen im Bereich der maritimen Sicherheit, wenn auch nicht aufgrund von Terrorlagen auf See.

Nach den Anschlägen auf das World Trade Center und das Pentagon am 11. September 2001 wurde auch die maritime Sicherheit einer Generalrevision unterzogen. Das Ergebnis internationaler Beratungen war ein neuer Sicherheitsstandard mit dem Kürzel ISPS-Kodex. Er wurde 2003 auch für Deutschland verbindlich. Damit wurden geschulte Sicherheitsoffiziere an Bord sowie Sicherheitsbeauftragte in jedem Hafen und jeder Reederei zur Vorschrift. Gleichzeitig wurden Schiffe ab einer bestimmten Größenordnung mit einem »stillen Alarm« ausgestattet: Handelsschiffe mit »internationaler Fahrt«, insbesondere Containerschiffe, ab 500 BRZ (Bruttoraumzahl) sowie Passagierschiffe ab 12 Personen, und damit insbesondere Fähr- und Kreuzfahrtschiffe. Der stille Alarm, ausgelöst durch den SSAS-Knopf (Ship Security Alert System), kann auf der Brücke bei schwerwiegenden Sicherheitsvorfällen, wie Terror- oder Piratenangriffen, genutzt werden. Er ist vergleichbar mit einem Alarmknopf in einer Bank. Bei Schiffen, die unter deutscher Flagge fahren, wird mit Auslösen des Alarms direkt das Maritime Sicherheitszentrum in Cuxhaven benachrichtigt sowie die Reederei und die entsprechenden Landes- bzw. Bundespolizeibehörden.

Zwar wurde der »stille Alarm« auf deutschen Schiffen schon mehrfach ausgelöst, jedoch seit seiner Einführung nur einmal wie vorgesehen: am 4. April 2009 an Bord des Containerschiffs »Hansa Stavanger«, als dieses von Piraten angegriffen wurde. In den anderen Fällen wurde der Alarm entweder aus Versehen ausgelöst, oder es handelte sich um einen Fehlalarm. Gibt es tatsächlich einen schwerwiegenden Sicherheitsvorfall, wird es allerdings sehr schnell sehr kompliziert. Und zwar nicht nur, wenn es um ein Schiff vor der Ostküste Afrikas geht. Es beginnt, wie so oft, mit der Frage: Wer ist eigentlich zuständig? Vor der deutschen Küste ist das noch relativ einfach zu beantworten: Innerhalb der Küstengewässer, also bis zwölf Seemeilen von der Küste entfernt, ist nach deutschem Recht die Landespolizei zuständig. Die Küstengewässer gehören zum Hoheitsgebiet der Bundesrepublik Deutschland. Erst wenn das Schiff sich jenseits der Zwölf-Meilen-Grenze befindet, fällt ein Vorfall in die Zuständigkeit der Bundespolizei als Grenzschutzpolizei – und zwar innerhalb der sogenannten »Ausschließlichen Wirtschaftszone«, die weitere 12 Seemeilen hinter den Küstengewässern endet. Diese Zone darf die Bundesrepublik wirtschaftlich nutzen, beispielsweise wenn es um Bodenschätze geht oder darum, offshore Windanlagen zu bauen. Danach kommt die »Hohe See«. Und dort gilt zuallererst das Flaggenprinzip: Das heißt, die Zuständigkeit richtet sich danach, unter welcher Flagge ein Schiff segelt. Auf Schiffen unter deutscher Flagge gilt deutsches Recht. Doch nicht jeder Fall ist so eindeutig, wie sich das vermuten ließe.

Tatsächlich würden im Ernstfall eine Menge Faktoren eine Rolle spielen. Angefangen mit der Nationalität der Passagiere, soweit vorhanden, oder der Besatzung, bis zur Frage, wo das Schiff sich gerade befindet und ob es einer deutschen Reederei gehört. Dabei müssen Schiffe deutscher Reedereien keineswegs auch unter deutscher Flagge fahren – oftmals fahren sie unter der Flagge eines fernen Karibikstaats, sind damit »ausgeflaggt«. Bei deutschen Reedereien besonders beliebt ist die Flagge des Inselstaats Antigua und Barbuda. Die Gründe dafür sind auf der Kostenseite zu finden: Ausschlaggebend sind meist steuerliche oder arbeitsrechtliche Bedingungen, die günstiger sind als unter deutschem Recht. Umgangssprachlich ist deshalb auch gerne von »Billigflaggen« die Rede. Die Formalitäten können zudem bequem übers Internet erledigt werden. Kommt es allerdings zu einem schwerwiegenden Sicherheitsvorfall auf einem Schiff, das zwar einer deutschen Reederei gehört, aber ausgeflaggt ist, wird es schwierig: Ein kleiner Karibikstaat hat überhaupt nicht die Möglichkeiten, eine Befreiungsaktion auf See irgendwo am anderen Ende der Welt durchzuführen – und letztlich auch kein Interesse daran.

Als dieses Buch entstand, fuhr kein einziges Kreuzfahrtschiff eines deutschen Touristikunternehmens unter deutscher Flagge. Die TUI-Tochter TUI Cruises mit Sitz in Hamburg lässt ihre Schiffe ausnahmslos unter der Flagge Maltas fahren. Die AIDA-Kreuzfahrtschiffe gehören der AIDA Cruises mit Sitz in Rostock, einer deutschen Zweigniederlassung des italienischen Kreuzfahrtunternehmens Costa Crociere mit Sitz in Genua, das wiederum vollständig zur britisch-amerikanischen Carnival Corporation & plc gehört. Die AIDA-Schiffe fahren sämtlich unter italienischer Flagge. Das ändert nichts daran, dass sie bei deutschen Touristen beliebt sind. Die Eigentumsverhältnisse und die Besonderheiten des Flaggenrechts machen deutlich, wie kompliziert es wird, wenn es zu einem schwerwiegenden Sicherheitsvorfall an Bord eines Schiffs außerhalb der nationalen Hoheitsgewässer kommt, wie im Falle einer Terror- oder Amoklage oder eines Angriffs durch Piraten. Ein Einsatz in einem solchen Fall wäre vor allem eine politische Entscheidung.

Hinzu kommt, dass auch diejenigen, die eine derartige Lage vor Ort lösen müssten, eine Weile brauchen, bis sie am Einsatzort sind. Das liegt in der Natur maritimer Einsatzlagen. Je nachdem, mit welcher Lage man es zu tun hat, ist Zeit aber der entscheidende Faktor. »Sobald wir die ersten Informationen haben, wird bei uns die Vorbereitung sofort anlaufen. Dann, wenn es darauf ankommt und die Freigabe da ist, verlegen wir«, erklärt Jerome Fuchs. Aber auch die Verlegung, also der Transport von Mensch und Material, braucht ihre Zeit. Denn sowohl die maritime Einsatzeinheit als auch die Einsatzboote befinden sich, in der Regel zumindest, im Hauptquartier in St. Augustin. Bei einem Einsatz vor der deutschen Küste wären erst einmal mehrere Hundert Kilometer zurückzulegen. »Vor diesem Hintergrund überlegen wir intensiv, wie wir den zeitlichen Vorlauf verkürzen könnten«, erklärt Fuchs. »Dahingehend überlegen wir im Moment auch, wie wir Material schon verlegen können. Und das kann man gedanklich weiterführen: angefangen mit Material über Personal, möglicherweise bis hin zu einem weiteren Standort an der Küste.« Bisher sind das noch Planspiele, macht der Kommandeur deutlich. »Ich beurteile die taktische Komponente, und da ist die Herausforderung, den zeitlichen Vorlauf zu verkürzen. Sicher, wenn ich Kräfte dauerhaft an der Küste habe, kann ich die Professionalität noch einmal weiter steigern. Aber ich kann nur beraten, die Entscheidung wird an anderer Stelle getroffen.«

Angriffe durch Piraten

Doch es sind auch andere Fälle denkbar als ein Anschlag auf ein Schiff vor der deutschen Küste. Wie beschrieben, ist zumindest jedes Schiff, das unter deutscher Flagge fährt, ein Fall für die deutsche Polizei – bei Straftaten welcher Art auch immer, die sich an Bord ereignen. Das gilt auch für schwerste Straftaten, wie Angriffe auf Schiffe durch Terroristen, Piraten oder andere Kriminelle. Und diese können sich weltweit ereignen. Die moderne Piraterie macht dies besonders deutlich: Sie ist ein regional begrenztes, aber innerhalb dieser Regionen erhebliches Problem für die Handelsschifffahrt. Über Jahre bestand die Bedrohung insbesondere am Horn von Afrika, wo es zahlreiche Angriffe auf Schiffe durch somalische Piraten gab. Somalia, ein sogenannter »failed state«, in dem die Regierung keine Kontrolle über weite Teile des Landes hat, war selbst nicht in der Lage, das Problem der Piraterie anzugehen. Die EU brachte deshalb 2008 die Marineoperation »Atalanta« auf den Weg, um die Sicherheitslage für die Schifffahrt am Horn von Afrika zu verbessern – über die Jahre durchaus mit Erfolg. Die Reedereien sorgten ihrerseits dafür, dass ihre Schiffe besser gesichert wurden. Auf vielen Schiffen fahren mittlerweile »armed guards«, bewaffnetes Personal von privaten Sicherheitsfirmen, mit, deren Aufgabe es ist, Handelsschiffe gegen Piratenangriffe oder Raubüberfälle zu schützen. Tatsächlich ist das Problem der Piraterie vor der somalischen Küste weitgehend beseitigt, seitdem bewaffnetes Sicherheitspersonal an Bord der Schiffe kommt, bevor diese in die gefährdeten Gewässer gelangen.

Mittlerweile hat sich das Problem vom Horn von Afrika nach Westafrika, in den Golf von Guinea verlagert. Vor allem im Jahre 2020 stieg die Zahl der Piraterievorfälle unverkennbar an, wie die Zahlen des International Maritime Bureau in London, weltweit die zentrale Meldestelle für Piratenangriffe, deutlich machen: Insgesamt wurden 195 Angriffe gemeldet, tatsächliche und versuchte, gegenüber 162 im Jahre 2019. In 164 Fällen gelang es den Angreifern 2020 tatsächlich, auf die Schiffe zu kommen. 84 Fälle ereigneten sich vor Westafrika und hier vor allem im Golf von Guinea, und 62 in Südostasien – Brennpunkte waren hier vor allem die Region Indonesien und die Straße von Singapur. Zu Schiffsentführungen kam es 2020 drei Mal, 2019 wurden vier Fälle gezählt. Alle drei Schiffsentführungen des Jahres 2020 ereigneten sich im Golf von Guinea sowie auch alle Fälle, in denen Crewmitglieder von Bord entführt wurden. Einzige Ausnahme war ein Fall vor Malaysia, wo eine fünfköpfige Crew von einem Fischereiboot entführt wurde.

Für die Taten im Golf von Guinea werden nach Angaben der Bundespolizei nigerianische Gruppen verantwortlich gemacht. Das Geschäftsmodell der Piraten sieht so aus: Während die somalischen Piraten das ganze Schiff entführten, beschränken sich die Piraten im Golf von Guinea darauf, einen Teil der Crew an Land zu verschleppen und dann von den Reedereien Lösegeld für die Freilassung zu erpressen. »Die Entführungen ereignen sich in einiger Entfernung von der Küste – bis hin zu 200 Seemeilen«, erklärt Michael Howlett, Direktor des International Maritime Bureau. »In einigen Fällen werden 15 bis 20 Besatzungsmitglieder mitgenommen. Das alleine macht schon deutlich, dass es sich nicht um Gelegenheitskriminelle, sondern um Organisierte Kriminalität handelt.« Auch an Land ist die Ausgangslage eine völlig andere: Anders als im Falle von Somalia handelt es sich bei den Anrainerstaaten rund um den Golf um funktionierende Staaten mit eigenen Sicherheitsinteressen, die respektiert werden müssen.

Auch Schiffe deutscher Reedereien waren in den vergangenen Jahren Ziel von Piratenangriffen im Golf von Guinea. Bereits im April 2013 wurde die »Hansa Marburg« von Piraten überfallen, und damit ziemlich genau vier Jahre nach der Entführung ihres Schwesterschiffs, der »Hansa Stavanger«. Wie die »Hansa Stavanger« gehörte es der Reederei Leonhardt und Blumberg in Hamburg, fuhr aber nicht unter deutscher, sondern unter der Flagge Liberias. Fünf Besatzungsmitglieder wurden von Piraten ins Niger-Delta entführt, Deutsche waren nicht darunter. Nach vier Wochen kamen sie gegen eine Lösegeldzahlung frei. Diese Ausgangslage macht deutlich, dass die Entführung deutscher Seeleute von einem Schiff unter deutscher Flagge ein Szenario ist, mit dem die Bundesregierung jederzeit konfrontiert werden könnte. Ob dann eine gewaltsame Befreiung infrage käme, ist von vielen Faktoren abhängig und vor allem eine politische Entscheidung. Als Blaupause für einen großen Auslandseinsatz dieser Art gilt bis heute die geplante Befreiung der Geiseln an Bord des deutschen Containerschiffs »Hansa Stavanger« im April 2009. Der Fall machte schonungslos deutlich, dass die Bundesrepublik bei einer Operation dieser Größenordnung an ihre Grenzen stieß.

Kapitel 16

Die Entführung der »Hansa Stavanger« und das Versagen der Sicherheitsarchitektur

Frederik Euskirchen sitzt am Tisch in seinem Esszimmer. Seit drei Jahren ist er mit seiner Familie in dem roten Backsteinhaus in dem kleinen Ort Burg in Dithmarschen zu Hause. In den Regalen stehen Fotos seiner Kinder. Vor dem Fenster zur Straße parkt ein Wohnmobil in der Spätsommersonne. Euskirchen ist jetzt 38 Jahre alt, das lichte dunkelblonde Haare ist kurz rasiert. Er trägt einen getrimmten Vollbart. Irgendwie sieht er immer noch so aus, wie man sich einen Seemann vorstellt. Im Flur hängt ein Hochzeitsbild, auf dem er eine Kapitänsuniform trägt. Sonst erinnert nicht viel in der Wohnung an die Zeit, als Euskirchen zur See gefahren ist. Das ist Vergangenheit. Früher war er auf den Weltmeeren zu Hause. »Jetzt sitzt man hier, Bilderbuchfamilie, im Eigenheim, mit Wohnmobil und Kindern«, erzählt er. Vielleicht ist da noch ein Hauch von Wehmut, aber er wirkt zufrieden im Hier und Jetzt.

Schiffe sind immer noch Teil seines Lebens: Heute arbeitet Frederik Euskirchen in Brunsbüttel als Lotse. Meist begleitet er Containerschiffe, die von der Elbe in den Nord-Ostsee-Kanal fahren. Drei Jahre ist es mittlerweile her, dass er die Seefahrt an den Nagel hing. Zuletzt war ein Kreuzfahrtschiff von TUI Cruises sein Arbeitsplatz auf See, aber nur kurz. Davor, 2017, hatte er die Reederei Leonhardt und Blumberg verlassen, wo er jahrelang beschäftigt war, zuletzt als Kapitän. Er sei im Guten gegangen, betont er. Zu diesem Lebensabschnitt gehören allerdings nicht nur gute Erinnerungen. Vier Monate lang war Euskirchen Geisel von somalischen Piraten. Ein Martyrium. Es hätte früher beendet werden können und sollen, doch dazu kam es nicht. Anders als die Geiseln an Bord der Lufthansa-Maschine »Landshut« ist Frederik Euskirchen der GSG 9 nie begegnet, wurde nicht von ihr befreit. Warum es anders kam, soll hier im Detail geschildert werden. Aus verschiedenen Gründen hat diese Geschichte eine große Bedeutung für die GSG 9 – bis heute. Es ist der bisher aufwendigste Einsatz, in den die GSG 9 in ihrer Geschichte entsandt wurde. Ein Einsatz, der die Entführung des deutschen Containerschiffs »Hansa Stavanger« vor der somalischen Küste beenden sollte, der jedoch unmittelbar vorher abgebrochen wurde. Es geht dabei auch um die Frage, zu welchen Risiken diejenigen bereit sind, die politische Verantwortung tragen, wenn es um sicherheitspolitische Entscheidungen von großer Tragweite geht. Und es geht um die Frage, ob die Strukturen unseres Sicherheitsapparats in der Lage sind, eine krisenhafte Situation dieser Tragweite zu bewältigen. 2009 war das nicht der Fall.

Die Geschichte beginnt am 4. April 2009. Die »Hansa Stavanger« war auf dem Weg von Dschabal Ali in den Vereinigten Arabischen Emiraten nach Mombasa in Kenia. Sie hatte Container geladen, in denen sich alles Mögliche befand: Kleidung, Hi-Fi-Anlagen, Lebensmittel, Umzugsgut und vieles mehr. Das Schiff verkehrte auf einer Rundreise zwischen Dubai, Mombasa, Daressalam und weiteren Häfen in der Region, bis nach Indien reichte die Route. Die »Hansa Stavanger« war 170 Meter lang, 25 Meter breit und in einer Werft in der chinesischen Stadt Guangzhou gebaut worden. Sie konnte bis zu 1550 Container befördern, mit einer Gesamttragfähigkeit von 21 000 Tonnen. Im April 2009 war sie zwölf Jahre alt. Sie fuhr unter deutscher Flagge und war von der Hamburger Reederei Leonhardt und Blumberg an eine Chartergesellschaft ausgeliehen. Gegen 9 Uhr Ortszeit (und damit 7 Uhr deutscher Zeit) befand sich die »Hansa Stavanger« etwa 320 Seemeilen von der Küste Somalias entfernt, östlich von Mogadischu. Um 7:23 Uhr erreichte das Maritime Sicherheitszentrum in Cuxhaven ein »stiller Alarm«, den jedes große Handels- und Passagierschiff auf internationaler Fahrt per Knopfdruck auf der Brücke auslösen kann. Der Alarmknopf war auf der »Hansa Stavanger« gedrückt worden. Vom Maritimen Sicherheitszentrum ging die Information direkt an die Reederei und die Bundespolizei.

Frederik Euskirchen war seit zwei Monaten als zweiter Offizier an Bord. Er hatte sich in seiner Kabine schlafen gelegt, nachdem er die Nachtwache auf der Brücke beendet hatte. Plötzlich wachte er auf, als an Bord Alarm geschlagen wurde. Zurück auf der Brücke, sah er, wie ein einzelnes Fischerboot auf die »Hansa Stavanger« zusteuerte. An Bord eine Handvoll Piraten. Sechs bis sieben Meter lang sei das »Skiff« gewesen, erinnert sich Euskirchen, angetrieben mit einem 60-PS-Yamaha-Motor. Auf der Brücke ging es bereits hektisch zu. Die »Hansa Stavanger« versuchte mithilfe von Ausweichmanövern zu verhindern, dass die Piraten an Bord kommen. Euskirchen selbst hatte in einem kurzen Telefonat die Reederei informiert und dann Verbindung zum UKMTO, der United Kingdom Maritime Trade Operations, aufgenommen – eine Einrichtung der britischen Marine, an die sich Handelsschiffe wenden können, wenn ein schwerwiegendes Sicherheitsproblem auf See auftritt. Zum Beispiel ein Piratenangriff. Über das Satellitentelefon der »Hansa Stavanger« telefonierte Euskirchen mit einem Offizier, der ihm Tipps gab, mit welchen Manövern das Schiff den Angriff der Piraten parieren könne. Das Ziel war, das deutlich kleinere Boot der Piraten abzudrängen und sie auf diese Weise daran zu hindern, die »Hansa Stavanger« zu kapern. Die Piraten jedoch waren zu allem entschlossen und dazu noch gut bewaffnet: Sie feuerten eine Panzerabwehrgranate Richtung Brücke. Das Geschoss riss ein fußballgroßes Loch in die Bordwand und – was wesentlich folgenreicher war – setzte die Kabine des Kapitäns zwei Decks unterhalb der Brücke in Brand.

Schließlich gelang es den Piraten, die »Hansa Stavanger« mithilfe einer Leiter und eines Seils zu kapern. Frederik Euskirchen erinnert sich, dass der Mann der Royal Navy am anderen Ende der Leitung noch »Good luck and God bless you« sagte, bevor er auflegte. Heute kann er darüber lachen, damals war ihm anders zumute. Kaum hatte er aufgelegt, sah er schon, wie fünf Piraten an Bord kamen, bewaffnet mit Sturmgewehren. Zum Nachdenken sei er in dieser Phase gar nicht gekommen, erinnert er sich: »Das ist ein Schreckmoment, da ist man voller Adrenalin.« Als der Kapitän die Brücke verließ und auf die Piraten zuging, schossen sie und verfehlten ihn nur knapp. »Die sind natürlich auch voller Adrenalin, treten aggressiv auf, schreien – aber man sieht auch, dass es für sie ein wahnsinniger Stress ist. Aber mit dem Unterschied, dass sie bewaffnet sind.« Den Piraten sei zunächst nicht klar gewesen, erklärt Euskirchen, dass ein Handelsschiff unbewaffnet ist. »Das sind junge Leute, vielleicht um die 20 Jahre alt, manche auch jünger. Da, wo die herkommen, ist ein Menschenleben nicht viel wert. Aber sie sehen auch über jedem unserer Köpfe ein Dollarzeichen. Einer weniger bedeutet auch weniger Geld.«

Für die Piraten war die »Hansa Stavanger« eine fette Beute: ein Schiff einer deutschen Reederei, das unter deutscher Flagge fuhr, zumindest ein Teil der Crew hatte die deutsche Staatsangehörigkeit. Ihnen dürfte ziemlich schnell klar geworden sein, dass sie auf ein hohes Lösegeld hoffen konnten. Neben Kapitän Krzysztof Kotiuk und Frederik Euskirchen waren zwei junge Auszubildende und ein Praktikant mit deutschem Pass an Bord. Hinzu kamen drei russische, zwei ukrainische und zwei philippinische Seeleute. Der größte Teil der Mannschaft, die Hälfte der insgesamt 24 Mann starken Besatzung, kam von der Karibikinsel Tuvalu. Bevor die Mannschaft wirklich verstand, was ihr blühte, hatte sie andere Sorgen: Sie musste das Schiff retten. Das Feuer, das durch den Beschuss entstanden war, breitete sich rasant an Bord aus. Mittlerweile standen zwei Decks in Flammen. Es dauerte eine Weile, bis die Piraten den Ernst der Lage verstanden hatten, erinnert sich Euskirchen. Wertvolle Zeit verging, in der sich das Feuer weiter ausbreiten konnte. »Die haben erst gedacht, da könnte einer mit einem Eimer Wasser runtergehen, aber damit war es nicht getan. Dass man überhaupt so einen Brand gelöscht bekommen hat – das sind Temperaturen um die 1000 oder 1200 Grad. Das war eine Hitze, dass sich der Stahl verzieht.« Erst nach sechs Stunden gelang es der Mannschaft der »Hansa Stavanger«, die Situation unter Kontrolle zu bringen und den Brand zu löschen. Der Boden auf der Brücke musste bereits mit Wasser gekühlt werden, so stark war die Hitze in den unteren

Decks. Das Ausmaß der Zerstörung war erheblich, doch die »Hansa Stavanger« war weiterhin funktionstüchtig. Aber es fehlte nicht viel, und das Schiff wäre nicht mehr zu retten gewesen.

Frank Leonhardt schaut im Juli 2021 aus dem Fenster seines Büros. Die Reederei Leonhardt und Blumberg befindet sich in einem der modernen, komplett verglasten Bürogebäude unweit des Altonaer Fischmarkts. Aus Leonhardts Büro hat man durch die Fensterfront einen beeindruckenden Blick auf den Containerhafen. Leonhardt ist mittlerweile 75 Jahre alt. Ein distinguierter Hanseat mit weißen Haaren und dunklem Anzug. Schon sein Vater und Großvater waren Reeder. Die Reederei wurde 1903 von Leonhardts Großvater gemeinsam mit Arthur Blumberg gegründet und befindet sich bis heute im Familienbesitz. An die Ereignisse im Jahre 2009 denkt Leonhardt mit sichtbarem Unwohlsein zurück. »Das war für mich die größte Belastung, die ich in meiner inzwischen etwa 50-jährigen Zeit als Reeder erleben musste«, sagt Leonhardt. Auch ihm sind die Ereignisse noch sehr präsent. Als erfahrener Reeder wusste er nur zu gut, was die Entführung seines Schiffs bedeutete: dass ihm langwierige Verhandlungen mit den Piraten bevorstanden. Hinzu kam die Sorge um das Wohlergehen der Mannschaft.

Die Reederei richtete sofort einen Krisenstab ein. Die Versicherung, die für das Lösegeld aufkommen musste, bestand darauf, für die bevorstehenden Verhandlungen Spezialisten hinzuzuziehen. Ein Experte der britischen Sicherheitsagentur Armor reiste an, der über einen reichen Erfahrungsschatz aus ähnlichen Fällen verfügte. »Auf das Urteil des Armorvertreters legte ich großen Wert, weil die Armorgruppe gut vernetzt war und mit ihren Informationen von anderen vergangenen wie auch zeitgemäßen somalischen Schiffsentführungen ein recht sicheres Urteilsvermögen über das für mich ansonsten nur schwer einzuschätzende Verhalten der Piraten hatte«, erzählt Leonhardt. Doch es saßen noch weitere Beteiligte im Krisenstab der Reederei, die in den kommenden Wochen und Monaten eine Rolle spielten: Das Bundeskriminalamt schickte Experten für Geiselnahmen, und auch die GSG 9 saß von Anfang an mit am Tisch. Ein Beamter der GSG 9 wurde zur Reederei nach Hamburg entsandt – allerdings ohne offenzulegen, wer er war.

Bereits am Vormittag nach der Entführung war im Auswärtigen Amt in Berlin der Krisenstab zusammengekommen. Zunächst sollte die Fregatte »Rheinland-Pfalz« der Deutschen Marine, die sich nur 90 Seemeilen entfernt befand, die Piraten daran hindern, die »Hansa Stavanger« nach Harardhere zu bringen, einer Piratenhochburg an der somalischen Ostküste, rund 500 Kilometer von Mogadischu entfernt. Im Krisenstab in Berlin wollte man verhindern, dass die Piraten Verstärkung an Bord holen konnten, was einen Befreiungseinsatz ungleich schwieriger gemacht hätte. Dafür war es wichtig, die Zahl der Piraten an Bord so gering wie möglich zu halten. Als die Fregatte sich der »Hansa Stavanger« näherte, nahm sie Funkkontakt auf. Doch die Kidnapper durchschauten den Plan und bedrohten die Crew. Kapitän Kotiuk fürchtete um das Leben seiner Mannschaft und forderte die »Rheinland-Pfalz« über Funk dazu auf, Abstand zu halten. Der Kapitän der Fregatte fügte sich und musste mit ansehen, wie die »Hansa Stavanger« am 5. April zunächst vor Baraawe vor Anker ging, um weitere Piraten an Bord zu nehmen. Am 7. April schließlich erreichte das Schiff die somalische Küste auf der Höhe von Harardhere, wo sie in Gesellschaft von anderen entführten Schiffen vor Anker ging. »Ein Teil von der Gang ist dann runter, und dann kamen Bewacher an Bord, die dann auch wieder einen eigenen Chef hatten«, erzählt Frederik Euskirchen. »Da war der Drops auch gelutscht: Dann waren 30 bis 40 Piraten an Bord. So eine Fregatte macht dann auch nichts mehr. Aber es war gut zu wissen, dass die in der Nähe waren.« So bedrückend die Situation war, so wusste Euskirchen doch, mit wem er es zu tun hatte. »Man weiß, dass es Piraten sind und keine Extremisten. In Gefangenschaft von jemandem zu geraten, wo klar ist, dass Geld eine Rolle spielt und die Ware, der Mensch, unbeschädigt bleiben soll, das ist etwas anderes, als ob man in die Hände von Al Shabaab gerät.« Al Shabaab ist eine islamistische Terrormiliz in Somalia.

Noch am selben Tag erreichte den Krisenstab bei Leonhardt und Blumberg in Hamburg eine erste Lösegeldforderung: Die Piraten machten klar, was sie für die »Ware« haben wollten, und verlangten 15 Millionen US-Dollar. Das war eine Rekordsumme und weit jenseits dessen, was in anderen Fällen gefordert und gezahlt worden war. Bisherige Lösegeldzahlungen hatten die Marke von zwei Millionen US-Dollar nicht überschritten. Allerdings waren sie immer das Ergebnis langwieriger Verhandlungen, die in der Regel knapp drei Monate dauerten. Wobei die Erfahrung lehrte, dass die Piraten vor der somalischen Ostküste, wo sich auch die »Hansa Stavanger« befand, härter verhandelten und höhere Summen verlangten als die Piratengruppen im Golf von Aden. Der Verhandlungsführer der Piraten auf der »Hansa Stavanger« machte der Reederei klar, dass er sehr wohl verstand, mit wem er es zu tun hatte. Damit war absehbar, dass schwierige Verhandlungen ins Haus standen.

Bundesregierung für gewaltsame Befreiung

Während die Reederei die Verhandlungen mit den Piraten um die Höhe des Lösegelds aufnahm, kreiste die Diskussion innerhalb der Bundesregierung um eine andere Frage: Will man hinnehmen, dass somalische Piraten ein deutsches Handelsschiff entführen, Geiseln nehmen und Lösegeld erpressen? In den ersten drei Monaten des Jahres 2009 hatten die Angriffe durch Piraten vor der somalischen Küste ihren bisherigen Höhepunkt erreicht: Im Vergleich zum selben Zeitraum des Jahres 2008 hatten sie sich nahezu verdoppelt, wie das International Maritime Bureau (IMB), das sämtliche Piratenangriffe weltweit erfasst, in seinem ersten Vierteljahresbericht für das Jahr 2009 bekannt gab. Dem IMB wurden in diesem Zeitraum insgesamt 61 Angriffe auf Schiffe durch somalische Piraten gemeldet. Neun Schiffe – fünf im Golf von Aden und vier vor der Ostküste Somalias – mit 178 Besatzungsmitgliedern wurden entführt. Auch die Marinemission Atalanta der EU am Horn von Afrika, die im Dezember 2008 begonnen und vor allem den Auftrag hatte, Schiffe des Welternährungsprogramms der Vereinten Nationen auf dem Weg nach Somalia vor Piratenangriffen zu schützen, hatte an dem Trend nichts ändern können. Tatsächlich schreckten die Piraten nicht einmal davor zurück, sogar Kriegsschiffe anzugreifen: Die »Spessart«, ein Versorgungsschiff der Deutschen Marine, wurde im März 2009 attackiert. Der Angriff konnte jedoch mithilfe einer deutschen Fregatte abgewehrt werden.

Die Entführung des Hamburger Containerschiffs stellte die Bundesregierung vor die Frage, ob es an der Zeit war, ein Zeichen zu setzen. Bereits ein halbes Jahr zuvor hatte man sich entschieden, die GSG 9 nach Ägypten zu entsenden, um eine Gruppe entführter deutscher Touristen gewaltsam zu befreien. Im Bundesinnenministerium war Staatssekretär August Hanning entschlossen, in Fällen wie diesen nicht mehr auf eine »Erfüllungslösung« zu setzen, also zu zahlen. Staatssekretär Reinhard Silberberg im Auswärtigen Amt teilte diese Ansicht. Beide verfügten über eine lange Erfahrung im Krisenmanagement – Silberberg als langjähriger Diplomat und Vertrauter von Außenminister Frank-Walter Steinmeier (SPD) und Hanning als ehemaliger Präsident des Bundesnachrichtendiensts und einflussreicher Staatssekretär unter Bundesinnenminister Wolfgang Schäuble (CDU). »Bei uns war damals die Überlegung: Wir müssen denen deutlich machen, dass es sich nicht lohnt, ein deutsches Schiff zu entführen«, erinnert sich Hanning im August 2021. »Wir müssen demonstrieren, dass man deutsche Schiffe nicht ungestraft entführen kann. Das sollte auch ein Ausdruck der Wehrhaftigkeit dieses Landes sein.« Die dritte maßgebliche Figur war Peter Wichert, Staatssekretär im Bundesverteidigungsministerium, das von Franz Josef Jung (CDU) geführt wurde.

Zunächst ging es im Krisenstab des Auswärtigen Amts darum, zu klären, ob eine gewaltsame Befreiung der Geiseln überhaupt infrage kam. Dafür gab es grundsätzlich zwei Optionen: einen Einsatz der GSG 9 oder des KSK. Klar war: Eine gewaltsame Lösung war mit hohen politischen Risiken behaftet. Es gab keine Garantie, dass die Operation gelingen würde, dass die Geiseln überleben und alle, die reingehen, auch heil wieder rauskommen. Scheitert ein Befreiungsversuch, endet er gar in einem Blutbad, dann bleibt demjenigen, der die politische Verantwortung trägt, im Grunde nur der Rücktritt. Das Verhältnis zwischen KSK und GSG 9 war zu diesem Zeitpunkt angespannt und von Konkurrenzdenken geprägt. Dies war ein halbes Jahr zuvor offen zutage getreten, als die GSG 9 in den Südwesten Ägyptens entsandt worden war, und nicht das KSK. Politisch ging es erneut um die Frage, wer bei derartigen Auslandslagen der Platzhirsch ist. Im Krisenstab wurde zunächst vereinbart, dass das Verteidigungsministerium einen Einsatz der Bundeswehr prüft, da die Marine im Rahmen der Atalanta-Mission bereits vor Ort war. Das KSK verfügte im Unterschied zur GSG 9 allerdings nur über sehr eingeschränkte maritime Fähigkeiten. »Es gab starke Befürworter für einen Einsatz des KSK im Verteidigungsministerium«, meint Dieter Romann, damals Leiter des Einsatzreferats im Bundesinnenministerium. Doch Bundesverteidigungsminister Jung drängte sich – ganz seinem Naturell entsprechend – nicht in den Vordergrund. Im Bundesinnenministerium überzeugte Hanning Minister Schäuble, die GSG 9 mit der Befreiung der Geiseln zu beauftragen. Die drei Staatssekretäre Wichert, Silberberg und Hanning einigten sich schließlich darauf, dass die GSG 9 den »Zuschlag« bekommen solle. »Der Schlüssel war«, erinnert sich Romann, der heute Präsident der Bundespolizei ist, »dass ich absolutes Vertrauen in die GSG 9 hatte und mein Staatssekretär mir vertraut hat.« Dessen Chef, Bundesinnenminister Schäuble, war bereit, die politischen Risiken einzugehen.

Unterdessen verfolgten die Piraten jedoch eine ganz andere Agenda. Die Entführer befahlen der Crew der »Hansa Stavanger«, auszulaufen, um einer anderen Piratengruppe zu Hilfe zu eilen, die am 8. April das US-Containerschiff »Maersk Alabama« angegriffen hatte. Allerdings war sie dabei auf Gegenwehr gestoßen und hatte schließlich den amerikanischen Kapitän des Schiffs mit einem Rettungsboot der »Maersk Alabama« entführt. Die Crew auf der »Hansa Stavanger« wusste nicht, worum es eigentlich ging, erinnert sich Frederik Euskirchen. »Wir wussten nur, dass irgendein Schiff gekapert wurde und der Cousin von irgendwem beteiligt war. Wir sind dann auch an jemandem vorbeigefahren, der tot im Wasser trieb. Wir müssen also irgendwo in der Nähe gewesen sein.« Immerhin bot sich damit eine zweite Chance für ein Eingreifen der Deutschen Marine: Eine weitere deutsche Fregatte der Atalanta-Mission, die »Mecklenburg-Vorpommern«, nahm die Verfolgung der »Hansa Stavanger« auf. Einmal mehr hoffte man in Berlin, das Schiff bei dieser Gelegenheit stoppen und verhindern zu können, dass es nach Harardhere zurückkehrt. Kampfschwimmer der Bundeswehr wurden mit einem Hubschrauber an die »Mecklenburg-Vorpommern« geflogen und kamen an Bord der Fregatte. Doch sie kamen nicht zum Einsatz. Sie hatten weder die nötigen Fähigkeiten noch die Ausrüstung, um die Geiselnahme auf der »Hansa Stavanger« zu beenden. In Berlin sorgte der gescheiterte Zugriffsplan dafür, dass sich das Blatt endgültig zugunsten der GSG 9 wendete. Die Piraten kehrten schließlich mit der »Hansa Stavanger« nach Harardhere zurück, nachdem sie eine Weile erfolglos nach ihren Kumpanen gesucht hatten. Dort blieb das Schiff bis zum Ende der Entführung vier Seemeilen vor der Küste vor Anker, von kurzen Fahrten abgesehen, um Frischwasser zu produzieren.

Unterdessen nahmen die Dinge in Berlin ihren Lauf: Am 9. April fiel die Entscheidung, die GSG 9 nach Ostafrika zu verlegen. Kommandeur Olaf Lindner hatte keinen Zweifel, dass der Auftrag machbar war. »Ich wusste, dass wir jahrelang maritime Szenarien auf hoher See trainiert hatten. Das war für uns ein Paradethema, in das wir immer viel investiert hatten. Ich wusste, dass wir das können«, erzählt Lindner im August 2021. Die GSG 9 hatte bereits zwei Tage nach Entführung der »Hansa Stavanger« ein sogenanntes Vorauskommando nach Kenia geschickt. Es hatte die Aufgabe, die Ausgangslage zu erkunden, ob und vor allem wie der Auftrag erfüllt werden könnte. Nach kurzer Zeit bezog das Erkundungsteam in Mombasa, im Bahari Beach Hotel, Quartier. Dort wurde sehr schnell klar, dass man eine Operations-Plattform auf See brauchte. Vom ersten Tag an wurden verschiedenste Optionen geprüft. Der Verband wollte mit sechs Hubschraubern anrücken. Die Bundeswehr verfügte über kein geeignetes Schiff. Ihre Einsatzgruppenversorger konnten zwei Hubschrauber transportieren, auf den Fregatten war Platz für einen. Die Einsatzgruppenversorger waren auch nicht in der Lage, alle Einsatzkräfte und Einsatzboote der GSG 9 zu befördern.

Unabhängig davon mussten Mensch und Material nach Ostafrika gebracht werden: die Hubschrauber, Einsatzboote, Waffen und sonstige Ausrüstung – und natürlich die Einsatzkräfte selbst. Die Bundeswehr war nicht in der Lage, den Transport alleine zu stemmen. Schließlich gelang es, einen Mix an Transportkapazitäten zusammenzustellen: von zwei gecharterten Antonow- und drei Iljuschin-Transportflugzeugen über eine Transall der Bundeswehr bis hin zu einem Airbus der Lufthansa. Zwischen dem 10. und 13. April wurden Ausrüstung und Einsatzkräfte nach Kenia geflogen. Mit dabei sämtliche Einsatzeinheiten der GSG 9 sowie einige Unterstützungsbereiche. Für keinen Einsatz in der Geschichte der GSG 9 wurde mehr Aufwand betrieben. Die GSG 9er mieteten sich im Bahari Beach Hotel am Strand von Mombasa ein, wo der Verband auch seine Kommandozentrale einrichtete. Die Führung des Einsatzes vor Ort hatte Kommandeur Lindner. Doch das zentrale Problem war nach wie vor ungelöst: Es fehlte eine geeignete Operationsbasis auf See.

Ein Hubschrauberträger der US Navy wird eingesetzt

Am Ostersonntag erläuterte Lindner in einem Telefonat mit Dieter Romann die Ausgangslage. Ideal wären ein Hubschrauberträger und eine Zusammenarbeit mit den Amerikanern, erklärte er. Romann zögerte nicht, griff zum Telefon und rief einen Kontakt in der US-Botschaft in Berlin an. Ob die US-Regierung mit einem Hubschrauberträger helfen könne, fragte er den Amerikaner. »Eine halbe Stunde später rief er zurück und sagte, ich könne noch am selben Vormittag in die Botschaft kommen und einen Offizier der Navy treffen«, erinnert sich Romann. Bevor er sich auf den Weg in die Botschaft machte, rief er Hanning an und erzählte ihm davon. »Ich hörte, wie Hanning sich erst einmal hinsetzte. Dann sagte er: Sie haben wohl keine Berührungsängste?« Romann erwiderte: »Nicht, wenn es um die GSG 9 geht.« Das Gespräch in der US-Botschaft habe nur wenige Minuten gedauert, erinnert er sich. Der amerikanische Marineoffizier sagte zu, das Anliegen »wohlwollend zu prüfen« – allerdings brauche man eine offizielle diplomatische Note. Noch bevor diese auf den Weg gebracht war, meldete sich der Amerikaner kurze Zeit später erneut bei Romann und sagte ihm, der Hubschrauberträger »USS Boxer« habe bereits Kurs auf Mombasa genommen. Die diplomatische Note brauche man allerdings noch. Bei der GSG 9 konnte Kommandeur Lindner sein Glück kaum fassen: »Ich habe das dann dem Verband erzählt. Das hat noch einmal für einen richtigen Motivationsschub gesorgt.« Die Information erreichte auch das Bundesverteidigungsministerium. Romann erhielt einen Anruf aus dem Einsatzführungsstab. Dort war man nicht so begeistert, dass das Bundesinnenministerium sich am Verteidigungsministerium vorbei militärische Unterstützung aus den USA organisiert hatte. »Bei dem Telefonat ist es sehr laut geworden«, erinnert sich Romann. Zwar war mit der Aussicht, die »USS Boxer« für die Operation nutzen zu können, die entscheidende logistische Hürde genommen. Der Preis war, dass das Vertrauensverhältnis zwischen maßgeblichen Akteuren auf deutscher Seite nachhaltig gestört war.

Aus Sicht der GSG 9 rollte der Zug von nun an zumindest in die richtige Richtung. Auch wenn es noch Tage dauerte, bis die Amerikaner eine Freigabe für die Beteiligung des Hubschrauberträgers an der Operation erteilten. Die »USS Boxer« lag unterdessen vor Mombasa auf Reede. Die Navy Seals, die Spezialeinheit der US-Marine, schickten drei Verbindungsbeamte, die kurz zuvor noch am Einsatz zur Befreiung der »Maersk Alabama« beteiligt gewesen waren. Sie halfen bei allen Formalitäten, insbesondere bei der Erstellung des Operationsplans und der Risikoanalyse, und hatten dabei zweifellos auch ein wachsames Auge auf die Vorbereitungen der Deutschen. Die Zusammenarbeit mit der US-Navy hat Olaf Lindner bis heute in bester Erinnerung. »Für die Amerikaner war das eine Selbstverständlichkeit. Es geht doch um deutsche Geiseln, sagten sie. Diese Selbstverständlichkeit der USA war überwältigend.« Schritt für Schritt erarbeitete die GSG 9 ein Einsatzkonzept. Die Amerikaner stellten mit der »USS

Boxer« schließlich nicht nur die operative Plattform für den Einsatz zur Verfügung, sie halfen auch dabei, die Lage an Bord der »Hansa Stavanger« auszukundschaften. »Für eine professionelle Vorbereitung brauche ich eine Aufklärung auf dem Zielschiff«, erklärt Lindner. »Wir hatten keine entsprechenden Mittel. Die Amerikaner haben uns für die gesamte Zeit Drohnen zur Verfügung gestellt. Wir hatten dadurch eine 24/7-Überwachung des Zielschiffs und konnten eine angemessene Risikobewertung vornehmen.« Die Drohnen – es handelte sich unter anderem um ScanEagle-Aufklärungsdrohnen – wurden von der US-Army in Afghanistan und im Irak nach Mombasa geschickt.

An Bord der »Hansa Stavanger« spielten sich unterdessen dramatische Szenen ab. Die Piraten teilten die Geiseln auf: »Die meisten von uns wurden oben auf der Brücke festgehalten«, erinnert sich Frederik Euskirchen. »Und dann gab es diejenigen, die unten im Maschinenraum saßen und die Aggregate gewartet haben.« Die beiden philippinischen Geiseln verbrachten fast die gesamte Zeit der Geiselhaft im Maschinenraum. Die Brücke wurde mit Plastikstühlen in zwei Hälften geteilt. »Auf uns war ein Maschinengewehr gerichtet«, erzählt Euskirchen. »Die Piraten gingen runter zum Schlafen, aber wir saßen da oben die ganze Zeit und konnten nicht schlafen. Die ganze Situation war Psychoterror.« Bewacht wurden die Geiseln von insgesamt etwa 30 bewaffneten Piraten, die sich abwechselten und in Booten von der Küste hin und her gefahren wurden. »Am Anfang war kaum Kontakt zu den Piraten möglich. Sie waren natürlich sehr misstrauisch. Der Terror richtete sich vor allem gegen die Europäer, weil die das Geld bringen. Die anderen waren außen vor.« Es sei wichtig, als Mensch gesehen zu werden, erzählt Frederik Euskirchen. Bloß nicht zum Opfer machen, meint er, aber auch nicht den starken Mann markieren. Von Mensch zu Mensch Kontakt aufnehmen. »Einige waren dazu nicht in der Lage. Und dann kann es passieren, dass sie versuchen, dich zu brechen.« Gerade am Anfang war das so, erinnert er sich. Vor allem die russischen Besatzungsmitglieder hätten die Piraten von oben herab behandelt. Über Tage habe sich die Spannung regelrecht aufgebaut.

Schließlich kam es zu einer brutalen Machtdemonstration: Die Piraten kündigten an, einzelne Besatzungsmitglieder zu erschießen. »Die Verhandlungen, das alles lief nicht so, wie die sich das vorgestellt hatten. Und dann haben sie uns alle zusammengerufen, uns im Kreis sitzen lassen und einen nach dem anderen rausgeführt, mit verbundenen Augen. Und dann haben sie in die Luft geschossen.« Er sei als Dritter an der Reihe gewesen, erzählt Euskirchen. Man spürt, dass es ihm über die Jahre gelungen ist, eine innere Distanz zu dem aufzubauen, was er erleben musste. »Das war schon ein Spektakel«, sagt er lapidar.

Die Piraten seien regelrecht eingezogen an Bord der »Hansa Stavanger«, erzählt Euskirchen. Die hygienischen Zustände wurden mit der Zeit katastrophal. Die Entführer brachten Ziegen an Bord, die geschlachtet wurden. Es stand nur eine einzige Toilette zur Verfügung, die von Geiseln und Piraten gemeinsam genutzt wurde. Durch das Feuer waren zwei Decks verwüstet und unbenutzbar geworden. Überall lag Kath herum, erinnert sich Euskirchen. Die Pflanze erfreut sich in Ostafrika großer Beliebtheit als Rausch- und Aufputschmittel. Auf der Suche nach Beute brachen die Piraten im Laufe der Zeit 72 Container auf, sodass das Schiff mit der Zeit einer Müllhalde glich. Die Mannschaft versuchte, sich eine Form von Routine zu geben. Eine Knastroutine, sagt Euskirchen sarkastisch. »Wir haben ständig versucht, sauber zu machen. Ein bisschen Arbeit ist auch nicht verkehrt, gerade in so einer Situation.«

Eines Tages, erinnert er sich, fuhren sie mit der »Hansa Stavanger« raus, um Frischwasser zu produzieren. Plötzlich flog ein Hubschrauber der US Navy sehr nah an sie heran und umkreiste das Schiff. Die Piraten schossen in die Luft. »Der Hubschrauber hatte ein riesiges Auge. Ich habe erst gedacht, das ist ein Befreiungsversuch. Er ist dann aber wieder weggeflogen.« Was im Hintergrund lief, war Euskirchen nicht klar. Doch er versuchte, in Verbindung mit dem Verhandlungsteam bei der Reederei in Hamburg zu kommen. Als zweiter Offizier an Bord war er auch für die medizinische Versorgung zuständig und verarztete den ein oder anderen Piraten. »Hin und wieder muss man dann auch mal übersetzen, und so hat es sich entwickelt, dass man zum

Sprachrohr geworden ist.« Den Piraten erzählte er, seine Mutter sei schwer krank und er würde deshalb gerne zu Hause anrufen. »Da ich ein paar Pluspunkte gesammelt hatte, war das dann auch möglich.« Sein Vater stand in Kontakt mit dem Verhandlungsteam des Bundeskriminalamts. »Ich habe dann auch versucht mitzuteilen, wer Waffen hat und wo die herumliegen.« Diese Informationen flossen in die Operationsplanung ein. Die Fragen, wie viele Piraten an Bord sind, ob die Geiseln sich alle auf dem Schiff befinden und ob sie noch am Leben sind, waren entscheidend, wenn es darum ging, ob die geplante Befreiung der Geiseln durch die GSG 9 möglich war oder nicht. In einer Videokonferenz am 19. April waren sich schließlich Vertreter deutscher und amerikanischer Sicherheitsbehörden einig, dass sich alle Besatzungsmitglieder der »Hansa Stavanger« noch an Bord befanden. Drei Tage später stand die »USS Boxer« im Hafen von Mombasa.

Wie groß ist das Risiko?

Die Fäden für die Planung der Geiselbefreiung liefen beim Krisenstab im Auswärtigen Amt zusammen. Doch es gab eine ganze Reihe anderer Stellen im Regierungs- und Behördenapparat, die Karten im Spiel hatten. Die Bundespolizei, zu der die GSG 9 gehört, sowie das Bundeskriminalamt, zuständig bei Geiselnahmen deutscher Staatsangehöriger im Ausland, bildeten jeweils eine »Besondere Aufbauorganisation«, kurz BAO, wie es im Polizeideutsch heißt, mit einem Polizeiführer an der Spitze. Die BAO »Hanse« des BKA begleitete die Verhandlungen der Reederei mit den Piraten und generierte daraus Informationen für die Einsatzplanung. Sie führte auch die Ermittlungen rund um den Entführungsfall. Aufgabe der BAO »Norwegen« der Bundespolizei hingegen war es, den geplanten Einsatz der GSG 9 zu organisieren. Dem Polizeiführer dieser BAO waren damit auch die Einsatzkräfte der GSG 9 unterstellt, die Bundespolizei wiederum untersteht dem Bundesinnenministerium. Dazwischen gab es noch das Präsidium der Bundespolizei.

Hierarchien sind in der Polizei sehr wichtig und ihre Einhaltung noch viel mehr. GSG 9-Kommandeur Olaf Lindner allerdings kommunizierte direkt mit Romann und Hanning im Bundesinnenministerium und damit am Polizeiführer der Bundespolizei vorbei, womit er nicht nur ihn, sondern auch das Präsidium der Bundespolizei brüskierte. Dabei erfolgte die direkte Kommunikation natürlich auf Wunsch von Hanning und Romann. Auch deshalb, weil die Führung der Bundespolizei wenig Sympathien für die geplante Befreiungsoperation hegte. Das Risiko erschien ihr zu hoch. Darüber hinaus gab es noch das Einsatzführungskommando der Bundeswehr in Geltow bei Potsdam, wo der Einsatz der beteiligten deutschen Schiffe gesteuert wurde und das dem Bundesverteidigungsministerium unterstellt ist. Dieses komplexe Gebilde von parallelen Organisationsstrukturen ohne gemeinsame Führung, aufgeladen mit Hierarchiekonflikten, Ressort-Eifersüchteleien bis hin zu verletzten Eitelkeiten, war eine schwere Hypothek für die geplante Operation.

Neben dem logistischen Aufwand, der betrieben werden musste, um einen Einsatz der GSG 9 überhaupt möglich zu machen, musste die alles entscheidende Frage beantwortet werden: Wie riskant ist der Einsatz? Ist er zu verantworten, oder droht am Ende ein Blutbad? Die GSG 9 hatte eine Einsatzlage wie diese regelmäßig geübt. Wie aber waren die Situation auf dem Schiff, das Risiko für die Geiseln und die eigenen Einsatzkräfte zu bewerten? GSG 9-Kommandeur Olaf Lindner ging davon aus, einen guten Überblick zu haben: durch die Aufnahmen der eingesetzten Drohnen, aber auch aufgrund der Informationen aus der Verhandlungsgruppe. Die Zahl der Piraten an Bord schwankte. Zu Beginn waren es 9, schließlich 16. Unmittelbar vor dem geplanten Zugriff ging man von rund 30 bewaffneten Piraten auf dem Schiff aus. Die »Hansa Stavanger« selbst war unter Deck ausgesprochen unübersichtlich. Doch die GSG 9 hatte sich in Hamburg alle verfügbaren technischen Informationen über das Schiff besorgt. Angefangen mit den Konstruktionsplänen, über die Fenstergröße bis hin zur Beschaffenheit der Bordwände – jedes Detail, das von Bedeutung sein konnte, war bekannt. Einfach war die Entscheidung dennoch nicht.

»Wir haben mit uns selbst gerungen, wie man so einen Einsatz bewältigen kann«, erinnert sich der damalige Chef der maritimen Einheit, der von Anfang an in die Planungen involviert war. »In den Wochen gab es mehrere Aufs und Abs, das hat sich mehrfach gedreht«, erzählt er im August 2021. Die Stimmung jedoch sei durchweg fantastisch gewesen: »Der Verband hat in die Richtung gearbeitet, für die wir aufgestellt worden waren. Der Sinn und Zweck der GSG 9 ist es, sich für Dinge bereitzustellen, die in Deutschland sonst keiner bewältigen kann. Das war das, worauf die Leute bei der GSG 9 ihr Berufsleben lang gewartet haben.« Manche sprachen in Anlehnung an die Befreiung der »Landshut« im Jahre 1977 schon euphorisch von einem »Mogadischu 2«. »Das war nicht ganz dasselbe. Aber von der Dimension war es vergleichbar.« Am Ende war sich GSG 9-Kommandeur Lindner in der Bewertung sicher: »Wir hielten das Risiko für absolut kalkulierbar.«

Die Vorbereitungen auf den Einsatz blieben nicht unbemerkt. Der Zufall wollte es, dass kurz vor Ankunft der ersten GSG 9-Beamten ein deutscher Journalist mit seiner Familie im Bahari Beach Hotel eingecheckt hatte. Horand Knaup war *Spiegel*-Korrespondent in Nairobi und war nach Mombasa gereist, um hier seinen Osterurlaub zu verbringen. Die GSG 9 hatte sich eine »Legende« überlegt, um keinen Argwohn zu erregen. Die Deutschen gaben vor, die Ablösung für eine Fregatte der Deutschen Marine im Rahmen der EU-Mission Atalanta zu sein. Dem *Spiegel*-Reporter fielen die Männer natürlich auf. Zumal es mit der Zeit immer mehr wurden. »Die waren alle sehr gut gebaut und machten Tauchübungen im Pool«, erinnert sich Knaup. »Es war dann irgendwie klar, dass das nicht alles Leute von der Fregatte waren.« Schließlich fand Knaup heraus, dass es sich um die GSG 9 handelte. Er informierte die *Spiegel*-Zentrale in Hamburg. Nach ein paar Tagen reiste ein weiterer Mitarbeiter des Magazins an. GSG 9-Kommandeur Lindner fürchtete, die gesamte Operation könnte am Ende daran scheitern, dass sie im *Spiegel* steht. »Ich sah die Journalisten da immer sitzen«, erzählt Lindner. »Das war nicht gut.« Er entschied sich, Knaup anzusprechen. Man einigte sich auf ein Stillhalteabkommen, um den Einsatz nicht zu gefährden. Der *Spiegel* hielt sich daran. Erst im Anschluss berichtete das Magazin über die geplatzte Mission der GSG 9 in Ostafrika und war dabei bestens informiert.

Im Krisenstab bei Leonhardt und Blumberg in Hamburg wusste man nichts über die Planungen für eine gewaltsame Befreiung der Geiseln. »Von den Vorbereitungen für einen Einsatz der GSG 9 erfuhr ich – wie auch die gesamte Öffentlichkeit – erst durch Erscheinen einer Berichterstattung in der Zeitschrift *Spiegel*«, erinnert sich Frank Leonhardt. Die Reederei im Unklaren zu lassen war eine taktische Entscheidung der beteiligten Polizeibehörden. Allerdings wird auch der Reederei klar gewesen sein, warum die Polizei sich für jedes erdenkliche Konstruktionsdetail der »Hansa Stavanger« interessierte. Doch was geplant war und wann, welche Vorbereitungen im Hintergrund liefen – all das blieb der Reederei verborgen, die ohnehin mit dem Fortgang der schwierigen Verhandlungen beschäftigt war. Die größte Schwierigkeit, erzählt Leonhardt, sei gewesen, »dass die Piraten sich wiederholt an zwischen ihnen und uns schriftlich, per E-Mail, getroffene Vereinbarungen über die Höhe der Lösegeldsumme nicht gehalten haben«. Erschwerend kam hinzu, dass die Verhandlungsführer aufseiten der Piraten mehrfach wechselten: Zunächst hatte man es mit Abdi zu tun, dann hieß es, der sei tot, und deshalb führe Feisal nun die Verhandlungen. Auf Feisal folgte China, dann erschien Abdi plötzlich wieder auf der Bühne, um dann erneut von China abgelöst zu werden.

Der verhinderte Zugriff

Schließlich war es so weit – am 23. April lief die »USS Boxer« in Mombasa aus. Die Ausrüstung der GSG 9 war bereits an Bord gebracht worden. Auf dem Kai im Hafen waren dafür große Container als Sichtschutz platziert worden. Die Einsatzkräfte der GSG 9 und die Hubschrauber waren noch nicht auf dem Schiff, um die bevorstehende Operation nicht zu verraten. »Die Männer haben wir dann in mehreren Wellen mit Hubschraubern an Bord gebracht, als das Schiff außer Sichtweite war«, erzählt Olaf Lindner. Am 25. April waren alle auf der »Boxer«. Die Deutsche Marine war mit den Fregatten »Rheinland-Pfalz«, »Mecklenburg-Vorpommern« und »Emden« sowie dem Versorgungsschiff »Spessart« und dem Einsatzgruppenversorger »Berlin« beteiligt. Ein Hubschrauberträger, drei Fregatten und zwei Versorgungsschiffe – als würde ein Flottenverband in eine Schlacht ziehen. Der Konvoi nahm Kurs auf Harardhere. Nicht nur mit den Amerikanern, sondern auch zwischen der GSG 9 und den beteiligten Marine-Einheiten habe bestes Einvernehmen geherrscht, erinnern sich Beteiligte auf beiden Seiten. Um über einen abhörsicheren Kanal mit Berlin sprechen zu können, ohne dass die Amerikaner zuhörten, musste Lindner regelmäßig von der »USS Boxer« auf die Fregatte »Mecklenburg-Vorpommern« übersetzen. Kommandant des Schiffs war Kay-Achim Schönbach, der später bis zum Chef der Deutschen Marine aufsteigen sollte, bis er im Januar 2022 seinen Posten räumen musste, aufgrund von politisch heiklen Äußerungen über den Konflikt zwischen Russland und der Ukraine. Am 26. April erreichten die Schiffe die Zielregion. Immer wieder trainierten die Einsatzkräfte der GSG 9 den geplanten Zugriff, wobei das Versorgungsschiff »Berlin« als Zielschiff fungierte. Das Resultat war vielversprechend: Alles klappte wie am Schnürchen. Am 28. April meldete die GSG 9 ihre Einsatzbereitschaft. Der Zugriff sollte am übernächsten Tag erfolgen.

Doch auf den letzten Metern brachen sich die schwelenden Konflikte Bahn: Zunächst versuchte die Führung der Bundespolizei den Einsatz der GSG 9 zu verhindern. Aus Sicht des Polizeiführers der BAO »Norwegen« der Bundespolizei waren grundsätzliche Fragen nicht geklärt: insbesondere, wo genau an Bord sich die Geiseln befinden, wie lange es dauern würde, bis auch die letzte Geisel befreit ist, und wie entschlossen die Piraten sich einer Befreiung entgegenstellen würden. Er verlangte deshalb die Zusicherung, dass eine Gefährdung der Geiseln und der GSG 9-Einsatzkräfte ausgeschlossen werden könne. Den damaligen Chef der maritimen Einheit der GSG 9 bringt diese Forderung auch heute noch in Rage. »So eine Garantie kann man nie geben, bei keinem Einsatz. Wir gehen ein Risiko ein, das auf einer Abwägung beruht. Aber wir können keine Garantie geben, dass nicht einer unserer Leute ums Leben kommen kann. So ein Einsatzkonzept gibt es nicht. Das ist völlig unseriös. Das waren wir nicht bereit zu bestätigen«, erinnert er sich. Der Einsatzbefehl für die GSG 9 wurde schließlich vom Polizeiführer mit dem handschriftlichen Zusatz versehen, es müsse sichergestellt sein, dass die eigenen Einsatzkräfte nicht gefährdet seien. Der Einsatz sei zu gefährlich, es seien viele Tote zu erwarten. Dieter Romann bekam das Dokument per Boten ins Bundesinnenministerium zugestellt. Romann und Hanning beschlossen, der Einschätzung der GSG 9 vor Ort zu folgen und die Bundespolizeiführung zu überstimmen. GSG 9-Kommandeur Lindner bewertete das Risiko als »hoch, aber kalkulierbar«. Hanning holte sich dafür von Bundesinnenminister Schäuble die nötige Rückendeckung. Die Linie Hanning – Romann – Lindner stand und hoffte, nun alle Steine aus dem Weg geräumt zu haben. Doch es sollte anders kommen.

Am 29. April, am Abend vor dem Zugriff, trafen die Staatssekretäre Wichert, Hanning und Silberberg in Berlin im Bendlerblock zusammen. Dabei wurde vereinbart, dass Hanning ein letztes Mal mit Lindner telefonieren sollte. Danach sollte Hanning sich noch einmal bei Wichert und Silberberg melden, um Lindner anschließend den Zugriff freizugeben. Doch während der Sitzung, erinnert sich ein Teilnehmer, sei die Mitteilung eingetroffen, dass die Amerikaner ihre Unterstützung zurückziehen. Sehr schnell wurde klar, warum: Das Verteidigungsministerium hatte eine eigene Risikobewertung des Einsatzes vorgenommen, die abwich von der Risikobewertung durch die GSG 9. Aufschluss gibt ein Dokument vom 27. April 2009, das bis heute als »geheim« eingestuft ist. Erstellt vom Referat Fü S II 3 im Bundesverteidigungsministerium, zuständig für die nationale Risikobeurteilung und das Militärische Nachrichtenwesen. Gerichtet war es an das Einsatzführungskommando der Bundeswehr, den BND, das Kommando Führung Operationen von Spezialkräften und das Kommando Strategische Aufklärung. Es handelte sich um das Begleitschreiben zu einer »kurzen, zusammenfassenden Risikobewertung«. Für die weitere Entscheidungsfindung werde der Einsatzführungsstab des Verteidigungsministeriums »heute eine vertiefende Risikoanalyse durchführen, um aus dem Ergebnis heraus die weitere Entscheidungsfindung beratend zu unterstützen«. Die Adressaten wurden gebeten, die beigefügte Risikobewertung aus dem Referat »zu ergänzen und vor allem ggf. untermauernde Einzelinformationen / Einzelerkenntnisse« mitzuteilen. Auf dem ebenfalls geheim eingestuften Dokument im Anhang heißt es: »Aufgrund der vorliegenden Berichterstattung des BND, der BuPol [Bundespolizei] und des BKA hat das MilNw [Militärische Nachrichtenwesen] auf der ministeriellen Ebene eine Risikobewertung vollzogen.« Diese wird folgendermaßen zusammengefasst: »Die möglichen Auswirkungen einer Geiselbefreiungsoperation in der Geisellage MV Hansa Stavanger auf die Lage vor Ort und die Gesamtlage im Raum sind derzeit unwägbar. Das Risiko, das mit einer Durchführung dieser Operation verbunden ist, wird mit HOCH bewertet.« Es bestehe eine hohe Gefechtsbereitschaft der Piraten zur Abwehr von Befreiungsversuchen, ein hohes Risiko von Toten oder Verletzten unter Geiselnehmern, Geiseln und Zugriffskräften, und schließlich sei unklar, wie die Piraten auf anderen entführten Schiffen reagieren werden. Die eigene Risikobewertung des Verteidigungsministeriums sei schließlich in englischer Übersetzung unter anderem an das Pentagon, das US-Marinekommando in Bahrain und an die am Einsatz beteiligten Schiffe der Deutschen Marine verschickt worden, erinnern sich übereinstimmend mehrere Personen, die damals mit den Vorgängen unmittelbar zu tun hatten. Im Bundesinnenministerium wusste man nichts davon. August Hanning ärgert sich noch heute darüber. »Die Bundeswehr hat ohne unsere Kenntnis ein eigenes Lagebild entwickelt und den USA gesagt, man habe Bedenken. Ohne unsere Kenntnis, hinter unserem Rücken.«

In den USA zumindest verfehlte das Manöver seine Wirkung nicht. Das Weiße Haus meldete sich im Kanzleramt und zog die Unterstützung durch die »USS Boxer« zurück. James Jones, der nationale Sicherheitsberater von US-Präsident Barack Obama, ein Fünf-Sterne-General, der früher einmal Oberbefehlshaber der NATO war, rief

Christoph Heusgen, den außenpolitischen Berater der Bundeskanzlerin, an. Die Amerikaner hatten nun zwei Risikobewertungen des Einsatzes, eine von der GSG 9 und eine weitere, abweichende vom Bundesverteidigungsministerium. Da die Deutschen nicht zu einer gemeinsamen Bewertung in der Lage waren, zogen die Amerikaner ihre Unterstützung zurück. Man kann annehmen, dass den beteiligten Stellen im Verteidigungsministerium klar war, welche Wirkung der Vorstoß haben würde. Der Vorgang führte zu einem schweren Zerwürfnis mit dem Bundesinnenministerium. Das Verteidigungsministerium sprach später von einem »Büroversehen«, behauptete also, das Dokument sei den Amerikanern aus Versehen zugeschickt worden. So erinnern es mehrere Personen, die aufseiten des Bundesinnenministeriums mit dem Vorgang zu tun hatten. Doch letztlich liegt nur eine Erklärung nahe: Es handelte sich um ein gezieltes Manöver aus der Mitte des Verteidigungsministeriums, die Operation im letzten Moment noch zu stoppen. Zunächst wurde eine Risikobewertung zur Einsatzplanung einer Einheit erstellt, die nicht zum Verteidigungsministerium gehörte, anschließend wurden die Bedenken nicht im Krisenstab oder innerhalb der Bundesregierung geltend gemacht, sondern man wählte den Weg über das US-Verteidigungsministerium und nahm damit in Kauf, dass sich Deutschland vor seinem wichtigsten Verbündeten blamierte.

Von denen, die seinerzeit aufseiten des Bundesverteidigungsministeriums an der Erstellung der Risikobewertung beteiligt waren oder die politische Verantwortung dafür trugen, will sich niemand öffentlich äußern. Entweder man gibt vor, sich nicht mehr erinnern zu können, oder bestreitet gar ausdrücklich, dass es eine eigene Risikobewertung gegeben habe. Man habe auf Drängen der Amerikaner lediglich eine wörtliche Übersetzung einer Risikoanalyse der GSG 9 verschickt, behauptet einer der Beteiligten, die völlig unzulänglich gewesen sei und nicht den formalen Anforderungen der Amerikaner entsprochen habe. Doch das zitierte Dokument beweist, dass das nicht der Wahrheit entspricht. Ob Verteidigungsminister Jung oder sein Staatssekretär davon wussten, bleibt unklar. Wichert wollte sich zu dem Vorgang nicht äußern. Das Bundesverteidigungsministerium teilte auf Nachfrage mit, »aus Gründen der militärischen Sicherheit und Geheimhaltung« könne keine Auskunft gegeben werden. Unklar ist auch, welche Rolle die Führung der Bundespolizei dabei spielte. Für August Hanning steht fest: »Ich bin überzeugt davon, dass das alles gut geklappt hätte, alles war gut vorbereitet. Es ist aber letztlich sabotiert worden von der Bundeswehr. Ich nehme an, man hat es der GSG 9 nicht gegönnt.« Der GSG 9 blieb nichts anderes übrig, als ihre Sachen zu packen und nach Deutschland zurückzukehren.

Vier Monate Geiselhaft

Für die Geiseln an Bord der »Hansa Stavanger« war das Martyrium ihrer Entführung noch längst nicht zu Ende. Insgesamt vier Monate mussten sie in der Gewalt der Piraten durchhalten. Der Kapitän war dabei keine Hilfe, meint Frederik Euskirchen: Krzysztof Kotiuk sei der Situation nicht gewachsen gewesen. »Der war mal so, mal so. Man wusste nicht, ob er gerade schauspielert – hat er nun wirklich einen Herzinfarkt, oder spielt er das nur.« Kotiuk lebt heute in Italien. Auf eine Anfrage meldete er sich zunächst, ließ eine E-Mail mit Fragen aber letztlich unbeantwortet. Euskirchen wurde schließlich mit drei weiteren Europäern für zwei Tage an Land gebracht, um auf diese Weise den Druck auf die Verhandlungen zu erhöhen. »Die sagten, wir machen ein Foto, und dann kommt ihr wieder zurück«, erzählt er. In großen modernen Jeeps wurden sie stundenlang über Land gefahren, durften dabei sogar einen Spielfilm auf DVD ansehen. Die erste Nacht verbrachten sie in einem Hotel, die zweite in einem Privathaus. »Man konnte sehen, dass die Geld haben.« Ein Pirat drückte ihm auf dem Rückweg während einer kurzen Rast seine Kalaschnikow in die Hand. »Du kannst ja eh nicht abhauen, hat er gesagt. Die waren ein bisschen wie Kinder. Aber es sind Verbrecher. An einem Tag ist alles lustig, am anderen wirst du vielleicht erschossen.«

Am Ende eines langen Verhandlungspokers einigte sich die Reederei mit den Piraten auf die Summe von 2,75 Millionen US-Dollar. »Da wurde ein Vertrag unterschrieben, dass man ein intaktes Schiff übergeben muss und die gesamte Mannschaft. Dann war auch alles gut«, erinnert sich Frederik Euskirchen. Das Geld wurde von einem Flugzeug über der »Hansa Stavanger« abgeworfen. »Und dann kamen die an Bord mit einer Zählmaschine, und das Geld wurde gezählt. Das war wie ein Theaterstück: Jeder kam noch mal auf die Bühne und hat sein Geld abgeholt. Anschließend sind die im Pendelverkehr von Bord gegangen.« Die schwer mitgenommene Crew lichtete den Anker und lief mit der »Hansa Stavanger« Richtung Mombasa aus. Nach kurzer Fahrt war die Deutsche Marine zur Stelle: Ein Hubschrauber kam mit einem Boardingteam, das sich auf die »Hansa Stavanger« abseilte und der Crew half, das Schiff sicher nach Mombasa zu bringen, begleitet von einer Fregatte. »Als die Marine an Bord war, war klar, jetzt kann nichts mehr passieren. Die Marine war top. Die fünf Tage zurück waren echt schöne Tage.« Die »Hansa Stavanger« wurde schließlich 2013 verschrottet. Das Schiff war durch den Brand und das Meerwasser zum Löschen letztlich irreparabel beschädigt.

Frederik Euskirchen erholte sich von seiner Geiselhaft, doch die Ereignisse begleiteten ihn noch lange. »Meine Eltern, meine Freunde haben gesagt, da hat sich ja nichts bei dir verändert. Aber das braucht seine Zeit, bis man das verarbeitet hat. Bis vor drei Jahren war das schon immer noch ein Thema«, erzählt er. »Ein paar Dinge bleiben vielleicht auch, ein paar kleine Wesensveränderungen, die man vielleicht nicht mitkriegt.« Andere Sorgen hätten die Erinnerungen daran verdrängt, sagt er. Im Laufe des Gesprächs wird dennoch deutlich, wie sehr ihn das Erlebte noch jahrelang beschäftigte. Er meldete sich bei Facebook an, um Kontakt zu einigen zu halten, die mit ihm an Bord der »Hansa Stavanger« waren. Eines Tages fand er ein Foto von »China«, einem Übersetzer der Piraten, auf Facebook. Euskirchen ist sich sicher, dass es sich nicht um eine Verwechslung handelte. Ein Foto, aufgenommen in einem Park. Der Mann habe Medizin in China studiert, daher auch der Spitzname. Doch was sollte er mit dieser Erkenntnis anfangen? »Letztendlich ist das auch eine arme Sau«, meint er. »Aber wenn sie ihn verhaften würden, wäre das auch in Ordnung.« In einem Punkt aber ist Euskirchen ganz klar: Einen gewaltsamen Befreiungseinsatz hätte er richtig gefunden. »Ich habe großes Vertrauen in die GSG 9. Ich hätte das toll gefunden, dann hätte man ein Exempel statuiert. Ich hatte es damals auch gehofft. Irgendwann war bei mir auch mal Schluss. Und ich denke schon, dass die das hinbekommen hätten.« Nicht alle dachten so. Kapitän Kotiuk erklärte im Nachhinein, er sei froh, dass es dazu nicht gekommen sei, und war überzeugt, dass es ein Blutbad gegeben hätte. In der Reederei konnte Frank Leonhardt mit einer Verhandlungslösung gut leben, auch wenn es lange dauerte.

In Deutschland warf der gescheiterte Einsatz der GSG 9 auch politisch zahlreiche Fragen auf. In den Tagen unmittelbar danach wurden in den Medien alle möglichen Erklärungen präsentiert. *Focus* wollte Anfang Mai erfahren haben, dass Bundesinnenminister Schäuble den Einsatz abgeblasen habe, da das Risiko zu hoch gewesen sei. Der *Spiegel* sah den Abbruch als Folge der Entscheidung in Washington, die »USS Boxer« abzuziehen. In den Medien fanden sich lediglich Spekulationen darüber, was die Gründe dafür gewesen sein könnten. Die Zeitung *Die Welt* schrieb am 4. Mai 2009, also fünf Tage nach Abbruch des Einsatzes: »Was den Sinneswandel verursachte, bleibt unklar. Möglicherweise fingen Washingtoner Dienste Funk- und Telefonverkehr ab, in denen deutsche Experten die Erfolgsaussichten unterschiedlich bewerten.« Stellenweise war in den Medien davon die Rede, es habe offenbar unterschiedliche Bewertungen im Verteidigungs- und Innenministerium gegeben, was jedoch strikt dementiert wurde. Das Verteidigungsministerium ließ sich mit der Aussage zitieren, dass es an der Zuständigkeit der GSG 9 »zu keinem Zeitpunkt einen Zweifel« gegeben habe. Im Bundestag musste sich Bundesinnenminister Schäuble in einer Aktuellen Stunde am 13. Mai 2009 verantworten. Es habe »zu keinem Zeitpunkt irgendeine Differenz« zwischen den beteiligten Bundesministerien gegeben, erklärte Schäuble. Auch kein Kompetenzgerangel. Das mochte mit Blick auf die beteiligten Bundesminister richtig sein, die Realität innerhalb des nachgeordneten Apparats war jedoch eine andere. Man habe die Entscheidung am Ende »gemeinsam und ohne irgendwelche Meinungsunterschiede bei der Lagebeurteilung« getroffen, betonte Schäuble im Bundestag. Gleichzeitig sagte er, aus Sicht der GSG 9 sei der Einsatz zwar riskant, das Risiko aber beherrschbar gewesen. Es habe aber auch die gegenteilige Auffassung gegeben. Am Ende sei man nicht zu einer einvernehmlichen Beurteilung gekommen. Die Verantwortung dafür, dass der Einsatz abgeblasen wurde, übernahm er selbst, zweifellos auch, damit nichts an den USA kleben blieb.

Der damalige Bundestagsabgeordnete Wolfgang Bosbach war zu diesem Zeitpunkt stellvertretender Vorsitzender der CDU-CSU-Bundestagsfraktion und für die Themen rund um die innere Sicherheit zuständig. Er erinnert sich noch gut an das parlamentarische Nachspiel. Klar war, dass die Amerikaner ihre Unterstützung zurückgezogen hatten. Aber warum? »Das Weiße Haus habe sich gemeldet und gesagt, dafür stehe man nicht zur Verfügung«, das sei eine Version gewesen, erzählt Bosbach. »Die andere Version lautete: die Kommandeurin des Hubschrauberträgers habe Funksprüche abgehört, aus denen hervorging, dass die Deutschen sich nicht einig seien.« Vor allem aber wollte die Bundesregierung nicht in die Details gehen und die Angelegenheit rasch vom Tisch haben. »Das war schnell vorbei. Das schien auch bei allen Beteiligten kein beliebtes Thema zu sein.« Da es sich um einen Einsatz der GSG 9 handelte, konnte man Nachfragen mit Verweis auf die Geheimhaltung abblocken. Was tatsächlich dazu geführt hatte, dass die Amerikaner ihre Unterstützung zurückzogen, erfuhr Bosbach genau so wenig wie die Öffentlichkeit insgesamt. Das Störmanöver aus dem Verteidigungsministerium wurde innerhalb der Bundesregierung sorgsam und erfolgreich gedeckelt.

Der Vorgang blieb innerhalb der beteiligten Behörden ohne Konsequenzen. Letztlich war der Schaden für alle so groß, dass man beschloss, ihn konsequent unter Verschluss zu halten. Zumal vier Monate später eine Bundestagswahl anstand und mit Außenminister Frank-Walter Steinmeier ein Kanzlerkandidat direkt betroffen war. Doch auch und insbesondere für die CDU war der Vorgang toxisch: Ging es doch im Kern um eine Rivalität zwischen Verteidigungs- und Innenministerium, die beide CDU-geführt waren. Das Ergebnis sagte jedoch eine Menge über die Fähigkeit der Bundesrepublik, harte Entscheidungen im Bereich der Sicherheitspolitik zu fällen und den Weg dann auch zu Ende zu gehen. Die politisch Verantwortlichen, namentlich Bundesinnenminister Schäuble, aber auch Außenminister Steinmeier und mutmaßlich auch Verteidigungsminister Jung, waren bereit, ein hohes politisches Risiko einzugehen. Ob die angestrebte gewaltsame Lösung der geeignete Weg war, ist eine andere Frage, über die man trefflich streiten kann. Bei der Risikobewertung des geplanten Einsatzes konnte man vermutlich zu unterschiedlichen Einschätzungen kommen: Ob die GSG 9 erfolgreich gewesen wäre oder nicht, muss offenbleiben. Doch es steht außer Frage, dass es Sache der GSG 9 war, das Risiko ihres Einsatzes zu bewerten, zumal sie dies gemeinsam mit den Amerikanern getan hatte. Die beteiligten deutschen Sicherheitsorgane hätten zu einer gemeinsamen Haltung kommen und diese dann auch gemeinsam vertreten müssen. Es handelte sich um ein Systemversagen.

Und die GSG 9? Der Abbruch des Einsatzes war niederschmetternd für die Einsatzkräfte vor Ort. »Das war bitter. Wir waren wütend«, erinnert sich Olaf Lindner. »Ich habe den Leuten gesagt, dass die meisten Spezialkräfte-Operationen abgesagt werden. Das ist ein Stück weit das Schicksal einer Spezialeinheit. Ich habe ihnen gesagt, wir müssen jetzt nach vorne schauen.« So professionell sein Umgang mit der Situation war, so merkt man doch bis heute, wie sehr ihn die Erfahrung seinerzeit geprägt hat. Zu den Gründen für das Scheitern der Operation will Lindner nichts sagen. Am Ende des Flurs vor seinem Büro in der Direktion 11 erinnert eine ganze Wand an den geplanten Einsatz auf der »Hansa Stavanger«, mit zwei großen Fotos, die die »USS Boxer« zeigen, aus der Luft fotografiert. Auf einem sind die Hubschrauber der Bundespolizei zu sehen, auf dem anderen die gesamte GSG 9, die an Deck angetreten ist – in Erwartung des bevorstehenden Einsatzes.

Auch in Hangelar spürt man, wie präsent die Erfahrung »Hansa

Stavanger« bei der GSG 9 bis heute ist. Kein längeres Gespräch vergeht, ohne dass man nicht irgendwann bei diesem Thema ankommt – was kein Wunder ist, denn nahezu jeder, der 2009 bei der GSG 9 war, war seinerzeit auch am Horn von Afrika. Das Kapitel »Hansa Stavanger« ist so etwas wie der weiße Elefant, der im Raum steht, vor allem wenn es um Auslandseinsätze geht. Der zweite, wirklich große Einsatz nach der Befreiung der »Landshut« in Mogadischu, bei dem die GSG 9 ihre Fähigkeiten hätte unter Beweis stellen können – doch es kam anders. Mogadischu-Veteranen wie Walter, der beim Einsatz zur Befreiung der »Hansa Stavanger« als Einsatzleiter der Bootskräfte beteiligt war, hält den Vergleich mit der Erstürmung der »Landshut« für legitim. »Ich habe das auch so gesehen«, sagt er. »Das war eine der größten Enttäuschungen, die ich in meiner Zeit bei der GSG 9 erlebt habe. Der Erfolg hätte gezeigt, dass wir so etwas können. Und ich habe an den Erfolg geglaubt.« Das Thema beschäftigt die Einsatzkräfte bis heute in unterschiedlicher Weise. Einige haben damit abgeschlossen, andere schleppen es nach wie vor mit sich herum. »Wir waren einen Tag vor dem Zugriff, wir wollten das auch, haben das als umsetzbar angesehen. Dass dem dann nicht gefolgt wurde, dass von diesem Punkt aus noch zurückgezogen wurde, ist eine Enttäuschung, die man nicht mehr loswird. Das ist nicht etwas, das irgendwann vergeht. Das bleibt«, sagt der damalige Chef der maritimen Einheit, der bis heute bei der GSG 9 ist. Am Willen der politischen Führung fehlte es nicht – damals. Doch die Grundsatzfragen aus dem Jahre 2009 sind nach wie vor ungeklärt: GSG 9 oder KSK? Hat die Bundesrepublik überhaupt die Fähigkeiten dazu? »Wir stellen uns oft die Frage, wenn dieser Einsatz erfolgreich verlaufen wäre, wie sich die GSG 9 in ihrem Stellenwert weiterentwickelt hätte«, sagt der damalige Chef der maritimen Einheit. »Wir sind überzeugt, dass uns der Ausgang des Einsatzes letztlich zurückgeworfen hat.«

Kapitel 17

Zeitenwende in der deutschen Sicherheitspolitik?

Am 27. Februar 2022 ist das Plenum des Deutschen Bundestags voll besetzt. Es ist Sonntag, und die Abgeordneten sind zu einer Sondersitzung zusammengekommen. Bundeskanzler Olaf Scholz (SPD) hält eine Regierungserklärung. »Wir erleben eine Zeitenwende«, sagt der Kanzler. »Das bedeutet: Die Welt danach ist nicht mehr dieselbe wie die Welt davor.« Drei Tage zuvor sind russische Truppen in die Ukraine einmarschiert. Damit ist das geschehen, was manche zwar für möglich gehalten, aber letztlich kaum jemand in dieser Form erwartet hat – eine Invasion der Ukraine. Der Krieg ist nach Europa zurückgekehrt. Gerade einmal 900 Kilometer von Deutschland entfernt. »Wir werden deutlich mehr investieren müssen in die Sicherheit unseres Landes«, fährt der Kanzler fort, »um auf diese Weise unsere Freiheit und unsere Demokratie zu schützen.« Scholz kündigt an, dass die Bundesregierung für die Modernisierung der Bundeswehr ein »Sondervermögen« von 100 Milliarden Euro zur Verfügung stellen und den Verteidigungshaushalt dauerhaft deutlich erhöhen wird. »Das Ziel ist eine leistungsfähige, hochmoderne und fortschrittliche Bundeswehr, die uns zuverlässig schützt.«

Die Summe von 100 Milliarden Euro – die mehr oder weniger willkürlich gewählt wurde, um ein Zeichen zu setzen, und nicht etwa, weil man bereits genau durchgerechnet hatte, wie viel Geld benötigt wird – bringt vor allem eins zum Ausdruck: Der Landesverteidigung wird eine vollkommen neue Bedeutung beigemessen. In den folgenden Wochen gibt die Bundesregierung unter anderem bekannt, dass sie

F35-Tarnkappenbomber bestellt, die mit amerikanischen Atombomben bestückt werden können. Sie sollen die in die Jahre gekommenen Tornado-Kampfjets der Bundeswehr ersetzen. Auf diese Weise soll Deutschlands »nukleare Teilhabe« innerhalb der NATO gewährleistet werden. Weitere Großprojekte sollen folgen, wie bewaffnete Drohnen oder auch ein Raketenschutzschild. Doch was bedeutet die Zeitenwende, die Scholz festgestellt hat, über Rüstungsausgaben hinaus? Was bedeutet sie für Deutschlands Rolle in Europa und der Welt? Christoph Heusgen, zwölf Jahre lang außenpolitischer Berater von Bundeskanzlerin Angela Merkel (CDU) und mittlerweile Chef der Münchner Sicherheitskonferenz, bringt es zwei Monate nach Beginn des russischen Angriffs auf die Ukraine auf den Punkt: »Deutschland hat die Wahl, sich abwartend und reagierend mit dem Schicksal einer von äußeren Entwicklungen abhängenden Regionalmacht zu begnügen oder diese Entwicklungen aktiv zu beeinflussen. Deutschland als viertstärkste Wirtschaftsmacht der Welt kann das. Deutschlands weltweites Ansehen erlaubt das auch. Und unsere Geschichte und unsere geografische Lage verpflichten uns dazu«, erklärt er in einem Gastbeitrag im *Spiegel* vom 30. April 2022. »Es wird allerdings kein Selbstläufer. Verantwortung zu übernehmen, kann nicht heißen, immer nur das Nötigste als Letzter zu machen. Es heißt, die eigenen Interessen zu definieren – und sie durchzusetzen.« Ob die Zeitenwende auch das beinhaltet, bleibt abzuwarten. In den Wochen nach seiner Regierungserklärung sieht es zunächst nicht danach aus: Bundeskanzler Scholz holt das Etikett des »Unsichtbaren« und des »Zauderers« wieder ein.

Mitte März 2022 gibt Außenministerin Annalena Baerbock (Bündnis 90/Die Grünen), wie im Koalitionsvertrag vereinbart, eine Nationale Sicherheitsstrategie in Auftrag, die federführend vom Auswärtigen Amt unter Beteiligung weiterer Ressorts erarbeitet werden soll, darunter das Verteidigungs- und das Innenministerium. Doch die Ausgangslage ist nun eine völlig andere als zum Zeitpunkt der Koalitionsverhandlungen. Baerbock spricht bei der Auftaktveranstaltung von »Wehrhaftigkeit« und räumt ein, dass sie selbst dieses Wort »lange nicht in den Mund genommen« habe. Die USA fordern seit Langem, nicht erst seit Donald Trump, dass Europa mehr für seine Verteidigung tun müsse. Wird die gemeinsame europäische Verteidigungspolitik, die immer im Schatten des NATO-Bündnisses stand, künftig eine größere Bedeutung haben als bisher? Und bedeutet die Aufrüstung der Bundeswehr womöglich, dass Deutschland über die Verteidigung Europas hinaus auch anderswo in der Welt mehr sicherheitspolitische Verantwortung übernehmen wird? Antworten auf diese Fragen gibt es noch nicht. Wie überhaupt völlig offen ist, was die russische Aggression, die Rückkehr des Krieges nach Europa, mittel- und langfristig für politische Konsequenzen haben wird – weltweit.

In den Wochen des Krieges wird auch die Frage gestellt, wie unmittelbar bedroht Deutschland selbst ist. Der russische Angriff macht deutlich, was hybride Kriegsführung bedeutet: neben militärischen Mitteln gehören Cyberangriffe auf das IT-Netz der ukrainischen Regierung dazu wie auch Desinformationskampagnen, die Verbreitung von Fake News, um den Gegner zu demoralisieren und zu destabilisieren. Unterhalb der Schwelle, militärische Mittel gegen ein NATO-Land einzusetzen, ist vieles denkbar. Das Bundesamt für Verfassungsschutz warnt vor möglichen Cyberangriffen auch auf Deutschland, auf Behörden, Organisationen und Unternehmen – vor allem die kritische Infrastruktur gilt als potenzielles Ziel eines russischen Cyberangriffs. Mit einem derartigen Angriff, der in der Lage wäre, beispielsweise einen Teil der Stromversorgung oder der medizinischen Versorgung in Deutschland lahmzulegen, könnte der Kreml »Vergeltung« für Sanktionen üben, die die EU beschlossen hat. Oder Deutschlands Handlungsfähigkeit einschränken, indem er eine schwere Krise im Inland auslöst. Vor diesem Hintergrund führt der russische Angriff auf die Ukraine dazu, dass Pläne aus der Schublade geholt werden, die in der vergangenen Legislaturperiode still und leise beerdigt worden waren: die Rechtsgrundlage für einen staatlichen »Hackback«, offiziell »aktive Cyberabwehr«, genannt, um einen Cyberangriff aus dem Ausland durch einen gezielten Gegenangriff zu stoppen. In einem Interview mit *Spiegel Online* sagt Bundesinnenministerin Nancy Faeser am 18. März 2022: »Wir müssen stärker über Gegenmaßnahmen bei Cyberangriffen nachdenken. Wir brauchen vor allem gezielte Maßnahmen, um Täter im Ausland zu identifizieren und Attacken zu verhindern. Aktive Maßnahmen der Cyberabwehr wären ein Eingriff in IT-Systeme anderer Staaten.« In ihrem Koalitionsvertrag hatte die »Ampel«-Koalition das noch ausgeschlossen.

Im Falle einer weiteren Eskalation des Konflikts mit Russland wären auch Sabotageakte durch eingeschleuste, verdeckt operierende russische Spezialkräfte in Deutschland denkbar, heißt es in Sicherheitskreisen. Wenige Wochen zuvor wäre jeder belächelt worden, der über solche Szenarien gesprochen hat. Nun ist auf einmal alles denkbar. Auch dass Deutschland gezielt in den Konflikt hineingezogen wird und damit selbst beteiligt wäre. Seine größte Sorge sei eine »False-Flag-Operation« auf deutschem Boden, meint ein hochrangiger Sicherheitsbeamter düster. Ein fingierter Anschlag auf eine russische Einrichtung in Deutschland beispielsweise, initiiert durch Russland selbst, für den der Kreml dann die Ukraine verantwortlich machen könnte. Oder Deutschland. Und schlagartig wäre man mittendrin. Dass Russland vor Mordanschlägen in Deutschland nicht zurückschreckt, vor Staatsterrorismus, wurde in den Jahren unmittelbar vor dem Angriff auf die Ukraine deutlich: mit der Ermordung eines tschetschenischen Islamisten im August 2019 im Kleinen Tiergarten in Berlin, mutmaßlich durch einen Killer im Auftrag des russischen Geheimdienstes. Ein weiterer Fall wird im Februar 2022 bekannt: Die Bundesanwaltschaft gibt bekannt, dass der kremltreue tschetschenische Machthaber Ramsan Kadyrow nach Überzeugung der Ermittler die Ermordung eines tschetschenischen Oppositionellen in Deutschland in Auftrag gab.

Da Millionen Menschen aufgrund des Krieges auf der Flucht sind, beschließt die Bundesregierung, alle ukrainischen Flüchtlinge ohne Registrierung ins Land zu lassen, um die Not unbürokratisch zu lindern. Damit nimmt man in Kauf, dass auf diesem Wege womöglich auch Personen einreisen, die man nicht haben will. Die humanitäre Hilfe hat zu Recht Vorrang vor den Sicherheitsbedenken, aber diese müssen zumindest mitgedacht werden. Genauso wie gewalttätige Auseinandersetzungen zwischen russisch- und ukrainisch-stämmigen

Gruppen in Deutschland. Dass Kritik an Putins Krieg dazu führen kann, dass friedliche, russisch-stämmige Menschen hierzulande angefeindet werden, ist bereits unmittelbar nach Kriegsausbruch zu beobachten. Wie andererseits auch eine Solidarisierung mit dem Angriffskrieg des Kreml, die zum Beispiel darin Ausdruck findet, dass Menschen sich ein »Z« als Symbol für »za pobedu«, Russisch für »auf den Sieg«, beispielsweise an ihrem Auto befestigen. In den sozialen Medien werden Fake News verbreitet über angebliche Anschläge auf Menschen russischer Abstammung in Deutschland. Das Eskalationspotenzial vor dem Hintergrund dieses Konflikts ist auch in Deutschland erheblich. »Äußere und innere Sicherheit gehören zusammen«, betont Bundesinnenministerin Nancy Faeser im Interview mit *Spiegel Online*. Aus Deutschland wiederum brechen in den Wochen des Krieges Menschen in die Ukraine auf, um sich an den Kampfhandlungen zu beteiligen: Ukrainer oder ukrainisch-stämmige Deutsche, die ihre Heimat verteidigen wollen. Der ukrainische Präsident Wolodymyr Selenskyj hatte dazu aufgerufen, aus dem Ausland in die Ukraine zu kommen und sich am Kampf gegen die russische Armee zu beteiligen. Vereinzelt versuchen auch deutsche Rechtsextremisten, in die Ukraine zu reisen. Ein Phänomen, das bereits während der Kriege auf dem Balkan zu beobachten war.

Wer bedroht unsere Sicherheit?

Auch vor dem Krieg in der Ukraine war Deutschlands Sicherheit auf vielfältige Weise bedroht. Dabei geht die terroristische Bedrohung vor allem von gewaltbereiten Islamisten und Rechtsextremisten aus. Mit Blick auf den islamistischen Terrorismus hat sich die Lage in Deutschland zwar entspannt, seitdem der »Islamische Staat« (IS) militärisch besiegt wurde und von der Landkarte verschwunden ist. Doch erledigt hat sich das Thema keinesfalls. Im Januar 2022 stuft die deutsche Polizei noch rund 550 Personen als islamistische Gefährder ein. Männer und Frauen, bei denen man davon ausgeht, dass sie bereit sind, Anschläge zu verüben. Rund hundert von ihnen sind in Haft, einige im Ausland, weil sie beispielsweise zum IS ausgereist waren und dort zum Teil schwere Straftaten begangen haben. Doch etwa ein Drittel von ihnen wird absehbar schon wieder auf freiem Fuß sein. Immerhin hat es nach 2017 kaum noch islamistisch motivierte Anschläge in Deutschland gegeben, bis auf die Messerattacke eines nur wenige Tage zuvor aus der Haft entlassenen islamistischen Gefährders in der Dresdner Altstadt auf ein homosexuelles Paar im Oktober 2019. Eines der beiden Opfer starb im Krankenhaus an den Folgen des Angriffs. Die Sicherheitsbehörden sehen keinen Anlass zur Entwarnung. »Es gibt keine wesentliche Entspannung«, erklärt Thomas Haldenwang, der Präsident des Bundesamts für Verfassungsschutz. »Auf die Kleingruppe und den Einzeltäter hat der militärische Sieg über den IS keinen Einfluss. Es gibt weiterhin Versuche seitens des IS, auf Einzelpersonen Einfluss zu nehmen. Auch Rückkehrer und Haftentlassene sind weiterhin ein Problem.« Der IS war zwar militärisch besiegt, aber deshalb nicht verschwunden. Die Organisation zog sich danach in Syrien und Irak in den Untergrund zurück. »Er strukturiert sich neu, agiert nicht mehr nur im Untergrund, sondern kommt wieder hervor. Auch in Europa können sich wieder Strukturen formen.«

Auch Guido Steinberg, Experte für islamistischen Terrorismus bei der Stiftung Wissenschaft und Politik, ist überzeugt davon, dass der IS weiterhin den Anspruch hat, Anschläge in Europa zu realisieren. »Das hängt alles davon ab, ob es dem IS gelingt, noch einmal eine große, international ausstrahlende Präsenz zu gewinnen. Ich glaube, dass das notwendig ist, um Leute in Europa zu mobilisieren. Man kann schon beobachten, dass viele IS-Anhänger demoralisiert sind, denen fehlt der ›Mobilisierer‹ im Hintergrund, und darum muss man sehr darauf achten, was sich auch in weit entfernten Orten tut.« In Syrien und Irak hat sich die Organisation im Untergrund neu aufgestellt. Sie habe mehrere Tausend Mann und Geldreserven zur Verfügung, erklärt Steinberg, und eine starke Regionalorganisation in Afghanistan gebildet. Seine Befürchtung ist, dass man diese Entwicklung in Deutschland zu wenig im Blick hat, weil sie scheinbar weit weg ist.

Dabei könne man von Aleppo nach Deutschland laufen, betont Steinberg. Er warnt auch davor, den Fokus auf den IS zu verengen. »Wir müssen mit unterschiedlichen Organisationen rechnen, die alle Deutsche in ihren Reihen haben. Wir schauen etwas zu sehr exklusiv auf den IS«, meint Steinberg. »Und da haben wir eben diese mindestens 40 deutschen Dschihadisten bei Al Qaida-nahen Organisationen.« Außer Frage steht für ihn, dass der IS den islamistischen Terrorismus bereits nachhaltig verändert hat. »Die große Bedeutung, die der IS auch in der Rückschau haben wird, ist, dass er es geschafft hat, virtuell Anschläge zu planen und zu organisieren. Die Anschläge mit Lkw in Berlin, Stockholm und Nizza, aber auch kleinere Anschläge, etwa in einer Regionalbahn bei Würzburg, waren alle angeleitet. Das ist eine virtuelle Innovation, hinter die der Terrorismus nicht mehr zurückgehen wird. Der IS hat da gezeigt, was möglich ist.« Allerdings ist Steinberg überzeugt davon, dass der Rechtsextremismus aktuell die größere Gefahr für Deutschland darstellt.

Mit dieser Einschätzung ist er nicht allein. Auch das Bundesinnenministerium und seine nachgeordneten Sicherheitsbehörden, das Bundeskriminalamt und das Bundesamt für Verfassungsschutz, betonen seit der Ermordung des Kasseler Regierungspräsidenten Walter Lübcke und den Anschlägen in Halle und Hanau, dass die größte Bedrohung für unsere Gesellschaft aktuell vom gewaltbereiten Rechtsextremismus ausgeht. Das Bundesamt für Verfassungsschutz beziffert die Zahl der gewaltorientierten Rechtsextremisten in seinem Verfassungsschutzbericht für das Jahr 2020 auf 13 300. Es dürften heute deutlich mehr sein. Die Amadeu Antonio Stiftung rechnet vor, dass 200 Menschen allein seit 1990 durch rechtsextremistische Gewalt getötet wurden. Nach Einschätzung des Verfassungsschutzes ist vor allem die sogenannte »Mischszene« brandgefährlich, die aus Rechtsextremisten, Hooligans und Rockern besteht, mit Verbindungen in die Organisierte Kriminalität. Sie ist nicht nur sehr waffenaffin, sondern verfügt auch in hohem Maße über legale, aber auch illegale Waffen. Dazu gehören auch die rechtsterroristischen Gruppen, die in den vergangenen Jahren erfasst und ausgehoben wurden, wie Oldschool Society, die Gruppe

Freital, Revolution Chemnitz und die Gruppe S. Sie waren entschlossen, Anschläge auf Geflüchtete und politisch Andersdenkende zu verüben. Daneben gibt es andere Gruppen, die nach Einschätzung der Sicherheitsbehörden besonders gefährlich sind: mit Personen aus der sogenannten Prepperszene, die meinen, sich auf bürgerkriegsähnliche Zustände vorbereiten zu müssen. »Diejenigen, die sich auf einen Tag X vorbereiten«, erklärt Verfassungsschutzchef Haldenwang, »sich mit Rechtsextremisten mischen und Waffen vorhalten. Die die Macht übernehmen wollen und überlegen, was sie dazu beitragen können. Wenn in solchen Gruppierungen Angehörige von Sicherheitsbehörden oder der Bundeswehr sind, dann macht es das besonders gefährlich. Die können mit Waffen umgehen, sind taktisch ausgebildet, haben Zugang zu Informationen.« Von Rechtsextremisten in der Bundeswehr, dem Uniter-Netzwerk und der Nordkreuz-Gruppe in Mecklenburg-Vorpommern war in diesem Zusammenhang bereits die Rede.

Nach Einschätzung des Bundesinnenministeriums gibt es einen besorgniserregenden Hang zur Gewalttätigkeit, der Hand in Hand geht mit einer wachsenden Polarisierung innerhalb der Gesellschaft. »Alles, was den Bereich politisch motivierter Kriminalität, den Extremismus und Terrorismus betrifft, überall da sehen wir eine Steigerung. Wir sind leider da angekommen, wo aus Wörtern schnell Taten werden. Darauf müssen wir uns vorbereiten«, sagt Hans-Georg Engelke, Staatssekretär im Bundesinnenministerium. Und zwar auf unterschiedlichstem Niveau. Ausdruck davon sind die rechtsextremistischen Anschläge in Hanau und Halle, aber auch die Ermordung des Kasseler Regierungspräsidenten Walter Lübcke. Verübt von Einzeltätern in einem Klima wachsender Gewaltbereitschaft. Dieses Klima äußert sich jedoch auch auf niedrigerem Niveau, zum Beispiel im Zusammenhang mit der Corona-Protestbewegung. Sie besteht aus Impfgegnern, Verschwörungsideologen, »Querdenkern«, Vertretern des politisch rechten Rands bis hin zu einschlägig bekannten Rechtsextremisten, die gemeinsam gegen die Corona-Schutzmaßnahmen protestieren und deutlich machen, dass sie das Vertrauen in die politischen Institutionen des Staates verloren haben. Verbale und physische Gewalt gegenüber Journalistinnen und Journalisten sowie gegen Polizistinnen und Polizisten sind hier an der Tagesordnung. Ob beim Messengerdienst Telegram oder in den Kommentarspalten des Internets: Überall findet man eine Flut von Hass und Hetze bis hin zu gezielten Gewalt- oder Tötungsaufrufen. Rechtsextremisten verbreiten das Narrativ der »Corona-Diktatur« und rufen zum »Widerstand« auf. Mit Erfolg: Mitte April 2022 wird eine Gruppe ausgehoben, die sich bei Telegram organisiert hat und aus Preppern, Reichsbürgern und Impfverweigerern besteht, die die Corona-Schutzmaßnahmen ablehnen. Die Generalstaatsanwaltschaft Koblenz lässt fünf Beschuldigte festnehmen: Sie sollen geplant haben, Anschläge auf Umspannwerke zu verüben, um so bürgerkriegsähnliche Zustände herbeizuführen und dann die Macht zu übernehmen. Außerdem sollen sie geplant haben, Bundesgesundheitsminister Karl Lauterbach (SPD) zu entführen. Die Ermittler schlagen zu, weil Mitglieder der Gruppe Kalaschnikows, Pistolen und Minen bestellt haben sollen. Ermittelt wird insgesamt gegen zwölf Personen.

Kennzeichnend für die Entwicklung ist, dass es nicht nur um den rechten Rand der Gesellschaft geht, sondern dass die Corona-Protestbewegung längst in der viel zitierten Mitte der Gesellschaft angekommen ist und mit ihr ein Vertrauensverlust in die demokratischen Institutionen. Doch nicht nur diese Entwicklung macht den Sicherheitsbehörden Sorgen. Im Bundesinnenministerium sieht man auch am linken Rand der Gesellschaft einen gefährlichen Hang zur Polarisierung. »Die Schwelle, seine Meinung so zu verabsolutieren, dass man sich dadurch gerechtfertigt fühlt, gegen Menschen vorzugehen, ist insgesamt gesunken«, betont Hans-Georg Engelke. »Auch da gibt es Gewalt gegen Repräsentanten des Staates, aber auch gegen Einzelpersonen, einfach weil sie eine andere Meinung haben. Das ist nicht tolerabel.«

Spezialkräfte sind dabei nicht nur bei der Bedrohung durch Terroristen und gewaltorientierte Extremisten gefordert, sondern auch bei Organisierter und Schwerstkriminalität (OK), insbesondere bei Drogen- und Menschenhandel oder Waffenschmuggel. Die Entwicklung der Sicherheitslage ist hoch dynamisch, woran sich absehbar auch nichts ändern wird. Dass man angesichts dieser Ausgangslage polizeiliche Spezialkräfte braucht, bestreitet ernsthaft niemand. Für die GSG 9 besteht die Herausforderung seit jeher und auch in Zukunft darin, auf die Entwicklung zu reagieren und bestenfalls »vor die Lage« zu kommen. Das heißt, dass der Verband sich weiterhin in einem permanenten Prozess der Veränderung befinden wird. »Technik und Organisationsformen werden sich weiter verändern«, erklärt Kommandeur Jerome Fuchs. »Wir wollen uns auch in Zukunft immer flexibel an eine sich verändernde Sicherheitslage anpassen. Diejenigen Fähigkeiten anbieten, die in besonders herausfordernden polizeilichen Einsatzlagen gefordert sind – wenn es sein muss, auch als Ultima Ratio. Dazu werden wir uns auch in Zukunft eng mit unseren nationalen und internationalen Partnern austauschen.«

Die Möglichkeit, die GSG 9 auch im Ausland einsetzen zu können, bleibt ein wichtiges sicherheitspolitisches Instrument der Regierung. »Ich glaube, die Welt wird nicht sicherer«, sagt Hans-Georg Engelke, Staatssekretär im Bundesinnenministerium. »Mir zeigt der Ukraine-Konflikt gerade, wie schnell es sein kann, dass wir in einem Szenario leben, von dem wir ein paar Wochen vorher geglaubt haben, das wird nicht vorkommen. Deutsche Interessen und deutsche Staatsangehörige sind weltweit gefährdet, weil viele Deutsche irgendwo im Ausland sind, und es besteht die Gefahr, dass sie in Situationen kommen, in denen vielleicht auch der Einsatz der GSG 9 eine Option ist, die Lage zu lösen.« Vor allem dann, wenn die Sicherheit deutscher Auslandsvertretungen gefährdet ist, eine Evakuierung womöglich nötig wird oder deutsche Staatsangehörige in Geiselhaft geraten. »Ich sehe die GSG 9 auch in Zukunft wie eh und je im Auslandseinsatz«, ist Jerome Fuchs überzeugt, »mit einer schnellen Reaktionsfähigkeit, in guter Ergänzung zur Bundeswehr.« Fuchs plädiert für eine engere Zusammenarbeit von GSG 9 und Kommando Spezialkräfte der Bundeswehr. »Militär und Polizei sollten die besten Fähigkeiten zusammenbringen, um eine Lage im Ausland bestmöglich zu lösen. Nach der Maxime: Nicht wir oder die, sondern gemeinsam.«

Dass es bei der Bewältigung derartiger krisenhafter Lagen im

Ausland strukturelle Schwächen gibt, wurde in diesem Buch an verschiedenen Stellen deutlich. Zwar liegt der Fall »Hansa Stavanger« mittlerweile dreizehn Jahre zurück, doch an der Struktur hat sich grundsätzlich nichts geändert. Noch immer werden derartige Lagen im Krisenstab des Auswärtigen Amts behandelt, in dem weiterhin das Konsensprinzip gilt. Im August 2021 wurde hier keine Entscheidung zur Evakuierung der deutschen Botschaft in Kabul getroffen, als die Taliban bereits vor den Toren der Stadt standen, da das Auswärtige Amt und das Bundesinnenministerium über die Bewertung der Lage und die Konsequenzen daraus kein Einvernehmen herstellen konnten. Eindringliche Warnungen der operativen Ebene vor Ort fanden kein Gehör. Die Koalition aus SPD, Grünen und FDP hat im November 2021 im Rahmen der Koalitionsverhandlungen vereinbart, die Evakuierung der Botschaft, von deutschen Staatsangehörigen und afghanischen Ortskräften, in einem Untersuchungsausschuss aufzuarbeiten. Nach über zwei Jahren Corona-Pandemie und Naturkatastrohen wie dem Hochwasser im Ahrtal 2021 ist eine generelle Diskussion darüber in Gang gekommen, wie krisenfähig Deutschland ist. Dabei geht es sowohl um die föderale Struktur, wo Bevölkerungsschutz zunächst einmal Ländersache ist, aber auch um Krisenmanagement im Ausland. Ob Nationales Krisenkommando, wie es der niedersächsische Innenminister Boris Pistorius (SPD) fordert, oder Nationaler Sicherheitsrat – grundsätzlich ginge es um eine stärkere Rolle des Bundeskanzleramts in Krisenlagen.

Die GSG 9 im Jahre 2032

In welche Richtung wird die GSG 9 sich entwickeln? Wie wird sich der Verband in den kommenden zehn Jahren verändern? »Die zunehmenden Krisenlagen im nationalen und internationalen Kontext erfordern eine ständige strategische, mentale und technologische Weiterentwicklung der GSG 9«, steht für Olaf Lindner, Chef der Direktion 11 (Spezialkräfte) der Bundespolizei, fest. »Um die Einsatzbereitschaft und Reaktionsfähigkeit zu erhöhen, müssen potenzielle Einsatzorte noch schneller mit unterschiedlichsten Fähigkeiten bedient werden können.« Schnelle Verfügbarkeit, lautet das Credo. Und das bedeutet, dass die GSG 9 selbst weitere strukturelle Veränderungen anstrebt. Das schließt weitere Standorte neben den bestehenden in St. Augustin und Berlin ein. Dabei gehen Planspiele über den bereits erwähnten Standort an der Küste noch hinaus. »Selbstverständlich denken wir, gemeinsam mit unseren vorgesetzten Behörden, der Bundespolizeidirektion 11 und dem Bundespolizeipräsidium, darüber nach, wie die GSG 9 an verschiedenen Standorten präsent sein könnte, vor dem Hintergrund einer schnellen Verfügbarkeit«, erklärt Kommandeur Jerome Fuchs noch etwas zurückhaltend. Wo genau das sein könnte, bleibt noch unerwähnt. Offensichtlich ist, dass die GSG 9 im Osten Deutschlands mehr zum Einsatz kommt als im Westen oder Süden, wo es deutlich mehr landeseigene Spezialkräfte gibt. Klar ist aber, dass derartige Überlegungen ohne politische Entscheidung nur Planspiele bleiben. Der sächsische Innenminister Armin Schuster (CDU), selbst Bundespolizist und jahrelang CDU-Innenexperte im Bundestag, ist seit Langem der Überzeugung, dass die GSG 9 weitere Standorte in Deutschland haben sollte. »Wenn es zu einem großen Anschlagsszenario kommt, dann muss die GSG 9 durchhaltefähig und in ganz Deutschland schnell einsatzbereit sein. Ich würde mir persönlich ein noch offensiveres Vorgehen des Bundes wünschen, das stärkt uns auch im Verbund der Spezialeinheiten«, erklärt Schuster. Im Bundesinnenministerium steht man Überlegungen dieser Art noch verhalten, aber grundsätzlich aufgeschlossen gegenüber. »Terrorlagen können überall in der Republik entstehen. Großeinsätze anderer Kriminalitätsbereiche auch. Die GSG 9 muss eben schnell an potenziellen Einsatzorten sein, und die können bundesweit sein«, erklärt Staatssekretär Hans-Georg Engelke. »Ich hätte auch gar nichts dagegen, wenn es irgendwann weitere Standorte gäbe. Aber das ist noch Zukunftsplanung. Jetzt ist erst einmal gewährleistet, dass die GSG 9 am Regierungssitz ist.«

Es dauerte bekanntlich ziemlich lange, bis es schließlich so weit war.

Zeitliche Prognosen sind deshalb schwierig. Doch jenseits von möglichen neuen Standorten wird auch an den beiden bisherigen nichts bleiben, wie es ist. Nach aktuellem Planungsstand soll die GSG 9 bis 2027 ein neues, hochmodernes Hauptquartier auf dem Bundespolizei-Standort St. Augustin bekommen. Und in Berlin soll die Schmidt-Knobelsdorf-Kaserne so umgebaut und modernisiert werden, dass dort die Direktion 11 (Spezialkräfte) der Bundespolizei und die Berliner Einsatzeinheit der GSG 9 einziehen können. Mit anderen Worten: Bei der GSG 9 bleibt zumindest räumlich innerhalb der kommenden zehn Jahre kein Stein auf dem anderen. Käme es tatsächlich zum Aufbau eines zusätzlichen Standorts an der Küste, würde das den Verband noch einmal von Grund auf verändern: Die maritime Einheit würde dann aus dem Hauptquartier ausziehen. Selbst wenn nicht alle Pläne umgesetzt werden, steht also fest, dass der permanente Prozess der Veränderung weitergeht. »Die Bilanz und der Ruf der GSG 9 sind Chance und Herausforderung zugleich«, sagt Jerome Fuchs mit Blick in die Zukunft. »Was sich nicht verändern wird, ist unser Fundament, die Verfassung der Bundesrepublik Deutschland und eine gefestigte und aufrechte Haltung unserer Mitarbeiterinnen und Mitarbeiter. Daher wird der besondere Fokus der Führung der GSG 9 auch in Zukunft den Frauen und Männern des Verbandes gelten. Sie sorgfältig auszuwählen, hervorragend auszubilden, fürsorglich zu führen und mit Bedacht einzusetzen.«

Danksagung

Zu guter Letzt ist es mir ein Anliegen, mich bei all denen zu bedanken, die maßgeblich zum Gelingen dieses Buchs beigetragen haben. Das gilt vor allem für die GSG 9 selbst. Zuvorderst für die Mitarbeiterinnen und Mitarbeiter, die die Bereitschaft und Offenheit besaßen, mit mir zu sprechen und ihre Geschichten zu erzählen. In der Verbandsführung hat »Milli« das Projekt über die gesamte Zeit mit viel gutem Willen und Engagement betreut und so manches möglich gemacht. Neben Milli hat »Fisch« das Projekt maßgeblich unterstützt. Er hatte 2019 aufseiten der GSG 9 bereits den Dokumentarfilm betreut. Ohne die große Offenheit und anhaltend tatkräftige Unterstützung des Kommandeurs Jerome Fuchs wäre das Buch gar nicht möglich gewesen. Doch auch außerhalb der GSG 9 habe ich viel Unterstützung erfahren. Mein ARD-Kollege Holger Schmidt beim SWR in Baden-Baden hat das Manuskript kritisch und mit großer Sachkenntnis Korrektur gelesen und war mir dadurch eine besonders große Hilfe. Er hat viele Anregungen gegeben und immer wieder inhaltliche und strukturelle Fragen mit mir besprochen. Michael Gottschalk bin ich sehr dankbar für die professionellen Fotos, die bei einem gemeinsamen Besuch bei der GSG 9 entstanden sind. Für das Cover hat sich »Cookie« zur Verfügung gestellt. Mit Ulrich Wank hatte ich einen sehr erfahrenen Lektor, der mir wertvolle Hinweise gegeben und mit dem die Zusammenarbeit in der Schlussphase des Projekts große Freude gemacht hat. Schließlich danke ich dem Econ Verlag und seinem Verlagsleiter Jürgen Diessl dafür, dass er das Thema spannend fand und dieses Buch verlegt hat. Vor allem aber bin ich meiner Familie und meinen Freunden dankbar, die mich durchgehend unterstützt haben in der Zeit, in der dieses Buch entstanden ist, obwohl sie mit der Pandemie eigentlich schon genug erdulden mussten. Danke, Gero, für ein immer offenes Ohr, danke, David, für Deine beflügelnde Begeisterung und danke, Nicolai, Du hast den Schluss perfekt gemacht.

Bildnachweise:

Im Textteil

Abb. 1 Bundespolizei S. 34
Abb. 2 Bundespolizei S. 37
Abb. 3 Bundespolizei S. 71
Abb. 4 Bundespolizei S. 120
Abb. 5 picture alliance/dpa, Bernd Wüstneck S. 155

Im Bildteil

Abb. 1 Fotograf: Michael Gottschalk
Abb. 2 Fotograf: Michael Gottschalk
Abb. 3 ARD-Doku *GSG 9 – Terror im Visier*, rbb
Abb. 4 Fotograf: Michael Gottschalk
Abb. 5 Bundespolizei
Abb. 6 Bundespolizei
Abb. 7 Bundespolizei
Abb. 8 Fotograf: Michael Gottschalk
Abb. 9 Fotograf: Michael Gottschalk
Abb. 10 picture-alliance/dpa, Nordisk
Abb. 11 picture-alliance/dpa, Heinz Wieseler
Abb. 12 Bundespolizei
Abb. 13 Bundespolizei
Abb. 14 Privat
Abb. 15 Privat